U0576799
9787101145328

本册目录

三、会议记录

四、人员名录

三、会议记录

军政部兵工署第五十工厂成都分厂一九四四年第二十四次厂务会议记录（一九四四年六月十九日）

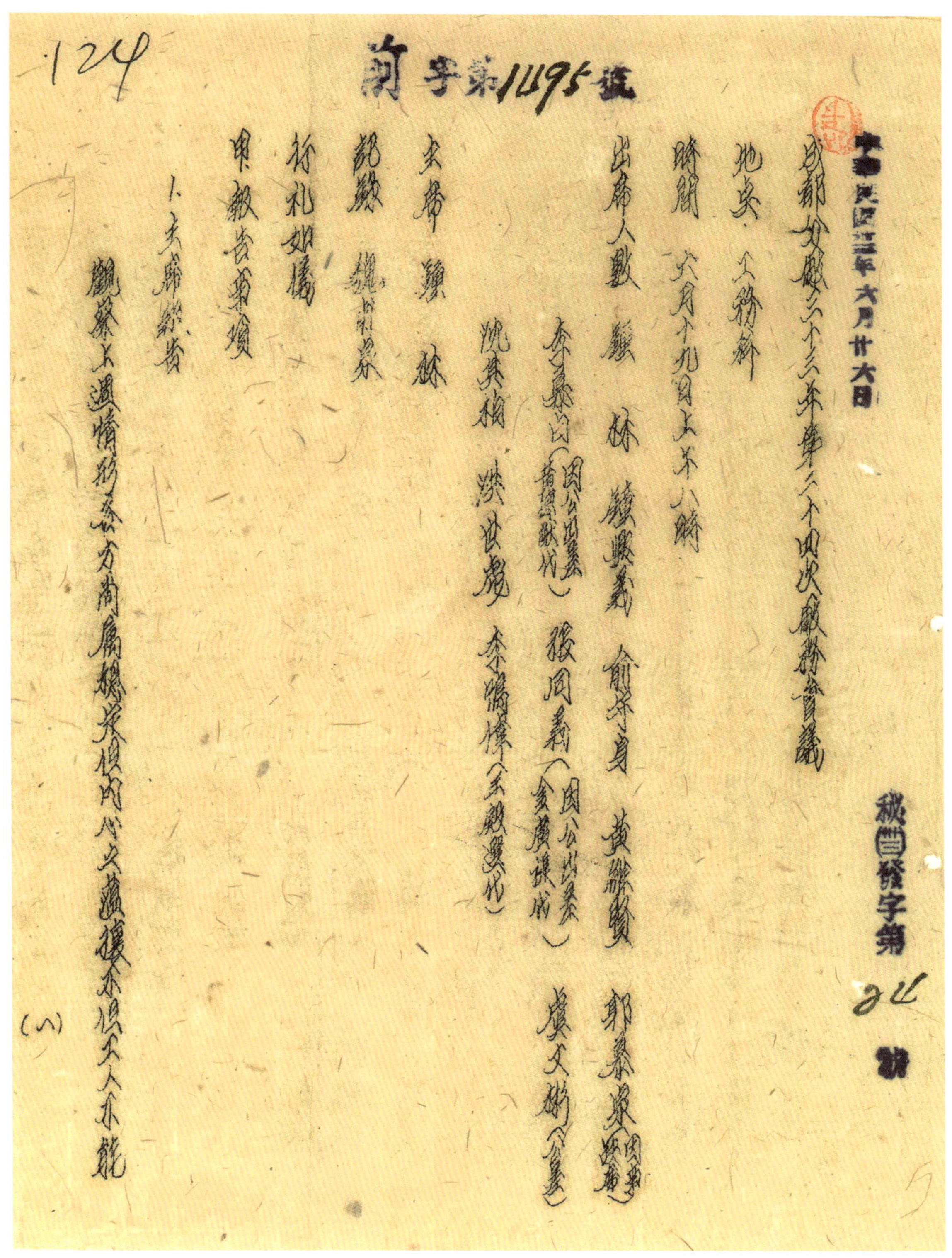

124

前字第1095號

中華民國三十三年六月廿六日

秘（四）發字第26號

成都分厰三十三年第二十四次厰務會議

地点 工務科

時間 六月十九日上午八時

出席人數 顧 林 饒興義 俞守身 黄炳賢 鄒桑泉（因事請假）

李鼎昌（因公出差 楊鐵代） 張同義（因公出差 貢廣成代） 虞文炳（公差）

沈良佑 洪世虎 李鴻峰（王毅選代）

主席 顧 林

記錄 魏齊泉

行禮如儀

甲 報告事項

一 主席報告

觀察上週情形各分場屬機具損修以及工作人員亦不能

（八）

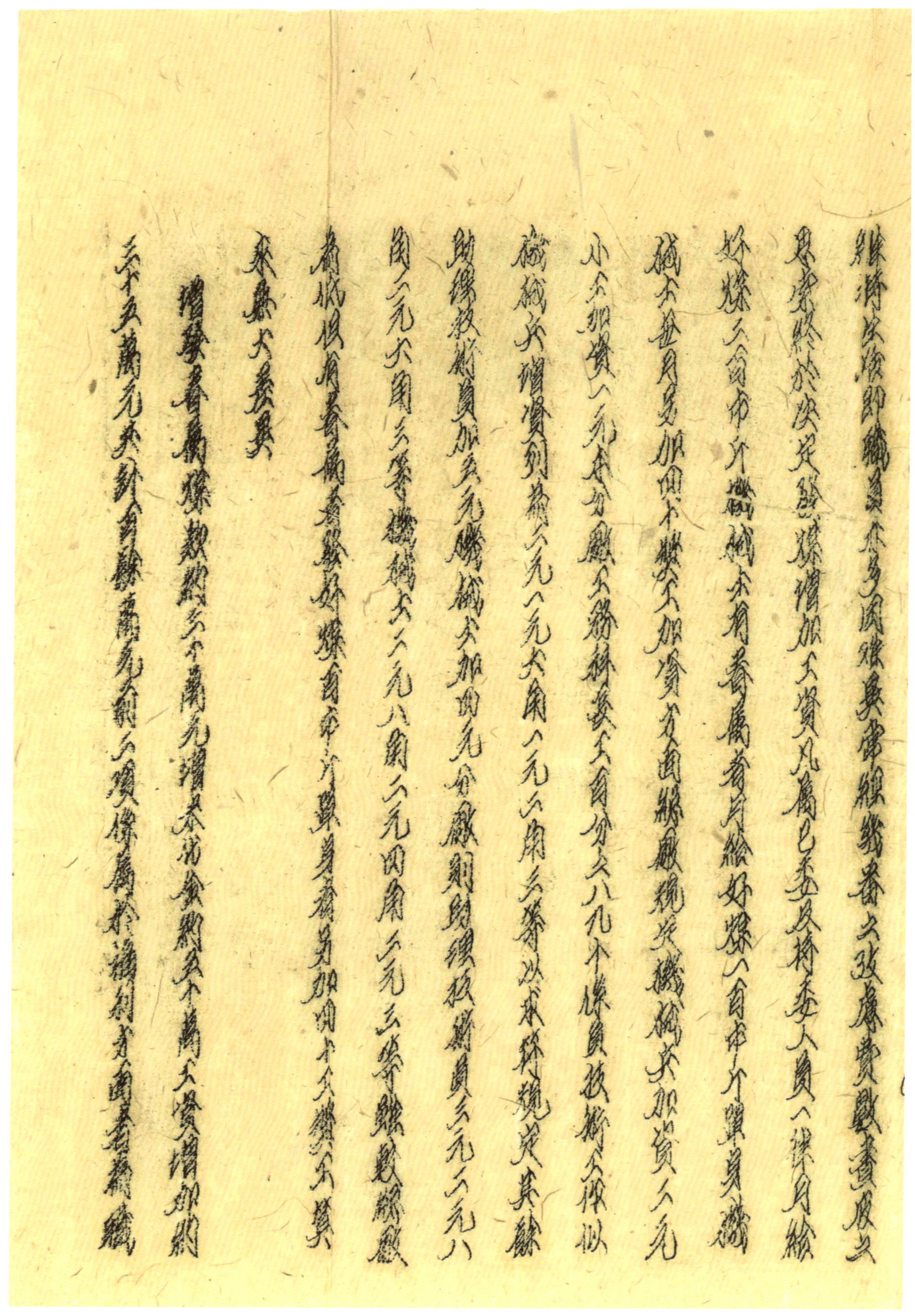

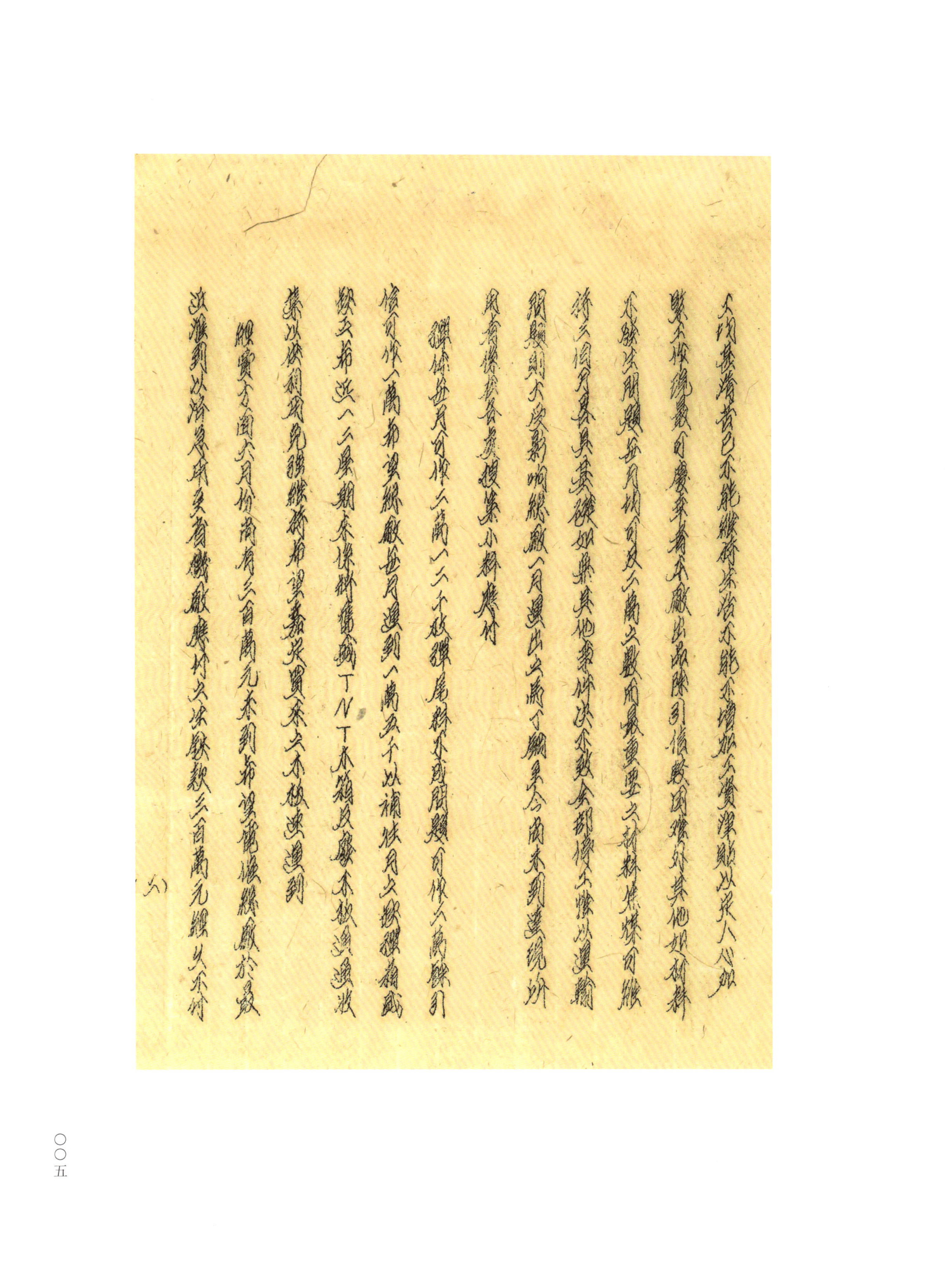

（六）

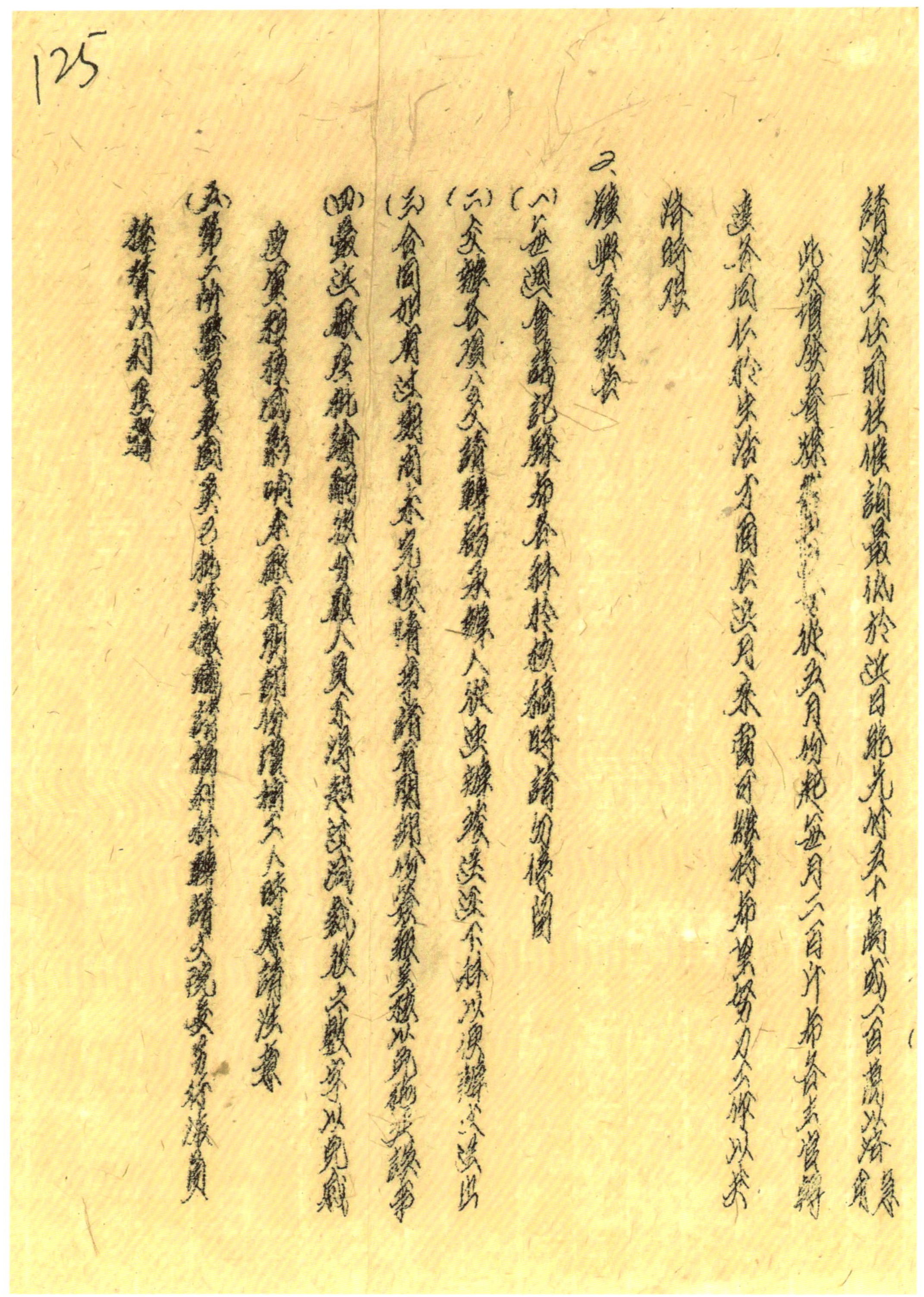

125

請該[illegible]前[illegible]於該日能先[illegible]

此次[illegible]月[illegible]每月八百[illegible]

[illegible]

[illegible]

2、[illegible]

(一)[illegible]

(二)[illegible]

(三)[illegible]

(四)[illegible]

[illegible]

(五)[illegible]

[illegible]

三、會計員報告

(一)庫存現金僅三萬餘元目前應付各欵如增補五月份之資遣費之經常

費以及萬元之月上期之資料等不夠萬元財貿移送經費據復有之不能

萬元未付如之商部之前借資內不準到應請另予籌撥

(二)本縣黨報經費須之何決定本週給東閱於以前停業經費據以成敗

另議之是茶已其報依業務請資本員延予會復以便籌集來交

請示事宜

乙、討論事項

上議　林提議

(一)討論會員交付應增收自救商租負與交錢物資以免影響出品次

費以八卷案

決議：照辦

(六)

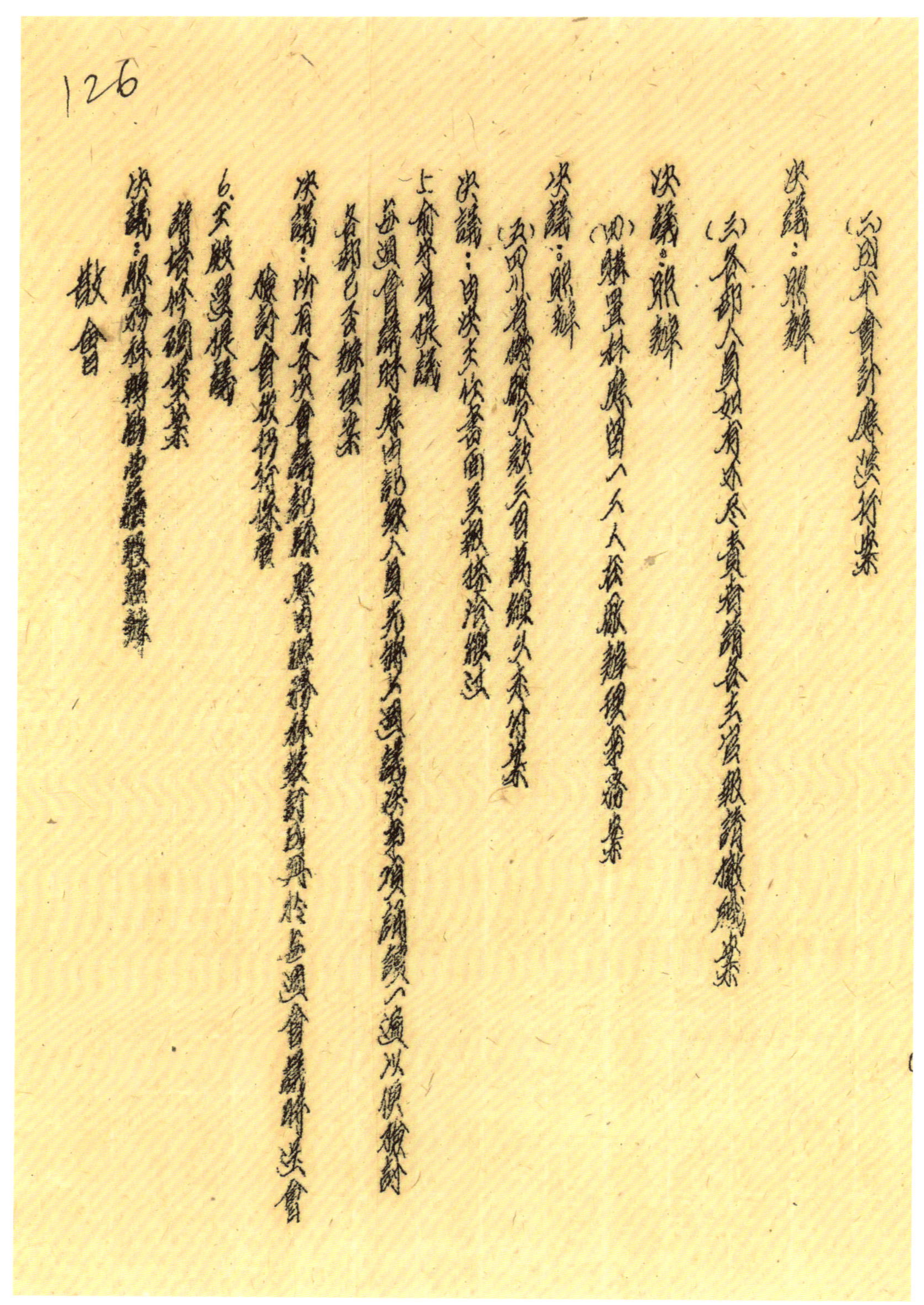

126

（二）同人會計應從速進行案

決議：照辦

（三）各部人員如有不盡責者請各主管報請撤職案

決議：照辦

（四）購置林際圖八人人發給各部案

決議：照辦

（五）四川省徵兵人數三百萬以來行案

決議：由決定於本會圖書館發給證據

上次會議決議

每週會議時應由記錄人員先將上週議決事項報告一遍以便檢討

各部已否辦理案

決議：所有各次會議記錄應由該部科抄錄討論再於每週會議時送會

檢討會議執行情形

6. 其他提議

請增修碉堡案

決議：照前所擬修築碉堡辦理

散會

军政部兵工署第五十工厂成都分厂一九四四年第二十五次厂务会议记录（一九四四年六月二十六日）

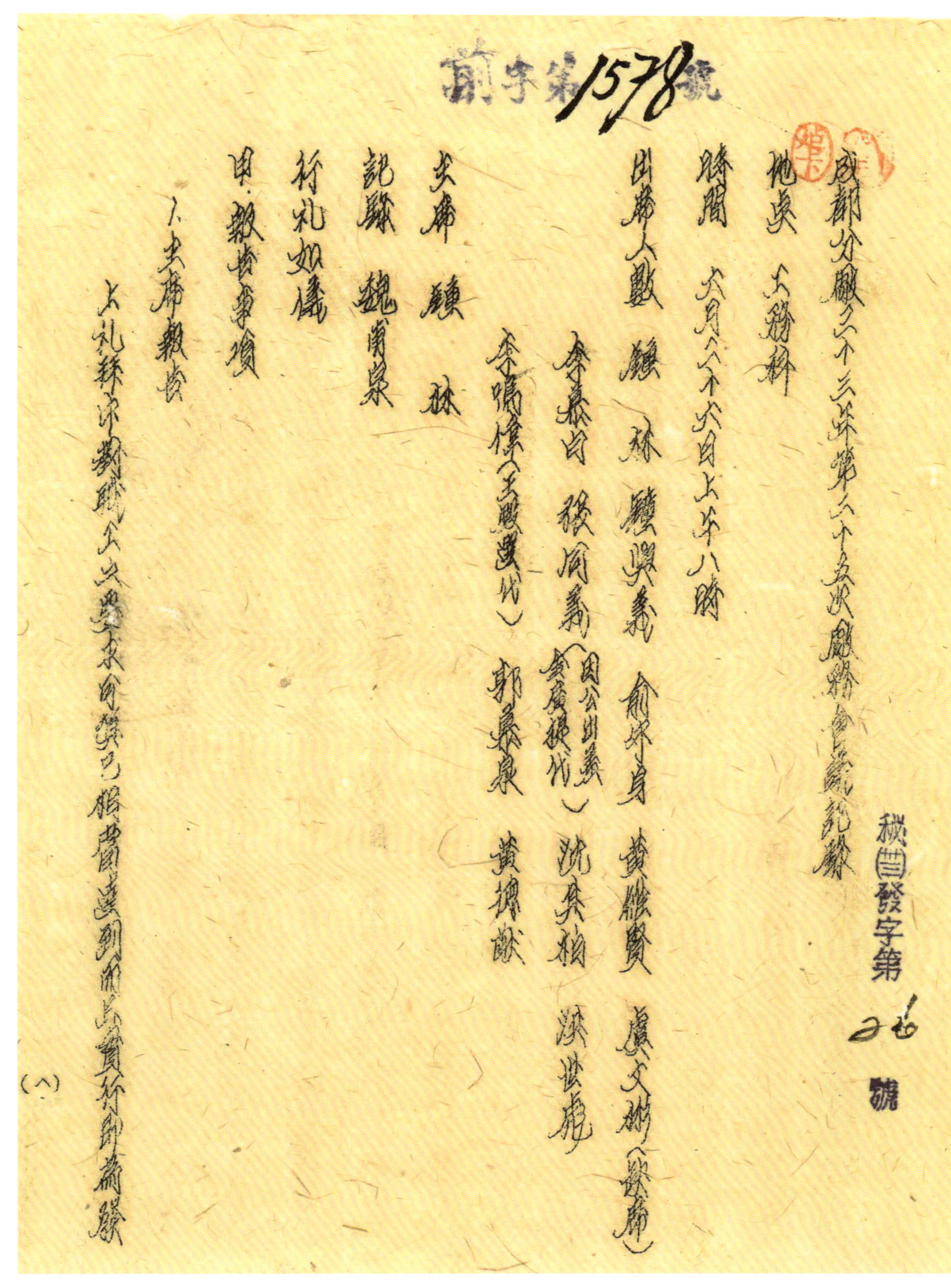

前字第1578號

秘書發字第26號

成都分廠三十三年第二十五次廠務會議紀錄

地點 廠務科

時間 六月二十六日上午八時

出席人數 饒 林 饒興義 俞介身 黃維賢 盧文彬（列席）

李泰安 張炯義（因公出差 余廣權代） 沈炎柏 談世龍

李鳴俊（王殿選代） 郭燕泉 黃擇猷

主席 饒 林

記錄 魏甫泉

行禮如儀

甲、報告事項

（一）主席報告

上礼拜所擬辦之各案要求（附錄乙）經詳細考慮 [illegible] 實行 [illegible] [illegible]

（八）

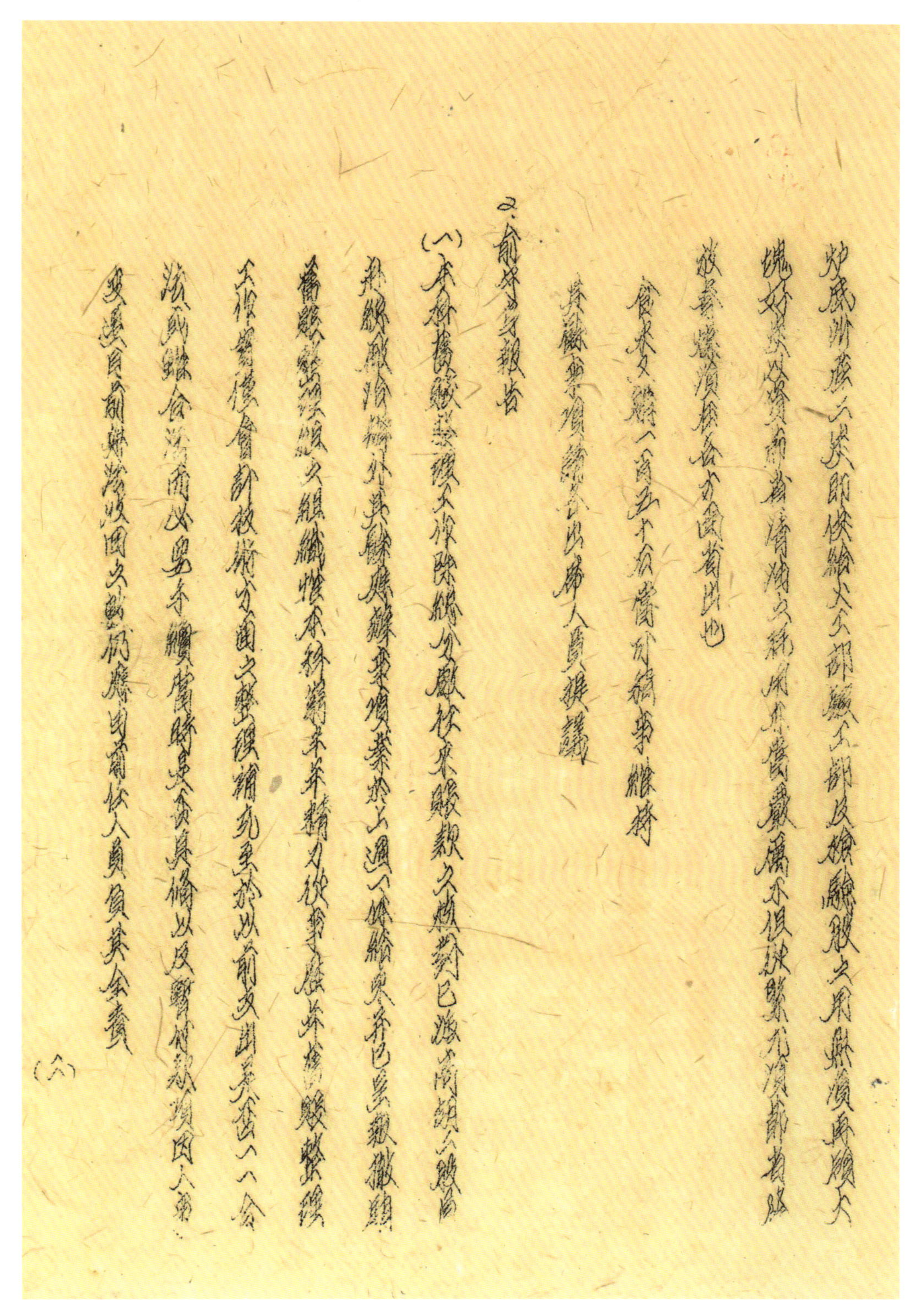

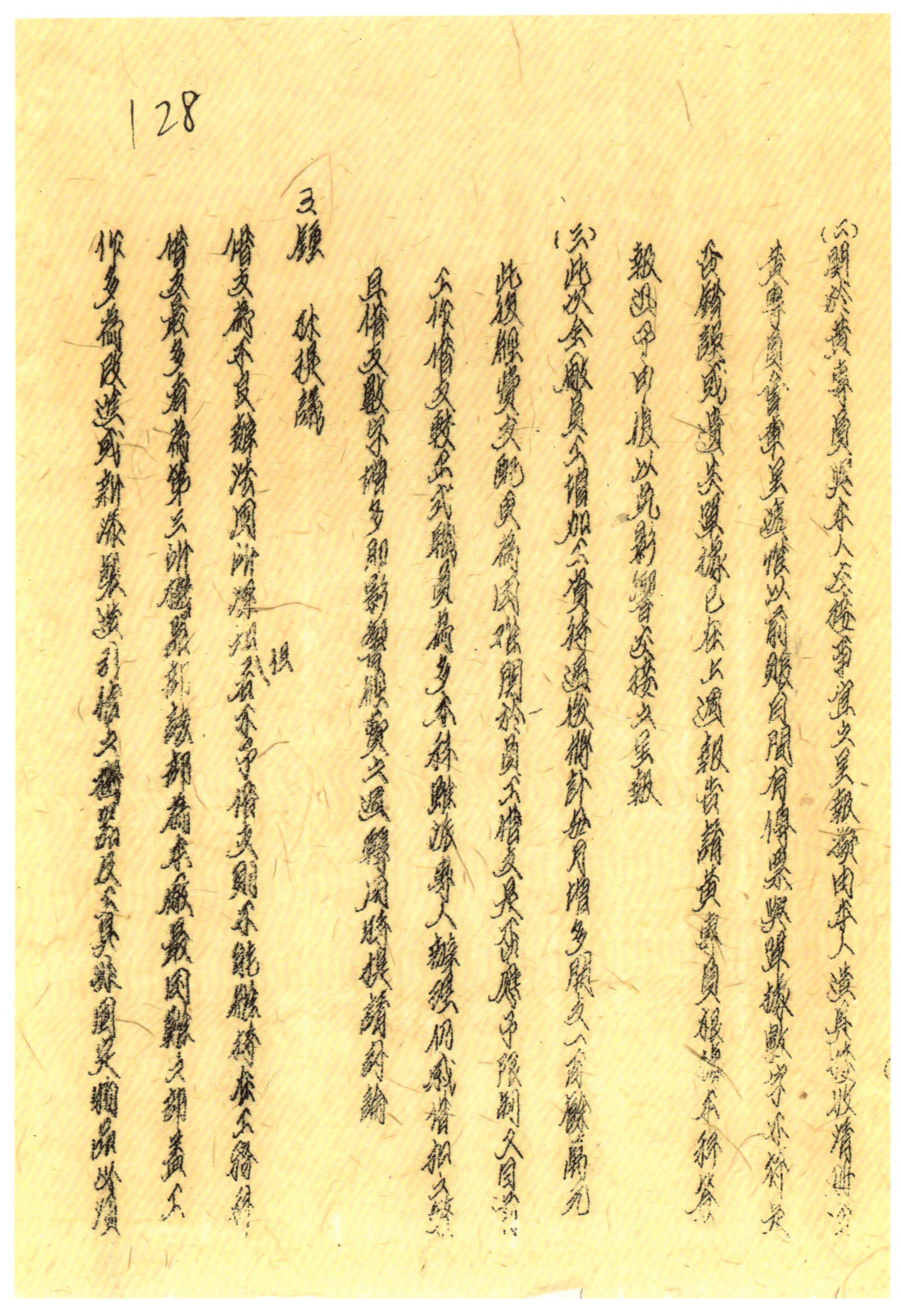

128

（六）關於黃[illegible]員與本人之待遇事宜，已呈報鈞部由本人[illegible]
黃[illegible]員之[illegible]呈送，惟以前所[illegible]有傳票與單據數字不符者
[illegible]鈞部[illegible]，[illegible]單據已於上週報告，請黃[illegible]員根據[illegible]各[illegible]
報出中，因復以免影響公務之呈報
（七）此次全廠員工增加工資待遇，[illegible]月增多，限支[illegible]
此後[illegible]支[illegible]更為困難，限於員工增支[illegible]預算中限制之[illegible]
工役修支數[illegible]職員為多，[illegible]本人辦理仍感困難之[illegible]
且修支數字增多，則影響所及，[illegible]之遷[illegible]時提請鈞核
[illegible] 建議
修支為本廠[illegible]本年度修支則不能[illegible]
修支最多者為[illegible]為本廠最[illegible]
作多為改造或新添[illegible]

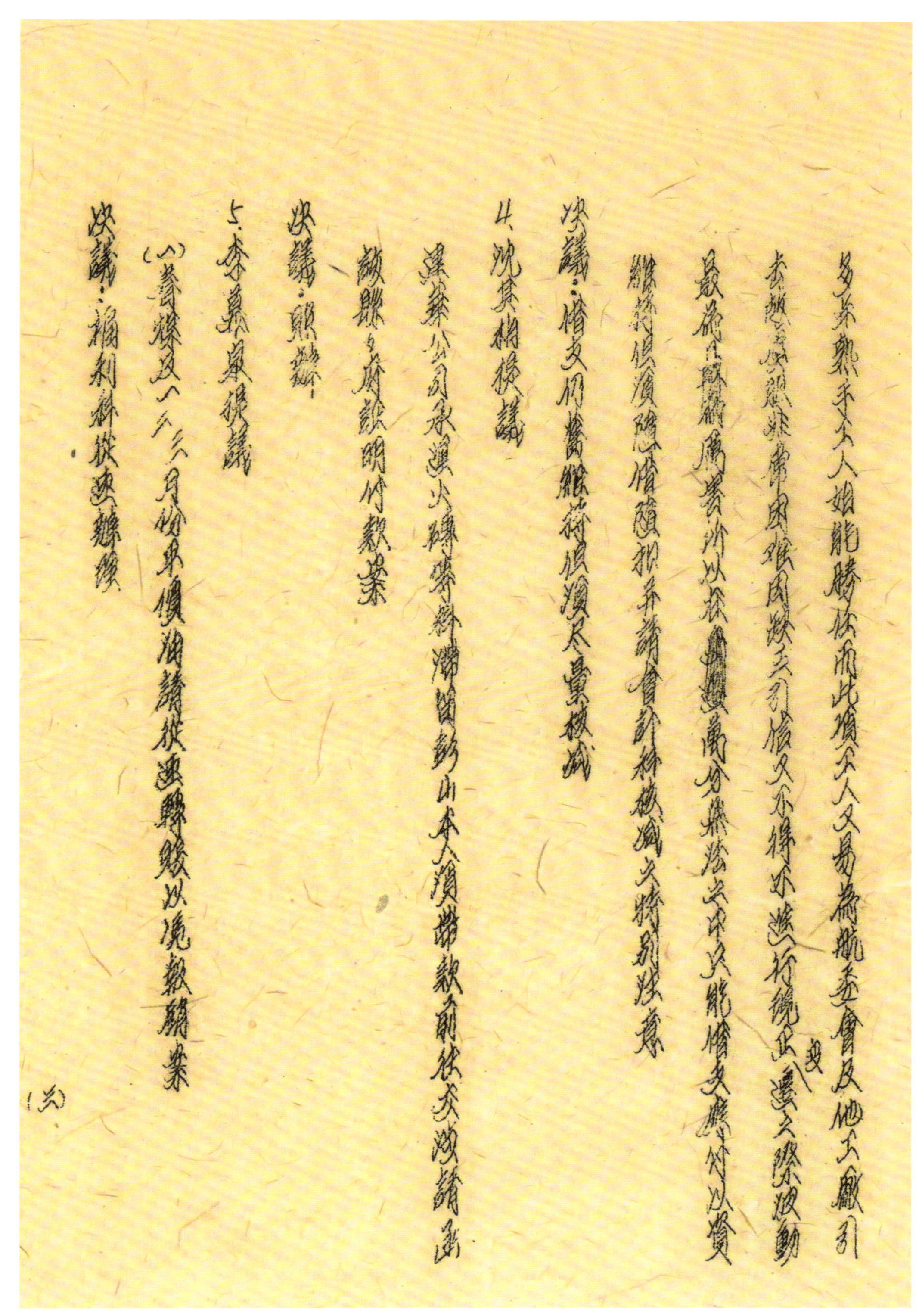

多係熟手工人始能勝任而此項工人又易為航委會及他工廠引
去故公司感覺非常困難因缺乏司機又不得不減少行駛班次遂又[illegible]波動
最後[illegible]為[illegible]以[illegible]萬[illegible]分[illegible]又能增加[illegible]以資
維持俟[illegible]隨時價[illegible]報并請會計科核減并特別注意

決議：增支仍暫維持俟[illegible]核減

4、沈其[illegible]提議

渠係公司承運火[illegible]由本人預借款前往交涉請[illegible]
繳賬並請[illegible]付款案

決議：照辦

5、李[illegible]提議

(八)[illegible]及八九十月份米[illegible]請按[illegible]以免[illegible]案

決議：福利科[illegible]

(六)

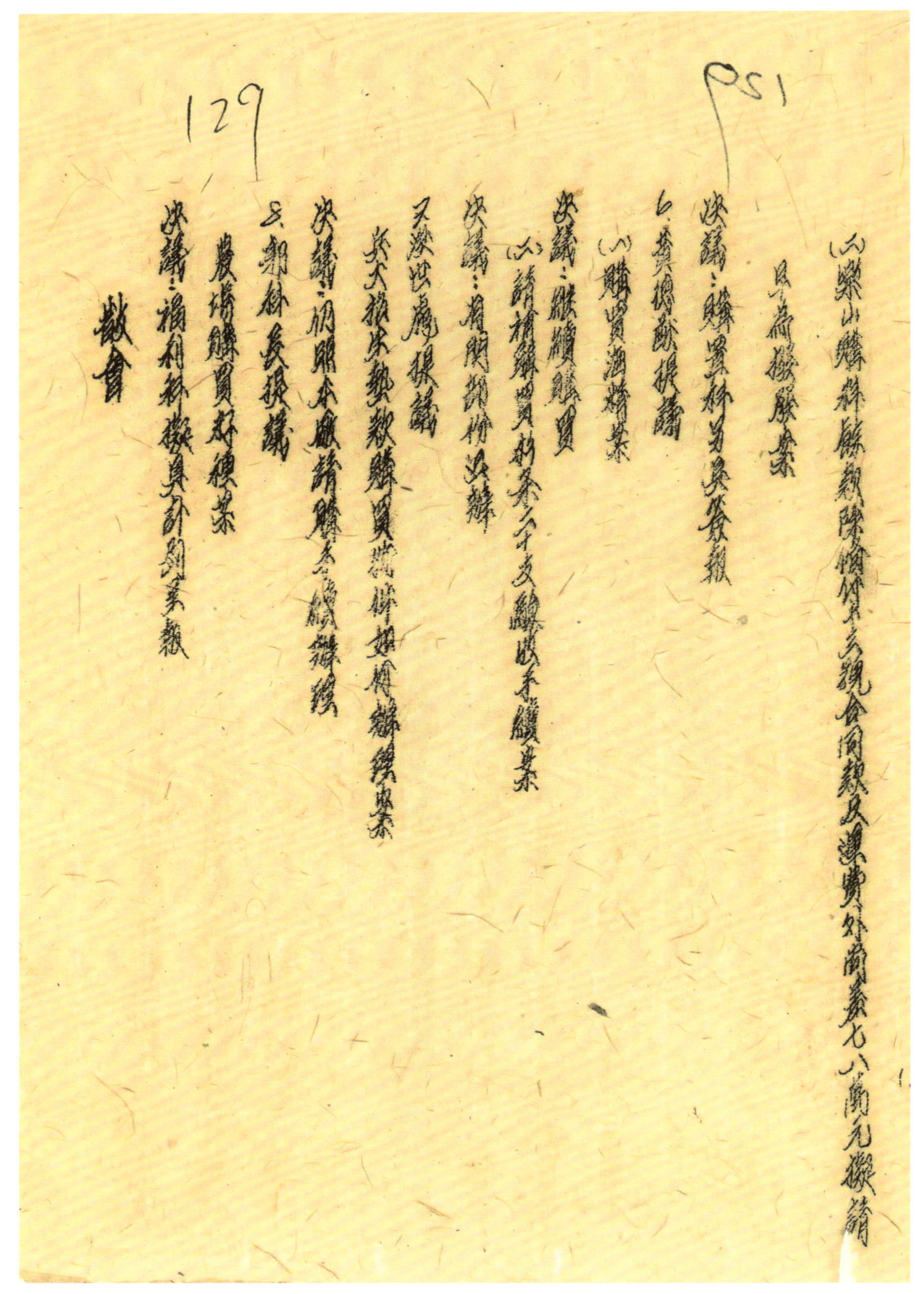

129

（六）梁山县县长颜陈请拨付修路工款及运费外前呈七八两月元拨请

呈部核发案

决议：照案转呈兵工署核

6、黄桷树医院提议

（八）购买酒精案

决议：照购酒精

（九）请补发购置材料费八千元购买收条续案

决议：暂缓购置续办

又涤出厂提议

（十）长寿县警察局县长请拨给桥梁续案

决议：仍照本厂前案转呈核办

8、部队长提议

农场购买材料案

决议：福利科拨交开支案报

散会

军政部兵工署第五十工厂成都分厂一九四四年第二十六次厂务会议记录（一九四四年七月三日）

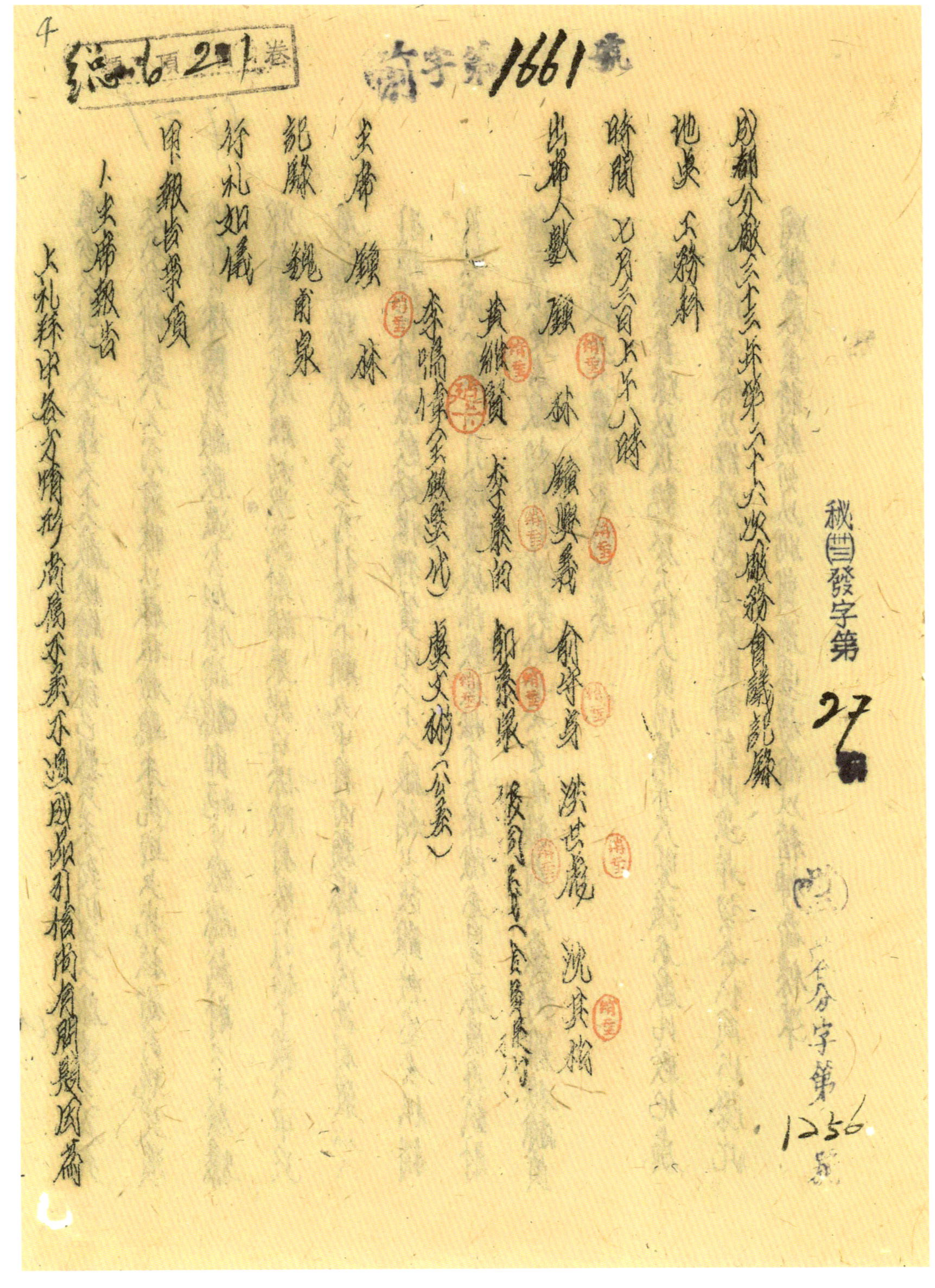

成都分厂三十三年第二十六次厂务会议记录

地点 工务科

时间 七月三日上午八时

出席人数 顾 林 顾毓瑔 俞守身 洪世鹿 沈[illegible]

黄维贤 李秉钧 郭[illegible] [illegible]

李鸿仪（兵厂医处） 庚文炳（公差）

主席 顾 林

记录 魏南泉

行礼如仪

甲 报告事项

（一）主席报告

（1）礼拜四各方情形尚属安宁不过因[illegible]

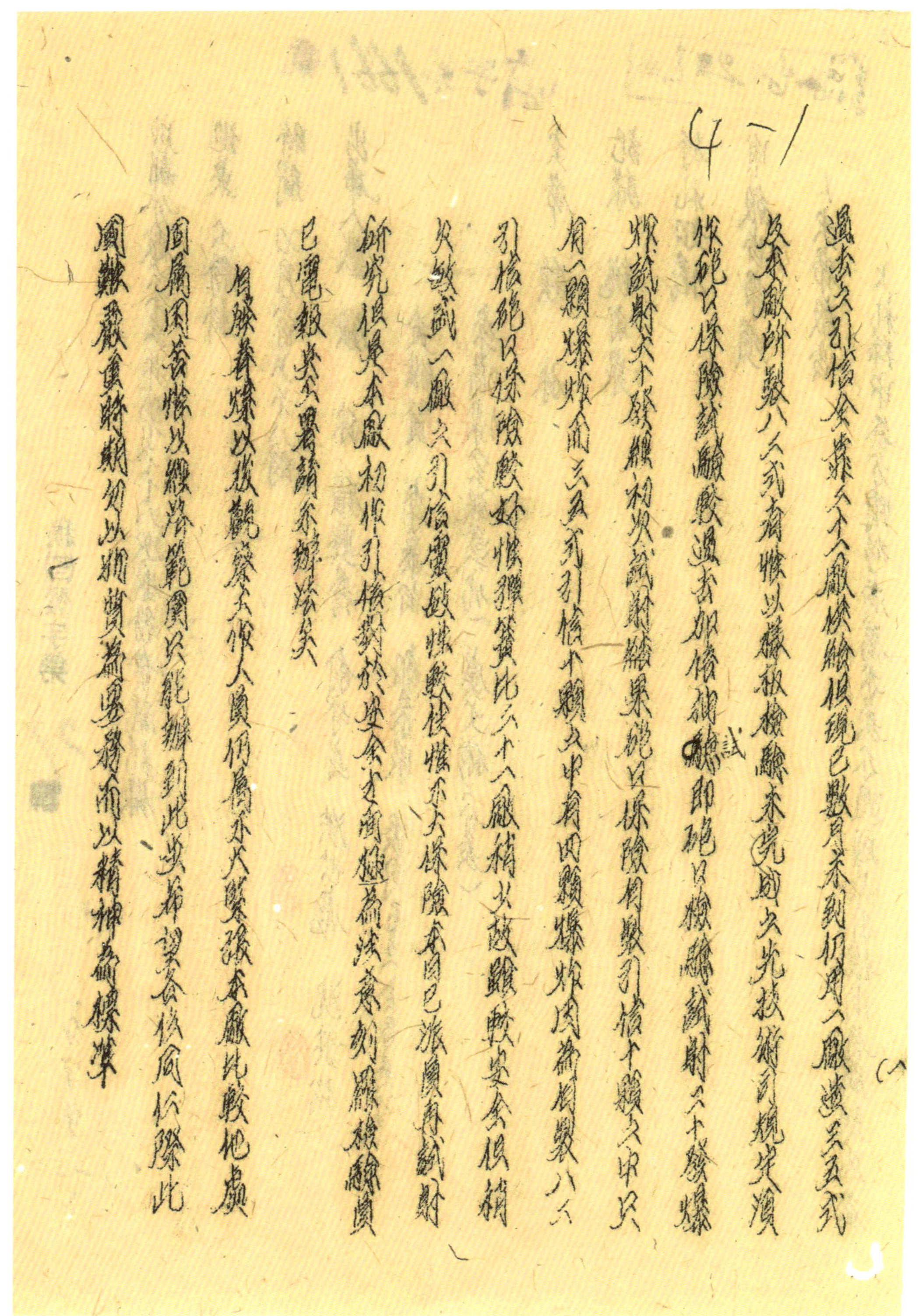
4-1

過去之引信全非五十工廠檢驗，但現已數月未到，仍用工廠造之五式
及本廠所製八二式，有懷以藤殼檢驗未完，故先技術司規定須
作砲口保險試驗，過去加倍檢試驗，即砲口保險試射六十發，爆
炸試射六十發，標相與試射結果，砲口保險檢驗引信十顆，又中只
有一顆爆炸，而之五式引信十顆，又中有四顆爆炸，因而後製八二
引信砲口保險試驗，惟彈簧比五十工廠稍大，致驗收要求依稍
大，致試工廠之引信彈簧較強，使機柄不大保險，本廠已派員再試射
研究，但是本廠根據引信彈簧於安全方面特為注意，刻嚴格檢驗員
已電報兵工署請示辦法矣。
目前本廠以技術發展人員仍屬不大，需張本廠比較他處
困難，因為人以經驗範圍只能辦到此步，希望各位原諒此
困難，本廠負時期以期貢獻為要務，而以精神為標準

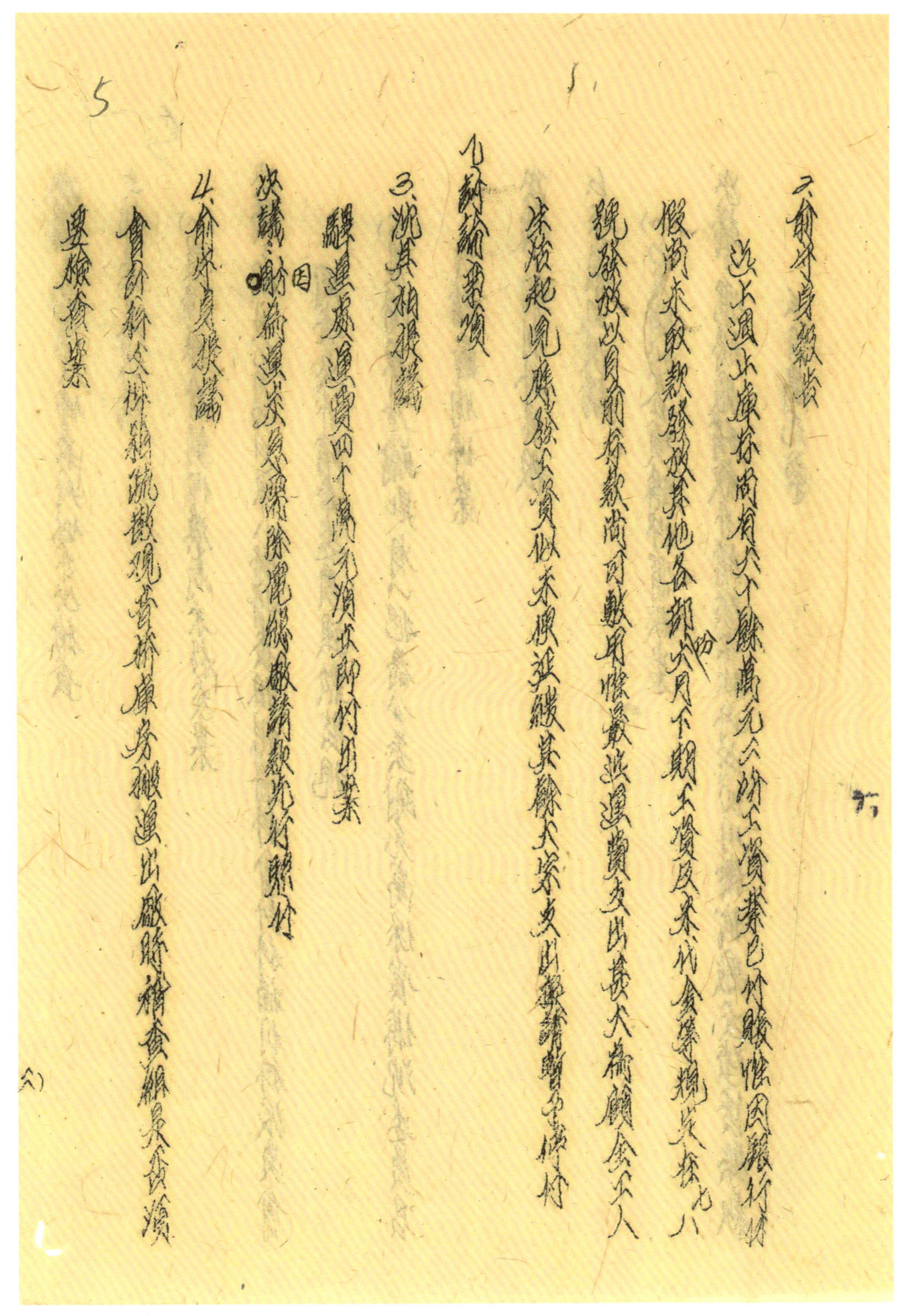

5

1、俞主席報告

近上週出廠存尚有大小餘萬元之物資，券已付販，惟因嚴行折

假尚未取款發放其他各部（份）大月下期工資及米代金等擬定於九八

號發放，以目前存款尚可敷用，惟最近運費支出甚大，備顧全安人

米價飛漲，應發工資似未便延緩，其餘大宗支出擬請暫緩付

2、討論事項

3、洗其柏提議

購運處運費四千萬元須立即付出案

決議：（因）除前運出大宗外，除罷緩發，請撥先行照付

4、俞主席提議

會計科人林號擬現金於廠方撥運出，廠所報告，糧米貨須

要換倉案

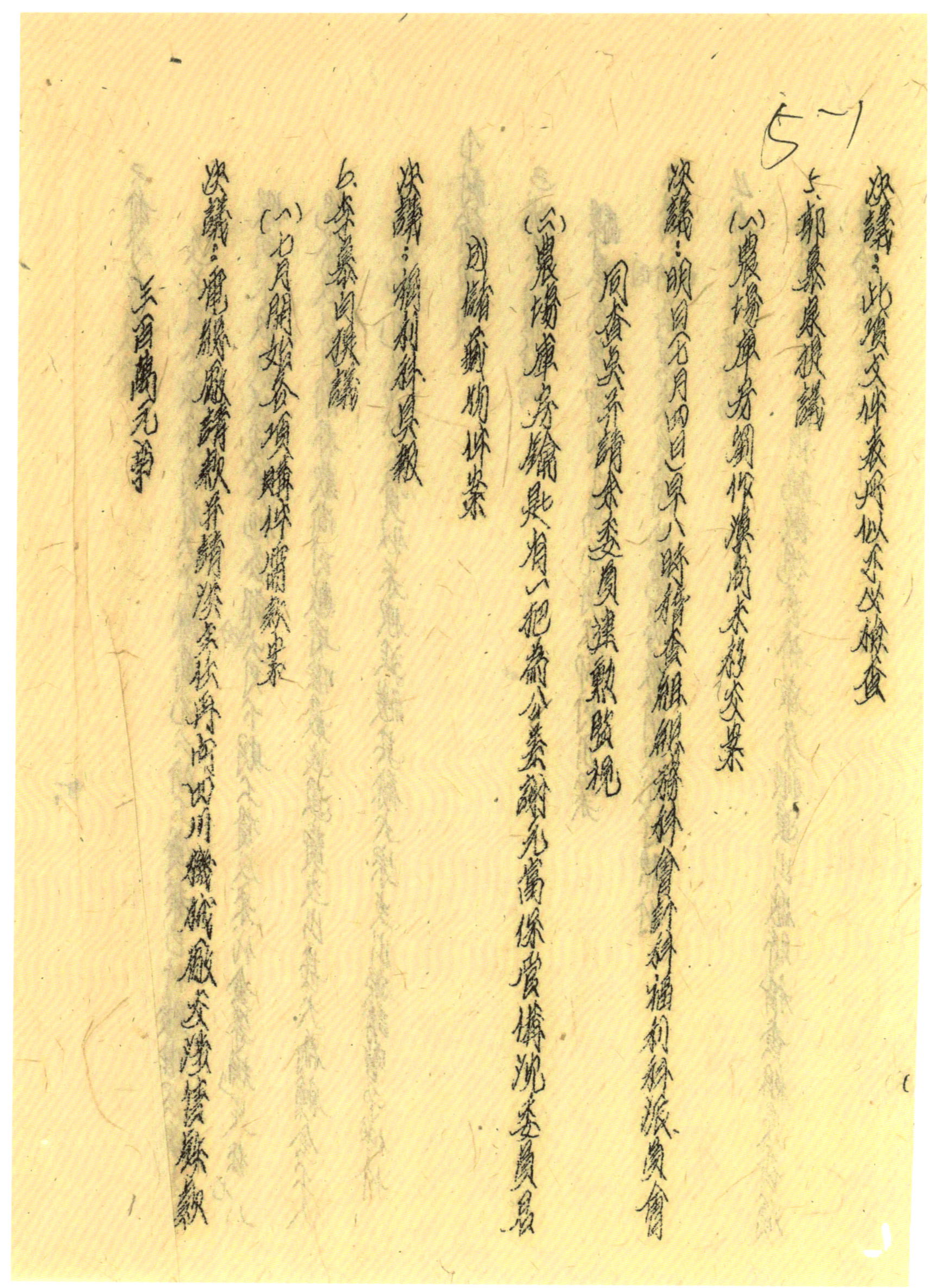

5-1

决议：此项文件发出似不必检查

5、郑泉泉提议

(一)农场库房钢板漏雨未修理案

决议：明日（七月四日）早八时请查组组长会同福利科派员会

同查点并请各委员速勤监视

(二)农场库房钥匙有一把为谷委员光万保管拟请委员长

同论钥匙物件案

决议：福利科负责

6、李基白提议

(一)七月开始会员缴纳伙食费案

决议：电机厂请款并请陈委员秋将内四月机械厂交涉续款

七、临时动议

6-1

（六）六月份兵械消耗兵務科速辦令續案

決議：編制科參照通知兵務科以便辦理

散會

军政部兵工署第五十工厂成都分厂一九四四年第二十七次厂务会议记录（一九四四年七月十日）

蓉分字第1330号

（三）

中华民国三十三年七月廿壹日

蓉字第1730号

47

成都分厂三十三年第二十七次厂务会议记录

地点 工务所

时间 七月十日上午八时

出席人数 顾 林 顾兴义 俞荣贞 郭荣泉 沈世庸

黄继贤 李荣治 孙周义 李鸣仁（王殿英代）

沈英锦 吴大树（公差）

主席 顾 林

纪录 魏家良

行礼如仪

甲 报告事项

一 主席报告

一 上次厂内除待审议决外尚有其他事项须继续执行者有

〇二一

8-1

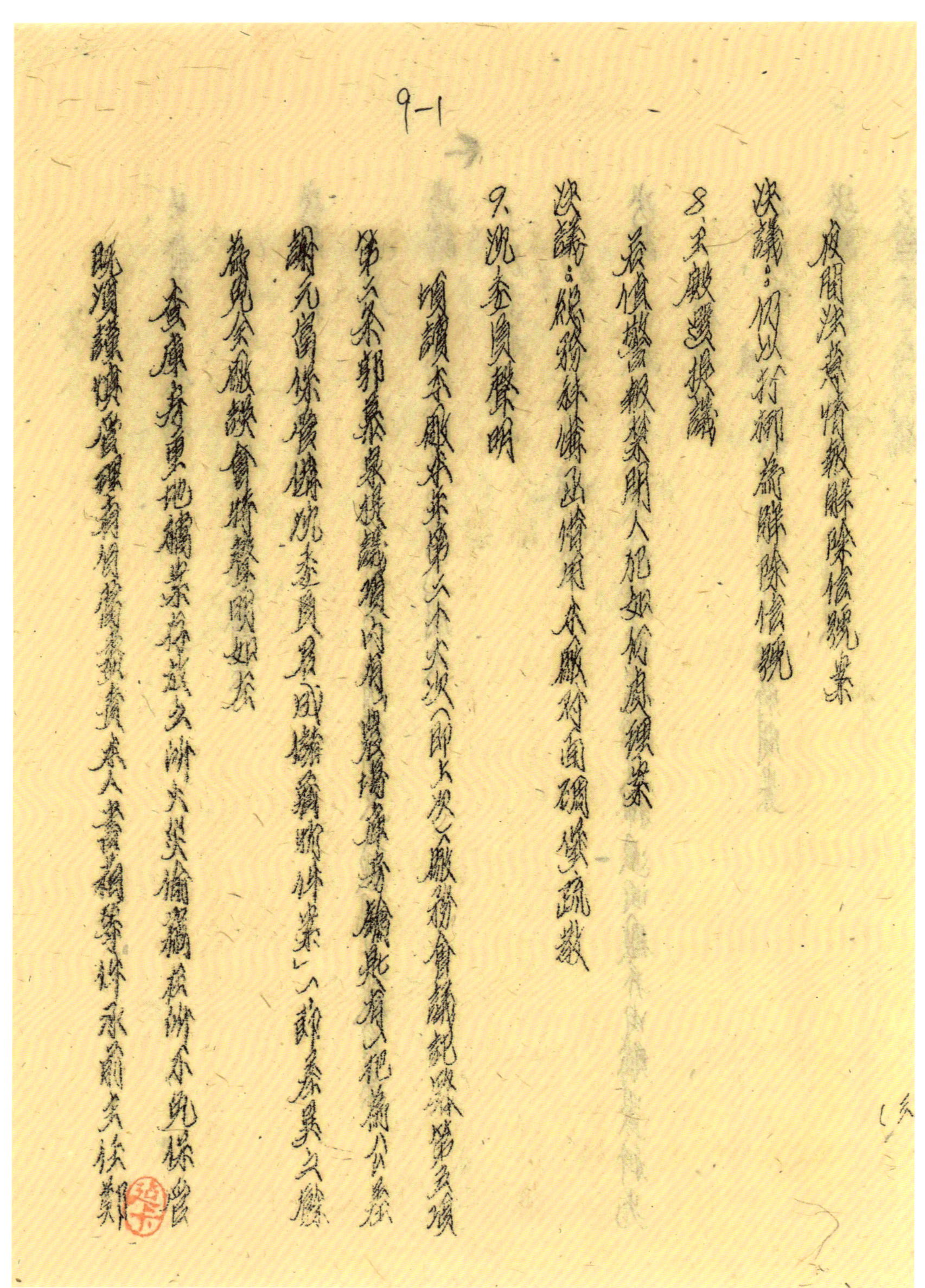

10

自大強丁繳交顧委員好委充公尚存庫內并代衛保管迄
今已有四年此四年中前後歷任委員鑰匙均交收執未發生疑
何遺失之事本人繼任接收亦向前任委員要有收據以為交換憑
不過劉委員劉作濮接事因未具收據同時劉委員又時在外處
理撤職不便索取便起見因與劉委員商定暫時通府辦理
憑本人之鑰匙及鑰匙一把本人亦將此情面告鄭前委員保大強
存案今劉委員辭職於本年五月十七日遞交移交時即將另一把
鑰匙交還於本人何日新當選委員劉委員漢文選入現當將次日
本人即將該鑰匙面交新當選委員之時並且因劉委員移交本
清單持不肯接收本人因當時委員既不肯接收何不能將該
鑰匙交給於何人同時亦囑其委員即散當啟其餘嗅郭新委
迄今僅劉作濮將未清交代辦清以後責任被損劉委員特來

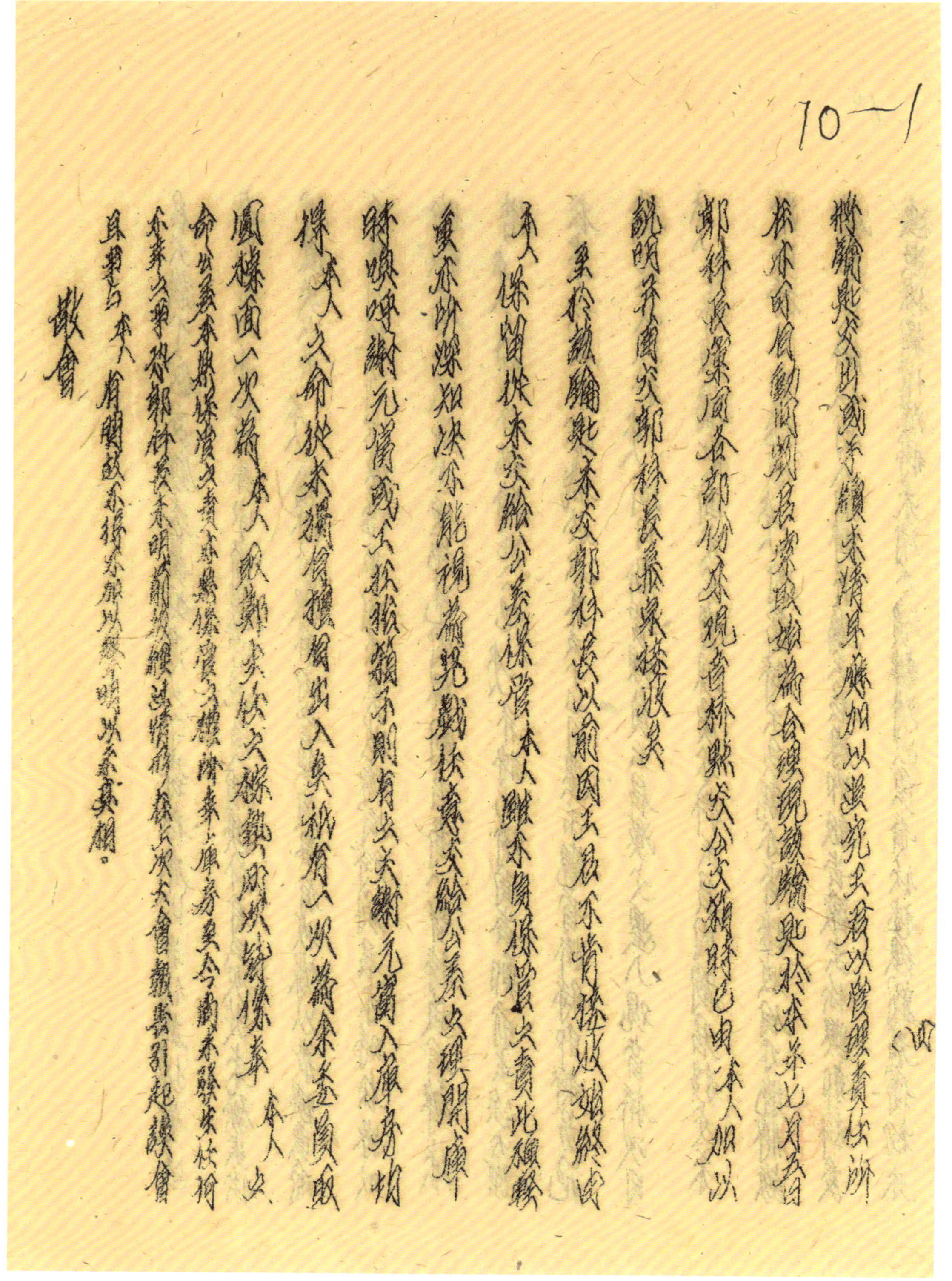

10—1

[illegible]領贓款又以此成本續求[illegible]應加以追究其[illegible]以[illegible]費[illegible]所

於本所民動用則為案[illegible]始為合理現該贓款於本年七月五日

郭科長經辦各部份承領贓款之分發辦時已由本人加以

說明并面交郭科長接收矣

至於該贓款未交郭科長以前因其[illegible]不肯接收始終由

本人保留於未交給公務係保管本人雖不負保管之責此種

責本所深知決不能視為[illegible]贓款於未交給公務之經關庫

時[illegible][illegible]元[illegible]或[illegible]於[illegible]額不則有之矣[illegible]元[illegible]入庫務[illegible]

得本人之命於本[illegible][illegible]出入矣[illegible]有人以為余盜取

[illegible]面入次為本人取[illegible]於文[illegible]則以[illegible]據奉本人之

命公益本所[illegible]入庫務要令本[illegible]於[illegible]

不再之事於郭科長未明之前[illegible]以次大會[illegible]引起誤會

且其[illegible]本人有關此款不得不[illegible]以[illegible]真相。

敬會

军政部兵工署第五十工厂成都分厂一九四四年第二十八次厂务会议记录（一九四四年七月十七日）

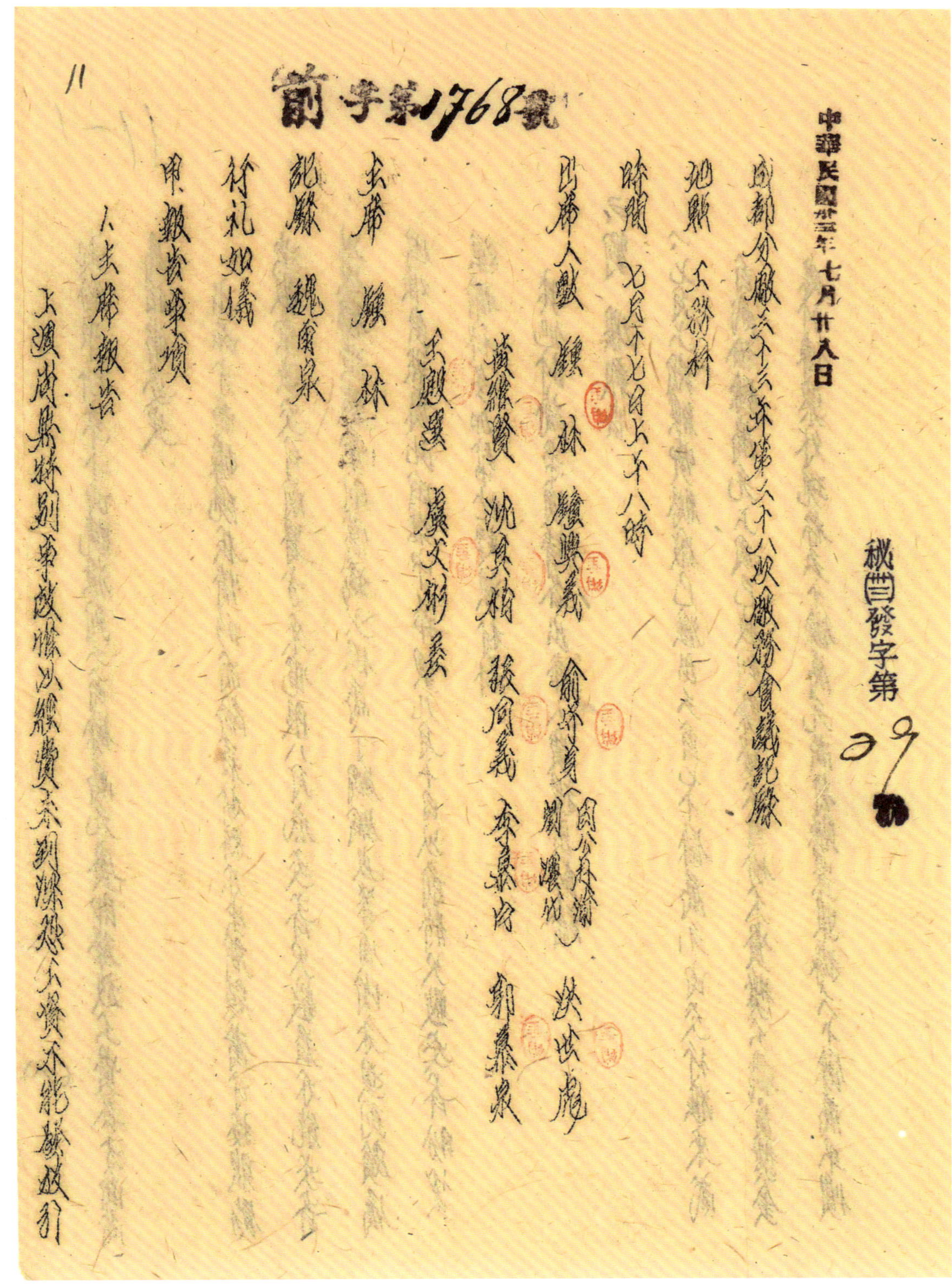

秘書發字第 09 號

前字第1768號

11

中華民國卅三年七月廿八日

成都分廠三十三年第二十八次廠務會議紀錄

地點　本分廠

時間　七月十七日上午八時

出席人數　顧　林　饒興義　俞明身（陳少林代）　劉濃光　洪世彪

黃維賢　沈兵楷　孫同義　李景炎　郭泰泉

王啟選　虞文彬　姜

主席　顧　林

紀錄　魏宗泉

行禮如儀

甲、報告事項

一、主席報告

上週尚無特別事故惟以經費未到深恐工資不能按發引

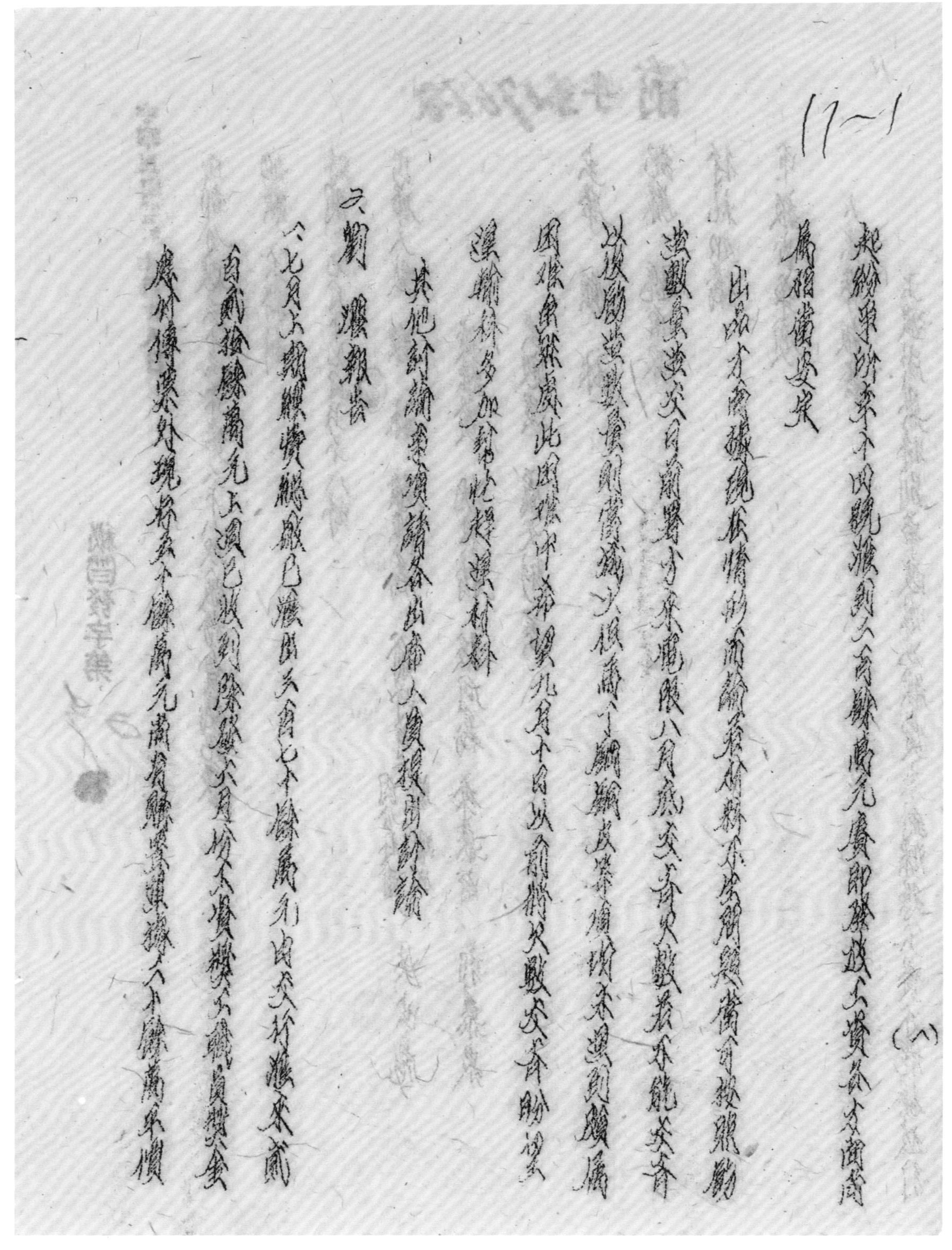

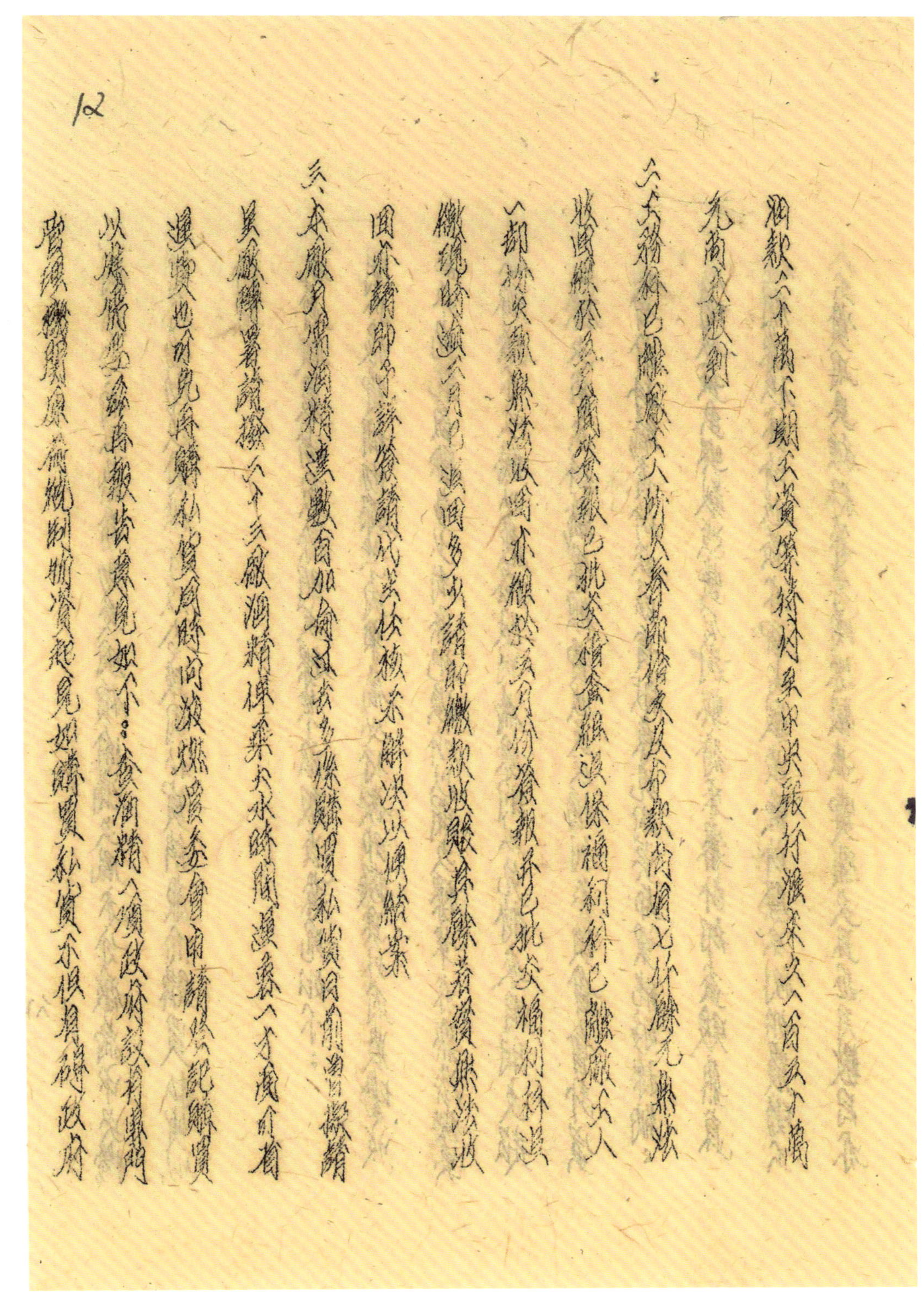

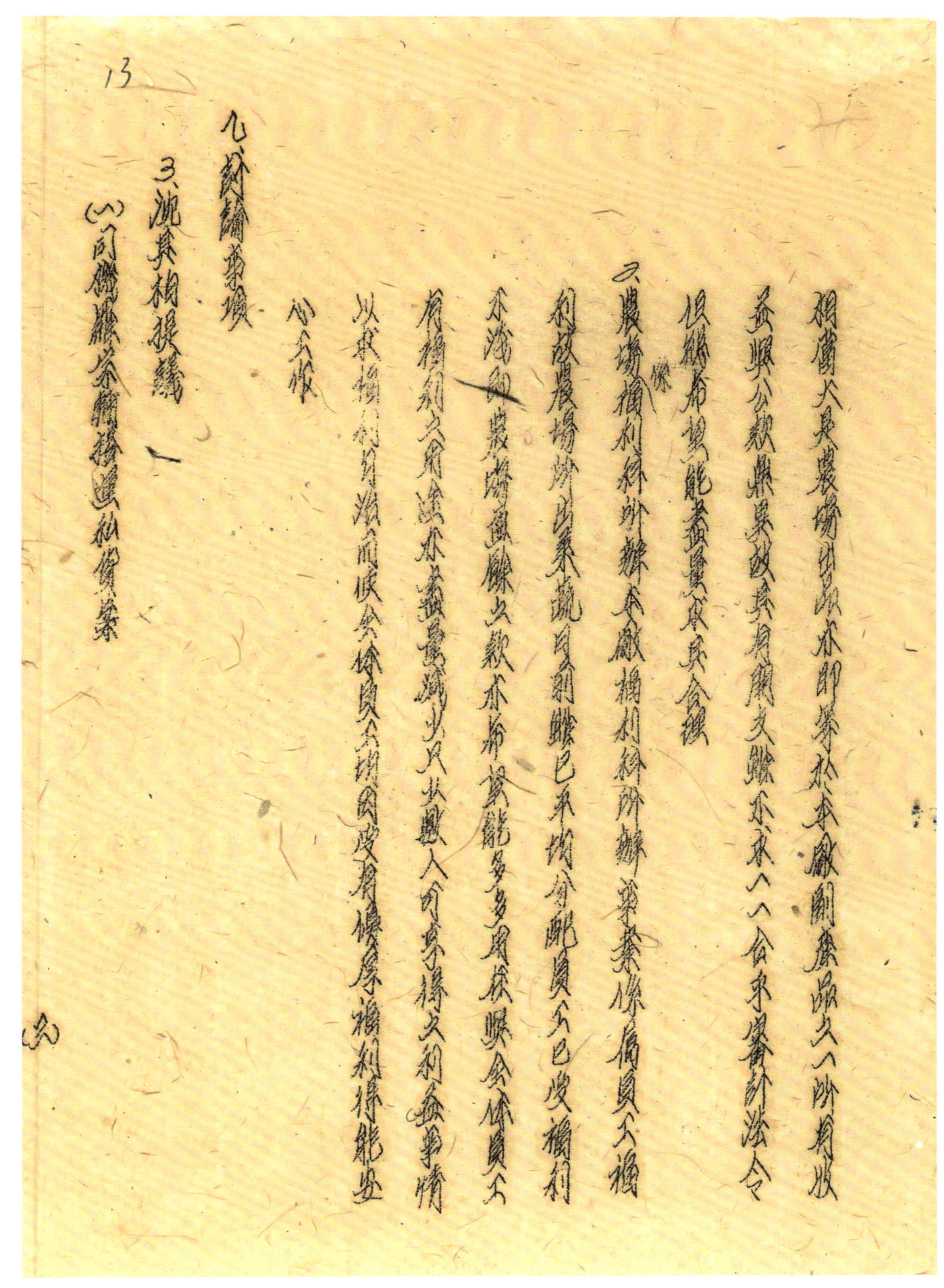

13

相當大之農場均收不即歸於本廠開墾所之入亦有限

並賬公款縣與故縣有關支縣不求人人合求審辦法令

但縣府對能否負擔尚成其合理

六、農場捐利於所辦事業本廠捐利於所辦事業條件負責不捐

利故農場所出菜疏貨剝已承均分配負之已發捐利

不淺農場負擔之款不論能多多原係縣公係負之

有捐利之負擔不甚負擔過少只求無人可求得之利益事情

以收捐利益多而收入繳負之損因受有條件捐利得能安

以上條

乙、討論事項

3、測算損益

(八)同縣機關合辦擴建私貨案

13-1

決議：將會議通過結合會同員役處理結果報核辦

（八）職員眷屬遷廠問題案

決議：從緩核示

（九）鋪設運輸輕便鐵路案

決議：俟行商妥後再行核示

十、郭參議提議

農場種籽購買案

決議：種籽由總務科購買發給，補助各種所用款項，於農場收

益項下開支，不敷數送費由支給

散會

军政部兵工署第五十工厂成都分厂一九四四年第二十九次厂务会议记录（一九四四年七月二十四日）

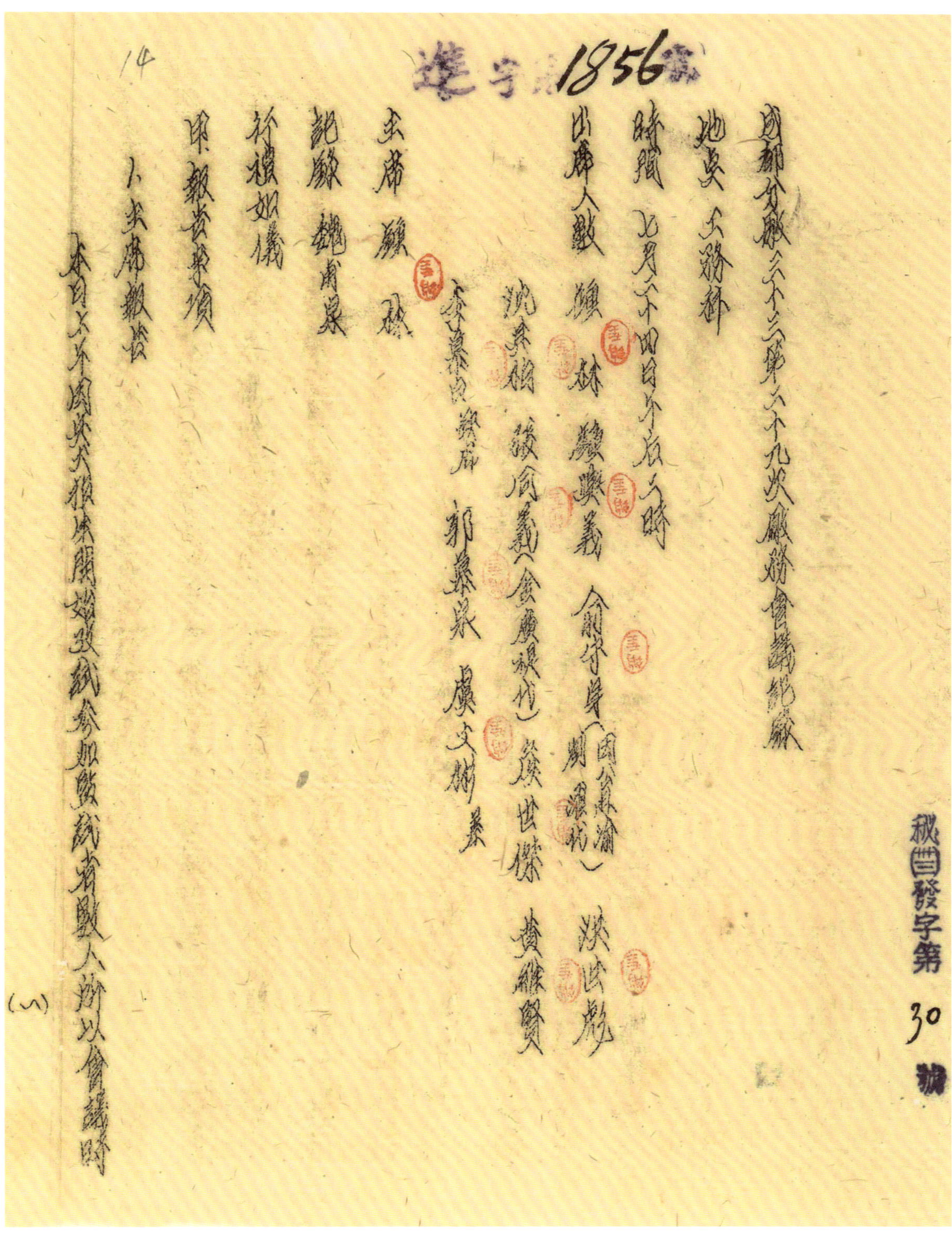

成都分廠三十三年第二十九次廠務會議紀錄

地點 工務科

時間 七月二十四日下午五時

出席人數 顏[illegible] 林[illegible] 駱興義 俞守華（周公綸 劉[illegible]代） 沈世彬

沈[illegible] [illegible] [illegible]義（余康根代） 吳世傑 黃維賢

李[illegible]列席 郭[illegible]泉 盧文彬 [illegible]

主席 顏[illegible]

紀錄 魏[illegible]泉

行禮如儀

甲、報告事項

一、主席報告

本日[illegible]參加[illegible]人[illegible]以會議時

14~1

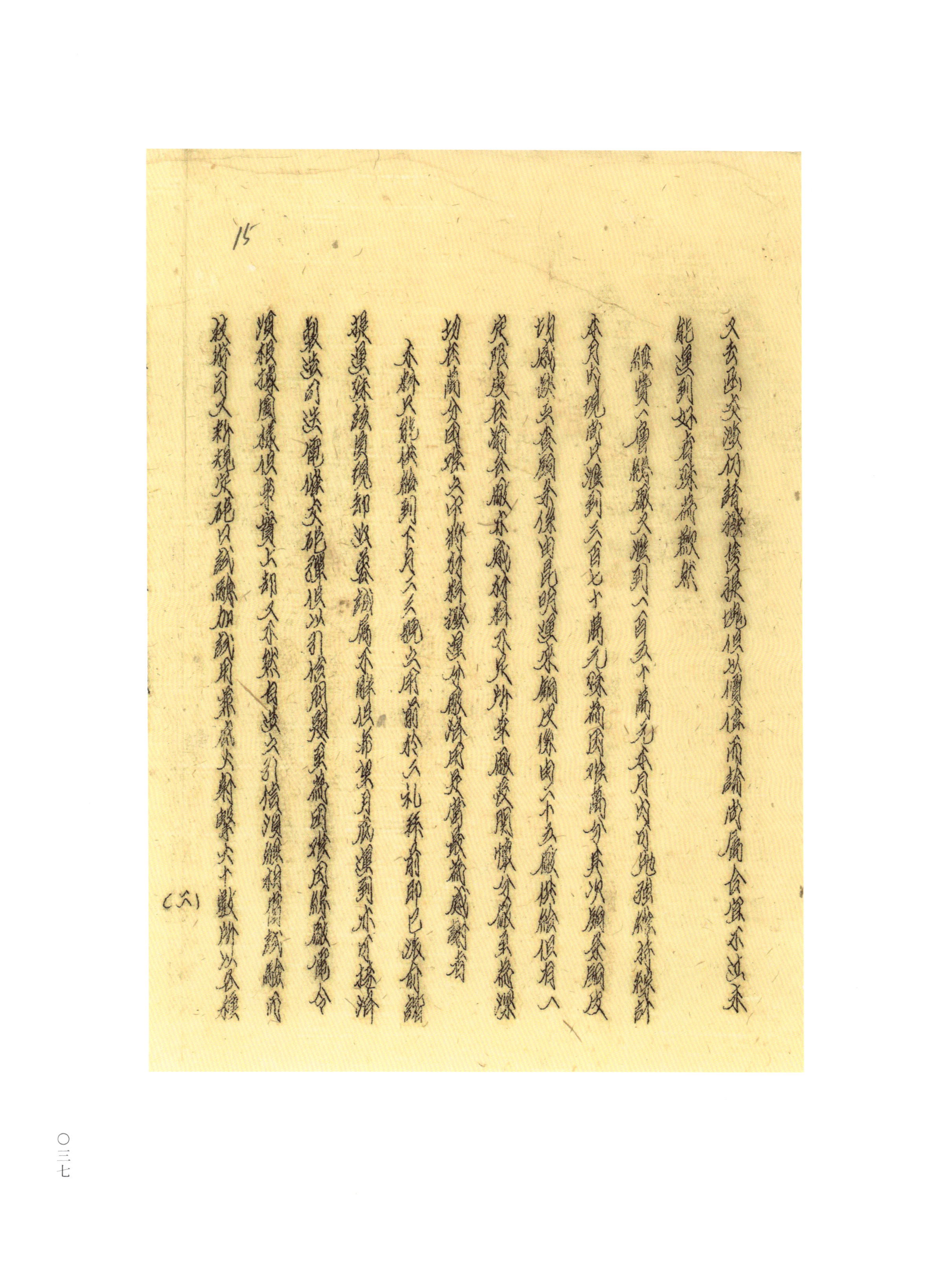

15

(六)

15

問題均集於此時間，故一時未能解決

丙、劉讓報告

審計部派駐審計人員於六月十五出發，檢查各機關之賬簿

員關於付款與過轉會此六項數字未及整理，以致各賬不能結合，有須

轉報付款員與會計科對賬，並將由賬轉付支出各款即辦清手

續，報館與賬戶對付收據之款項亦應清理，各部分倘未辦理清

楚款項者，須即予繳銷轉賬，以免審計員檢閱時發生許多麻煩

核辦

丁、討論事項

一、鄭委員提議

本廠晚間停電時常發生偷竊情事，擬設置夜間巡邏及巡更等案

決議：請稽查組擬具警衛辦法，先行試辦，再行報核

16-7

抗戰勝利，復員之際，尤應格外防範，以策安全。前廠方面尤屬重要，該廠所有各種人員繁雜，務希督飭警衛隊及各棚長亦應負其責任，務須隨時嚴密查察防範為要。

決議：照辦

散會

军政部兵工署第五十工厂成都分厂一九四四年第三十次厂务会议记录（一九四四年七月三十一日）

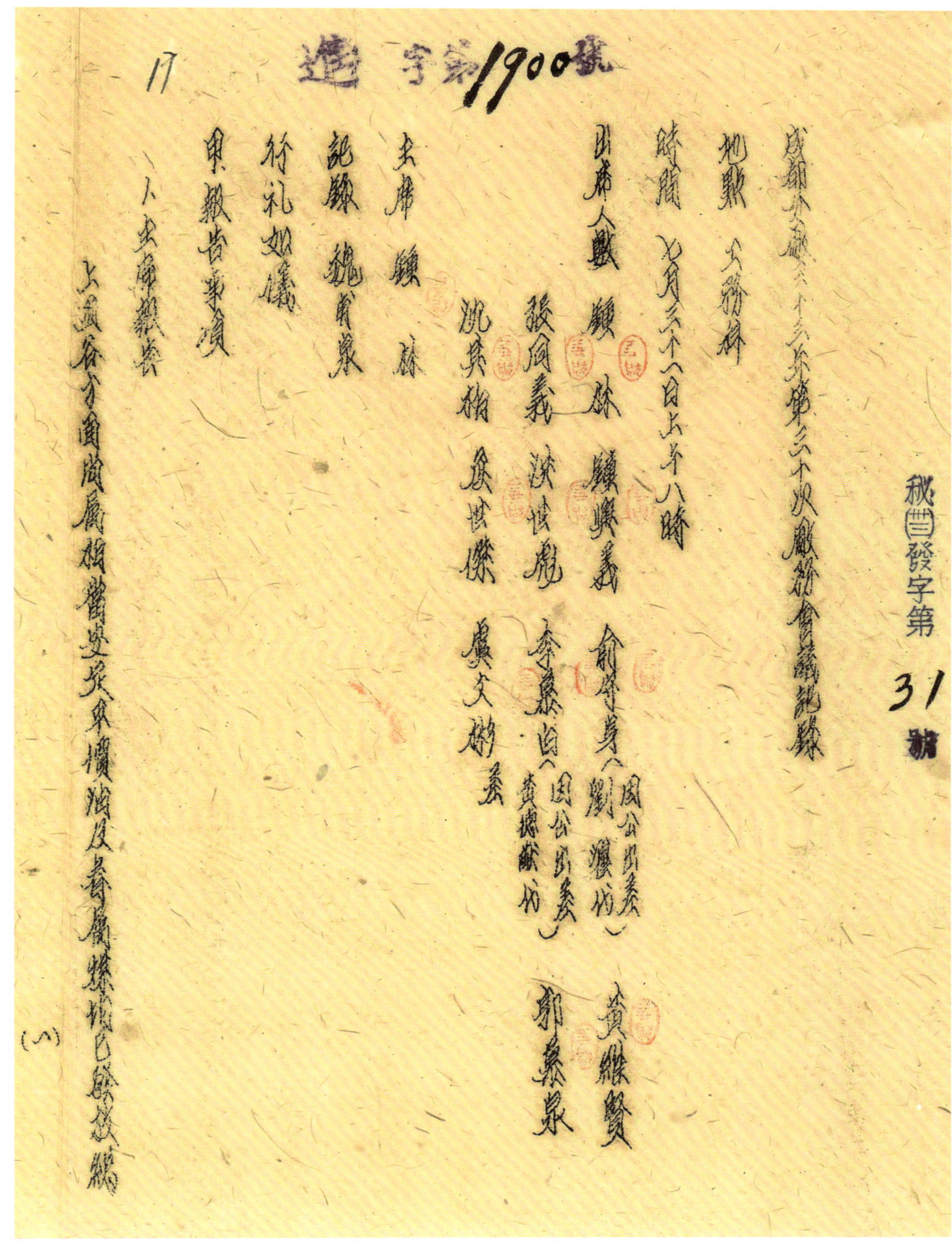

秘书发字第31号

进字第1900号

17

成都分厂三十三年第三十次厂务会议纪录

地点 工务科

时间 七月三十一日上午八时

出席人数 顾 林 顾毓义 俞守身（因公出差 刘濬代） 黄维贤

张同义 沈世彪 李鼎昌（因公出差 黄德献代） 郭鼎泉

沈兵猷 屠世杰 虞文彬 差

主席 顾 林

纪录 魏有泉

行礼如仪

报告事项

（一）主席报告

上次会议各分厂所属将需要装卸及各厂燃料已发放

18

炭由嘉應或由潮至廣州由廣至陽江石橋鎮再由石橋

車運抵桑村再運價所費由資本家運輸材料即遠離條

自水竹縣價火炭及嘉應縣之木料等均能轉至八月底問題

問題

現因缺乏材料九月十日將欠款品交清恐成問題

前此資本家貨本不足檢查出廠困難

引擾後續已發到下月初開始大批燒頗出關

總部送來各項均已購買及蓋蹟各

來路過廣編頭通燈等已發後

乙、前線需要

丙、對滬提議

運來煤炭有時因時間太遲當日不能收發很無益歸及即燒

由滬滬送材料兼來車轉請尊辦案

（六）

18 P

决议：总务科负责验收能办，以后运到之煤验收时须注明运到
数量与吨数，不详明者不予验收，其他凡购运之材料须注明其
实数量。

三、郭泉泉提议
限定员工购领[illegible]购买者最大，请讨论案
决议：须定购买时期，过时即不限定，仍个人员均可发予

4、张润义提议
员工购买本厂合作社无人负责之案，以致各种平价物品不
能及时购买，当否另派员主持，[illegible]合作社[illegible]时人员
请合作社案
决议：交厂总务办

5、沈世彪提议

军政部兵工署第五十工厂成都分厂一九四四年第三十一次厂务会议记录（一九四四年八月七日）

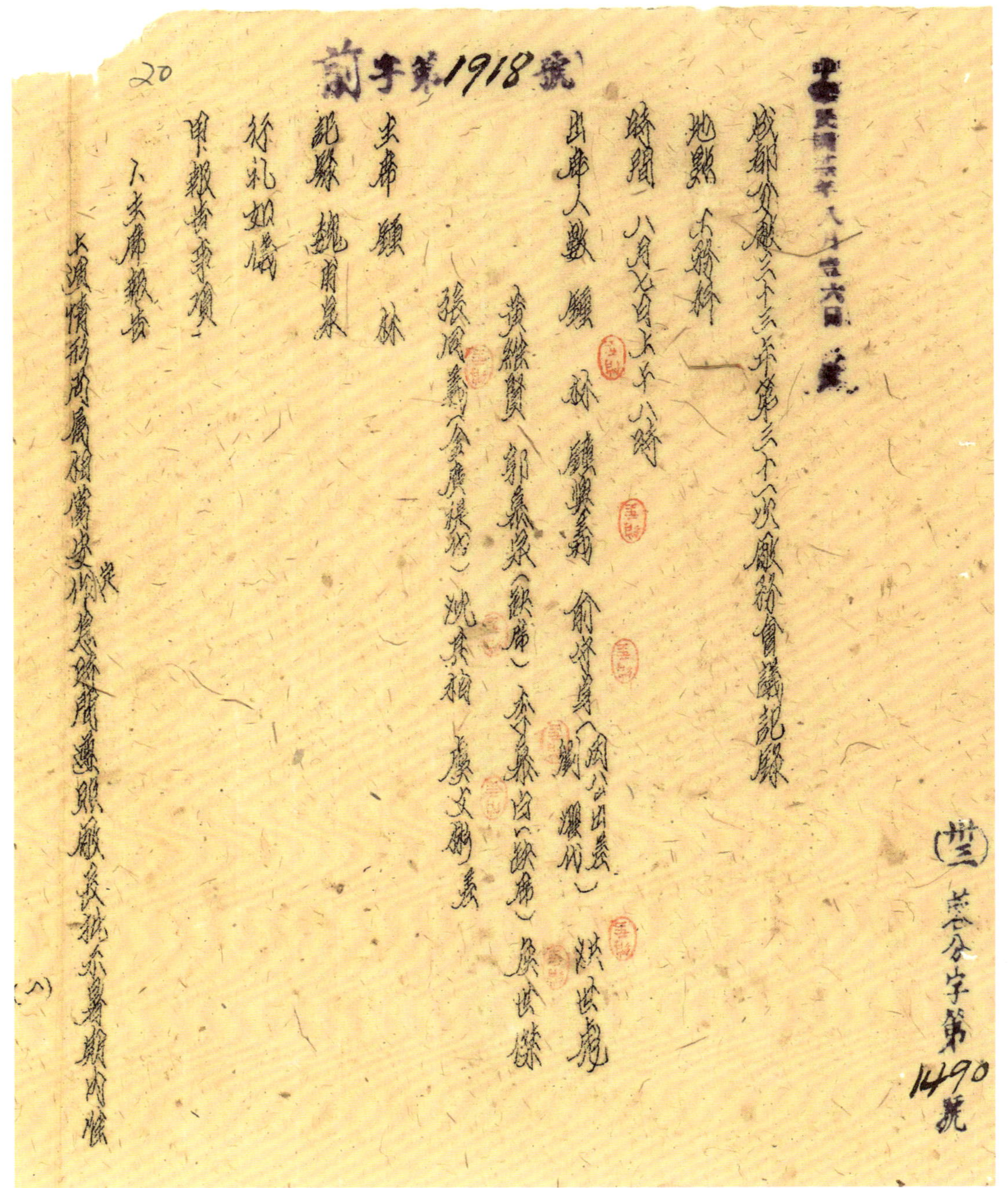

（卅三）蓉分字第1490號

中華民國三十三年八月十六日 收

前字第1918號

20

成都分廠三十三年第三十一次廠務會議記錄

地點 工務科

時間 八月七日上午八時

出席人數 顧 林 顧興蕃 俞啓葆（因公出差 劉灝代） 洪世虎 黃維賢 郭燊泉（缺席） 李燊尚（缺席） 吳世傑 張鳳翔（金廣禄代） 沈來福 廖文樹 差

主席 顧 林

記錄 魏肖泉

行禮如儀

甲 報告事項

一、主席報告

上週情形尚屬相當安定，……

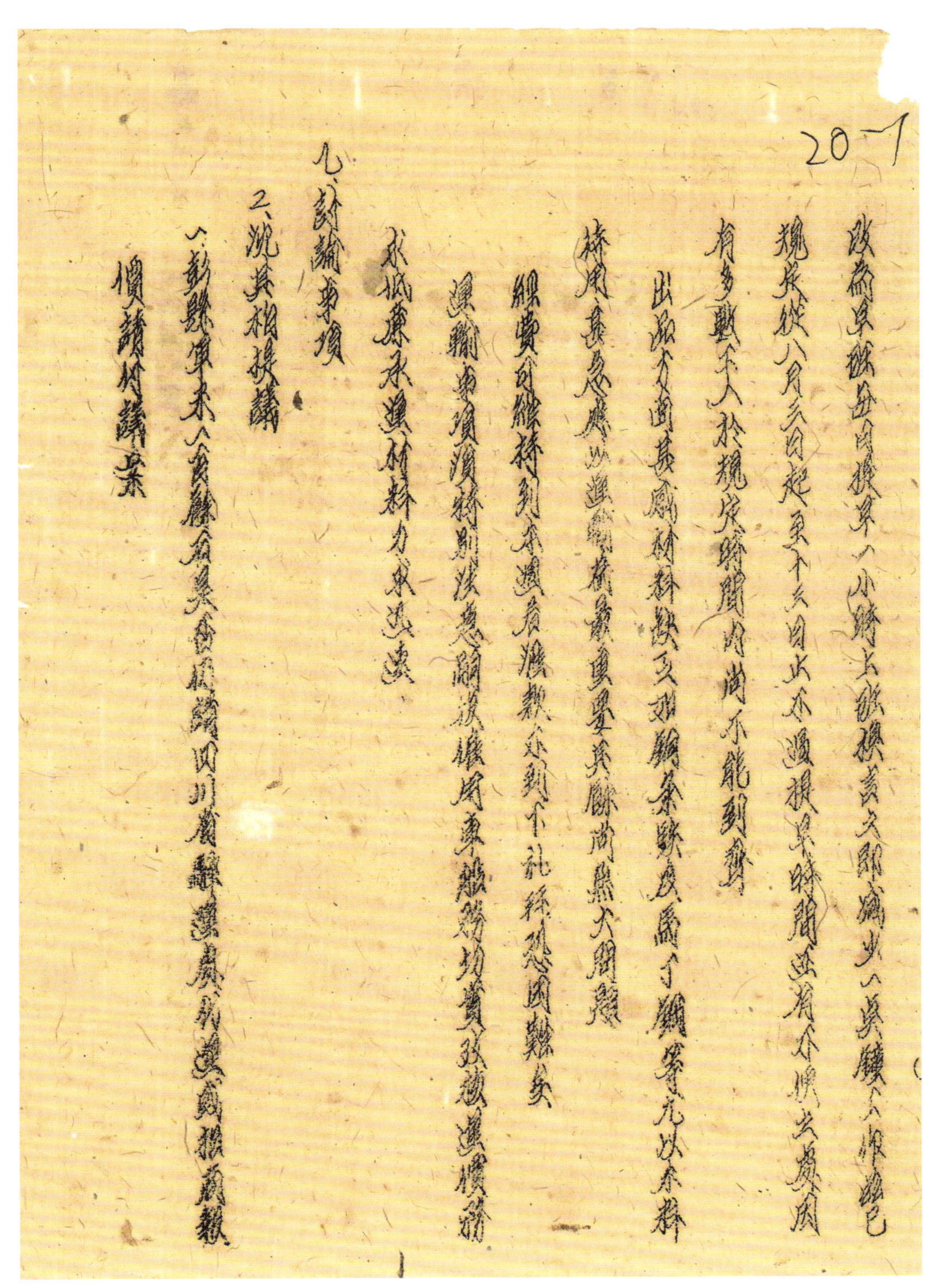

21

決議：由運輸科負責辦理

三、水運各項材料擬請本處通知川滇聯運處代運請討論案

決議：運輸科接洽

四、能否攜帶抗槍自起運案

決議：不予採用

四、來料不合規格每因不能照期驗收擬請驗收科內運送公司交換案

決議：驗收與採購科會同辦理手續

五、以後水運材料請辦保險案

決議：運輸科先行辦妥保險費用

丁、驗收科提議

八、廠務會議列席人員應增列出席以利商討案

決議：因特殊事由不能出席者須請託代理

（六）

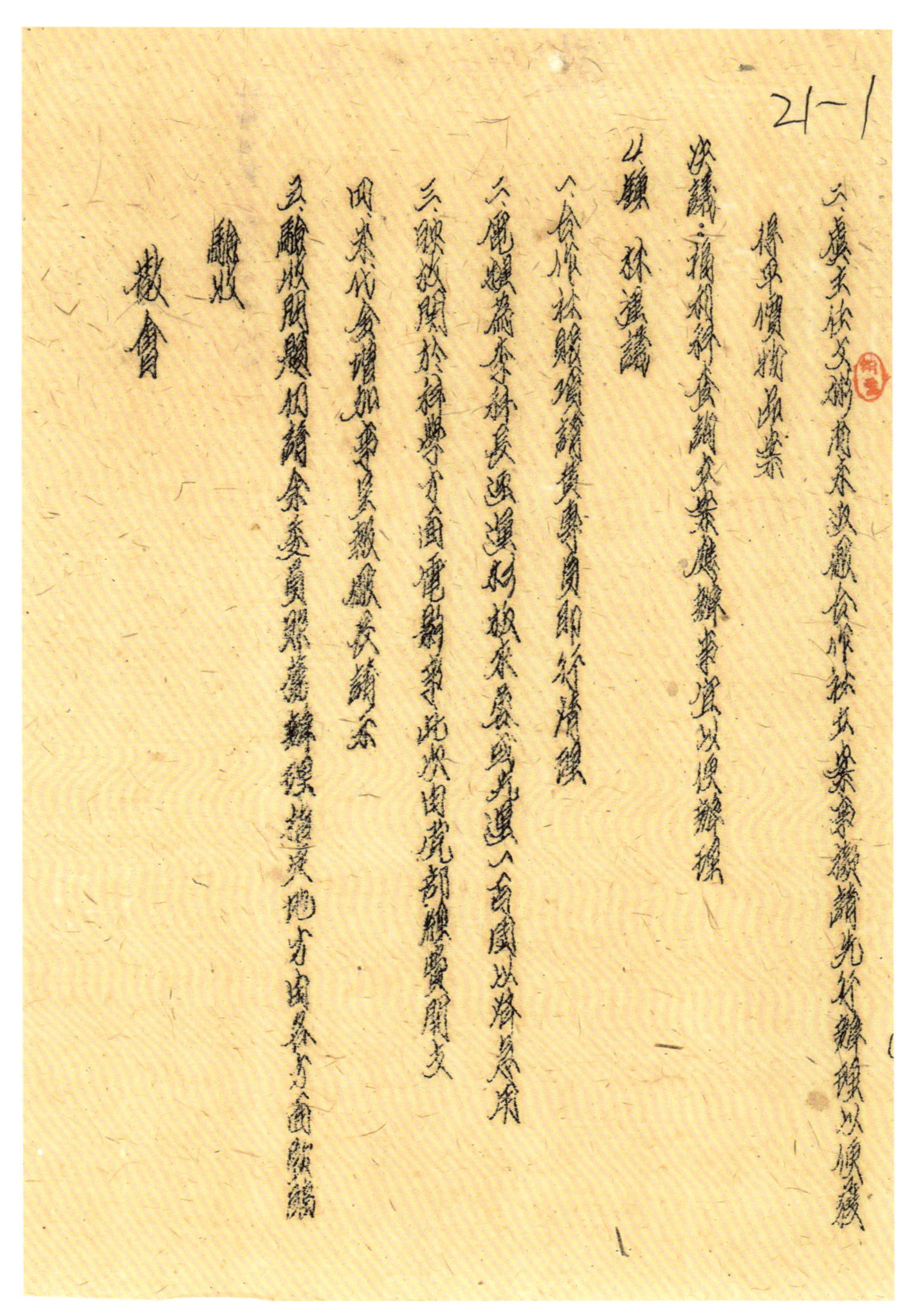

军政部兵工署第五十工厂成都分厂一九四四年第三十二次厂务会议记录（一九四四年八月十四日）

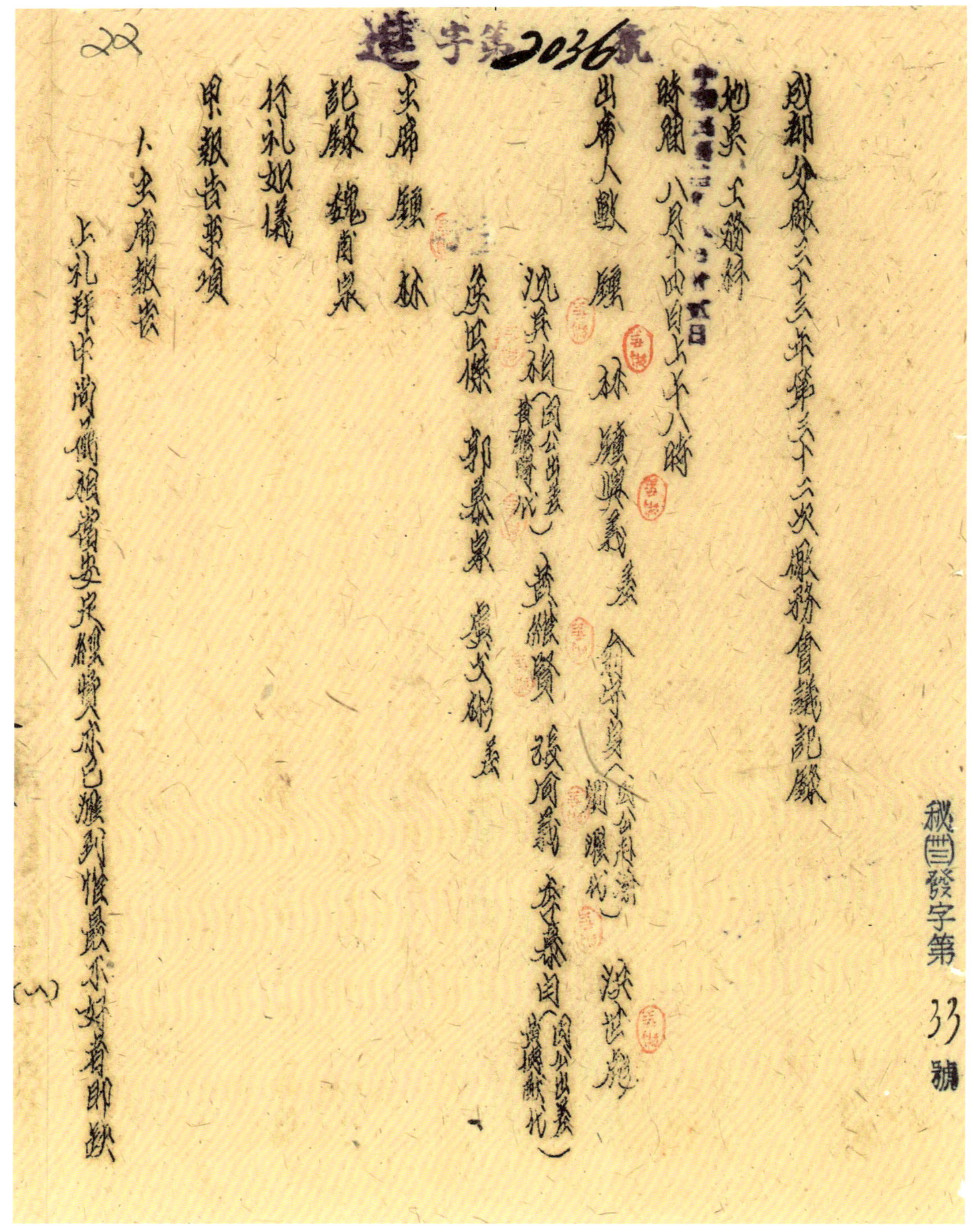

進字第2036號

秘（書）發字第33號

成都分廠三十三年第三十二次廠務會議記錄

地點　工務科

時間　八月十四日上午八時

出席人數　顧　林　[illegible]義（委）　俞[illegible]身（因公出差　閻[illegible]代）　[illegible]

沈其祖（因公出差　黃[illegible]代）　黃繼賢　張[illegible]　[illegible]（因公出差　[illegible]代）

吳[illegible]　郭慕泉　吳文[illegible]（委）

主席　顧　林

記錄　魏甫泉

行禮如儀

甲　報告事項

一、主席報告

上禮拜中尚[illegible]

22-7

木板頭皮

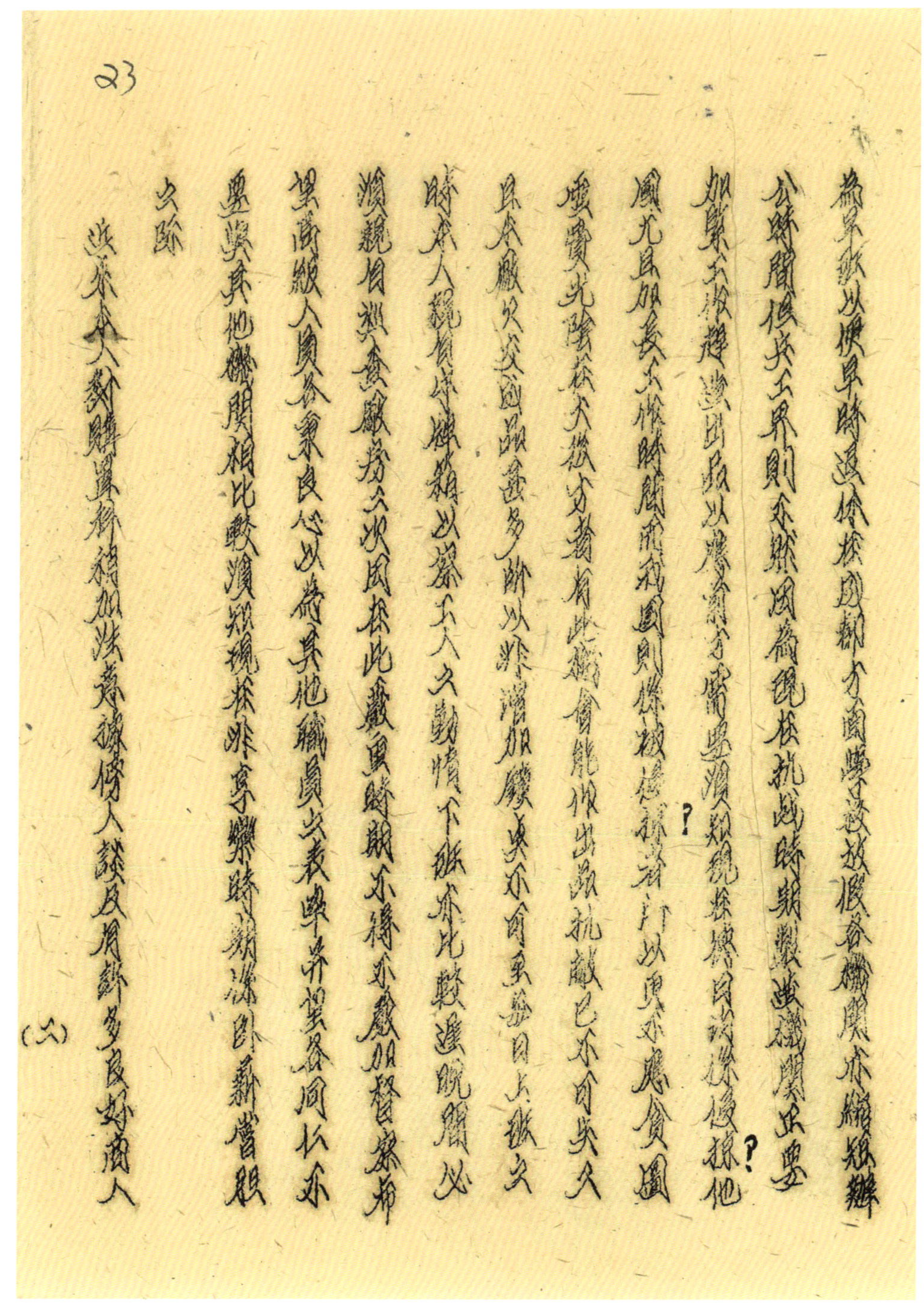

23

為早繳以便早時返修於國都方面學習設備廠亦編組辦

公時間從兵工界則於國為現在抗戰時期製造機關必要

加緊工作趕造出品以應前方需要須知現在機關自此以後孫他

國光良加長工作時間而不國則條被禍將行以更不應貪圖

暫安光陰於工作方面有此機會能作出品抗敵已不可失之

良好機會亦並無多所以非常加緊工作不可並且上級交

時本人親自督促以察工人之勤惰工作比較進展必

須親自督促各廠務之狀況於此敵人尚不得不嚴加督察

果為各級人員各負責良心以為其他職員之表率並望各同仁亦

盡與其他機關相比較須知現在非常時期須深自警惕

交際

此外本人對於員工請求加以注意誘導教人談及有許多良好商人

（六）

24

決議：遵兵工署頒發新八月工人薪工八月按例發之日起施行

三、員工出入廠門多有不便，請攝製以識別證討論案

決議：總務科通傳照辦

五、本廠工人智識較低，對於廠規多不明瞭，因此常與衛兵發生爭執案

謂之衛兵對於工人員亦多懷抗視之心，為今後避免類此之

事發生計，擬請由各部主管長官利用工餘時間或其他機

會隨時予以訓導訓話，俾使明瞭工人應守之本分及應遵

守廠規之重要

決議：由各部主管人員隨時注意訓話

四、本廠三十三年度職工考績辦法應如何予以製填發請公決案

決議：由廠務科照辦法送交備查組填發

散會

军政部兵工署第五十工厂成都分厂一九四四年第三十四次厂务会议记录（一九四四年八月二十八日）

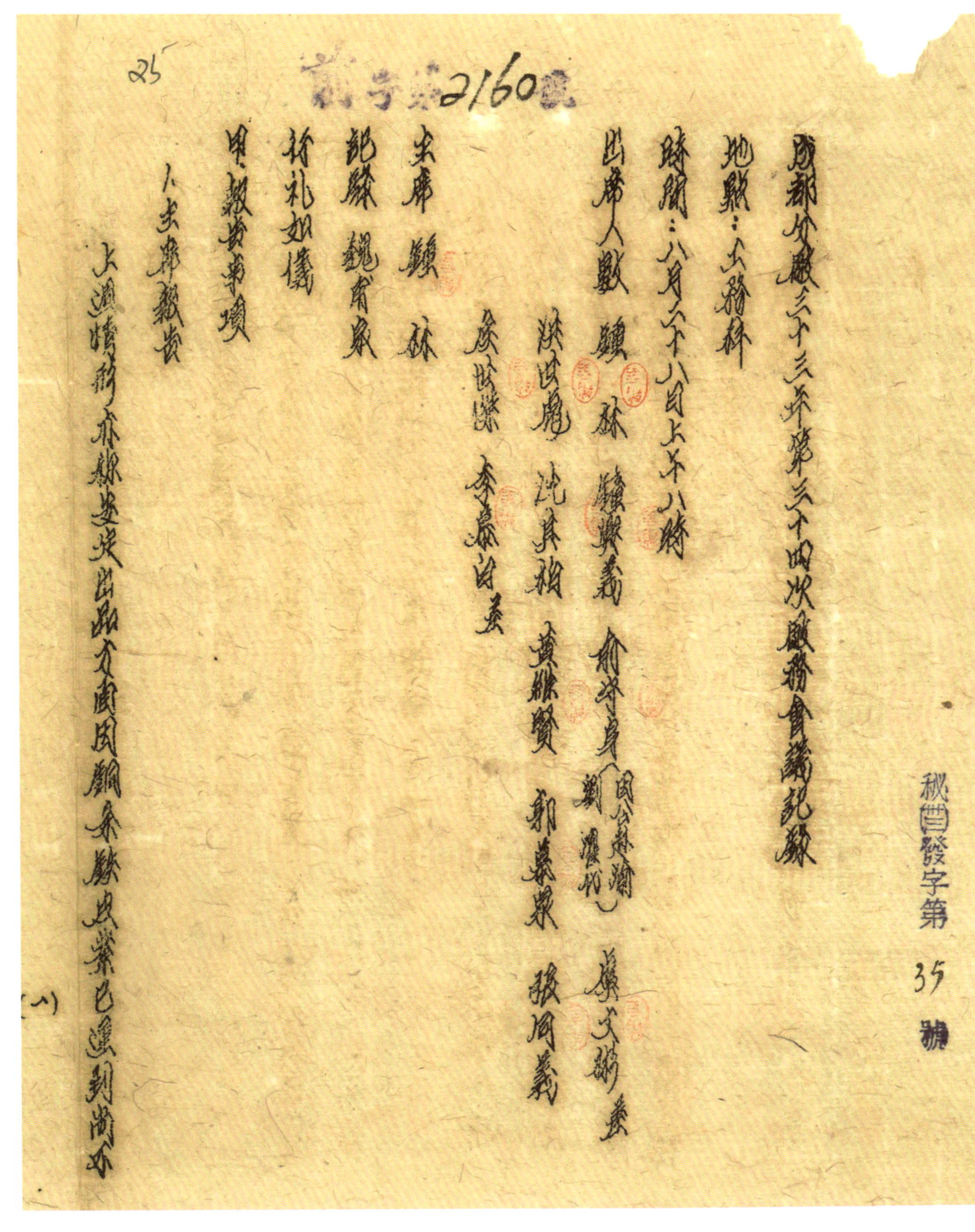

秘書發字第35號

成都分廠三十三年第三十四次廠務會議紀錄

地點：工務科

時間：八月二十八日上午八時

出席人數：顧林　鍾贊義　俞斗勇（周公赫澍　劉濬代）　蕭文澍　委

洪世麓　沈其裕　黃維賢　郭慕泉　張同義

侯世傑　李慕周　委

主席　顧林

紀錄　魏甫泉

行禮如儀

報告事項

一、主席報告

上週情形：本廠要案出品交貨因銅條缺乏業已遇到尚未

（一）

25-1

26

不計費煤不過五六頓若由滬運來運費於價不少此

項廢鋼可鍛材料明年五六月

製造廠但引擎除火爐外各機業已製成外其他零件各數火爐

連原機件及挽彎機器零件須希望工程師於下月十日以

前設計完善以後從事工作則以後全無所顧此項工作延遲

原因係因無機器全備自己設計比較困難現在有分廠久能

繼續計行換機工會並廠長熟悉者以真質

工場出品情形如其他材料不發生問題則可如期辦理

至今九月十日前交換工場方面發生製作系統就擱而他

方面則有競爭影響甚大殊覺痛心

六、劉瀛報告

一、據許卿巡迴營造部人員聞將於九月初來分廠視察發弃

（六）

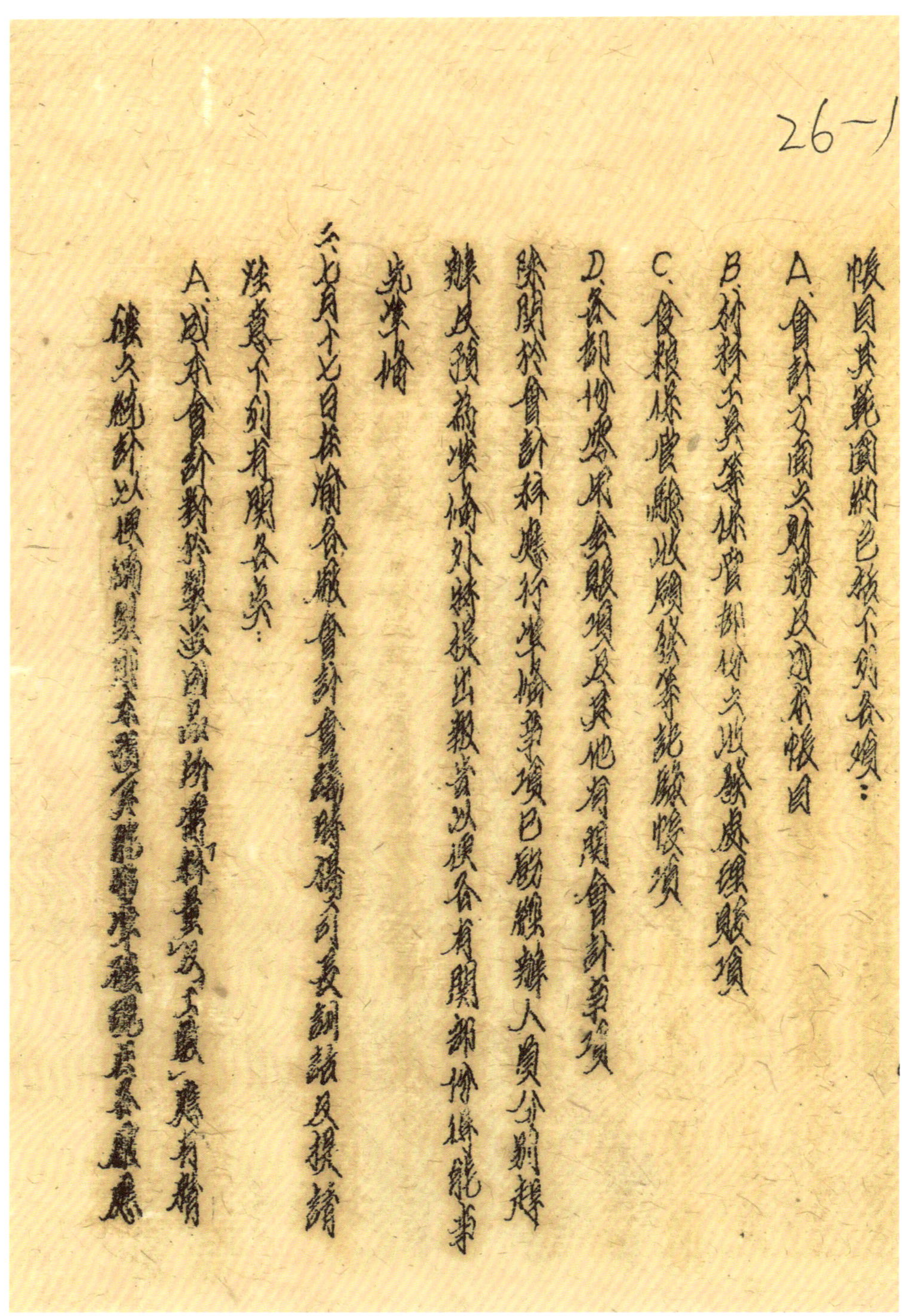
26-1

帐目其范围约包括下列各项：

A、会计之审核、财务及收支帐目

B、材料之采购保管部份之收发处理账项

C、食粮保管验收领发等账簿项

D、各部份零星分配项及其他有关会计事项

关于会计科处行政事项已经办人员分别拟

办及预筹准备对于拨出款项以便会有关部份能导

先准备

三、七月十七日本厂各厂会计会议时所列各项议及提请

核议下列有关各案：

A、成本会计对于制造费用之分配方法费用分摊应有精

确之统计以便调整制造费用分配由本厂总办处

27

即編製乙丢九月份成本預算表於八月底以前呈署

B 請各廠按照本署三十四年度施政方針并根據各廠機器預擬明年全年能造械彈數量編具計劃及預算於七月十五日以前呈署此案務請各廠速辦并希於八月前呈署

C. 各廠所有材料成品半成品及辦公用品等前經以渝造(32)乙字第11936號令飭各廠並案以資實地盤存一次至本年度終盤存報告并限於本年八月底前報署在案茲查尚有多廠未報應速將本年初盤存結果列表報署

關於(A)項會計材料對於製造成品所需材料之及之數要有精確之統計必須本務員商同於量予以方便始克奏功自前一至六月份工作單各部份多未送齊以致各製造品賬無法

(三)

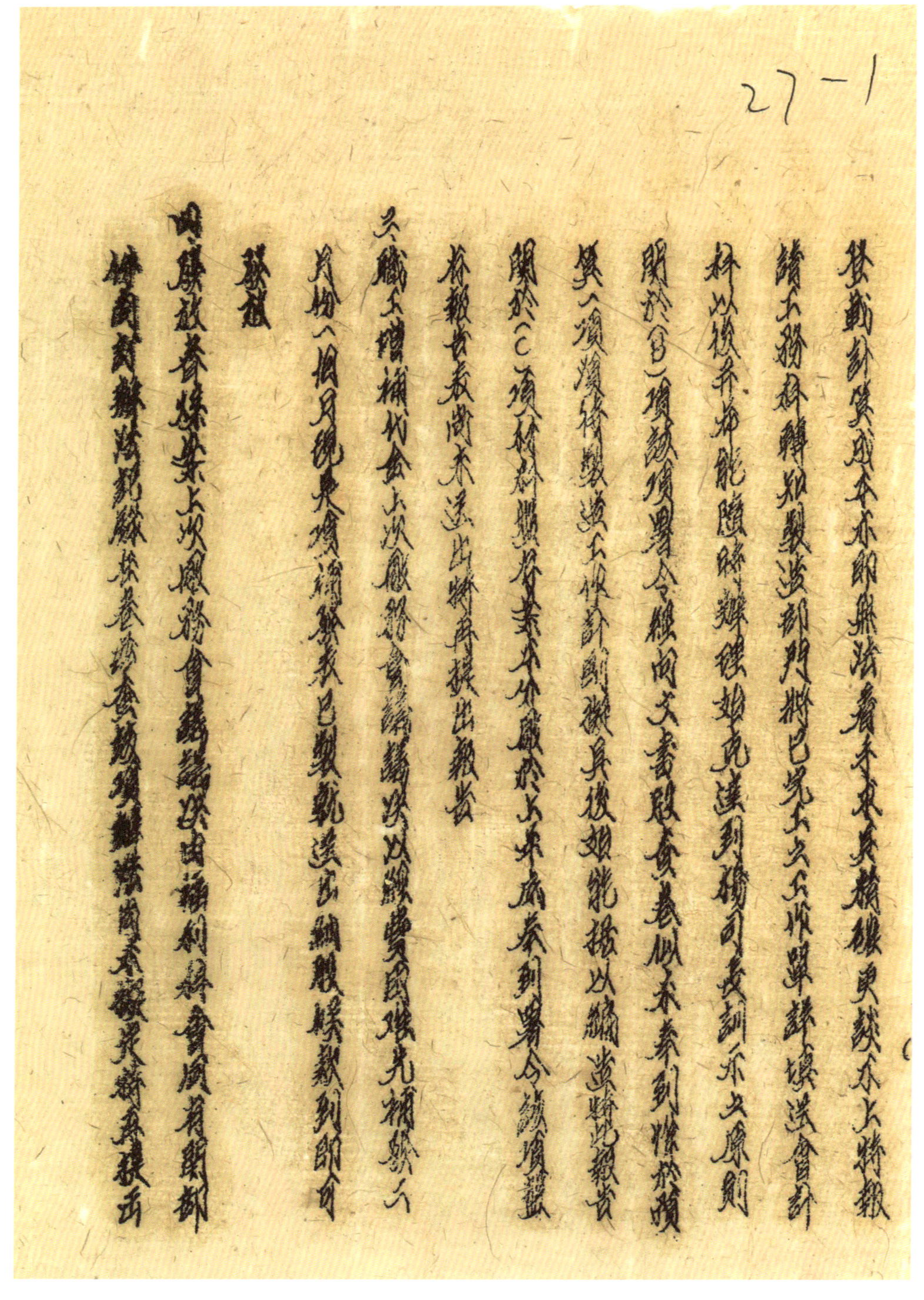

27-1

登載帳簿成本亦即無法看齊本表精確更談不上將報
請上級轉知製造部門將已完工之工作單趕速送會計
科以後本廠能隨時辦理結算始克達到獲司長訓示之原則
關於（乙）項缺須帳冊今總由文書股負責惟本年到檔於頃
[illegible]八項續須待整理不但浩繁且頗難手提以編造將此報告
關於（丙）項材料帳目本年本廠於上年底奉到署令飭須整
理報告表尚未送出將再提出報告
又職之增補代會上次廠務會議議決以職費因派先補發八
月份八個月現又編製表已製就送出隨後續列部會
[illegible]
四[illegible]案上次廠務會議議決由稽核科會同有關部
[illegible]

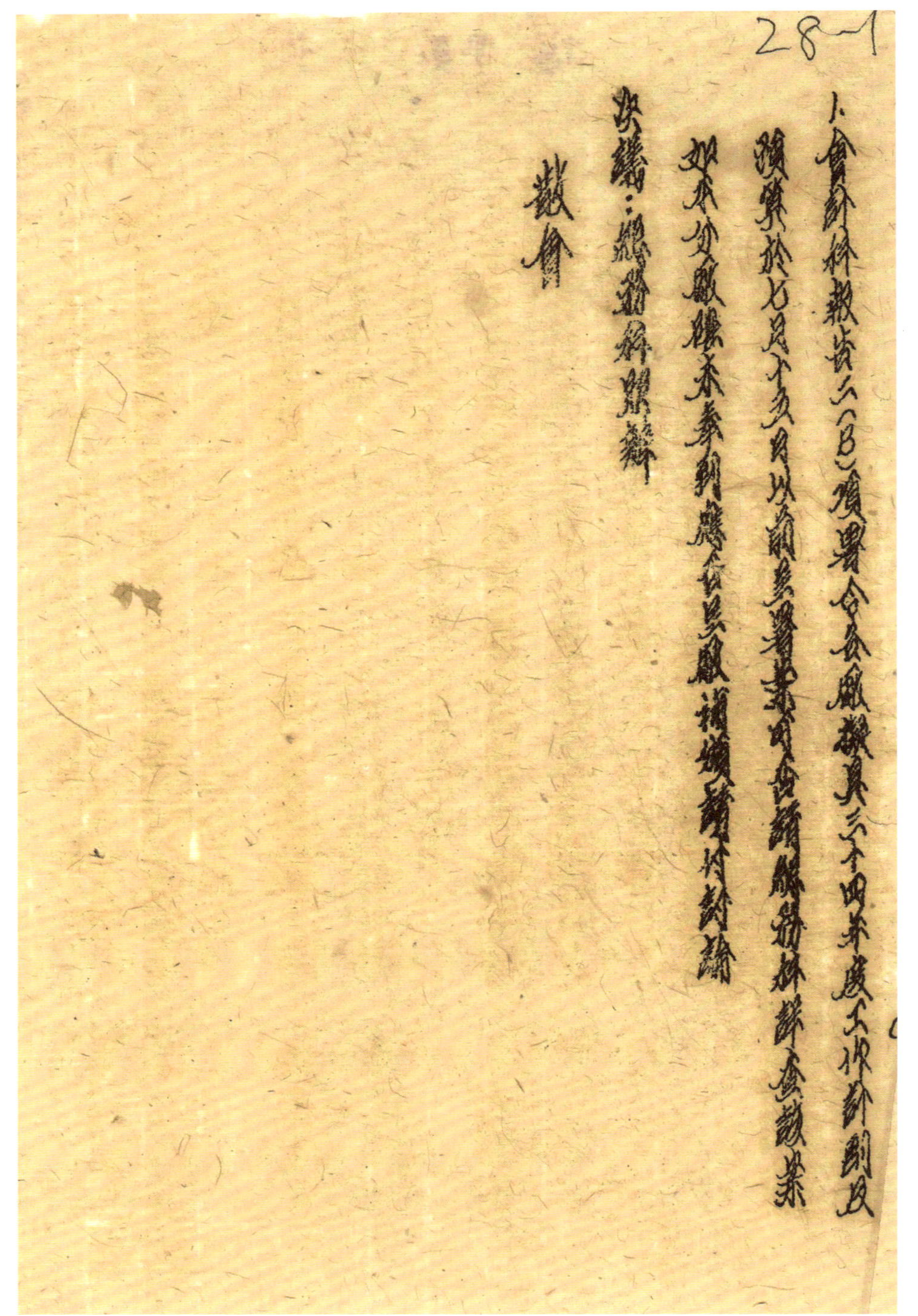

28-1

上會計科報告二(B)項署令各廠擬具三十四年度工作計劃及預算於七月十五日以前呈署業已由會計股彙辦呈署鑒核案如本分廠據本參酌應否另廠補填辦法討論

決議：總務科照辦

散會

军政部兵工署第五十工厂成都分厂一九四四年第三十五次厂务会议记录（一九四四年九月四日）

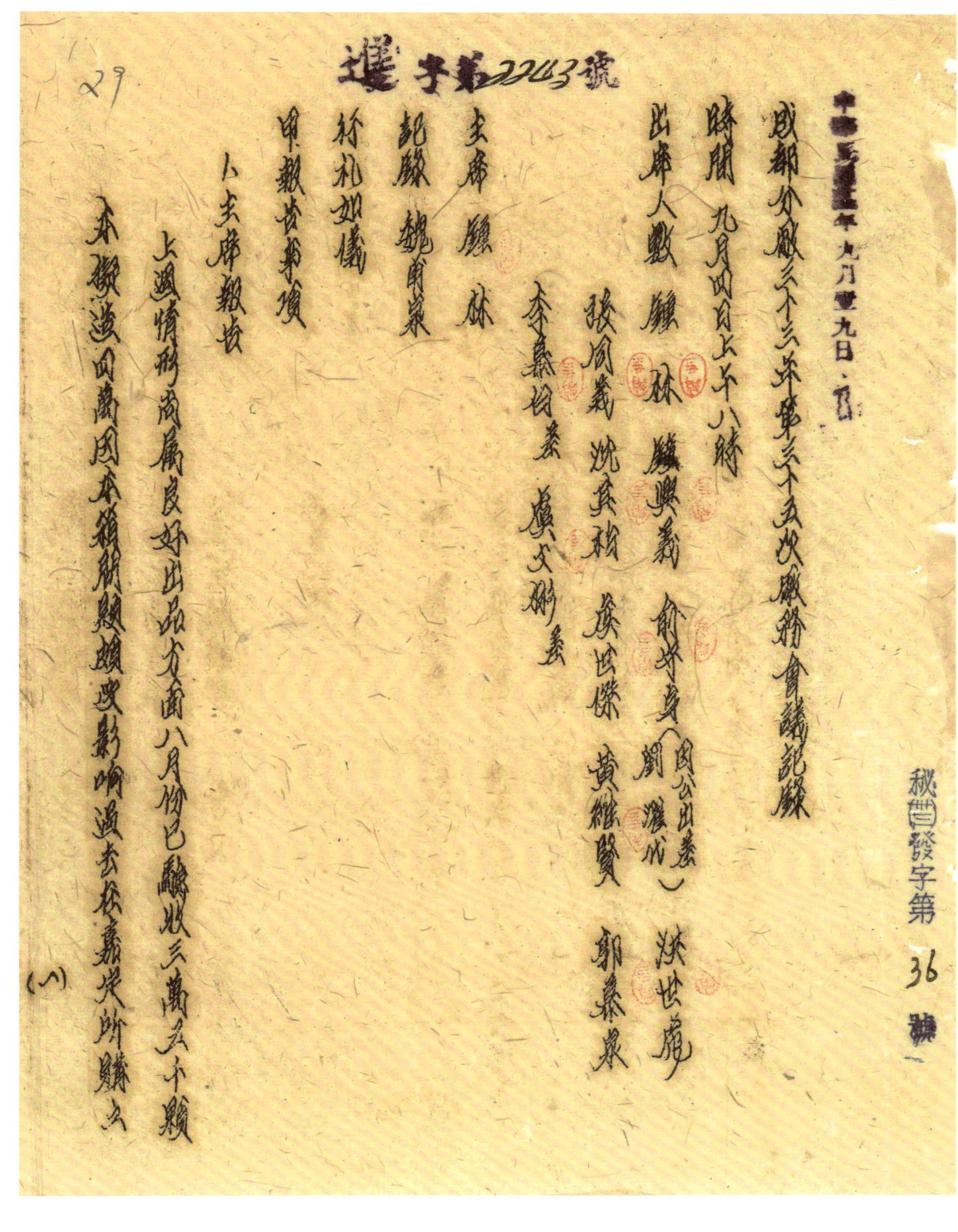

選字第22263號

29

中華民國卅三年九月廿九日 收

秘書發字第36號

成都分廠三十三年第三十五次廠務會議記錄

時間 九月四日上午八時

出席人數 顧 林 顧興義 俞守身（因公出差） 劉滋成 沈世鹿

張鳳義 沈英秋 蔡世傑 黃繼賢 郭鼎泉

李嘉裕 代 虞文彬 代

主席 顧 林

記錄 魏甫泉

行禮如儀

甲 報告事項

1. 主席報告

上週情形尚屬良好，出品方面八月份已驗收三萬五千顆

本廠近因商因本省所購賦頗受影響過去在嘉定所購之

（八）

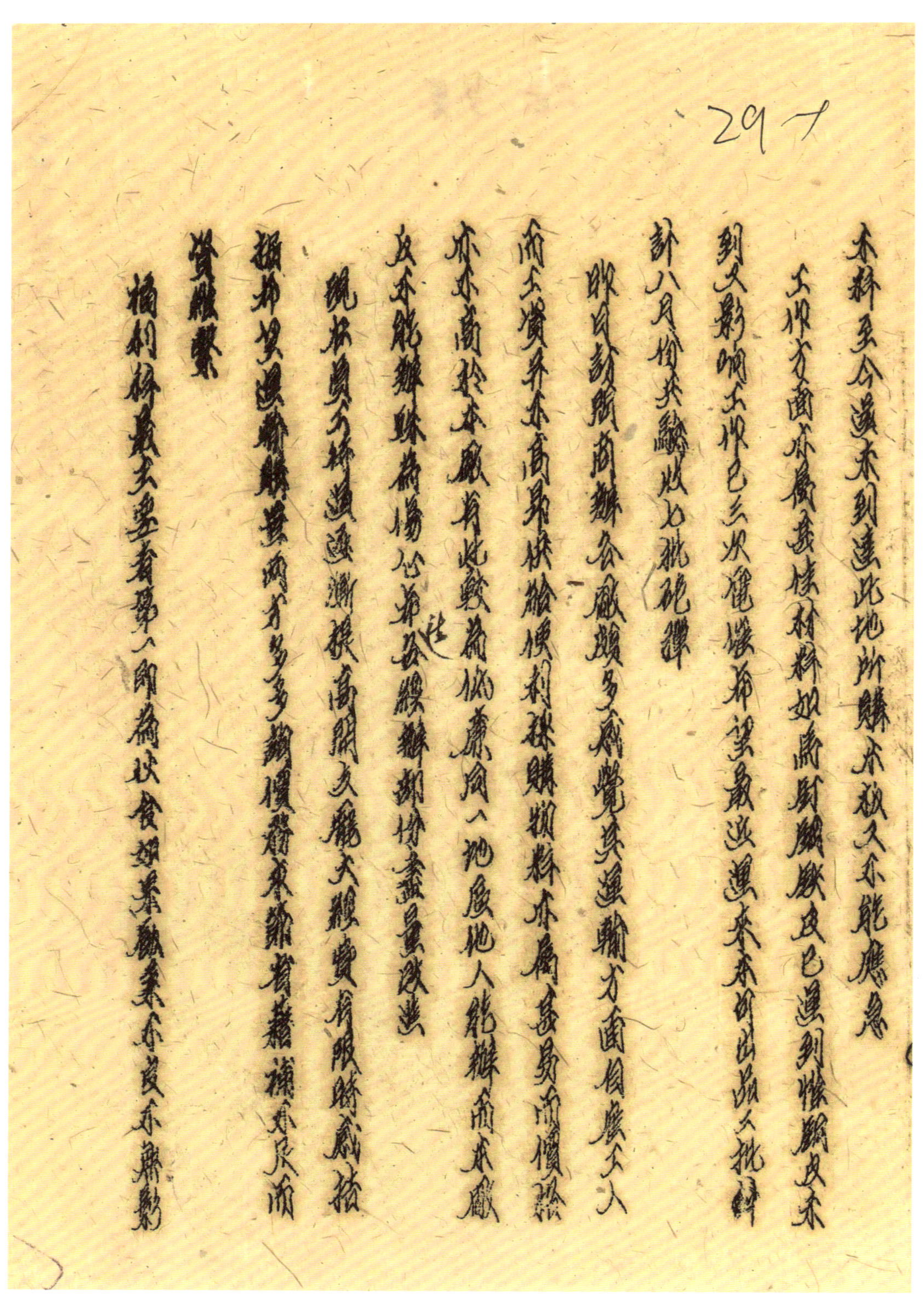

29-1

本料至今尚未到達此地所賺不敷又不能應急
工作方面亦發生材料如何購辦及已運到[illegible]及本
到又影響工作已三次催促希望最近運來本所出品又批料
計八月份共繳收七批砲彈
職自到所商辦公廠頗多感覺並運輸方面自長工人
而工資並不高易於缺額便利採購物料亦屬甚易而價格
亦不高於本廠有比較為低廉因人地之他人能辦而本廠
反不能辦殊為惜也[illegible]
現在員工[illegible]
[illegible]
資[illegible]
[illegible]

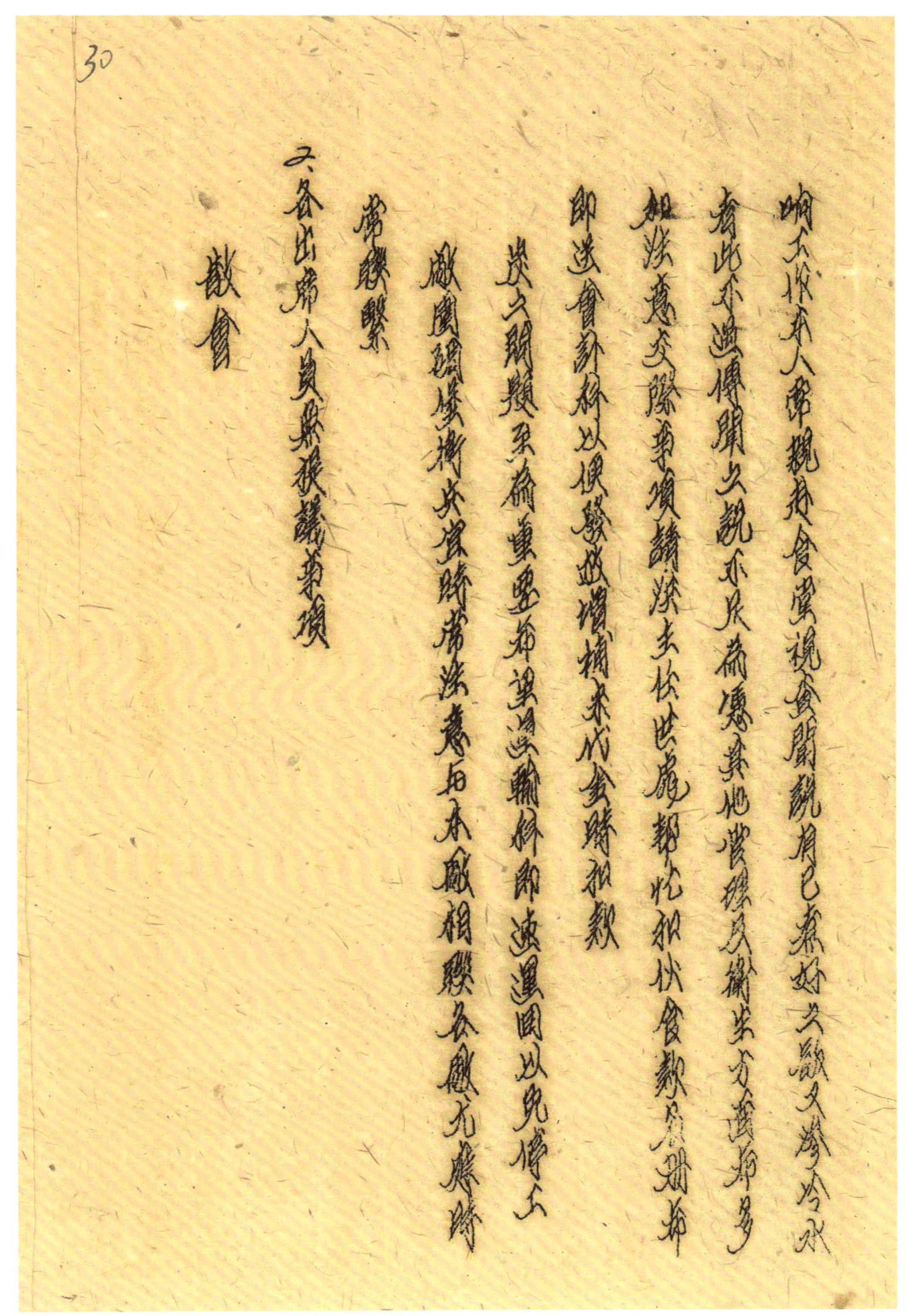

30

喻大小衆人等觀看食當視食關鍵有已煮好之飯又嫌冷水
者此不過傳聞之說不足爲憑其他當據及擁其兵選事多
姐妹意交際事項請妹去於世處幫忙狀伏食數爲此事
即送會議務以便發送增補來代金時狀款
茲之聯絡至爲重要事業迅速輸務即速運回以免停工
敝國僑務本貴時常該意而本敝相聯各處尤應時
常聯繫
又各出席人員照提議事項
敬會

军政部兵工署第五十工厂成都分厂一九四四年第三十六次厂务会议记录（一九四四年九月十一日）

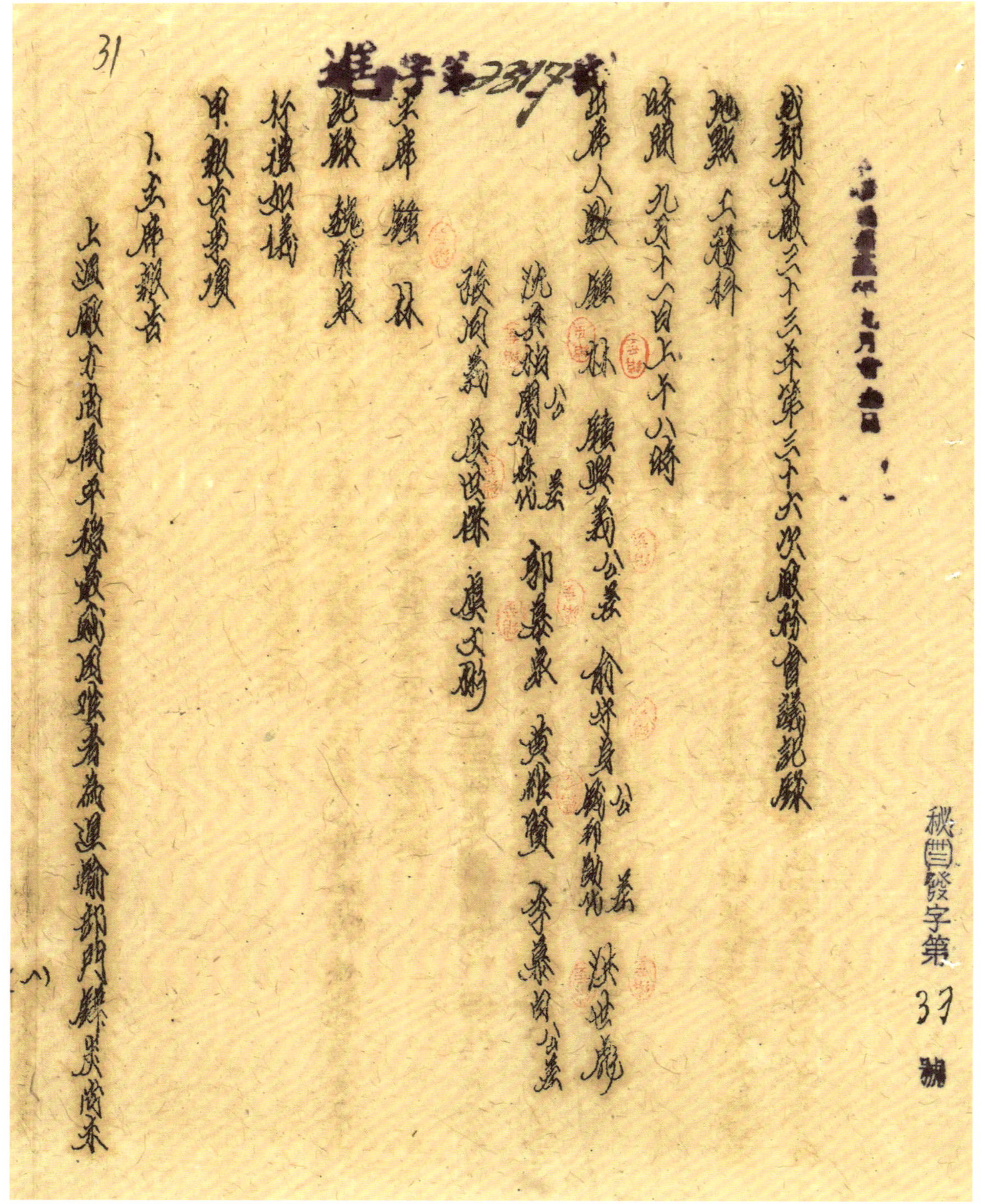

秘（书）发字第33号

九月廿一日

进字第2317号

31

成都分厂三十三年第三十六次厂务会议纪录

地点 工务科

时间 九月十一日上午八时

出席人数 魏林 饶兴义（公差） 俞仲舟（公差） 魏邦勋代 沈世彪 沈秉炯（公差） 刘祖懋代 郭秉泉 黄继贤 李秉钧（公差） 张润义 吴世琛 吴文彬

主席 魏林

纪录 魏秉泉

行礼如仪

甲、报告事项

一、主席报告

上週厂方尚属平稳，惟前因张君为迁渝部门人员决定本

（八）

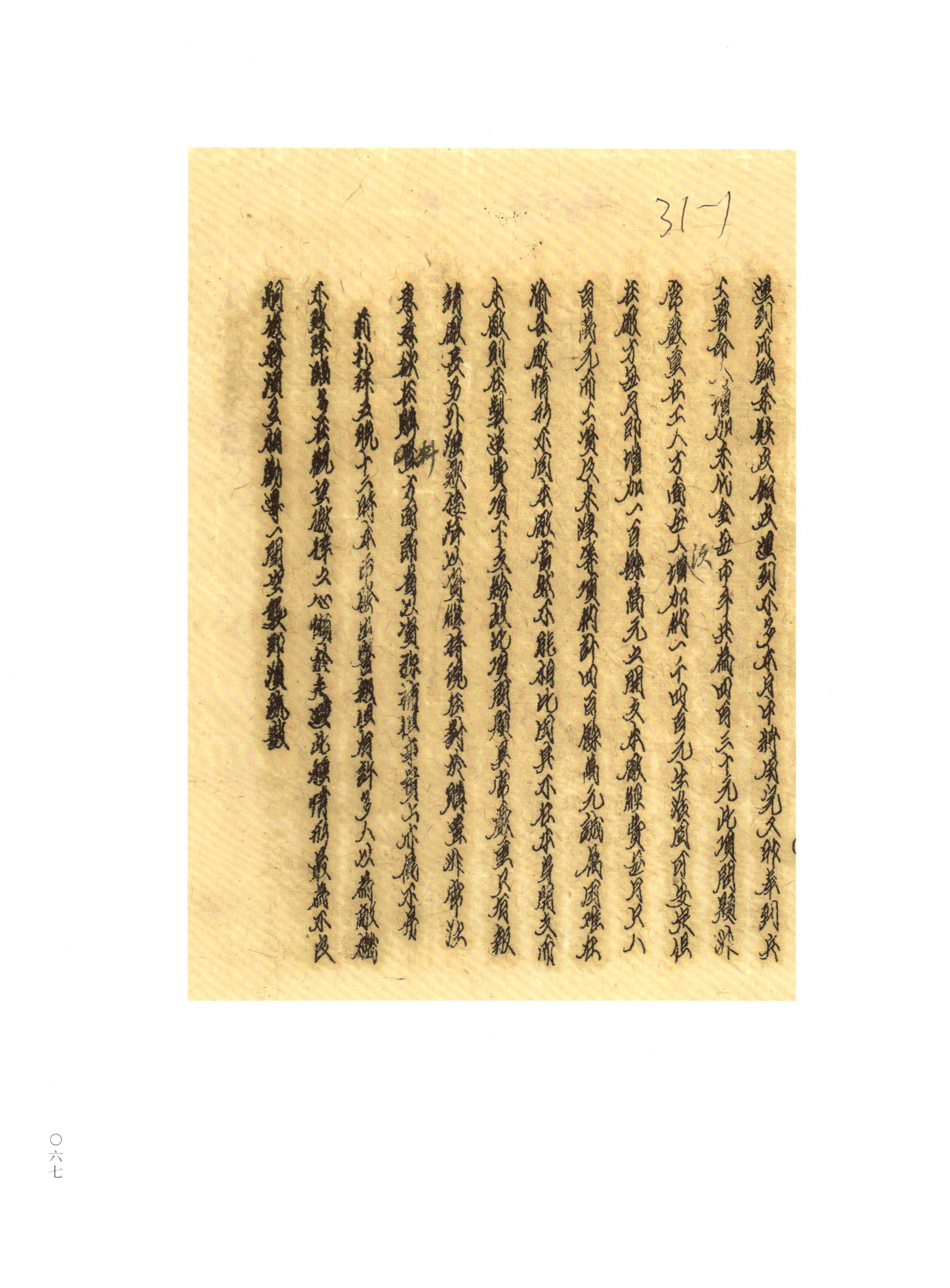

31-1

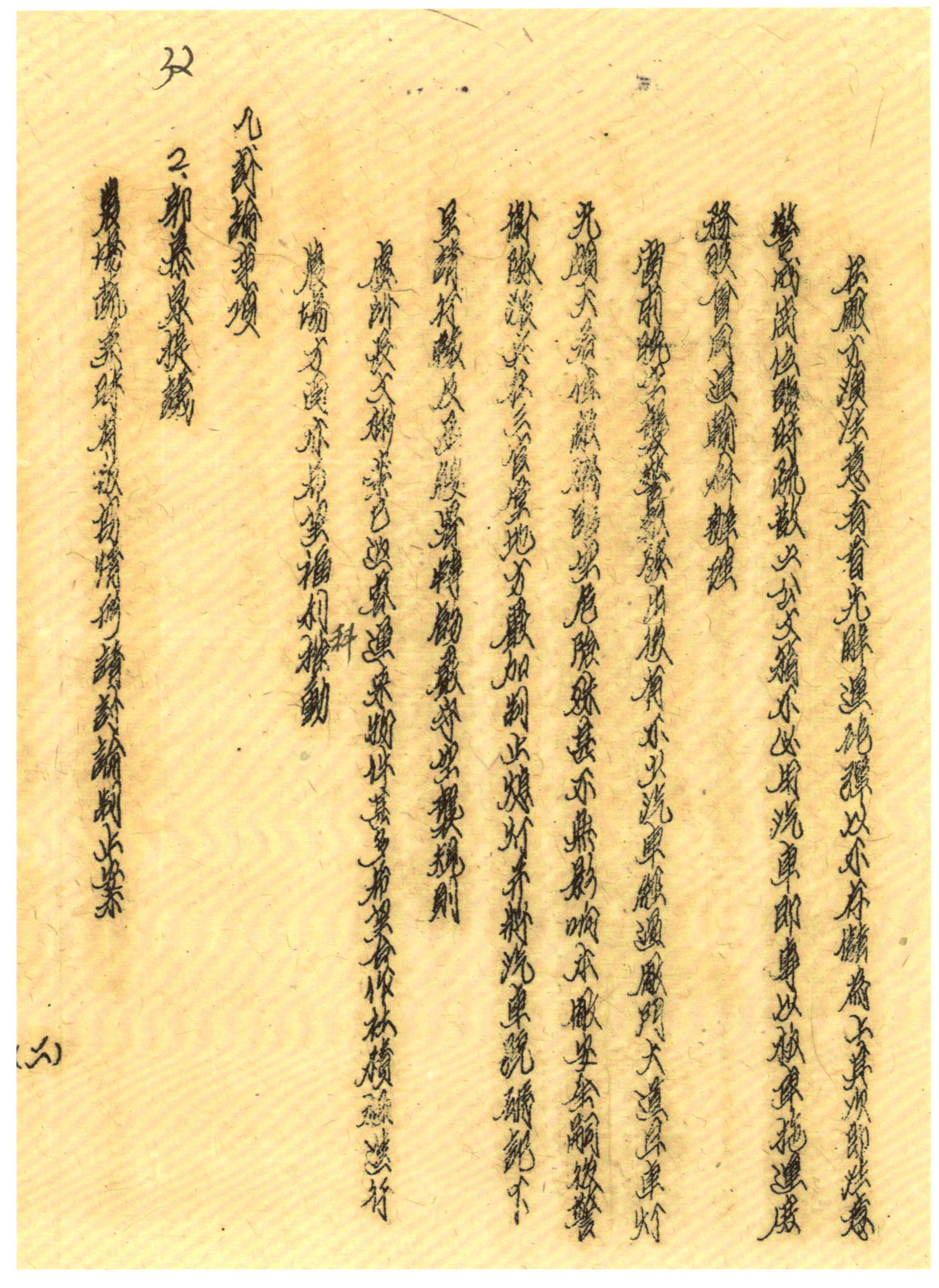

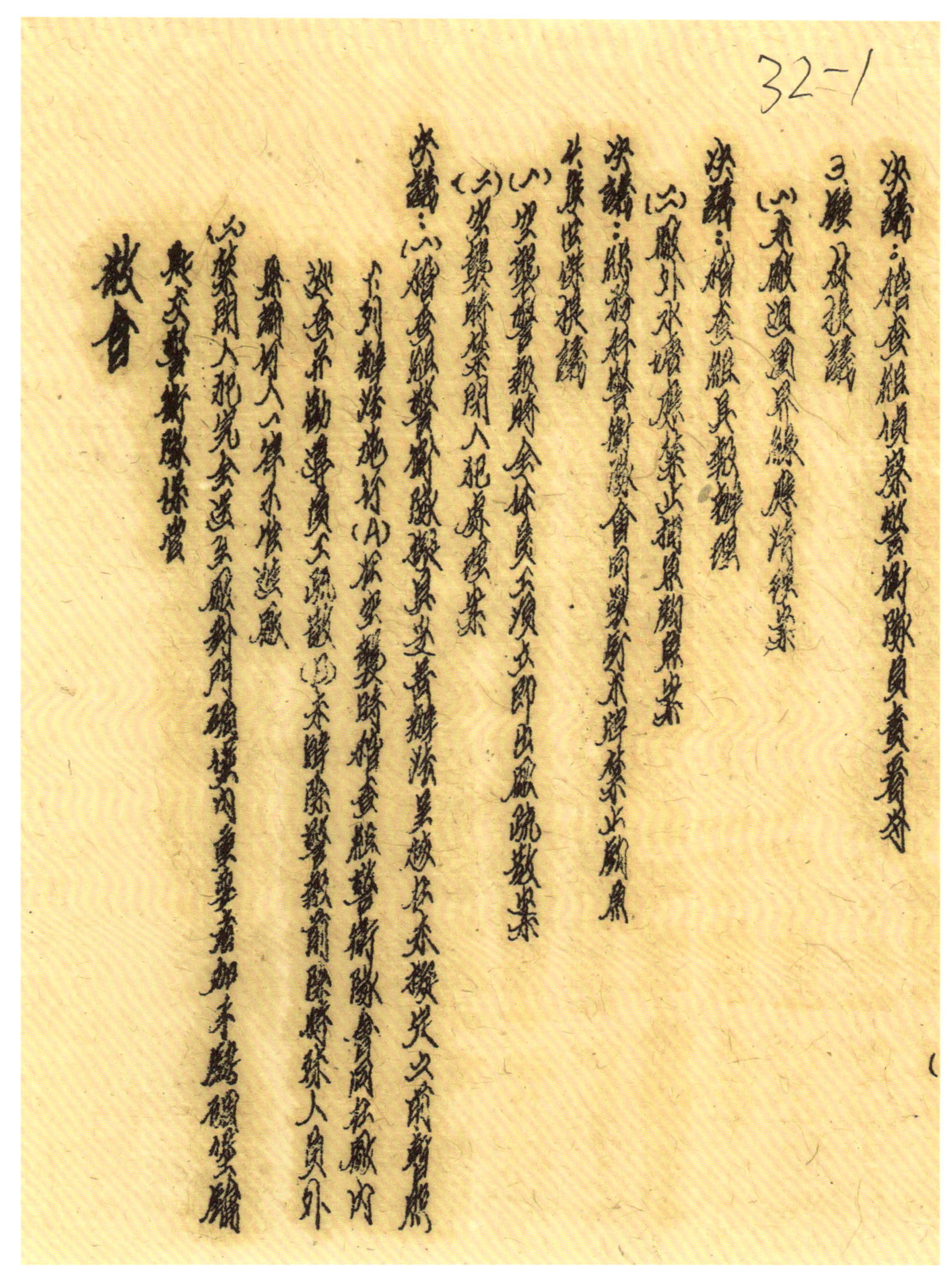

军政部兵工署第五十工厂成都分厂一九四四年第三十七次厂务会议记录（一九四四年九月十八日）

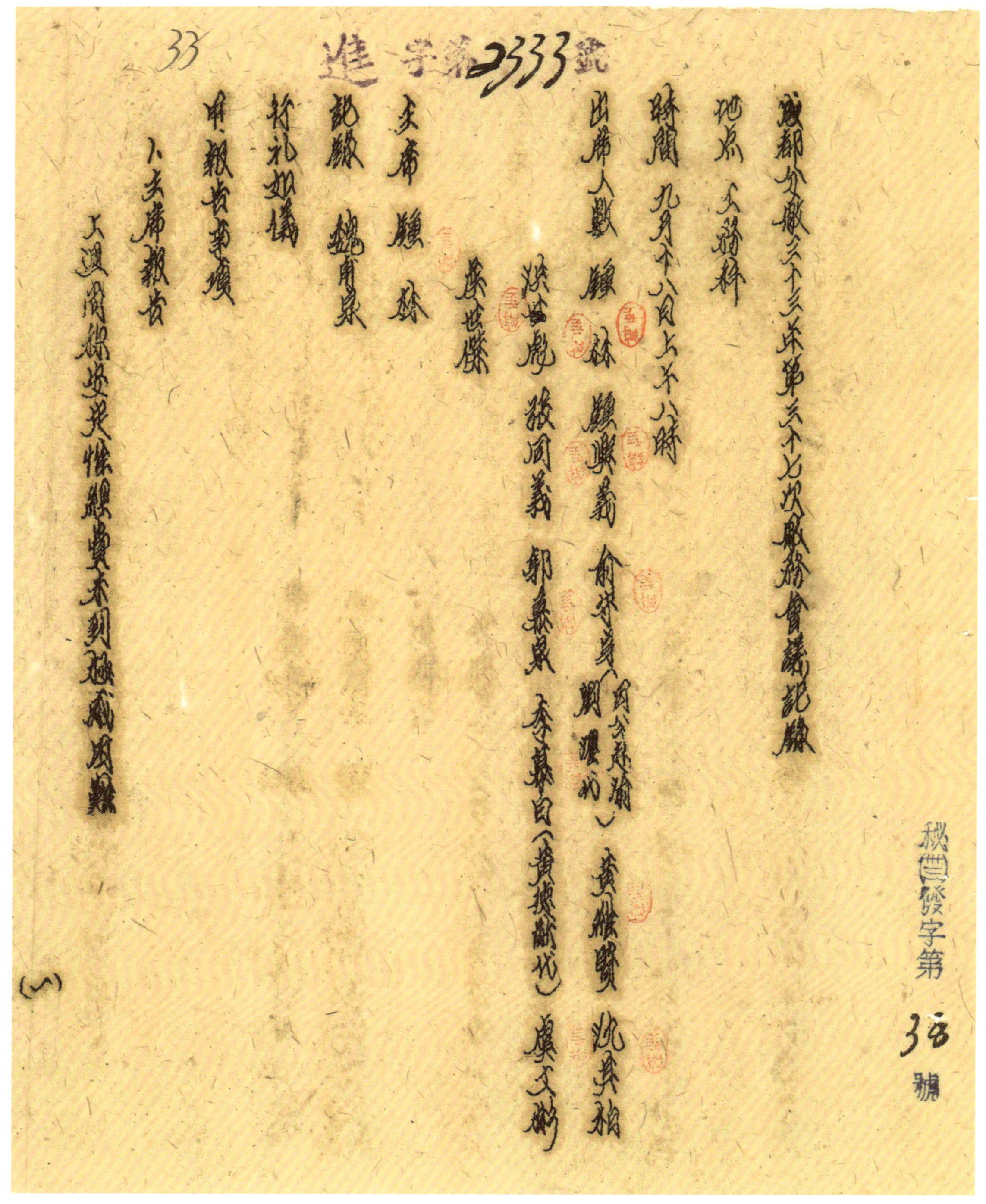

33

成都分厰三十三年第三十七次厰務會議記錄

地點 工務科

時間 九月十八日上午八時

出席人數 饒 森 饒興義 俞汝舟（周分廠長代） 劉濃然 黃維賢 沈其楨 張世彪 孫同義 鄭燊泉 李蘇白（黃樹勳代） 吳文潮 吳世傑

主席 饒 森

記錄 魏肖泉

行禮如儀

甲、報告事項

1.主席報告

1.近因緊要支援惟經費未到極感困難

（八）

33-1

餘炭及其他物料均陸續運到，惟炒到材料只能維持至
本月底，若不早日設法開駛，極需最要之運輸船，如緊急運
并後方運輸已商以救濟者籌設開保運赴卞東亦難停留
成都運輸務請速飭即行照辦
今日已九月十八日，職費尚未准到，如今日尚無撥款，即行電
懇速准
華令加緊趕造出廠計60彈六萬顆，獨彈五千顆，十五公
分彈大八萬發
請發要費協助，至於撥款青黃期都不時，仍請到職并請撥出
俾能繼續材料，分協助材料
乙、飭繪要項
2、嚴要義款

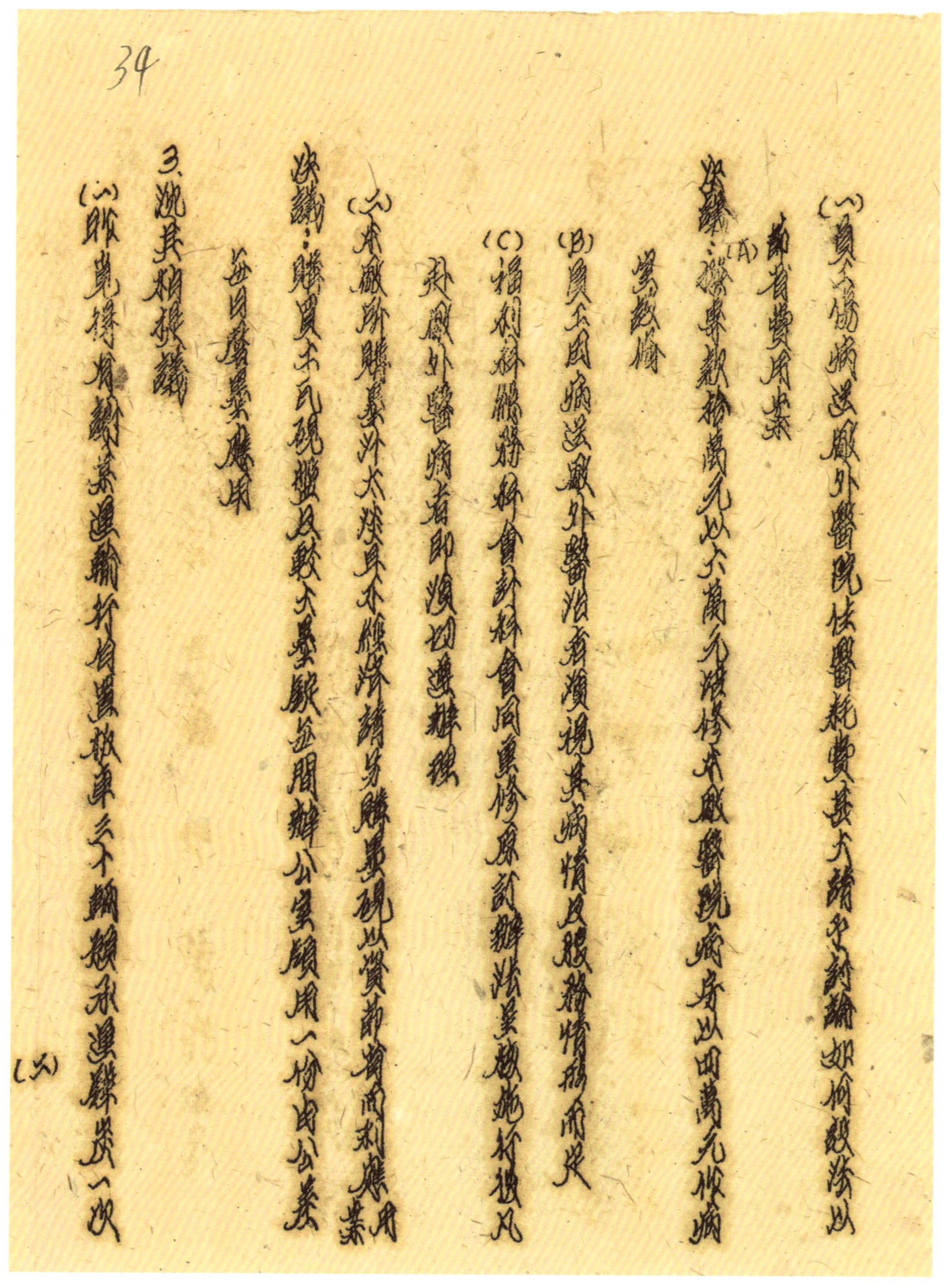

34

(八)員工傷病送廠外醫院住醫耗費甚大請予討論如何設法以節省費用案

決議：(A)撥專款拾萬元以六萬元擴修本廠醫院病房以四萬元作病房設備

(B)員工因病送廠外醫治者須視其病情及服務情形而定

(C)福利科職務科會計科會同負修原訂辦法呈核施行後凡送廠外醫病者即須切遵辦理

(九)本廠所購墨水太缺且不適用請另購墨硯以資節省而利應用案

決議：購買本瓦硯盤及較大墨錠並開辦公室領用一份由公發每月發墨錠應用

3、巡長柏提議

(一)職員錢有鈞案運輸於自置敞車之下鋼類承運鐵路一次

(二)

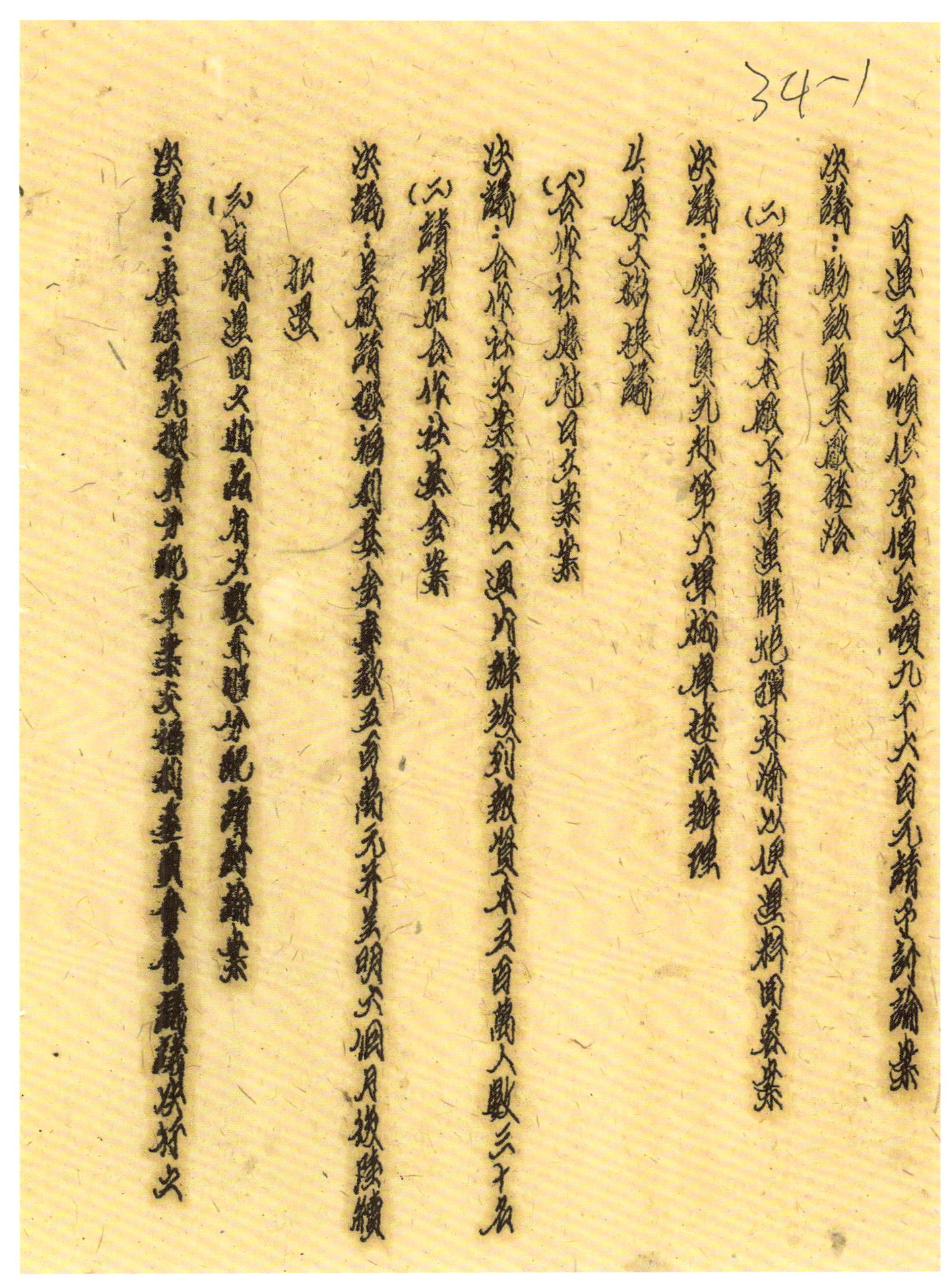

35

5.廠長報告

合作社籌備經過及營業時間案

決議：早晨五時三十分開始至七時三十分晚間延至九時星期照常

營業

6.討論提議

（1）請規定發放煤代金案

決議：每月十日發放上月份煤代金又炭款及煤款均由福利科送

由合作社發放

（2）食煤價已見漲煤代金是否應予隨之增價請討論案

決議：暫維持原價

散會

军政部兵工署第五十工厂成都分厂一九四四年第三十八次厂务会议记录（一九四四年九月二十五日）

36

前字第2407號

秘書發字第39號

成都分廠三十三年第三十八次廠務會議記錄

地點　工務科

時間　九月廿五日上午八時

出席人數　魏　林　顧興義　俞兆賢　劉耀化　洪世彪

張閣義　黃繼賢　沈其相　關桐森代　李慕韓　缺席

郭慕泉　侯世傑　虞文琳

主席　魏　林

紀錄　魏東泉

行禮如儀

宣報告事項

一、主席報告

上週尚有安裝出品不敷圓滿材料亦尚有缺乏之情感（覺）困

（八）

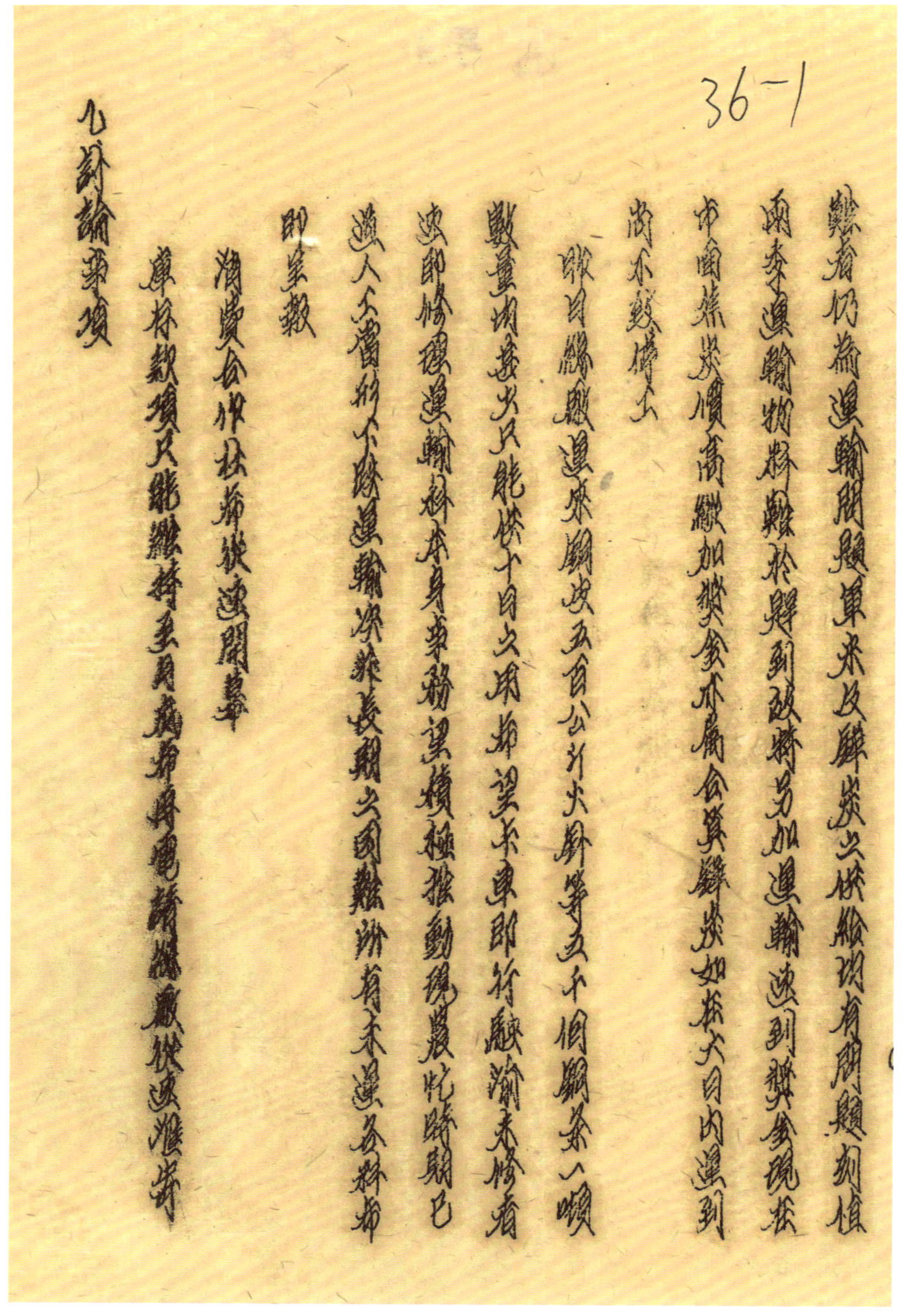

36-1

饑者仍爲運輸問題，單求及購炭之供給均有問題，刻值

兩季運輸物料艱於駛到，政府另加運輸速到獎金，現在

中國煤炭價高，繳加獎金亦屬合算，購炭如在六日內運到

尚不致停工

職日總聯運來銅皮五百公斤，火藥等五千個，銅茶八噸

數量均甚少，只能供十日之用，希望東京即行駛渝來，於看

速即修復運輸，於本身業務得積極推動，現農忙時期已

過，人工當於不缺，運輸深難長期之困難，聯有未運各材料

即呈報

請貴公代杜希撥速開幕

華將款項只能維持至月底，希將電購機械設法速準寄

乞鈞諭示遵

37

二、洪世虎提議

公用傢俱無人專責管理請予商討案

決議：(一)由總務股辦清理登記

(二)職工單身宿舍床桌等件由宿舍管理員負責保管

由總務股隨時會同管理員查點，食堂碗筷亦照辦

其他一切公用傢俱同樣處理之

(三)辦公室及養病宿舍之傢用木器等件由總務股列表

發貼各辦公室及宿舍，隨時會同負責人查點

(四)已離廠之員工未將公物繳還者由主管部份通知本人

其前來辦理手續，如不前來即予通緝

(五)已損壞之傢俱應即報廢

(六)請洪主任協助清理傢俱公物等案

(八)

37-1

三、郭慕泉提議

已繳領糧工人因失職除名其未領去之單糧應如何處理案

決議：未領之糧於下月收回作補助之用

散會

军政部兵工署第五十工厂成都分厂一九四四年第三十九次厂务会议记录（一九四四年十月二日）

38

□字第2414號

秘書發字第 44 號

成都分廠三十三年第三十九次廠務會議記錄

地點 工務科

時間 十月二日上午八時

出席人數 鍾林 鍾興義 俞汝良 黃繼賢 洪世彪

李慕尚 張同義 郭慕泉 沈其楨 侯世燦

虞文翰 洪希 黃德猷

主席 鍾林

記錄 魏甫泉

行禮如儀

甲、報告事項

（一）主席報告

上週情形尚屬安定，出品方面漸趨增加，希望每月產三

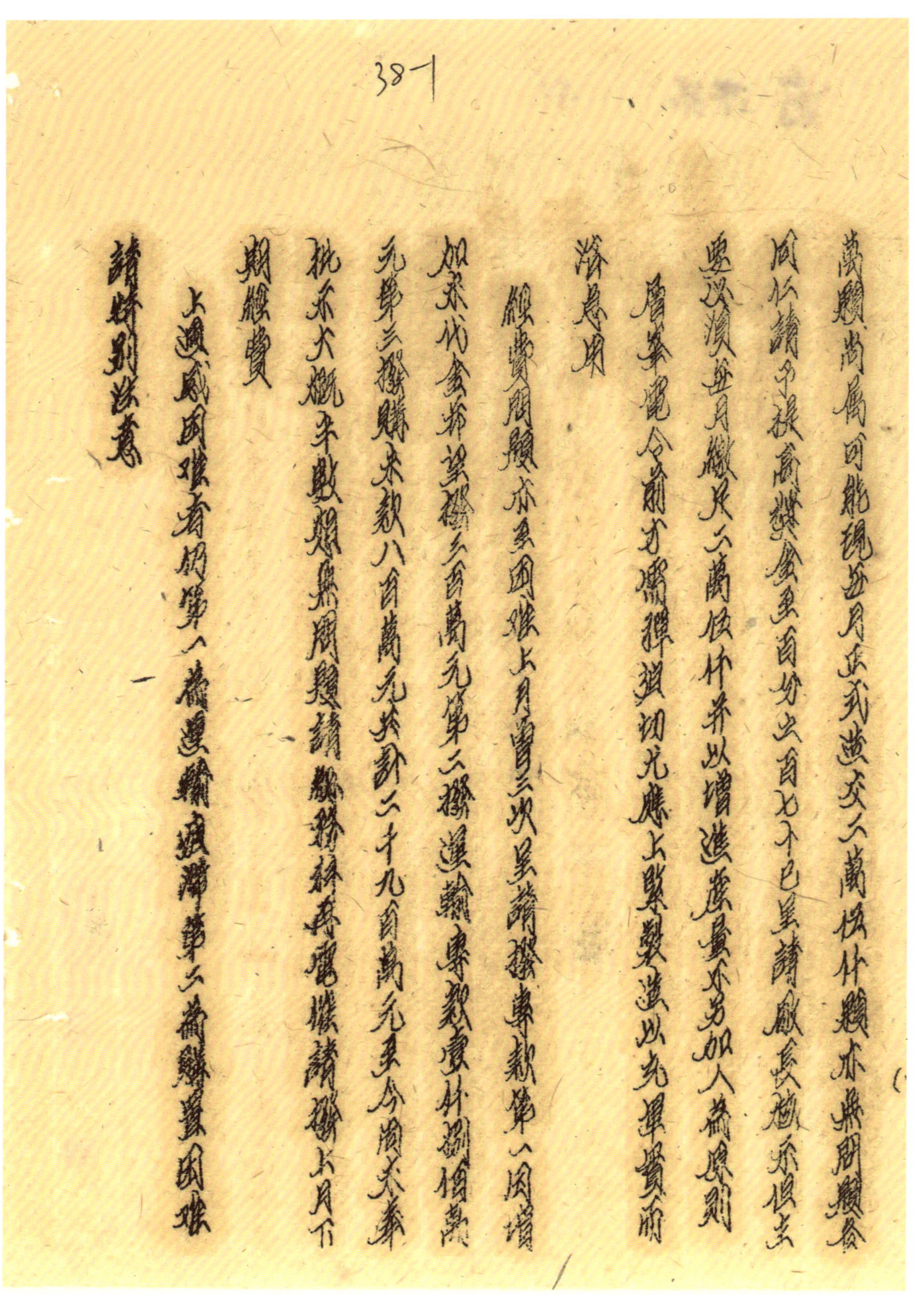
38-1

款額尚屬可能，現每月平均造交六萬枝什額亦無問題，奈
前任請予核發獎金至百分之百七十，已呈請廠長核示，俟其
照准後，每月擬交八萬枝什件，并以增進產量，外另加人為須則
層峯電令前方需彈甚切，先應上緊製造，以免軍需前
綫急用。
經費問題亦至困難，上月曾三次呈請撥發專款，第八周增
加發代金券若撥三百萬元，第二撥運輸專款壹仟捌佰萬
元，第三撥購料款八百萬元，共計二千九百萬元，至今尚未奉
批示，大概半數與原預算請撥搬移拆卸機器，請撥上月下
期經費。
上述感困難者，仍第八籌還運輸處墊濟，第六籌繳費困難，
請特別注意。

近月來米代金增加後工人特感稍好再加福利使應用
工人辦好安定工作即應於嚴督促工務科已特別注意又請
各股特注意此半個月方最緊急刻不容緩希警衛隊須密切
防範淡好半數特充應注意

九、討論事項

2、討好員提議

（一）要整將請改良本廠公文稽疏繳案

決議（A）準稍將增加效率

（B）有卡車時即利用卡車疏散無卡車時用板車

（二）擬撥福利基金三十萬元收回整潔費墊付各款由合作
社負擔支付以符規定案

決議：由福利委員會合作社具擬支撥

（六）

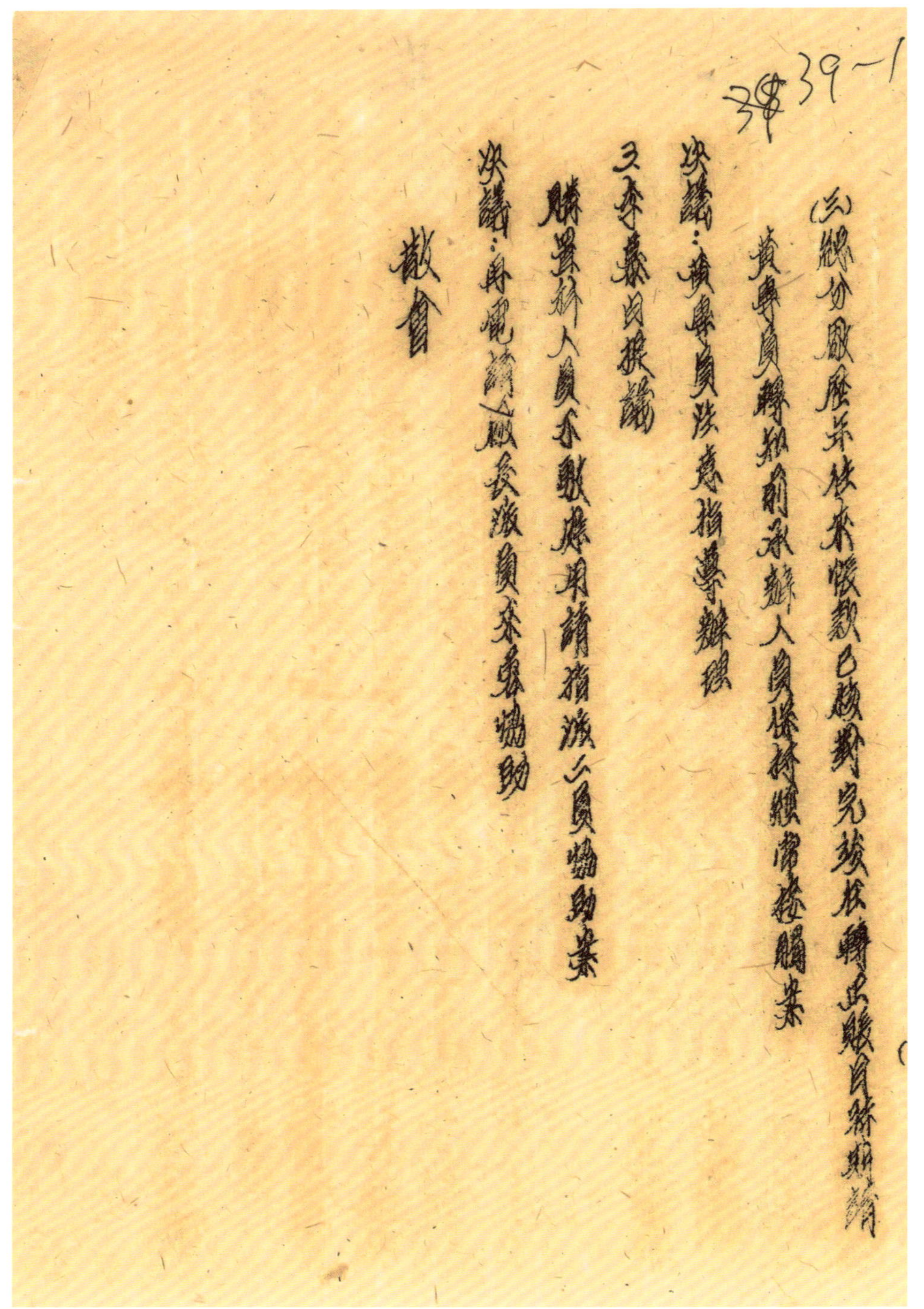

（六）總分廠歷年積欠帳款已核對完竣在轉出帳目[illegible]

黃專員轉報前承辦人員保持經常接觸案

決議：請黃專員設法指導辦理

又李泰昌提議

購置科人員不敷應用請指派六員協助案

決議：再電請分廠長派員來渝協助

散會

军政部兵工署第五十工厂成都分厂一九四四年第四十次厂务会议记录（一九四四年十月九日）

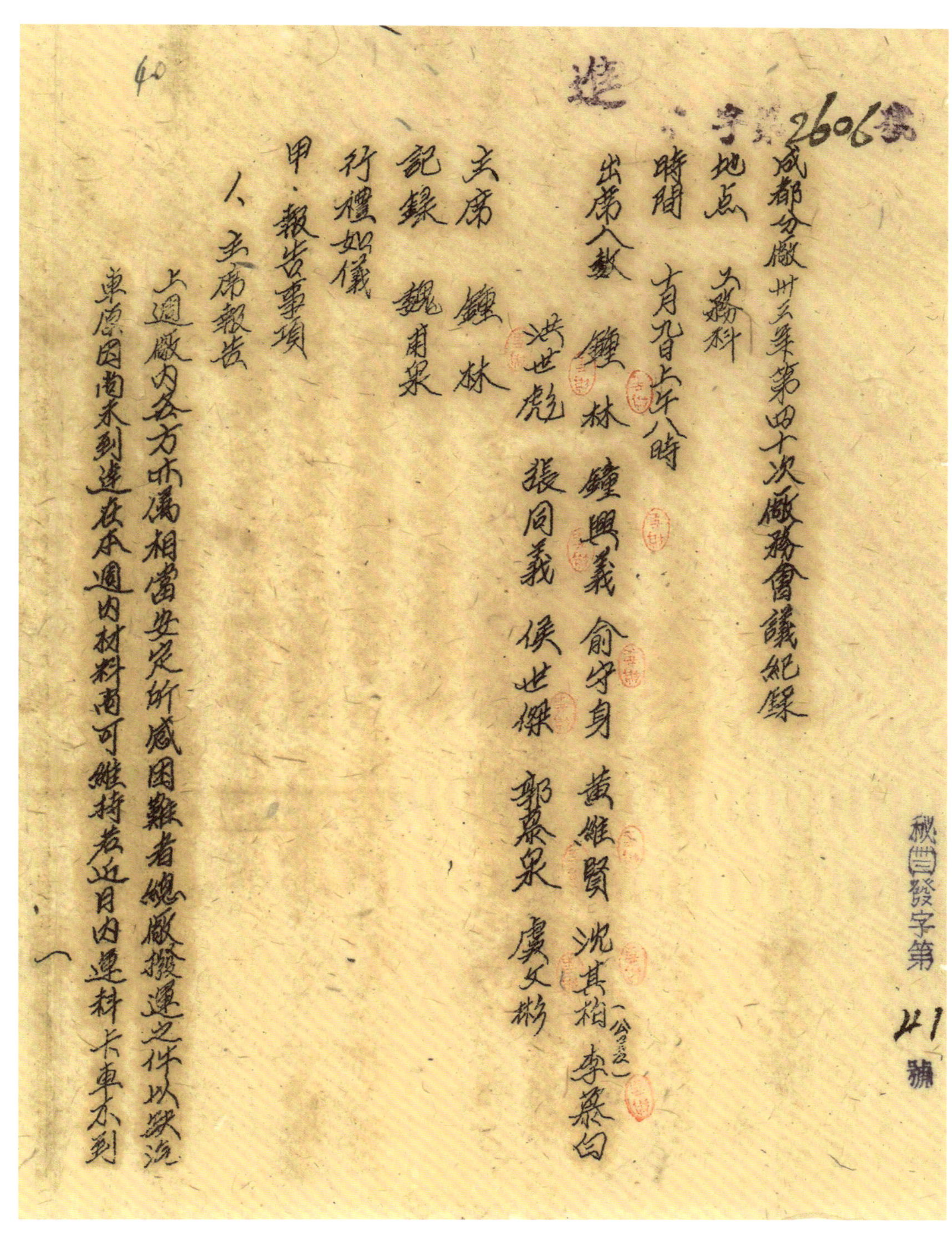

成都分廠卅三年第四十次廠務會議紀録

地点　工務科

時間　十月九日上午八時

出席人數　鍾林　鍾興義　俞守身　黃維賢　沈其裕（公出）　李慕白　洪世彪　張同義　侯世傑　郭慕泉　虞文彬

主席　鍾林

記録　魏甫泉

行禮如儀

甲、報告事項

一、主席報告

上週廠內各方亦屬相當安定所感困難者總廠撥運之件以缺汽車原因尚未到達在本週內材料尚可維持若近日內運料卡車不到

40-1

則有停工之虞現有卡車二輛均已修竣惟車胎俱無不能行駛此項問題極為嚴重當設法解決

其他有許多小數材料未能購到不無影響停工請購買科特别注意

辦公用品消耗數字甚大須嚴加限制特别規定除必需要者外應嚴為限制傢俱用品均感缺乏但處此經費困難之時亦不能大量補充至需購之件總以最便宜者為佳

木煤料現均未運到頗為嚴重希運輸科特别注意

2、虞文彬 報告

消費合作社食品部業已開業平價菜每份一律四十元現每日約盈餘二仟餘元

3、俞守身 報告

一、本月份上期經費尚未奉到購料已感困難請總務科再行電

請急滙、

二、請撥米貸金專款三百萬元業已就核應補七八月份代金及油款煤款等一俟奉撥均可發放

三、總廠指示按月經費應當撙節用此後似不宜常請專款特提出報告、

四、購買零星物料以目前經濟情形而仍感疲滯之原因恐係有關部份經辦人員缺乏聯繫似應設法加強

五、辦公用品節省問題擬請各部份主管員在領用單核章時加以注意更請購傢俱用任各主管尤宜嚴加限制同時購置方面在可能範圍應盡量購買次等物品以免購置費用日趨膨漲、

討論事項

六、鍾 林提議

本廠經費每月雖九百五十萬元經常費用尚可免強維持若特別費用

41~1

則實感不足例如現須購車胎需款甚鉅約二百餘万元似應請撥專款方能支付請討論案

決議 分廠現停卡車二部均已修竣惟車胎一只俱無由購置科簽報呈請撥發

5. 李蒸白 提議

購買物品材料商人以送貨驗收價值種々原因多數不願來廠售貨請討論案

決議 無論購買何項小件物品購料自備衡量即使稍有出入亦無多大問題當原諒購料之困難

6. 鍾 林 提議

辦公用品除特別者外每月限定金額如超出時移作下月再購請討論案

決議 照辦

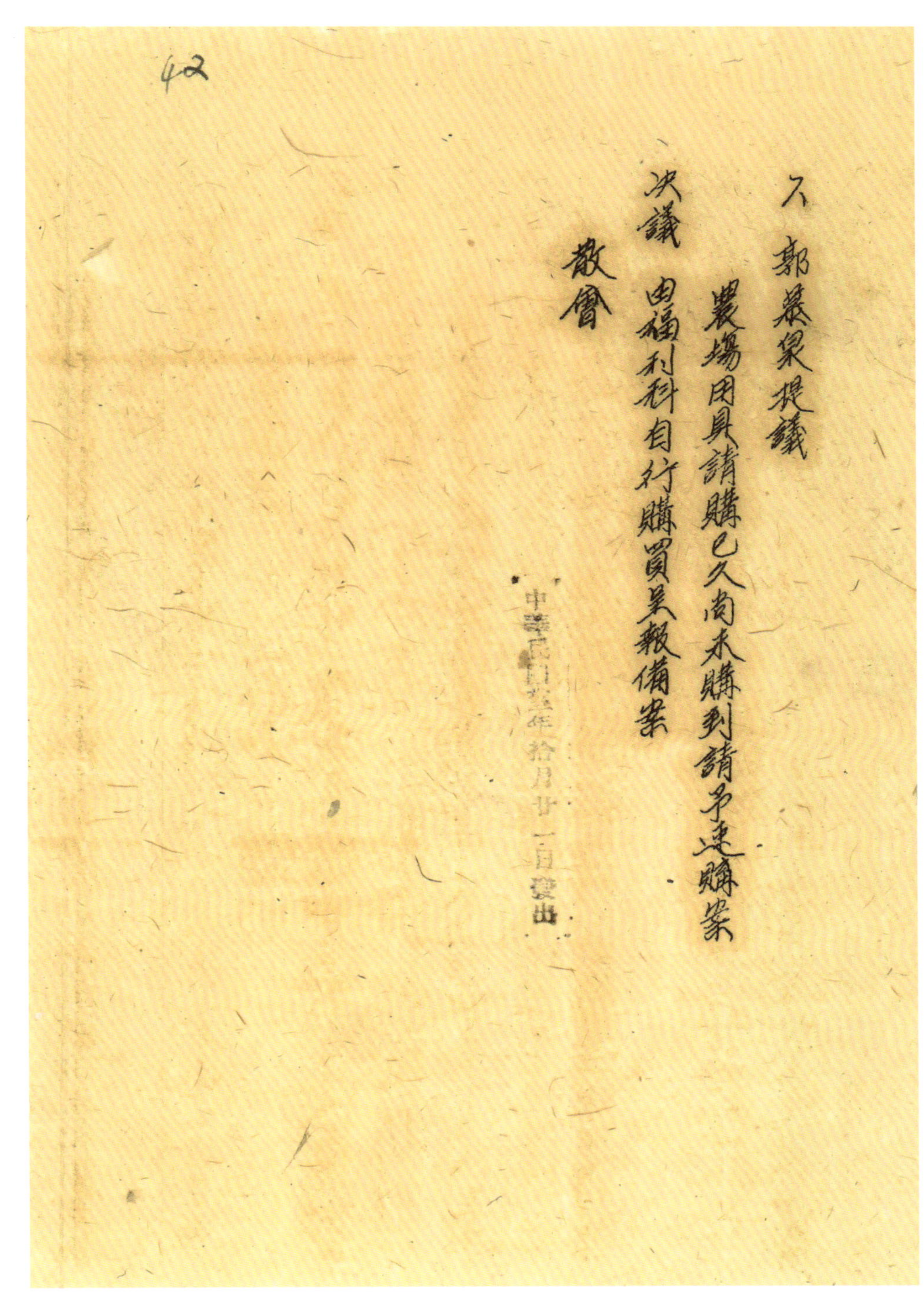

42

一　郭晨泉提議
農場用具請購已久尚未購到請予速購案
決議　由福利科自行購買呈報備案
散會

中華民國卅三年拾月廿一日發出

军政部兵工署第五十工厂成都分厂一九四四年第四十一次厂务会议记录（一九四四年十月十六日）

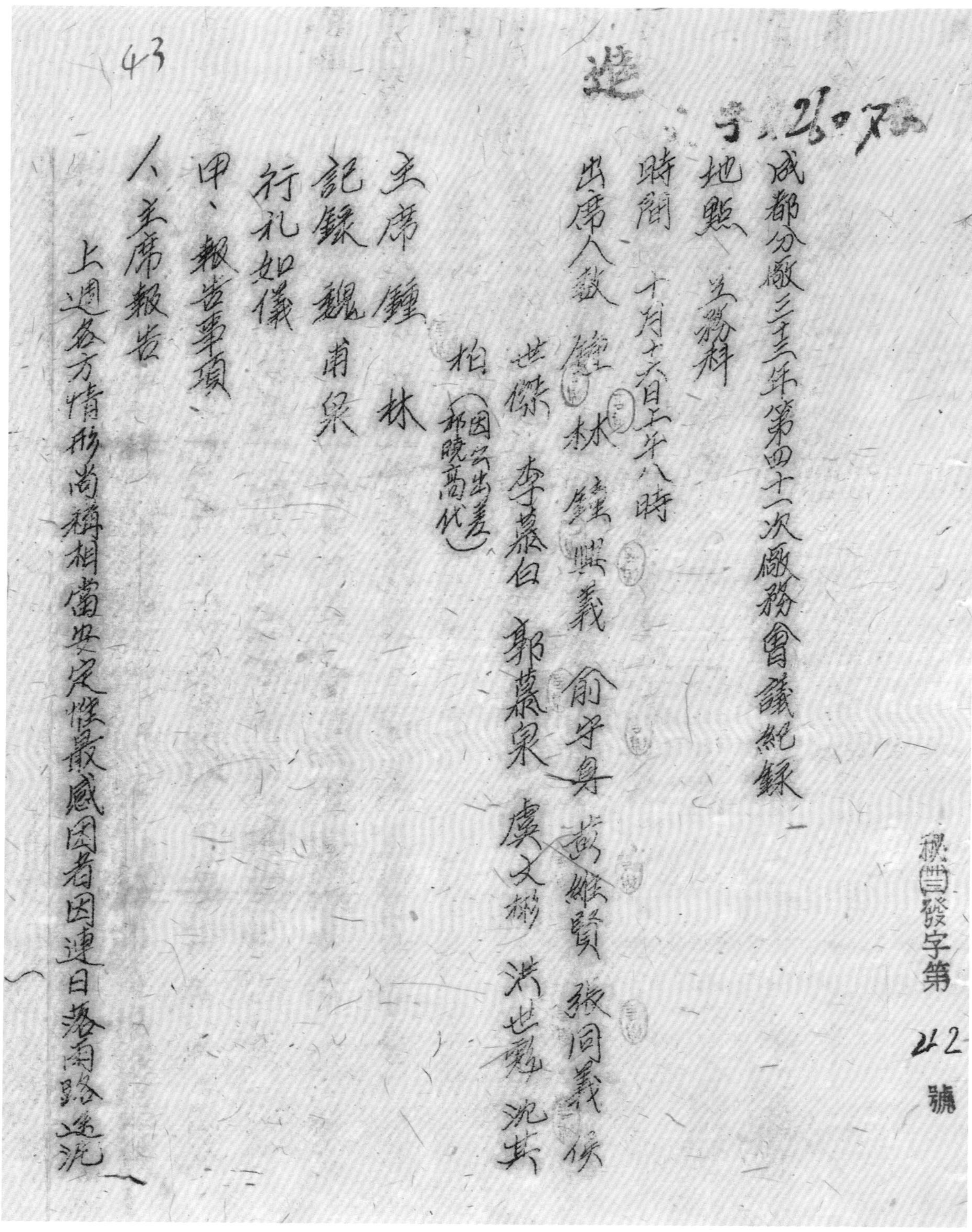

成都分廠三十三年第四十一次廠務會議紀錄

地點 工務科

時間 十月十六日上午八時

出席人數 鍾林 鍾賢義 俞守身 戴維賢 張同義 侯世傑 李慕白 郭慕泉 虞文彬 洪世魁 沈其柏（因公出差 邢曉高代）

主席 鍾林

記錄 魏甫泉

行礼如儀

甲、報告事項

一、主席報告

上週各方情形尚稱相當安定，惟最感困者因連日落雨，路途泥滬運輸煤爲不便食米煤炭及材料均成問題電氣公司亦因煤料運輸窒滯不能供給電流兼之各處估拉壯丁鄉人力夫皆不敢外出致使運輸更形發生故障水運木船亦因此而高抬運價

出品方面亦屬相當良好縱在受停電影響之下十月之内可製成二批惟前次運來鈑皮不合應用因係鋼皮故也銅皮亦未運到現用許多方法盡量搜集廢料供應但廢品有限此週需料情形極爲嚴重本日又電總廠催運矣

上週出品尚好人事方面亦屬安定昨禮拜日因停電關係各用電部份皆停工休息而火工部木工部及第二所均照常工作員工精神煥發不知放假之一事

醫務方面似覺稍差對於衛生方面亦力須講求上月經費灘到七百餘萬元皆因廠長尽量幫助所請專款一併領到希望能予

44

迅即滙到并望增加經費蓋因現在月出成品不僅二萬五千滿可達到三万也總廠往來帳目現已核對竣事究竟虧欠若干在短時期內務須明瞭者請會計科會同黄專員趕速辦理

現在出品數字已超過從前產量每月竟可達到三萬之多而又方面則反減少五分之二以全廠整個計算人數減少三分之一換言之即出品加多人數減少又作效能增強

以前購買木彈箱每只約五百餘元現在全行自作每只成本約二百八十元即此一項每月可省一百万左右焦炭因鑄造技術進步每月可省二三十噸又由白水河自行購運每噸較市上購買便宜萬餘元合計近百萬元所省鐵之數量尚屬在外黄丹煤炭全由嘉陽煤礦公司運來每月可省廿萬其餘釘木箱釘子泥心鐵骨諸條自行利用廢鐵打造保護管座改用銅皮衡製白鉛粉銲錫亦正製作中此數項月可省數十萬整個計算連減大辦

二

44~1

工人員所省之弍百餘萬元每月約可省六百万元本廠即全靠此節省以資維持再則賴各員工努力始克臻此否則即有停閉之虞據聞兵工署方面消息以本廠出品情形實不及其他大廠亦可列為第二等廠足見尚有不如本廠者現以欠交成品甚多須計每月遞交三萬至明六月可以全部還清引信一項過去皆靠他廠供給現以極積自行趕製大部份已自製希至來年春可全行自給看來渡過明年六月份廠根基即可穩固始能談及各項進展將來对於員工福利方面却有相當辦法一切享受務使各人滿意不過在此過渡時期當然艱苦希望各級員工忍苦耐勞維持此困難時期於辦事方面特別努力際此抗戰嚴重之時前方何等苦痛我輩在後方工作製造大批砲彈打去敵人頗為大幸事試思一旦危急不能自由之時欲造一彈一械攻打敵人尚不知須費若干時日觀察游擊襲敵雖可予以破壞而自傷亡亦大現本廠每日可造迫擊彈一千顆即使每一顆擊

45

毁一敵即可擊毁百人敵以飛機炸我後方痛心切齒不能抵禦只有趕速製造炮彈以資還击而圖報復所以在此情形之下以速出品為當今急務又念每日所產可毁敌百人於心亦覺稍安各員工受物價之波動威脅均感痛苦雖曉諭此項意義衆將以苦為不苦而樂於努力工作矣、

車胎問題極為嚴重希購置料即速報價各方面亦請尽量探聽如有低廉者即可購買

本廠廠界清理問題希稽查組即行辦理

農場荒地希福利科轉飭加倍工作因現在待遇激增也

運輸問題極為重要希運輸科在短時期內尽量由嘉定運煤三百噸

造彈單價因已增加但是否實在未奉到明令無從得悉

乙、討論事項

2、鍾興義提議

三

45-1

為本月初旬接到總廠秘書室轉來　署令飭知　會派考核團業經出發令仰知照案請本廠各部份準備[illegible]之作報告書及改進意見書表册等項以便事先编纂特提請公决案

決議　各部份提前準備警衛隊及醫院整齊清潔之場方面尤為重要請由洪主任世寬切實推動辦理之

三、郭慕泉提議

以三部側廣場之野草可否援例由警衛刈割使用請討論案

決議　仍照向例由警衛隊割取出賣充作補助士兵之用但合工場需用者可撥用之

四、鍾興義提議

酒精用量甚多須預計購儲至明年春季用量擬請運輸科簽報以便呈署（廠核）請撥（發）案

決議　運輸科照辦

46

5、鍾 林提議

運輸困難食米未能運到在元旦前即請購買至昨始購到五十石但送來之米與原樣不符相差太遠即主張每石核減八百元退還十石既後又請張組長李科長買米三十石質量更好價則稍貴因此人言紛紛復據各所簽請比照市價改發代金茲將原簽傳觀請各主管人員提出意見

決議 照煤油代金發放辦法令有無問題交主任秘書同俞科長會商請在七日內用書面簽復於下週開廠務會議時解決（原簽附後）

散會

附各所簽請比照市價改發代金簽呈列后

查本廠食米每不能按時供應各方每多言之有理但求卸責而不求徹底辦法對廠方尊嚴允諾信用至有損失在工場方面多出殘彈之重要問題則在

四

46—1

足食方能足力枵腹難以從公使其妻子啼飢能期其努力者難矣茲擬建議

眷屬米改發代金（已領米代金者照舊規定此項眷屬米改發代金可簡稱眷米代金）

請各方提供意見採納施行：

（一）辦法——凡准領用眷屬米之員工按其領米口數悉數改發代金其折合價格取該月最高與最低之平均值發放時間照本廠發放代金之規定

日期

（二）對廠方之利益：

（甲）可免去購買之麻煩——查本廠發放眷屬米均係向市場採購因數量甚大至易受奸商操縱每有價格與米質不相等者

（乙）可免去運輸之麻煩——查本廠每次購米或在近郊或在鄰縣其間人員之派遣車輛之雇用所耗不貲尤以天雨或其他原因不能按時運到所引起之困難情形至屬嚴重

47

（丙）可免去份量上之損失……關於食米購買之損失如運輸之損耗儲存中之損耗分發與員工在斗升上之損耗及儲存中因鼠盜損失

（丁）可免去因領米而引起之工場管理上麻煩　查本廠發米每無定時亦無定量每到一次每人僅可分得少許每米一到工人爭求往領民以食為天職等管理至感不易每月中此種情形屢見不鮮

（戊）辦理人力之節省——務屬米改發代金以後福利科可全力於軍糧籌劃更易收不至斷糧之效其他人力節省者多也

（三）對員工之利益：

（甲）發放代金有定時——員工可以無須隨時掛念米到與否問題因可以安心工作更可以免去爭領米延誤工作等之無謂損失每戶食米籌劃之責在己而不在廠故改發代米後米之問題乃非一公廠之問題僅屬一家一戶之問題其易解決者明矣

五

47~7

(乙)買賣自由在價格上可免商人之牟利——本廠員工常有家屬短期他去者或意求換取麵粉或因米質太差不便老幼食用意求更買好米而將米出售者在廠週之米店每於本廠發米之時以極低價格收購此項損失亦屬可觀

(丙)買賣自由在份量上可免去斗升之損失——本廠發米因力求減少分發中之損失故份量上稍有出入如再賣出則在商人之斗升上又有損失如再購進則又受購進中之損失然此種損失均屬無謂在廠方体恤下似屬可補救者也

(丁)每人工作效能可以增進——因食米之麻煩問題解決心理上可以安定秩序效易維持效能可以增進至於工人團集要米之事當絕不至再現也

(四)辦理中之困難:

(甲)報銷——會計科方面對此項報銷容有異議惟航委會係代金辦法

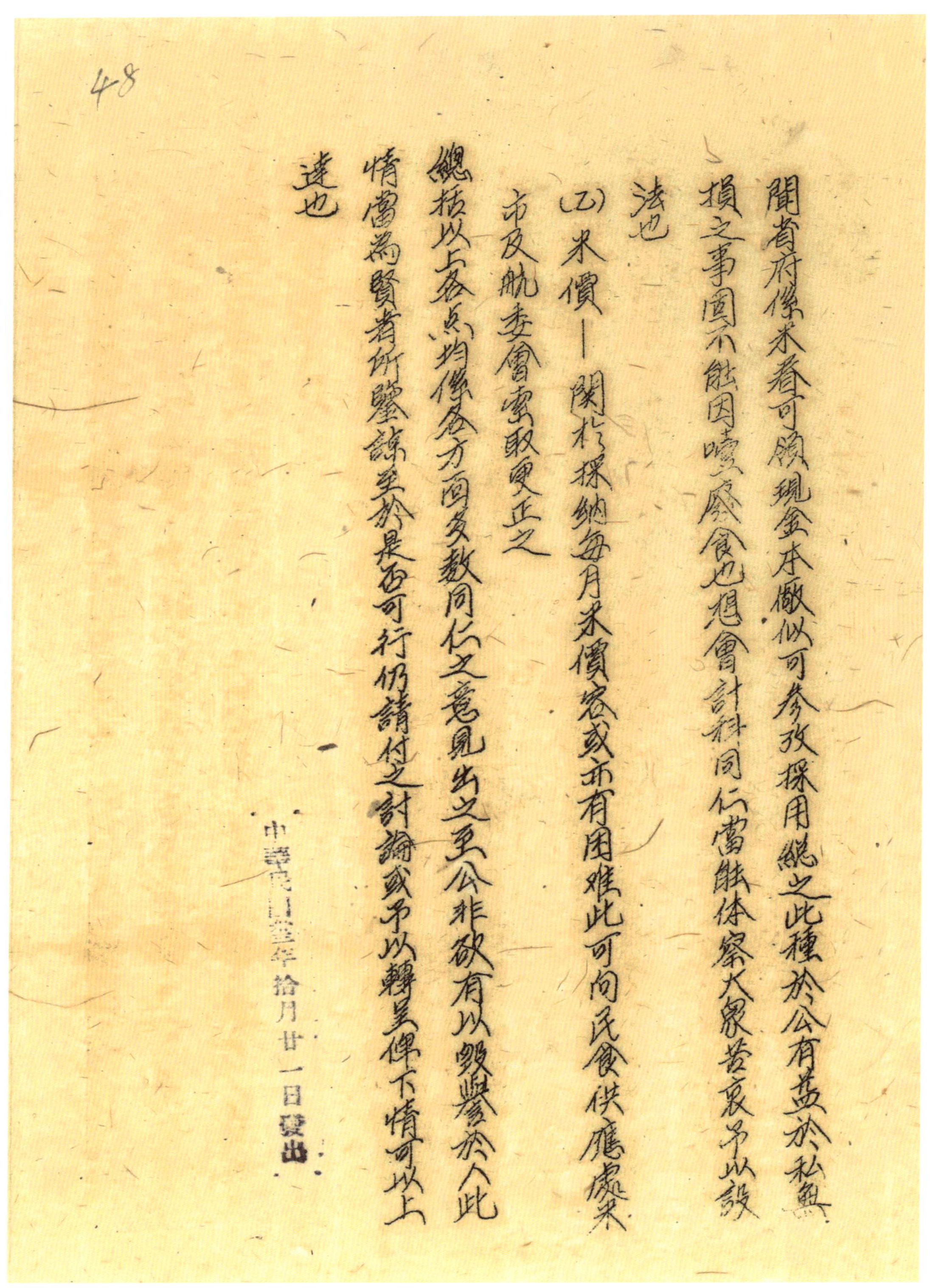

48

聞省府係米肴可領現金本廠似可參政採用總之此種於公有益於私無損之事固不能因噎廢食也想會計科同仁當能体察大衆苦衷予以設法也

(乙)米價——關於採辦每月米價容或亦有困難此可向民食供應處米市及航委會索取更正之

總括以上各點均係各方面多數同仁之意見出之至公非欲有以毀譽於人此情當爲賢者所鑒諒至於是否可行仍請付之討論或予以轉呈俾下情可以上達也

中華民國卅三年拾月廿一日發出

军政部兵工署第五十工厂成都分厂一九四四年第四十二次厂务会议记录（一九四四年十月二十三日）

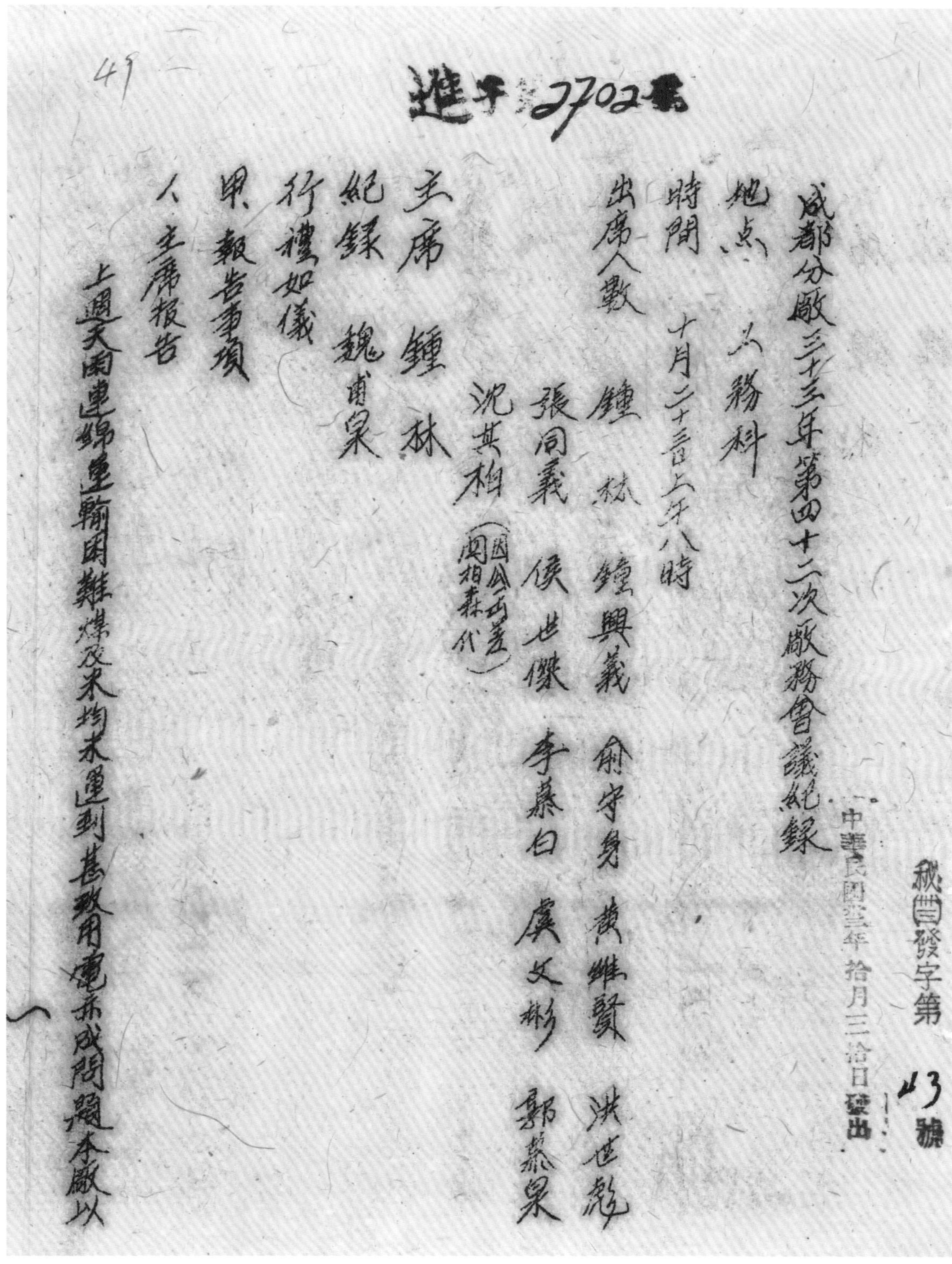

49

進字2702號

秘(曾)發字第43號

中華民國卅三年拾月三拾日發出

成都分廠三十三年第四十二次廠務會議紀錄

地点　公務科

時間　十月二十三日上午八時

出席人數　鍾林　鍾興義　俞守身　黄維賢　洪世彪　張同義　侯世傑　李燕白　虞文彬　鄒燕泉　沈其梅（因公出差　周相森代）

主席　鍾林

紀録　魏甫泉

行禮如儀

甲、報告事項

（一）主席報告

上週天雨連綿，運輸困難，煤炭米均未運到，甚致用電亦成問題，本廠以

49~1

受停電損失頗為嚴重曾親赴電灯公司交涉據稱亦因天雨運輸極感困難煤炭不及供應所以下半月及星期日均停止供給電流但該公司存儲電區域內對本廠亦甚注意非十分不得已不予停電皆以出於無法、

出品方面因受停電之損失約計四百因短此了影响者尚称稍遲、

本廠位於郊外且須各方極大援還昨赴市府接洽請予將本廠列在市區範圍并編製戶口門牌

經費現又告罄本週發薪到款頗為嚴重希望本日電請總廠迅予滙款、

上週提議食米改發代金問題各出席人員提出討論

關於煤炭方面黑煤需逾二萬元一噸尚不能買到擬購置科可需二萬四仟元每噸須費逾二萬元又由白水河購采焦炭每噸連運費僅一萬七千元昨購到不能化鐵僅可供燒心之方等炭亦須二萬五千元

50

以後購炭必須在外縣購買較爲便宜、

閩建國紙廠尚存煤二千餘噸擬請由總務科備函商借三千噸、

二、俞守身報告

福利委員會會討論其本身機構職掌及與有關部份之聯繫早經本科擬定原則並奉　代慈主任批交該會查核簽復至今爲時甚久尚未見呈報是否同意現張股長珊派任會計主任到職已三四週因原則既未確定辦事不無困難希望福利委員會能於最近數日內迅將上項原則審查簽復

3、魏甫泉報告

上週廠務會議討論事項第五條鍾代主任提議一項因本人整理錯誤致語句甚有顛倒并有與事實不符之處茲將該項原文不符之處更正如左、、該項提議原文應爲運輸困難食米未能運到在二礼拜前即請

二

購買至昨始購到五十石但送來之米與原樣不符相差太遠因此人
言紛紛遂即不能每石核減八百元追還七十石後又請張組長南李科
長會同購米三十石以米質太好價格故高但本廠似無須購此太好
之米復據各所發請比照市價發代金茲將原發傳閱請各主管人員
提示意見

乙、討論事項

（一）鍾 林提議

福利委員會會計室主任張 珊已到差甚久因機構原則尚未決定致
工作不能推動請予討論案

決議 請郭科長張股長商定原則於三日內詳細呈報

（二）俞守身提議

福利委員會會計室原則雖定據對于聯絡人選請見速即指派以利

51

事務案、

決議先派陳敦學為當會計室會計員再另派服務員五名共同協助辦理、

六、鄭慕泉提議

本月份軍糧係撥在新津彭縣龍泉驛三處彭縣新津路途遙遠龍泉驛米甚差請決定擇何處米案、

決議 福利科先派員到龍泉驛看米好壞具報再行定奪如米稍好可撥運五十石、

七、李慕白提议

購買物件至為困难經費亦異常拮据请予討論如何應付案、

決議 經費已電催匯寄其餘小款盡量付給、

散會

三

军政部兵工署第五十工厂成都分厂一九四四年第四十三次厂务会议记录（一九四四年十月三十日）

成都分廠卅三年第四十三次廠務會議紀錄

地点　工務科

時間　十月卅日上午八時

出席人數　鍾林　鍾興義　俞守身　黄繼賢　張同義　侯世傑

虞文彬　洪世彪　郭慕泉　沈其柏（因公出差 雨森代）　李燕白

主席　鍾林

紀錄　魏甫泉

行禮如儀

甲、報告事項

一、主席報告

近來各方均屬相當平穩，最感困難者仍為運輸問題，沈科長

親赴白水河采購煤運到，蓋因天雨泥濘路途窵遠之故，勞動

隊在中央場，造米每日只能造到三石，新興場計造到五石，實為浪費

鋼鐵已滙到壹仟萬元，廠長之關切分廠無微不至，以五百萬購料

四百五十萬經費，其餘五十萬作代總廠購買機布者，經費既經滙到

各項問題均可解決，并希望各方協努力為繼續理解，不要只說不

做。前方需用軍火，至為迫切，在我們能作者，當儘量做到。

黨部非常重要，特派魏甫保前往擔任，大提高員工科學常識，創

鍊体魄，使成健全分子。本廠員工近來在學識方面努力者頗為

不大，將來甚有希望。惟於賭博須應当嚴厲制此習氣，亟宜

特別到職黨部負責指導，稽查組特別嚴查，工友中如有賭博

者即行開除職員方面亦予以惩處特此報告并向各部主管祈請求者

丁、郭科長報告

十月份之米已算相當解决所困难者每日食米本廠農場谷子尚未晒乾已由伙食团借用但亦只能維持二三日若安鄉之米預計往返五日即可到達本廠昨日得報由萬至中興鄉之短脚費時首只啟到六双石為照此推算須二十餘日方能起運此米恐在十月上旬始能到達新津之米尚無消息

乙、討論事項

子、郭慕泉提議

食米三百餘双石尚未運回燃料亦常断絶日食三餐非但時間不可此種困難應請設法解决案

二

83-1

文

決議

一、急催運新店之木之運輸商人速將木運來，因只三十五里且係陸路，停雨一二日即可運送、

二、購買料即煤二萬三千至二萬五千之煤十噸以濟急需、

散會

军政部兵工署第五十工厂成都分厂一九四四年第四十四次厂务会议记录（一九四四年十一月六日）

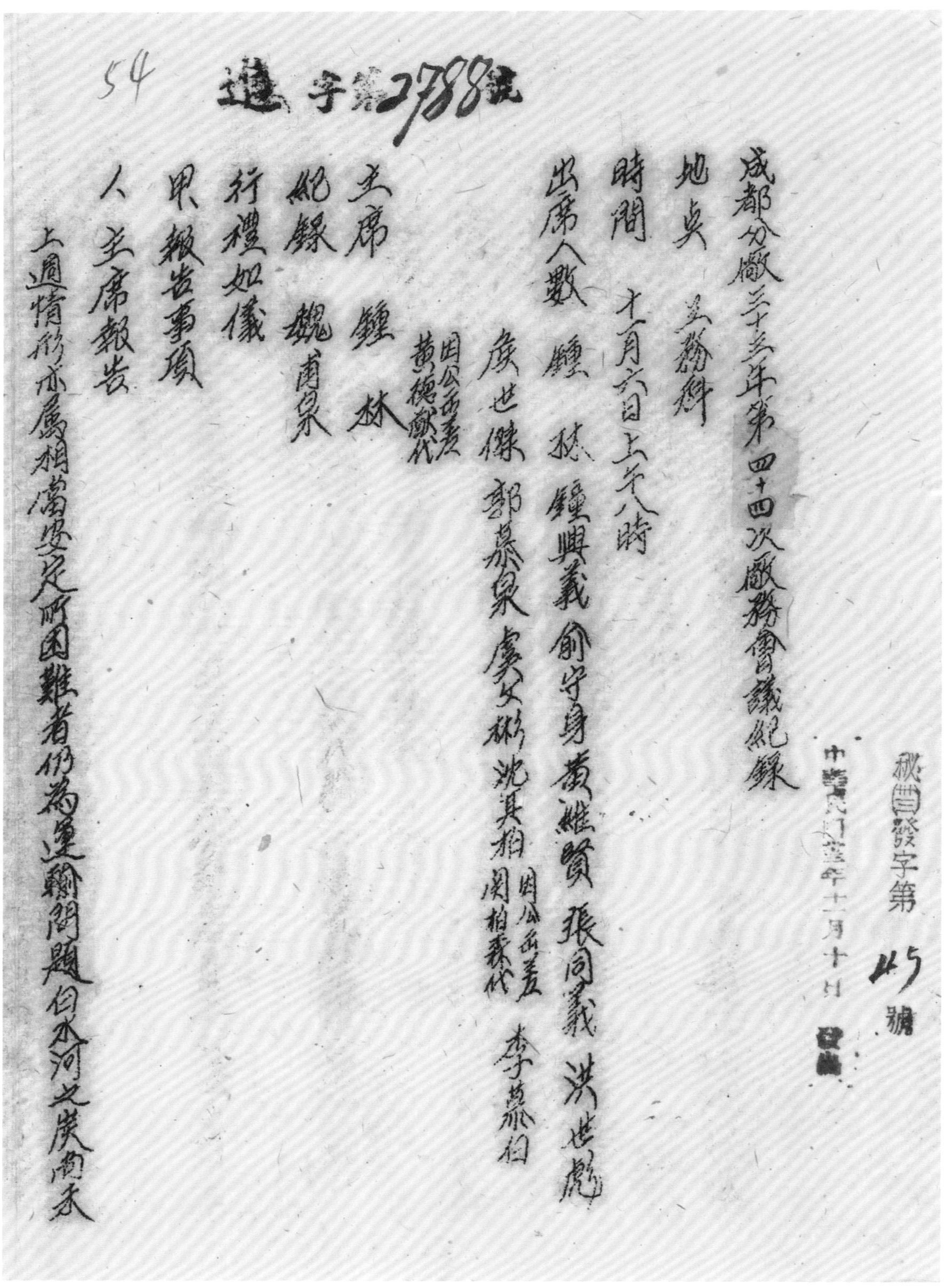

54

進字第2788號

秘書發字第445號

中華民國卅三年十一月十日 發出

成都分廠三十三年第四十四次廠務會議紀錄

地點 工務科

時間 十一月六日上午八時

出席人數 鍾林 鍾興義 俞守身 黄維賢 張同義 洪世虎

庾世傑 鄧燕泉 虞文彬 沈其相 閔柏森代（因公出差） 李燕相

黄德獻代（因公出差）

主席 鍾林

紀錄 魏甫泉

行禮如儀

甲、報告事項

人、主席報告

上週情形亦屬相當安定，所困難者仍為運輸問題，因水河之炭尚未

運到材料方面總廠亦有運來但主要者苐分鐵皮及引信仍未運到又煎、

停電工作頗受損失累潤方能交出品甚急本廠又解甚多當以一百六十分

力量加速趕造

還遲趕

平價布已購買甚多墊款三百餘萬元希合作社以總公價收歸

車胎尚未購到近聞價又陡漲於運輸方面大受影响

党部方面自派魏眉泉前往推動已有相當成績 係於購買更為困

難過去在伯水河計購者只一萬九千元連運費一萬六千元而平常運費

只八千元一噸現此地所購者即不能鑄鐵只能烘泥心之炭已漲至二萬五千

元一噸而大邑炭已漲至五萬元且不易購到於此可證明須光在外購辦

買儲藏之必要也購買此類材料亦頗不容易一定須辦事人員之努力

始可達到圓滿目的泥料長魏赴彭縣運炭尚未回廠值此天雨運送後

55

歩泥路中不辞劳苦实為可嘉惟此次厰中已受缺炭影响嗣後款較優祗預為購儲想可免此困难也

其他各項事務尚希各方面多加帮助

乙、討論事項

関柏森提議

車胎已派至廿四号請商討購買案

決議 (一)函四川公路局陳廠長請為代購 (二)購買科詢价先購八只

又、鍾岀義提議

(一)在渝召開厰長会議紀録関於物料方面者請文務購買兩科注意以便呈請核發案

決議 照辦

(二)總務科分送之公文應請主辦部份注意登記以利辦理而資查

二

攷案

決議 各科組隊照辦

撤會

军政部兵工署第五十工厂成都分厂一九四四年第四十六次厂务会议记录（一九四四年十一月二十日）

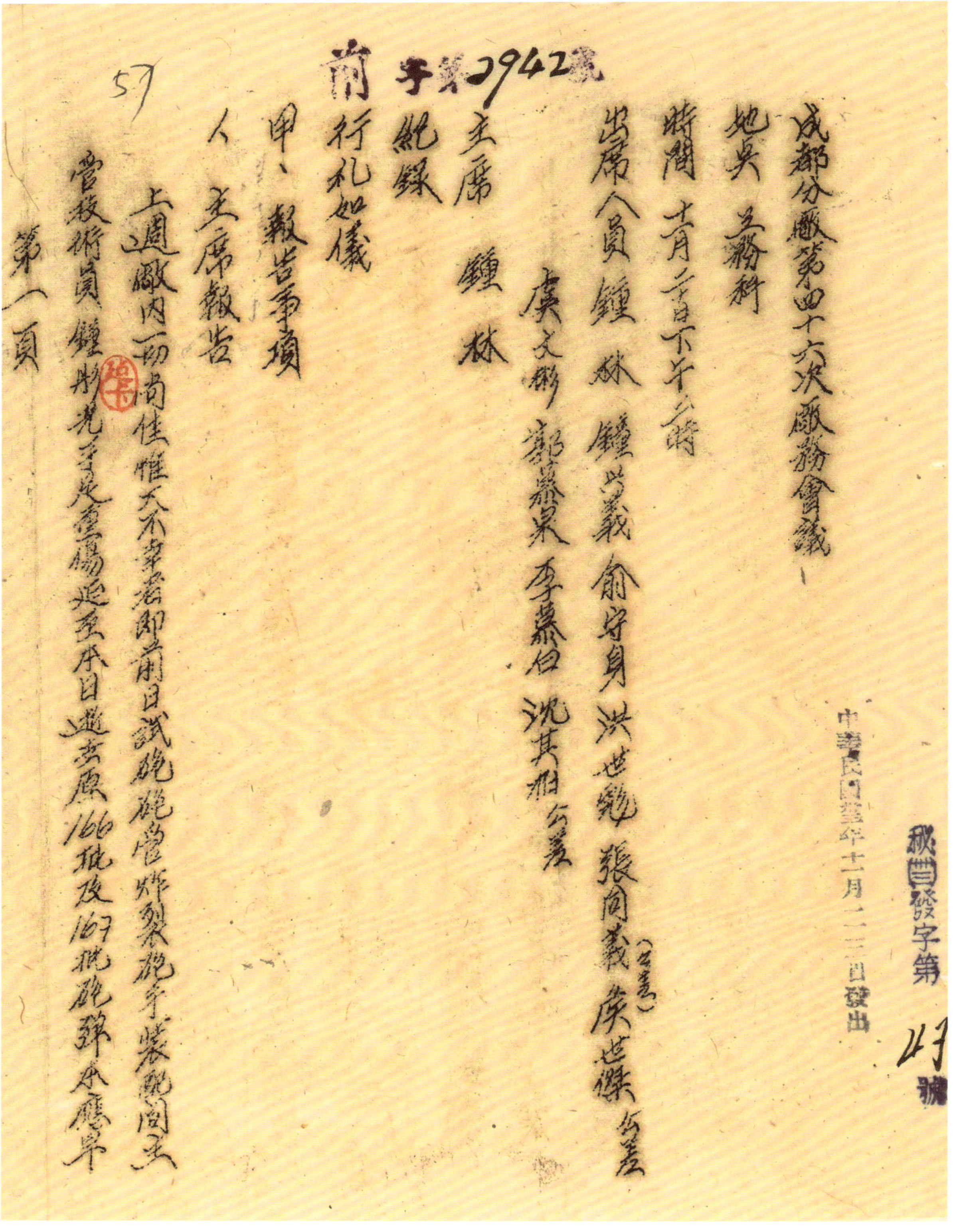

57

前 字第2942號

成都分廠第四十六次廠務會議

地點 工務科

時間 十一月二十日下午六時

出席人員 鍾林 鍾興義 俞守身 洪世魁 張尚義 庚世傑（公差）

庚文彬 鄭慕果 李慕白 沈其湘（公差）

主席 鍾林

紀錄

行禮如儀

甲、報告事項

人、主席報告

上週廠内一切尚佳，惟有不幸者即前日試砲砲管炸裂，砲手蔡配岡亦

管技術員鍾彤光手足受傷，延至本日送去廠166號及167號砲，歸本應早

第一頁

中華民國卅三年十一月二十日發出

秘書發字第47號

期試射因引信問題延至上星期六日始行試射當日參觀試射者有七八人
幸罹難者只、鍾彤光一人、其他均安然、無恙按射砲擊砲至險、適常平均
二萬發、中始有、次此次不幸原因不外砲身使用日久、致砲彈本膛穩驗
不適、俟若彈皆在砲膛則過於延尺之、員亦應有所影響姑無論其為發在
砲身抑為砲彈然為五十分釐之不幸、發者試射尚有護救之餘地但以自負
無意外發生射擊者為團動作方便久已廢而不用致有此次之不幸鍾彤光
當時手足受傷因臟腑受震院遂達、至午餘異狀送醫院前流血已屬甚多雖
經醫調安、惟毒血內侵、延至、今晨九時不治而亡此後對于死者自當安
為安頓而於砲彈之檢驗利加以嚴密防範、向鐵廠請再發、砲四門外對於砲
彈、亦在試驗將增加為二次第一次檢驗及格即在彈身上壓「形」字第二次
檢驗再壓一「光」字用此二字、即作此次犧牲者之紀念其不及格之砲彈隨時
鋸斷打壞以免流弊上須壓印之鋼印亦將交由登人慎為收藏夫砲彈之

56

製造本屬危險無時不在慎防中稍一大意即有不堪設想之虞此次遭此不幸一方對死者甚為惋惜予以安頓一方仍須鼓勵大家努力工作尚希群策群力以維艱巨、

乙、討論事項

一、俞守身提議、庫存尚有七百餘萬迄未並無鉅大開支而物價上漲不已擬請呈由購買重要材料由購置科先行擬具配購辦法再會同有關部份辦理規定手續、

決議　通過

乙、李慕白提議、裝藥用之白綢現有一批計百尺惟價格需四千一百元現款現購不允許約請付議

俞守身　既因物價上漲不已似可變通辦理由購置科呈報原因另派其他部份會同監購勿拘泥手續而誤時機

第二頁

決議 通過

3、李慕白提議 冬日天時甚短辦公時間遠道同仁常不及趕到下班後黑暗難行是否可將上下班時間略加改訂

決議 自下星期日起早七時半上班十一時下班中午十二時上班五時下班

散會

军政部兵工署第五十工厂成都分厂一九四四年第四十七次厂务会议记录（一九四四年十一月二十七日）

（卅三）蓉分字第2362號

58

進字第2968號

成都分廠第四十七次廠務會議紀錄

地點 工務科

時間 十一月廿七日上午十時

出席人員 鍾林 鍾尚義 俞守身 洪世彪 張同義 龐世傑

龐文彬 鄭慕泉 李桑伯 沈其楨 閔伯森代

主席 鍾林

紀錄 王錚

行禮如儀

甲、報告事項

一、主席報告

上週情形因星期六日試炮爆炸之影響以致各項成品均未能如期交

出惹之近來警報頻傳漢奸乘機活動而間接影響本廠出品俟後請各部

宜特加留心，以防不測。甚至以最困難者為試驗員，同人因危險過大，而不願負此責任。經縝密再三研究後，發明最良策，繼之令該員等以適當之改進，而策安全。至于鍾彤光被炸死之詳情，業已分別具報，懇予此次對死者之隆重安頓，實為鼓勵。今後試驗能順利推進，亦望各部份予以體貼。其餘情形，尚屬安定。唯物資日見高漲，對本廠今後事務之着手，似屬艱巨。近來警報頻傳之際，漢奸遍地活躍，可見成都情形之複雜，亦望人稽查組嚴厲防衛。最近戰局緊前，總廠方情形亦屬為安定，本人存擬于日內赴重慶述職，並此作仍趕緊重工，暫緩行期，不過此行亦屬必要。至于今後一切，尚希各部份仍須群力協助，以維艱巨。

乙、提議事項

人　鄧恭泉　提議　因近來警報迭作，而策安全起見，擬請修造簡單之防空壕多處，請予討論。

58-2

決議：于現有橋附近修建防空壕多處

2、李慕白提議 消防方面急予以整理，請討論

決議：由稽查組警衛隊負責辦理。

3、張同義提議 值此抗戰緊張之期，空襲堪虞，過去員工每遇警報大多蝟集于廠區附近，或竟有留住廠內不疏散者，萬一敵以本廠為目標轟炸，危險極大，今後擬由各部主管隨時督飭所屬員工，若遇警報時間即離開廠區，稍遠之處疏散，以策安全，請討論案

決議：由主任秘書擬就簡單標語，張貼于本廠附近。

4、李慕白提議 本廠材料人員不敷分配，值茲年終，將屆[illegible]各項帳目急待整理，前已兩次簽請派員協助，並請指派會計人員，俾資藉手清理，均未蒙簽派，應否

決議：設法派員協理

5、熊世彰提議 廠務會議自下週起改為星期一日下午二時舉行

二

決議ニ通過、

散會

军政部兵工署第五十工厂成都分厂一九四四年第四十八次厂务会议记录（一九四四年十二月四日）

廠字第3157號

64

成都分廠第四十八次廠務會議紀錄

地點 工務科

時間 十二月四日下午二時

出席人員 鍾林 鍾興義 胡嘉濟代 俞守身 洪世彪 張尚義

侯世傑 虞文彬 郭慕泉 李慕白 沈其柏 閔柏森代

主席 鍾林

紀錄 王鋒

行禮如儀

甲、報告事項

人 主席報告

上週廠內情形表面上似屬安定，實際仍為嚴重時期，其原因當不外時局緊張，物價高漲及出品等諸問題之影響所致。此外對漢奸

秘書發字第219號

中華民國[卅三年十二月九日]發出

之防止業已逐步積極進行使其無可乘隙活動不過還望各部隨時加以留意以達周密关于供應方面黃丹煤已運回大批木料已購到大部食米最近運廠亦已達八十餘石本月內足可維持下去唯運輸方面終段困難現準備自製板車多輛俾增加其運輸効力則不受商人之挾制俾資減少困難除此而外經費問題亦最為嚴重近來已達五百餘万之虧款又以十二月份下期經費迄今尚未匯到以致廠制工作之推進須電請總廠迅予賜撥方可挽其危局又查近來市面物價日見高漲本廠食米應儲備以防意外再對委員長侍從室派爲專員視察各級行政已擬發數目並重視各工廠一般經濟請會計科對各項帳目应予以準備其餘各部亦應特別注意而免詹懷另乱之誤總之希望大家協力維繫共扶艱局而克服种々困難使本廠未來之前途有所發展矣、

又、俞守身　報告　關於考核會計行政並準備編表本科自應遵辦

65

惟最近數月一方面因購備材料食粮各承办部份經借鉅額款項，雖經一再催促，仍多未办報銷手續；一方面又因出差人員加多，借支旅運各費亦多未能依限結報，致本科暫付款數字日趨膨大，屢將放款人員寬容或提出質問，且稽辦年度終了，亦未便再予延擱，特鄭重提出，並請各有關部份從速予商洽趕結，至出差人員則請各主管長官轉知督促飭須依限結報，实所至感！

提議事項

鄭慕泉提議　福利科油煤報銷均無問題，惟米粮一項困難太多，本人經借米粮价款，截至本月份尚有廿多万未報，其原因係因運輸科承办運輸車行累月均有欠米，本科報銷無法送出，應如何處理案、

決議：由鄭科長簽出理由呈核办理、

二

李慕伯提议　本科暫付款因購買原料食米等類為數頗巨，其

65-1

餘以驗收部份不能準時驗收之原因而使廠制報銷請付討論案、

決議：由採購科隨時面告或簽呈申述俾資督促驗收、

散會

军政部兵工署第五十工厂成都分厂一九四四年第四十九次厂务会议记录（一九四四年十二月十一日）

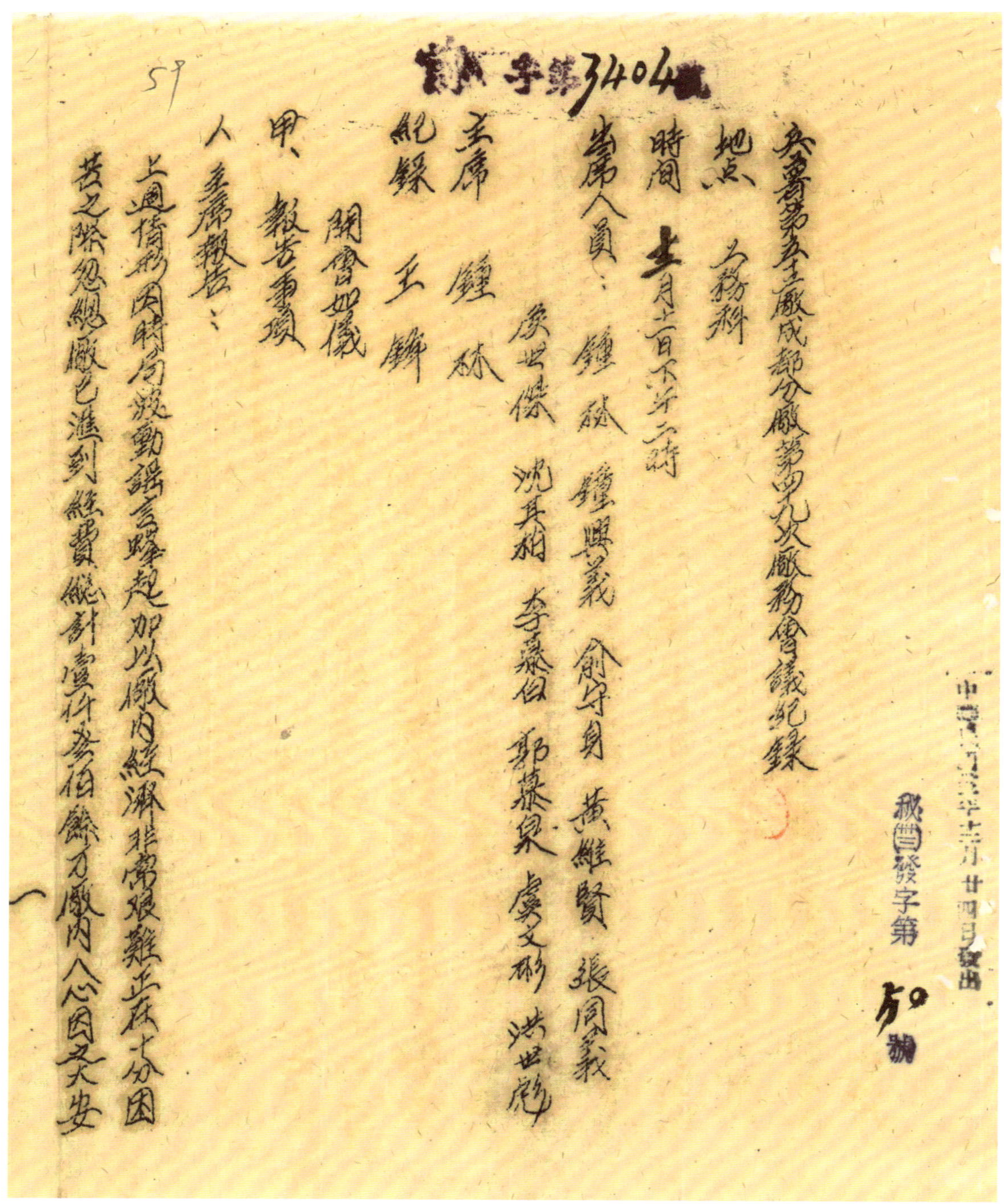

□□字第3404

兵工署第五十工廠成都分廠第四十九次廠務會議紀錄

地點、工務科

時間 十二月十一日下午二時

出席人員：鍾琰 鍾興義 俞守身 黃維賢 張同義

侯世傑 沈其相 李嘉伯 鄭慕泉 虞文彬 洪世彪

主席 鍾林

紀錄 王錚

開會如儀

甲、報告事項

人、主席報告：

上週情形因時局波動謠言蜂起加以廠內經濟非常艱難正在十分困若之際忽聞總廠已匯到經費總計壹仟叁佰餘万廠內人心因之大安

中華民國三十三年十二月廿四日發出

秘書發字第

59-1

足見廠長對於公共之關切。現本廠對主要材料大量儲購，已準備供三四
月之用，故六月虧款已近五百餘萬。此種情形，廠長亦可心安否。柳
桂戰事失利，獨山淪陷以後，重慶至成都人心混亂，因此謠言四佈，情形實
時爲嚴重。一次廿人赴勵志社歡迎美代表，渠對各方實在消息及廠將
來亦未表示，僅對張組長再三請嚴密防止漢奸活動。此時時局雖壞，而工務
科製造仍能維持現狀，不受影響，尚爲幸甚。前奉廠長電着派
人赴重慶，正職被困戰局關係，故當即電復請予緩期，以防廠內發生
意外。上項焦炭可供鑄工部勉強維持，唯鐵皮及引信部之銅条，感覺缺乏
主要原因，以總廠車輛赴前方擔任運輸，因此未能如時接濟。不過分廠對
上項需用甚急，亦已屢請設法。此時因時局嚴重，而未便急大催，本人深知
時局定可好轉。茲在總廠經費匯到時，即請李科長象向決計購大米多各否並
曾再三催促，亦望早日援李科長八九點鐘穀穀業已函購，後以經費不敷應

60

因故購一百石並願款壹百九十七万是晚又據李科長報稱午後市面發生號外時局好轉米價回漲及至付款訂購時均經各商人拒收經再交涉大致僅可定購壹百石第二次中午則只允購五十石如此良機已失實不可惜今後希望各部主官對時間之爭取務須併案催辦免坐失機會其餘運輸科方面鐵炭已訂購三百餘噸又嘉陽煤炭購百噸希速設法運回此外人過馬寺岗來廠視察秩序不佳其原因當時適逢鐘主任秘書因人出境辦公廳大部份職員均外出現象實為不好現象希今後切加注意。

2、李慕伯報告：

此次購米經過情形業已詳情簽呈大凡商人均以營利為目的際此抗戰時期物價波動更甚至須現款購現貨但公務機關對付手續當須按規定辦理因此時間上則不無問題購米事緣於七日午時奉　命往

米市詢價當時因獨山失陷人心惶惶米价疲跌各米舖報價均為九千六至九千八九百元之間註明一日及明日上午有效八日上午經代主任決定購二八百石為數借米款付足於下午取得支票進城已三時許兼遇中央日報號外上載獨山克復心知時局好轉米價必然回漲為求迅速達成任務求人即奔老南門因時局果好轉米价升回漲於上午十時半收美時均經各商人拒收价款只好又奔新南門商報價賣主洽議論如何請其設法幫忙援彼等稱支票尚須明天方可取款似不願意即以當時情况就以現款亦待明天再價如何再為酌定雖再三相說僅允購五十石其經過情形大略如此此外以年終在即各銀行急待結賬公處本月份下期繳費擬請會請總處提早賜撥以維艱巨、

乙、討論事項、

沉其祖提議

人、竹根灘存鉄七十八噸是否要求催搬運回

61

決議：因水乾待明年大水再運、

四、華大機械工廠代製鄭前主任之五式火帽因商周請撥欵後以便結帳、

決議：以情形複雜轉呈總廠核奪、

五、為運去之黄丹壹百噸押運員祁曉高久未來信報是否已電俞科員請查明催促、

決議：電俞科員請詳查電覆、

六、本科因年度關係擬於會計科結帳而俞科員借支欵項乃充是否應候俞科員返廠時再行結算、

決議：由運輸科督促辦理、

俞守身提議

查廿三年度瞬將結束本科關于年度結帳工作已在積極準備除催結報銷業于上週廠務會議提請各主管遵予督辦外他如物料工具

三

61-1

傢俱及辦公用具年度盤存亦經由材料庫及庶務股商定妥辦惟各製造部製成半成品及存庫未繳成品似亦應于年終同時盤存列表通知本科辦理以符功令如何請議決案

決議：由會計科簽請轉知工務科照辦、

散會

军政部兵工署第五十工厂成都分厂一九四四年第五十次厂务会议记录（一九四四年十二月十八日）

秘書發字第51號

字第3405號

兵工署第五十工廠成都分廠第五十次廠務會議紀錄

地點 工務科

時間 十二月十八日下午二時

出席人員 鍾林 鍾興義 俞守身 黄維賢 洪世彪 張國義

庚世傑 沈其相 關柏森代 李蔭田 郭榮泉 虞文彬

主席 鍾林

紀錄 王麟

開會如儀

甲 報告事項

人 主席報告

上週各方情形均為安定唯工廠所需用之鋼皮尚為缺乏雖總廠于上星期四日運來一部份恐仍不敷久用此項鋼皮迭向銅業業已電請總廠設法撥濟

又会計科刘股長至廠時當舉一廠長示範一廠及廿一廠代製本歷之引信不願再承代
製造明年度須自行製造根本廠製造引信之機件均系殘舊品故僅可以勉強使
用假如製造式万五千顆以每日工作廿四小時計算亦須明年六月方可完成且不
無困難之處是以趨于本廠重問題此外為啟明供電問題上星期因停電多次
致影响產品損失頗大查往數度向該公司鄭董事交涉並請求行轅暨省政府
協助種種辦理亦未獲良好結果其次為冬防警衛問題已令保隊長叢嘉倫
進行應為專員向本廠索取之各項概況表件及成本計算書類已于上星
期交付、

2、俞守身報告

本科以年度結帳日益迫近関于各項暫記性質之款項當分別催洽其業希
望各有關部份对于主任批示或提示事項或存入口來請記協助事務並請
速一照辦並予便利應請本科年度結帳得以順利推進又関于本年度三月

份以後單粮價款之結報稿利科若有困難原因務請早提書面報告籌商討解決、

六、鄭慕泉報告

関于單粮價款仍照過去辦法行之手續関係無法結帳再々相請登稱科協

同辦理惟沈科長常公出在外至今日尤未履行本科亦因年度関係深以為慮、

乙 提議事項

一、鄭慕泉提議 查本年度已屆歲末三十四年度會計清冊即將開

始編造工人薪資是否隨工資調整辦法而有變動請付討論案、

決議：由鄭科長慕泉簽呈核辦

二、張同義提議 員工身份証均已辦理妥當期待發放唯尚有大部份工人

像片尚未繳送應請工務科協助督促請予討論案、

決議 由張組長列開名單交由工務科催繳、

63

三、俞守身提議 関于職員調整待遇及加工益薪之支給辦法尚未奉

二

63-1

有明令據此次本會刘股長湛五廠來告據廠方面已決定工務處所屬技術額四分之一支給該公廳所屬按六分之一支給本分廠應如何辦理請予決定案。

決議 應呈總廠核示遵辦。

散會

军政部兵工署第五十工厂成都分厂一九四四年第五十一次厂务会议记录（一九四四年十二月二十五日）

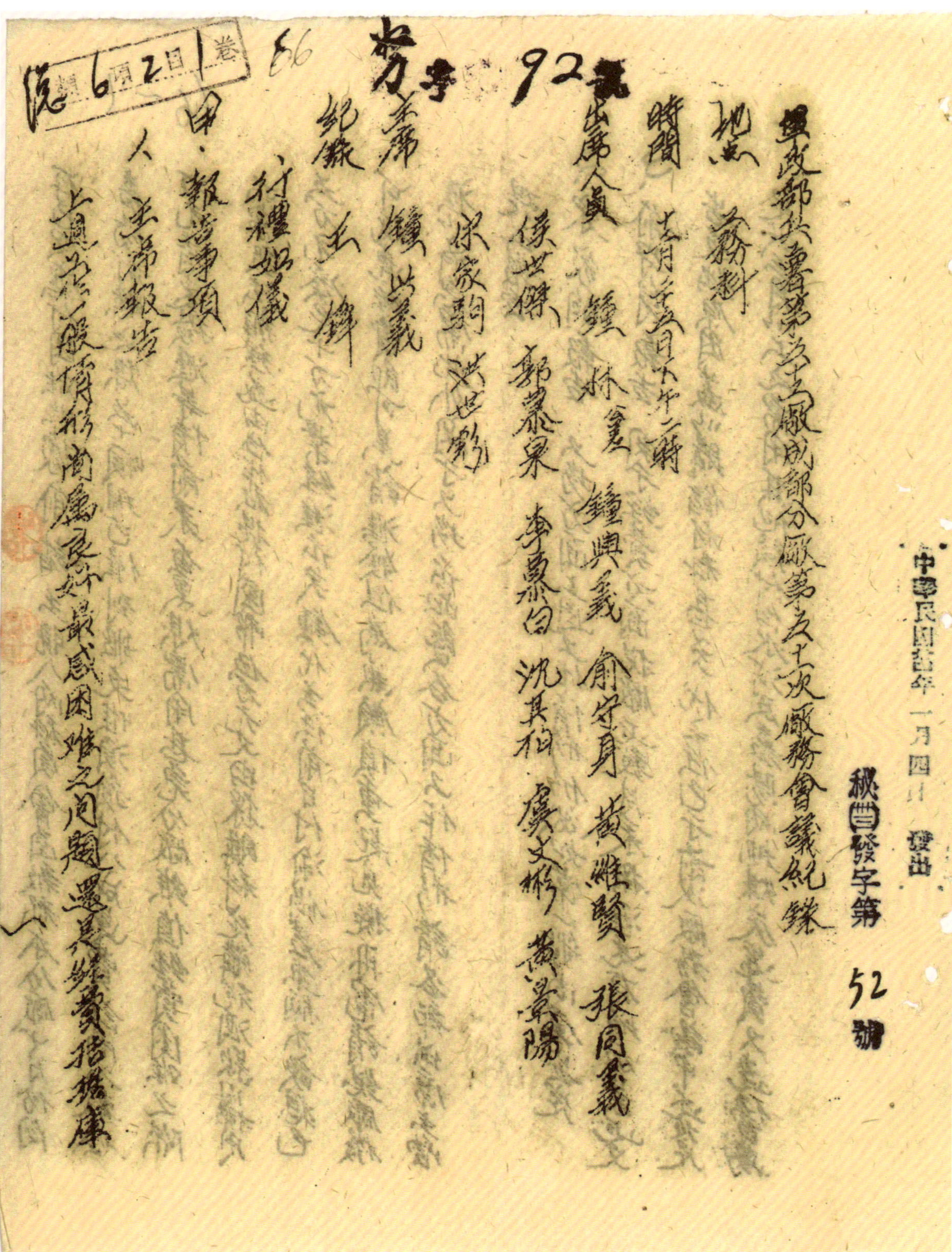
流 6 类 2 目 1 卷 86

公务字 92 号

中华民国卅四年一月四日发出 秘书发字第 52 号

军政部兵工署第五十工厂成都分厂第五十一次厂务会议纪录

地点 公务科

时间 卅三年十二月廿五日下午二时

出席人员 钟林 钟兴义 俞守月 黄维贤 张同义 侯世杰 郭荣泉 李景白 沈其相 广文彬 萧景阳 徐家驹 洪世彰

主席 钟兴义

纪录 王钧

行礼如仪

甲、报告事项

（一）主席报告

上周本厂一般情形尚属良好，最感困难之问题还是经费拮据

66~1

存已感應付困難。此據俞諮壬、季曉入兩科員會函報稱，本分廠十一月份內嘉陵新辦之煤，茲頃據已僱到船隻，惟須預付八成運費，致尚不敷極萬元，請求撥匯等情前來。查黑煤需用甚急，分廠雖值經費困難之際，亦當設法籌撥，並由合作社提付國幣伍萬元，又由採購科就購存燒須款內撥用五萬元，除已匯十萬元業經匯去矣，餘代至張前日付渝儲蓄處額不敷總色可抵運繳費，即可籌，請匯撥，但為數頗鉅，值重慶見撥，再電請總廠撥匯，以濟急需。此外關于工場各部暨各方面工作情形，請各部分主管提出報告。

2、宋家駒報告　工場方面上週工作情形，仍然如常，一般尚屬安定。

3、俞守身報告　關于經費方面，總廠近數月來撥匯，近有增加，最近支出支絀原因，蓋以購備材料甚多，代工價已于前次廠務會議中決定，足供三月以上之需用，其他織代購承汎及嘉陵運輸煤炭運費又達僅萬

元之譜，像本月下期經費到時即無問題，但有其應從速請請各位鑒覽
部分分廠每月收支情形均按時列表報請總廠核閱，近來暫付款數字非常
龐大，截至昨日止購買材料及支款項尚未報銷者已達壹仟捌佰餘萬元，原擬
剩送營業餘万元，福利科未送之處尚有陸拾餘萬元，總計達弍仟陸佰餘萬元之
鉅，曾諸分科從速報銷，而收效甚微，似此將來數集總廠，即易發生疑義，
且為撙節經費起見，亦應因本人深知各處承辦部份暨各有關部份對上項
未結手續予本年度內趕辦結束，俾暫付款減至最低限度，而正式報賬，用
帳目乃能表現準確明晰之數字，各處處如有困難情形，請提出由廠務
會議討論，或即書面簽請呈核亦可，俾早結案。
以上郭慕泉報告　福利科各項帳目業于上月趕辦完成，試算表一節
交由代主任稽核總廠稽核課計會計科程采盧福致十餘万，其中開支計
學校學糧依數貳万餘元，采作某項壹拾餘萬元，並收各伙食團帳款陸拾餘

67-1

万暫付款廿餘万，乃為支付元月份至二月份職員薪餉及過年節賞警衛

隊等，其餘農場費用計九万餘元。收入方面，計農場應收回十四万餘元，尚未辦

餘。雙方尚未結清，仍以各項情形列表簽呈總廠核備。

又奉慕白總管 關于購置材料各項款，前奉代表核示從緩購辦，

當即簽請停辦，其應付款項已數在庫轉而未轉帳者約四百餘万，尚有美軍

向資委會（彭將）訂購之錳鐵鋼炭合同尚未結束，該項總數約三百零四万元，至於（軍縣正在整理）

上年度未轉帳事項，係因少數單據尚未驗收，單據有出入，現亦正在整理中。

其餘三百六十餘万為最近採購木料，因未驗收致稍遲延，尚希向廠部協

賜予便利，請提早驗收為禱。暫付款已報一百另三万元，其餘八十餘万而未確□

從緩者有辦理中之鋼事款四十三万已交，卅餘万因不合要求已另訂移作鋼

鑿米款錢又係計送同購未專款，應顯定適當替金約共一千三百餘万，其餘

五百餘万為最近訂購彭縣煤焦四百万及□□訂購□之用，均係會

68

計料直從撥付，易利某可稽。関於本廠目下最感困難者，亦為經費設法籌撥。
廠对本月份下期經费亦能在某内撥付，是為最嚴重無法应付此等関也。
6、鐘步系統難岩　関于本分廠歷年采購水運器案件均未具体呈報分别注銷。
催办迄今尚未據各部從速辦理，俾清積案。又代主任随行時对於採辦器存
為了鋼再三叮嚀從速呈送，應以清手續，請速稍料從速辦理為要。再関于啟
明電氣公司三處獨派停電事，据報稱該公司对成都市供電不斷為保國防電
台等，对本廠用電仍以採輪停方式，影響軍工甚巨，此項情形業經呈報
代主任請示在案。
七、討論事項
1、沈其栢提議：
四川省縣第之區川西縣第之區代本廠呈送白水河鎮炭及電灵茶园生產萬
日即要求恢復之後，已顧去全部第之费，除已函請四川省府催第之并缺向
該區縣交涉，究應如何办理，付予討論案。

三

68-1

决議：由運輸科設法催東運回最員責追回全部運費

乙、慶文彬提議 在合作社盈餘内墊支款項日趨膨大迄已達三千餘万請付本討論案、

决議：由慶經理自行撙節办理、

丙、郭嘉泉提議：福利科米糧價款已逾廿餘万未結報銷其原因係以運輸行欠繳尾米致使遷延請討論案

决議：由沉科長召集相關負責催收務于本年内結清

丙、主席結論

各項報銷用費請承办部務或有關部務請速整理希于本年度内完全結束今天會計科提出檢付款之結銷問題經討論結果其中屢延原因多係手續不周之故希望今後各項承办事件要多接洽凡未結案則一切均可順利進行矣其次關于今後編運會同編請承办部務每次多負責任務料存卷以備查案之需、

散会、

军政部兵工署第五十工厂成都分厂一九四五年第一次厂务会议记录（一九四五年一月二日）

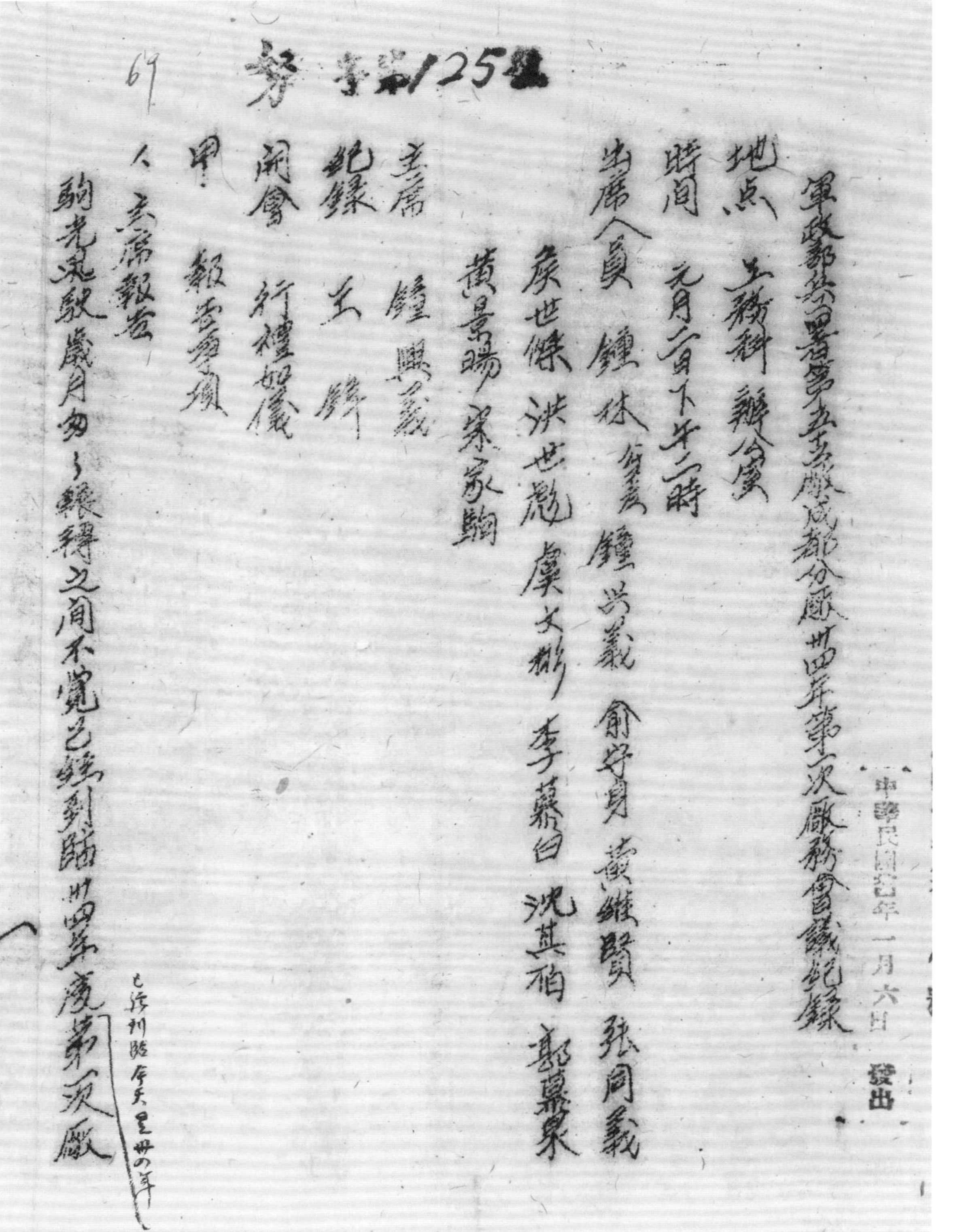

69

務字第125號

軍政部兵工署第五十工廠成都分廠卅四年第一次廠務會議紀錄

中華民國卅四年一月六日發出

地點　工務科辦公室

時間　元月二日下午二時

出席人員　鍾林介差　鍾興義　俞守身　黃維賢　張同義

龐世傑　洪世彪　虞文彬　李蔡白　沈其栢　鄧慕泉

黃景暘　梁家駒

主席　鍾興義

紀錄　王鋒

開會　行禮如儀

甲、報告事項

（一）主席報告

駒光飛馳，歲月匆匆，轉瞬之間，不覺已經到臨卅四年度第一次廠

（已經到臨今天是卅四年）

務會議集會我們借此机會盡多為討論去策劃來年如何充
實同前的力量從今後工作順利推進本席深盼各位齊心努力
協助同舟共濟使本廠前途發展無量這是大家的任務和光榮關
于上週工作情況除照例假暨紀念開國休假三天而外都均屬
良好唯選編組同仁因業務繁忙在休假期內仍然常辦公甚為
可嘉不過材料之供應選編實為本廠業之要務因為材料中斷或選
編困難不但影響工場停工且使整個生產之繼續本廠業受同影響所以爭
取時間去并選用机會須時時注意例如上週中選編黑煤因河水
枯落而使選編困難選費亦因而增加一半又在以上熱縣民購之
鐵族亦未能源源運到以致幾工部有停工之虞是其明證今後各
部份工作推進希望能有更具進基礎與其次工友努力繼續及材料
業已電呈總廠長并電懇總經理轉東處盡量多予采辦所屬家鄰運

交材料請購單亦已交採購科照办。今後希望關于物料之請購最好能由材料源源接濟，無須催購爲好。此外，本廠前與商人訂立購運合同，如有奸滑商人故意玩延不遵（异法）合同規定者，似應按照單方最高罰則之，不可以從寬處理，以昭慎重，而利生產。此項問題須候主任返廠時爲即請示決定。

九、沈其柏報告：邇來最嚴重之問題（亦）爲鑄炭，主要原因以商人奸滑過甚，以致影響業務推進，據報刻下鑄規已無炭供應，刻已通知其採人并令設法，借八廠以濟需用、

十、主席決定：關于鑄炭購運困難詳情，請沈科長簽報，將來代表主任核示。

70

十一、李慕淋報告：鎔銅鍋本日已運到貳百個，其餘絡續交運，但紙已漲至每個四百五十元至四百八十元，又第二所需用酒精，請向二所撥用，特廠

六

70-1

款匯到擬再購備大量燒酒提煉酒精以備不時之需至於零星材料如經常不發生問題者隨時購到以供需要、

乙、提議事項

人鐘照義提議　本市停電已成慣例為整飭秩序計已擬好路燈並從速裝設以備不虞案、

決議：路燈裝設交徐股長希俊催從辦理、

散會

军政部兵工署第五十工厂成都分厂一九四五年第二次厂务会议记录（一九四五年一月八日）

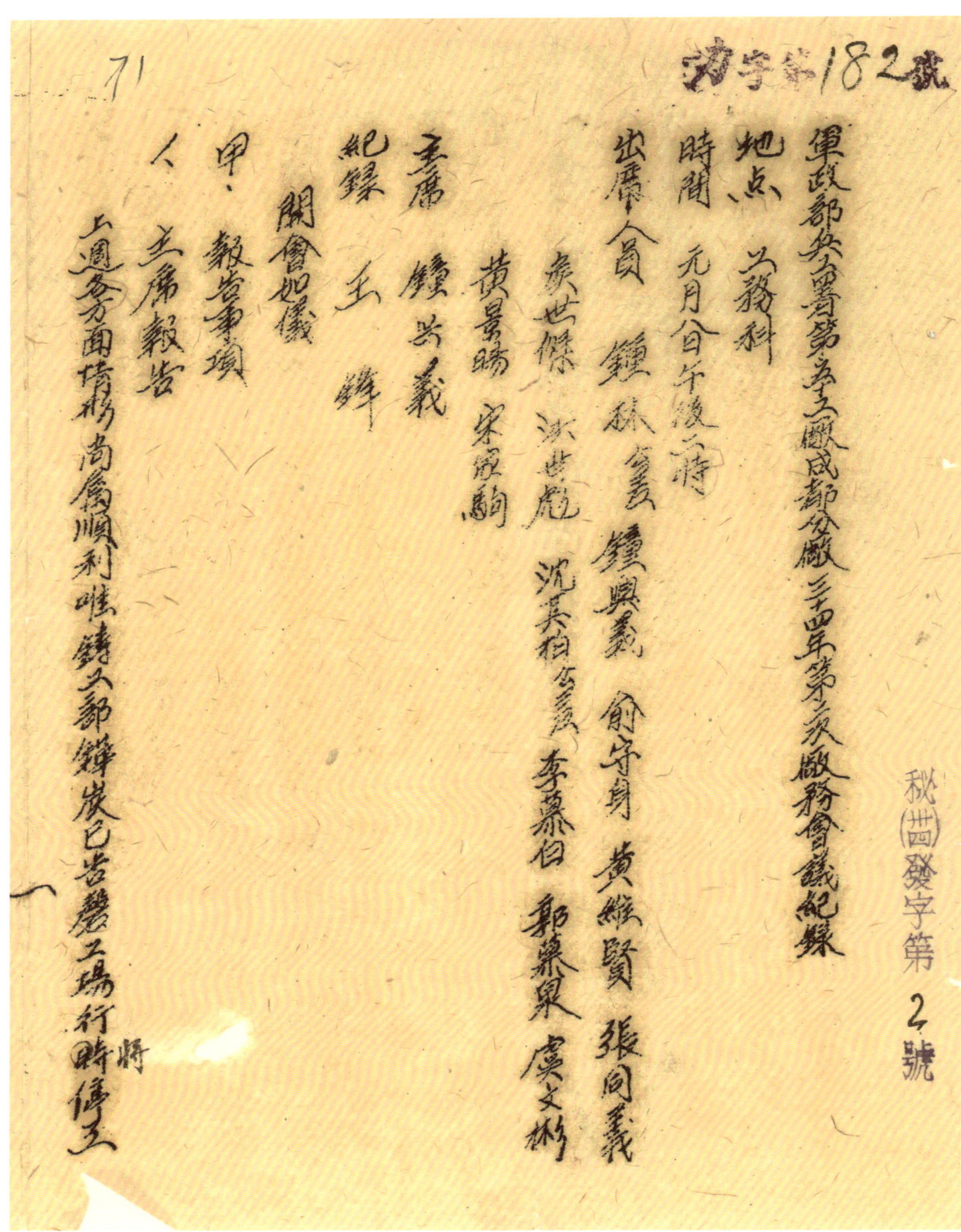

秘（卅四）發字第2號

渝字第182號

軍政部兵工署第五十工廠成都分廠三十四年第二次廠務會議紀錄

地點 公務科

時間 元月八日午後二時

出席人員 鍾林委員 鍾興義 俞守身 黃維賢 張同義 秦世傑 洪世魁 沈其柏委員 李慕伯 郭藻泉 虞文彬 黃景暘 宋啟駒

主席 鍾興義

紀錄 王鋒

開會如儀

甲、報告事項

人、主席報告

上週各方面情形尚屬順利，唯鑄工部鋒炭已告罄，工場行將停工

71-1

而該縣之炭亦無消息，恐日內不能抵廠，爲應急需，擬就近採購鍊炭，俾免停工之虞。總纖成品存廠數萬疋，須待驗收規定後即可繳時廠。冬防據張組長報稱，本廠附近駐軍及各機關團體所于最近舉行聯席會議，地址設本廠中山堂，並備茶點，惟經費尚待籌措，需款若干囑由張組長負責支持。近來物價又見高漲，以本廠今後工作之推進，殊屬艱巨，尚望群策群力，共克困難。

二、俞守身報告：（一）本廠經費截至上週末止，庫存款項尚足敷發放上十二月份下期工資及米代金等，惟十二月份與工獎金須待本月上期經費到後方能配發，已請業務科電呈總廠，賜予速撥，以應需用。（二）上年度各部份餘存之款，銷售未能趕辦，尚多未合經濟原則，要盡本科爲結帳日起見，已于上星期簽請代主任核准，凡三十三年度開支限元月二十五日前辦妥報銷，逾期得改即如一般法令同樣作無效，務請各並照辦理。（三）稱剩餘本科

72

社來帳多業經核對無誤本年度起一切可望改進惟合作社帳目仍嫌推動遲緩
應請加以注意。（四）關于蠶桑場與金陵大學及四川大學蠶桑系蠶種合同
前者在上年十一月底已期滿後者至本年二月亦將屆滿上年因虞所長赴渝
數月及廠務後又兼主持收合作社事宜工作較繁未獲辦理結帳現因本年度
更替應請虞所長及早辦以便提早結束、
3、虞文衡報告：關于金陵大學之合同大概本月內結束四川大學亦正在
擬辦中、
4、宋家駒報告：①近來因物價波動即日常菜蔬亦甚高本廠福
利科對菜蔬供應似太減少務希加緊督促發揚生產以維職工福利②古盛華
部在足福利科所屬之豬多頭僅具骨架希深望多加關切增多養料
③為增進員工健康提高工作精神并減少個人支出福利科似應設法修（以付眾議）
建浴室職員工友分別每月一次及二次每次酌取費用以作炭火補助似亦

二

另辦有福利社餅乾計劃照進行、

5、鄭慕泉報告：曾希代之任省魚類觀音橋菜地改種穀米，今年入

向

部後因播種菜蔬，且剩因原條件關係，大部份又入均經種小麥、菜蔬等方面皆

效，施工壞發多，又加以收未得當時，降不易生長，雖已派人經常料理，後亦大

至即可復原，至于所需之猪因飼料欠缺，似稍正確，設法解決，又養豬之設

温療

備曾擬修建，待完成，均以房屋不敷，改作他用未果、

乙、討論事項

1、李慕仍提議、資因工場需用鋼炭甚急，則節省大批採購，又不易，依

格懸殊，發好者須五万，或千元左右，其較次者即今最所差達二倍，需須四万元，

最好仍須繼續採購，回繼購不料因鏈收年緣尚未報銷，亦要至關影響

曾華命令

年度結帳

錢各有關部份須錄早日交要將利計敗，回季所處所需用暫留四五萬以備各校已

新編事頁於本唯最時已久，尚未寄到，至于各部份需用廻功已由希望採

73

购书费式拾元先后分给已达八千本，其余之四千余本尚未运回，不足则商人决准翻其原邮寄时已久拒绝收受，究应如何处理，请均付予讨论案。

决议：关于购书即依俗称发书费亦必须经队部按照寄付，不足资料再函寄往品欲好者为适宜，至于所需用费，请俞科长设法协商办理，或由合作社挪借，此外木料验收由采购协同会计部份办理，又日历稽查用八十本，其余待兵工学校之日历寄到时再行补发。

2、郭慕泉提议：本年份军粮已发到，唯尚需运费若干，请予讨论。

决议：由福利科会计科会洽办理。

3、詹世傑提议：上次驶代主任令各人购买鸡公车拾辆，领款叁万元，无论因当时价格过高不敷，十辆故未敢擅自裁决，是否尚须续买，请予讨论案。

三

73-1

決議：既因係務過高，候代主任回縣後請示辦理，款仍由會計科入帳、

4、李縣伯提議：近來以物價暴漲，本縣預備金伍拾万已不敷支配，擬請增加至壹百万，俾便週轉靈活，請予討論案、

決議：待下期經費滙到時再行酌定、

散會

军政部兵工署第五十工厂成都分厂一九四五年第三次厂务会议记录（一九四五年一月十五日）

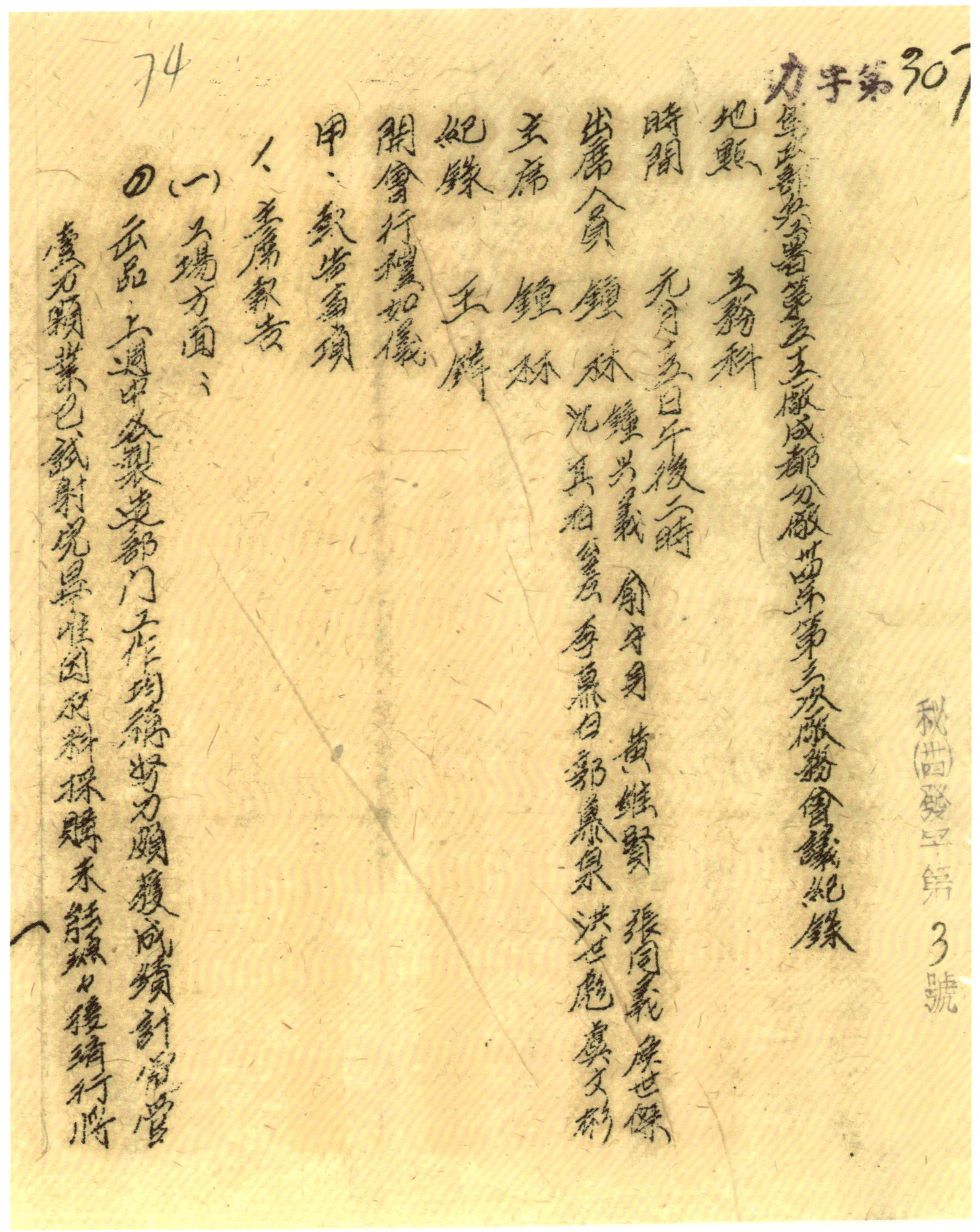

74

力字第307

秘(茜)發字第 3 號

軍政部兵工署第五十工廠成都分廠卅四年第三次廠務會議紀錄

地點　工務科

時間　元月十五日午後二時

出席人員　鍾林　鍾興義　俞守勇　黃維賢　張同義　康世傑　沈其相　金庚　李熙白　郭慕泉　洪世彪　龔文彬

主席　鍾林

紀錄　王鏻

開會行禮如儀

甲、報告事項

1、主席報告

(一)工場方面、

①出品：上週中各製造部门工作均能努力頗獲成績，計[illegible]

壹九類業已試射完畢，惟因材料採購未能源源接續，行將

74-1

影響停工。此外，行手製造引信之銅條，穩漲問題亦至嚴重。第因外貨之輸入困難，而署內庫存亦用罄，此為各兵工廠普遍問題。假如各廠能自製造大量銅條，則今後引信供應當便利殊多。故本人自返廠後，即特別注意技術，設法剋服，最近已有承造製銅條，並隨時常往工場督導。

㈡ 引信之供應，本人此次赴渝，請廠長特別設法，同時並向各廠協洽，經數度交涉後，第一廠可每月供應壹萬顆，其它廠是否能供給壹萬顆尚在問題中。

㈢ 欠繳砲彈、閱子欠繳之砲彈，經再三請求陳內情，並請廠長向兵工署設法，以本廠所處境遇暨機件之破舊情形，提述困難，結果已允減少七萬顆。

（二）各部應注意事項：

35

⑾ 各部連繫：本人由渝返廠時，廠長指示數端，並謂分廠前總廠所為各處科至平常連繫，人多發此情形似屬隔膜，際會計科常製表格來而外，其餘稽核科、運輸科、機係形常疏遠，今後希望各部門如遇疑問及困難，即或有利于員工福利事項等，均宜多與總廠接觸，俾可於聯而獲實效。

⑿ 五廠禁絕賭博：總廠廠長曾有明令昭示，俟後本廠如有賭博事，稽查組在案，五廠屬數歸一，經查覺決無寬恕，以維廠紀，並希望各部主管對所屬員工切實告誡，以昭慎重。

3、本處[illegible]報告：關于各種材料之採購，大概日內即可在部送審，其次卅三年度經費預算，亦正在加緊趕辦中。

乙、提議事項

1 侯世傑提議：醫院藥料欠缺過多，以致患病之人無藥為醫

75-1

坐待房既請多設法添置付予討論案

決議：由福利科設法酌予增加。

鍾林提議：（一）廠內清潔問題請洪主任世魁協同總務股長督促辦理其他各科隊所股室之附近並請各部主管負責公共衛生清潔（二）關于聘任中醫師及設置中藥舖請由廣經理負專責辦理並指派總務科傅秀揚協助交付討論案。

決議：通過

散會

军政部兵工署第五十工厂成都分厂一九四五年第四次厂务会议记录（一九四五年一月二十二日）

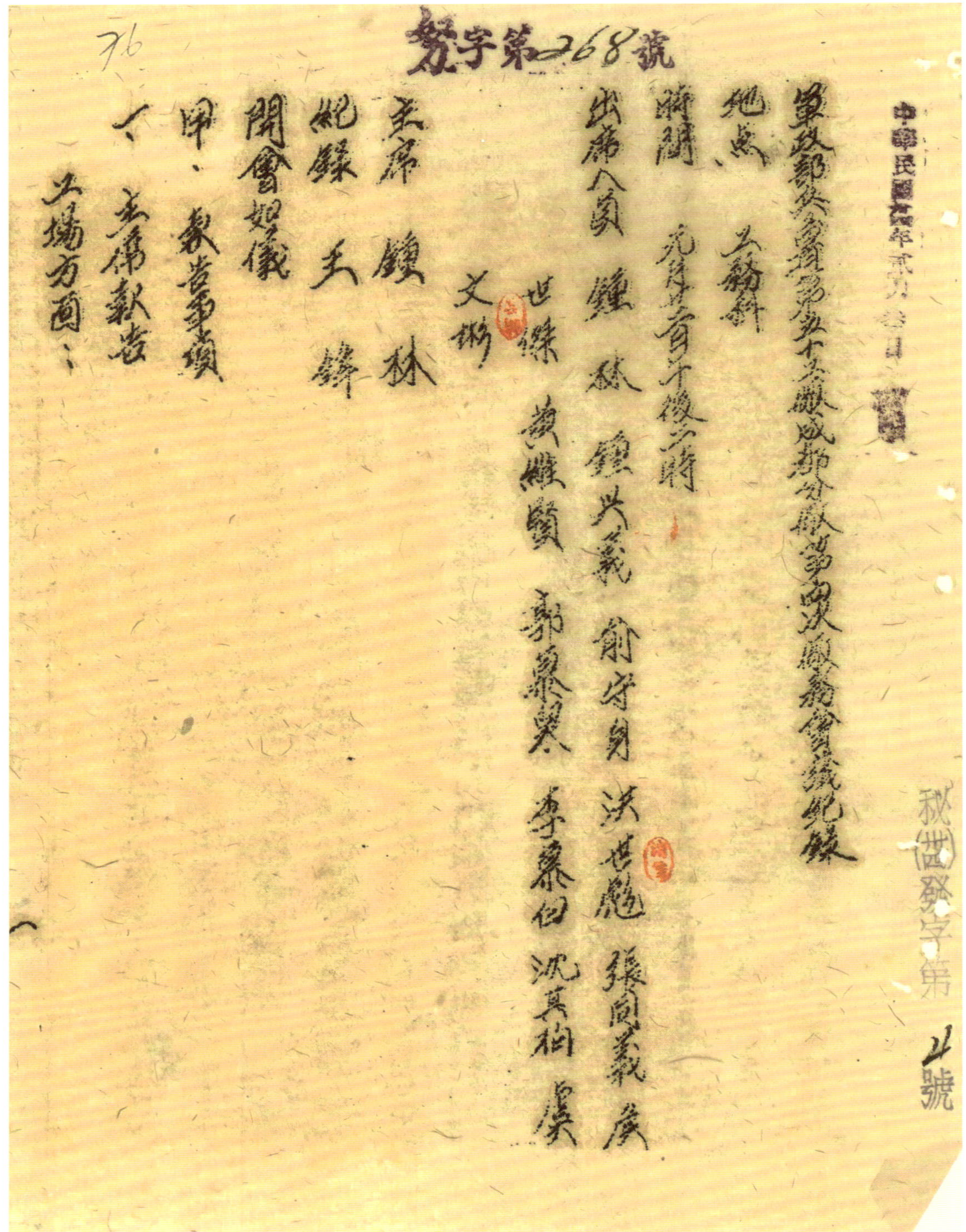

发字第268號

中華民國卅四年貳月　日

軍政部兵工署第五十工廠成都分廠第四次廠務會議紀錄

地點　工務科

時間　元月廿二日下午三時

出席人員　鍾林　鍾興義　俞守身　洪世魁　張尚義　虞

世傑　黃維賢　郭彝榮　李彝伯　沈其楨　虞

文彬

主席　鍾林

紀錄　王鋒

開會如儀

甲、報告事項

一、主席報告

工場方面：

秘發字第　號

76～1

①兵器：：上週行政會議之關係而新購兵器已達三分之一，雖曾發表向敵公司嚴重交涉之，亦無結果，此已成為目前最重要之問題。不過最近正在採用特種方式設法挽救、

②材料：：除數度為了補欠缺已在設法購辦外，其餘所殊購之另碎之材料至今尚未購入，日益遲延，對出品不無影響，此外關于製造之關係現已採用特種方式以謀解救，在上兩星期專責技術工程師趕製模樣，約莫週或可試製、

事務方面：：

①人事：：本廠長秦晉參廠長調銅鼓廠廠務委員兼稽核處長，現已委派黃專員繼續接代，本人亦參加修改廠章任職務，日內即將到廠，所需要辦接收移交代事項、

②退稿：：關于個非河之條款規定之條，正在積極設法進行，以為營舒由部

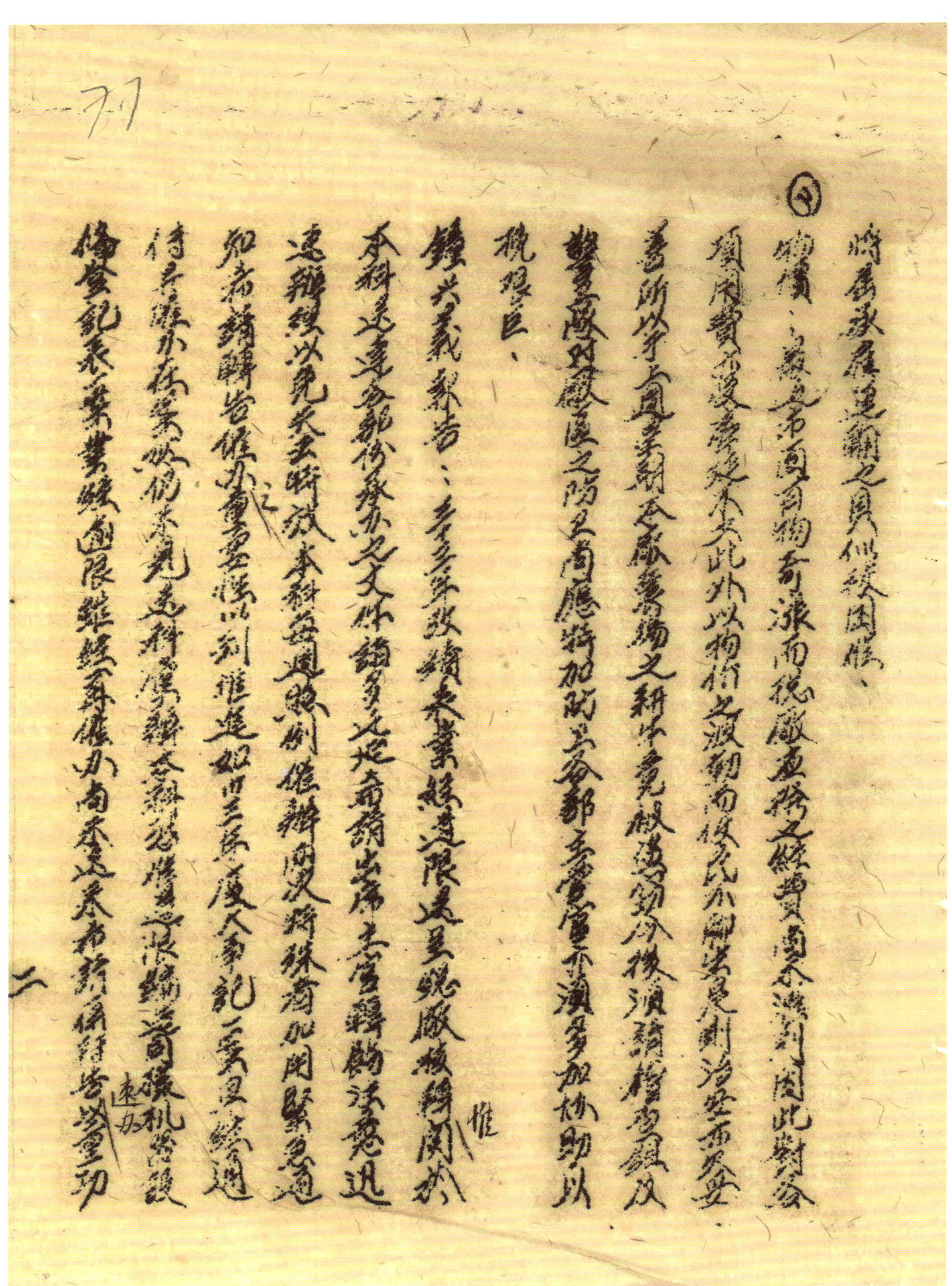

将[illegible]承[illegible]运输之员似较[illegible]、
物价、、[illegible]市面[illegible]物[illegible]涨而[illegible]厂[illegible]之[illegible]尚不[illegible]，因此对于
[illegible]费不复[illegible]不[illegible]此外以物价之波动而[illegible]不[illegible]则治安亦[illegible]
[illegible]所以[illegible]员[illegible]厂[illegible]之[illegible]免[illegible]须[illegible]及
[illegible]厂[illegible]之防[illegible]应[illegible]加防[illegible]部[illegible]不须多加协助以
[illegible]
[illegible]兴义[illegible]、[illegible]续来[illegible]限[illegible]厂[illegible]关于
本科[illegible]部份[illegible]之文件[illegible]迅
速办理以免[illegible]本科[illegible]加[illegible]通
知[illegible]皆[illegible]以[illegible]通
待[illegible]办[illegible]
[illegible]限[illegible]办[illegible]功

令似此類似情形，請各部份互為密切聯繫，承商何仍須互商，迄應即辦，應是多年積不
之公文需經規定手續，以利進行，其外內部各業務對有餘款未請加速辦理
力求精簡處，各部已購製傢俱及其件閑之物色而無需，十餘保存分發各部份應用
有文件性之文件即對利用之，以便按承辦部份注意，從前辦理也、
俞守身教者、
①錢貫、関于上週錢糧因難原因甚少，元月上期奉發錢貴級相差無款
例給餘万元，而元月份誠恐已入橫過，故上下期之貴多均各需，或有或給
錢萬元（以前上期之貴價高，分給万元）豫已，處元月不留而下期錢貴
向未聯到，各貴開支業浮移，付利請錢，各種需補錢，爲是可暢發
②交代、、千萬應移交代事項各錄已存移，據交可於本月底完
縣夏款、年度經費與本人交接之事，款以前因縣政一部份事務籌置
之今經已商辦，因急日內可先辦爲，以便接辦業又，郵了兩位交代業

本人雖系經辦，但過去關於材料庫與會計科帳目方面均設置未敷，目前已無問題，擬請存予任交代以前先事際彻結案。

鍾 林 發言：一、黃專員繼賢及戴丁交代事項可以提早結束。

乙、提議事項：

俞守身提議 ①會計科郑分東緣帳目因發款關係全部置放現總務福利科業經遷入，內較有毛會計員漢文之收據存科，惟將來令防閑可於警衛內並請福利科警衛隊加緊防範並為保重，敬請各級部主管應予注意，又各員之收據擬交部審查，如何之處，討論案。

決議：一、此項會計科保管以內有移洞及特殊情形，並警衛隊員負責看管，大關倚附而恐生意外之事，則由福利科負責不足，保管科地點似不適宜，最好將原有之岩洞分管鐵櫃再加修改，以作防空安全之用，並着手辦。

78-1

孚泰白批議：承八己年命銅魚覃慶因疑亦發交閱于前而採辦之

本箱及編點一案，請飭稽查級催勤辦理，俾早驗果交付封籤案、

銀厰當要款購買銅子，孫然厰款項準到時，遵分厰錢數閱准

訪為稽閱，一部分規總厰處儒用銅子速切，並以前各價額，文已獨撰究

應如何處理，並付討論案、

決議：閱于前箱及編點案，由採辦對於意見妥議理，並早採

購總厰銅子待錢款準到時再行酌定。

月 繳会

军政部兵工署第五十工厂成都分厂一九四五年第五次厂务会议记录（一九四五年一月二十九日）

秘（西）發字第 5 號

中華民國卅四年二月十五日發出

成都分廠卅四年度第五次廠務會議紀錄

地点　工務科

時間　元月二十九日午后二時

出席人員　鍾林　鍾芳義　俞守身　黄继賢　洪世魁　張崗義　庚世傑

沈其柏（代表）　郭慕泉　李慕伯　虞文彬

主席　鍾林

紀錄　王鏻

甲、報告事項

1、主席報告

工務方面：①出品 1 上週工作情形可稱穩定所製造七六〇弾除已驗收

處方極欣額外大約本月底尚可完成八萬顆二月份預計可達三萬

至四万顆左右截至三月底希望能達成十万顆整數庶幾保可維持現狀

芳字第 473 號

79

79

倘若無其他意外之影響，諒亦不致發生問題。

事務方面　㈢職員　一、全廠本月份只有職員尚未參加總廠購料，因此各項開支

亦隨之而增大，虐刹為目前最嚴重之問題。㈣福利　一、查各廠場對員工業餘

之娛樂時有舉辦，不過下半年度重視上半年似已減少，本人于今日前赴各廠場

巡視一周，已據各廠內中錄請，采地業娛地區尚不為小，主要原因以物價未到，以成

熱時期，於六月前後有所設之困難，最次評之職用器材，以及何種狀不正確，俟應方面職

利科尚須特加注意，此外關于之次係另請務具主要原因以為品本職四處發

無錢補及錢營之人員竟有諸意外發生者，另五隊山上值園之士兵，久未履行其

職務，殊為疏忽，此次被盜不得員相當負責任，該場之所能已被黨二隊公務

查防外尚須繼續設法購買，以利作業，而免影響生產。㈤賭博　一、查本廠賭風

雖已查禁，要說恐不在嚴厲，附近尚有少數員工間常有此行為，請積極查禁，

予以嚴厲取締，以維廠紀。

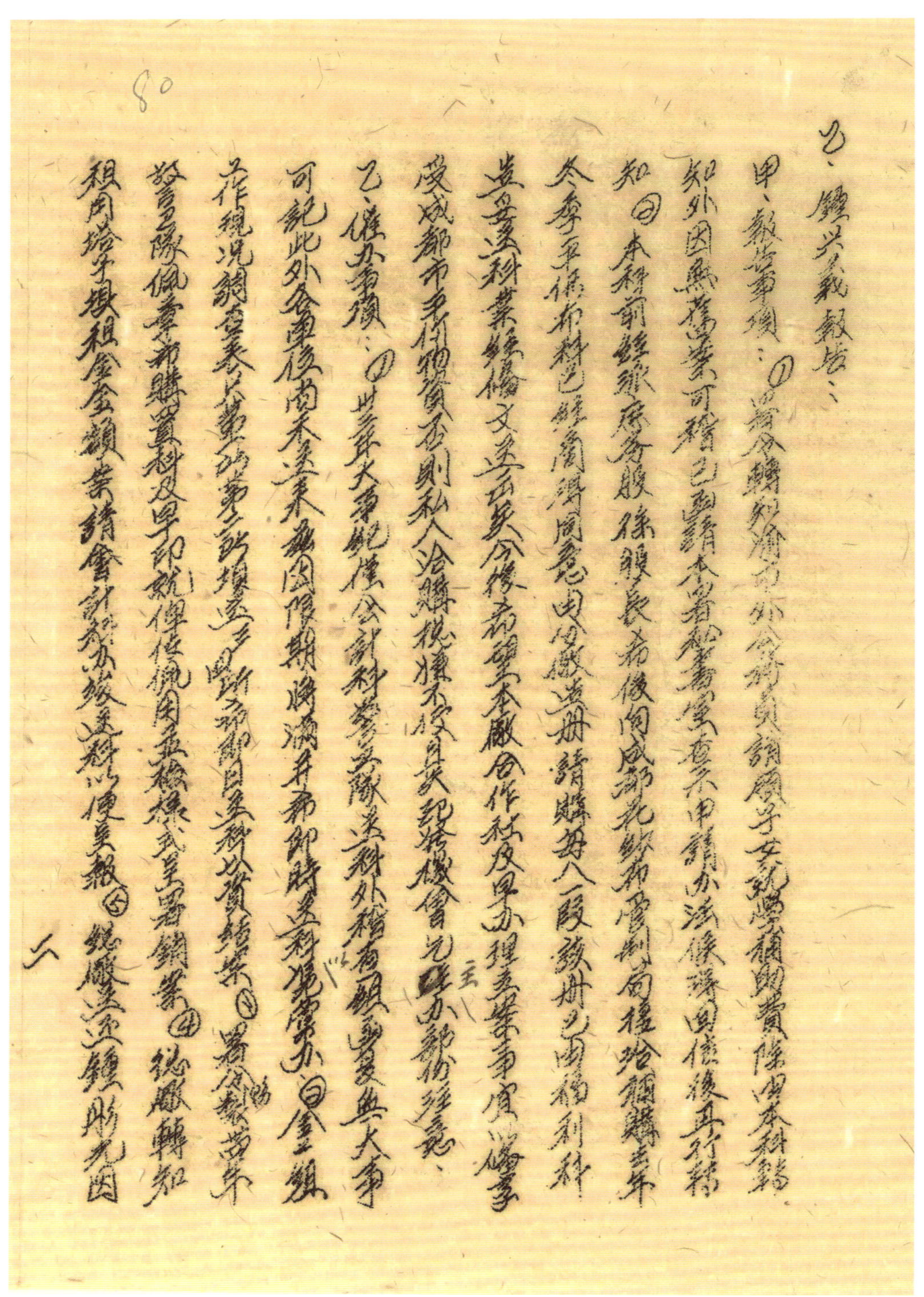

80

乙、继兴义报告：

甲、报告事项：（一）前分转外滨分外分行负请厂予安置遗族补助费，系由本科转知外，因无旧案可稽，已函请本署秘书处查示申请办法，俟得回信后再行转知。（二）本科前经职员服务股依照长官命令向成都花纱布管制局洽购本年冬季平价布料，已经该局呈准由分厂造册请购，每人一段，该册已由福利科造送。（三）本科业经备文呈示分发本厂合作社及早办理，查本案事实以修筑受成都市各种物资，否则私人洽购，概难不致发生纪律机会，已办妥，务祈注意。

乙、催办事项：（一）卅二年大事记，仅会计科、警卫队、运输科外，稽核组尚未交，无大事可记，此外各单位尚未送来，兹因限期将满，并希即将送科汇办。（二）全厂组工作概况调查表，以业务第一、二、三、四、五、六各部门送科以资结束。（三）署令核发本厂警卫队佩带符号，购买材料及早印就，俾便佩用，并检同样式呈署鉴核。（四）总厂转知租用房子，报租金全额，业经会计科办妥，并交科以便呈报。（五）总厂交迁铸造所用

八

80-1

公須命令須用實驗各案本工務科辦理並科俾資辦理⑥航空會備本廠機

器案決交任冶鍊情形本廠具報以便呈复⑦錄呈實廻航為飭將其所遵

論

運輸案本工務科呈轉科注意辦理以便結案⑧為本省署令飭據呈報公司

停電紀錄本工務科程前辦理並科以資呈复⑨為奉署令飭查頒各廠

對於各種化學原料及其製造成品之生產能力需要情形本工務科程序負責項

呈科以憑呈复⑩鄭司長飭屬各自製各種建設底冊每日最大產量

本廠工務科簽註呈科以便呈复、

乙、討論事項

1、張開義提議 本廠上年度職員記功實在無更換請交付討論案

決議 由稽查組協同總務股辦理

2、鍾林提議 於舊曆年內欲請備購米粉及食米、鄭請付予討論案、

決議 待下期經費領到後即行從先購備、

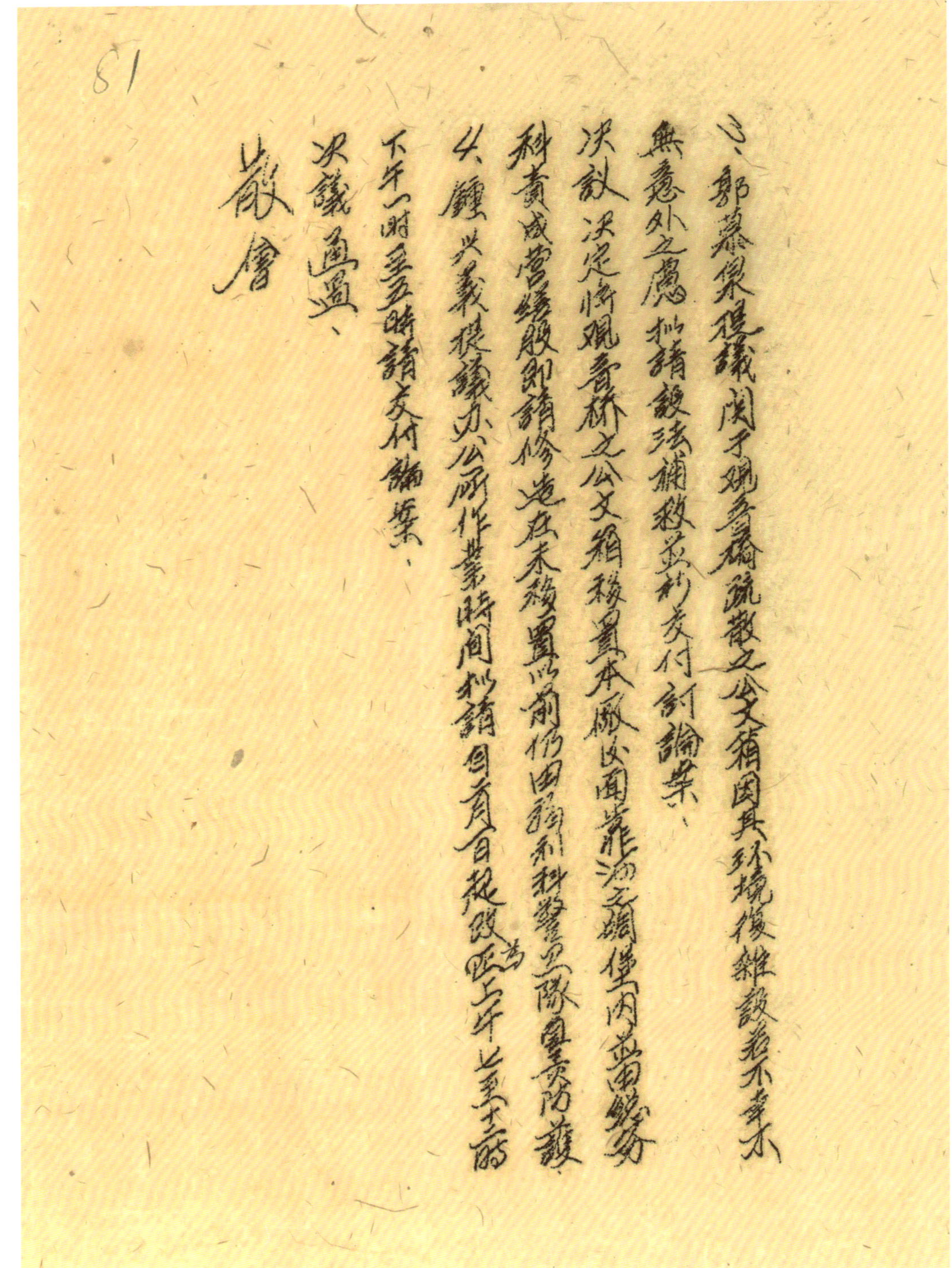
81

三、郭慕梁提議：關于現寄存疏散之公文箱因其環境複雜，設若不幸不無意外之慮，擬請設法補救並將交付討論案。

決議：決定將現寄存之公文箱移置本廠後面靠河之碉堡內，並由警務科責成營繕股即請修造，在未移置以前仍由稽查科警衛隊負責防護。

四、鍾興義提議：辦公所作業時間擬請自五月一日起改為上午七至十一時，下午一時至五時，請交付論案。

決議：通過。

散會

军政部兵工署第五十工厂成都分厂一九四五年第六次厂务会议记录（一九四五年二月五日）

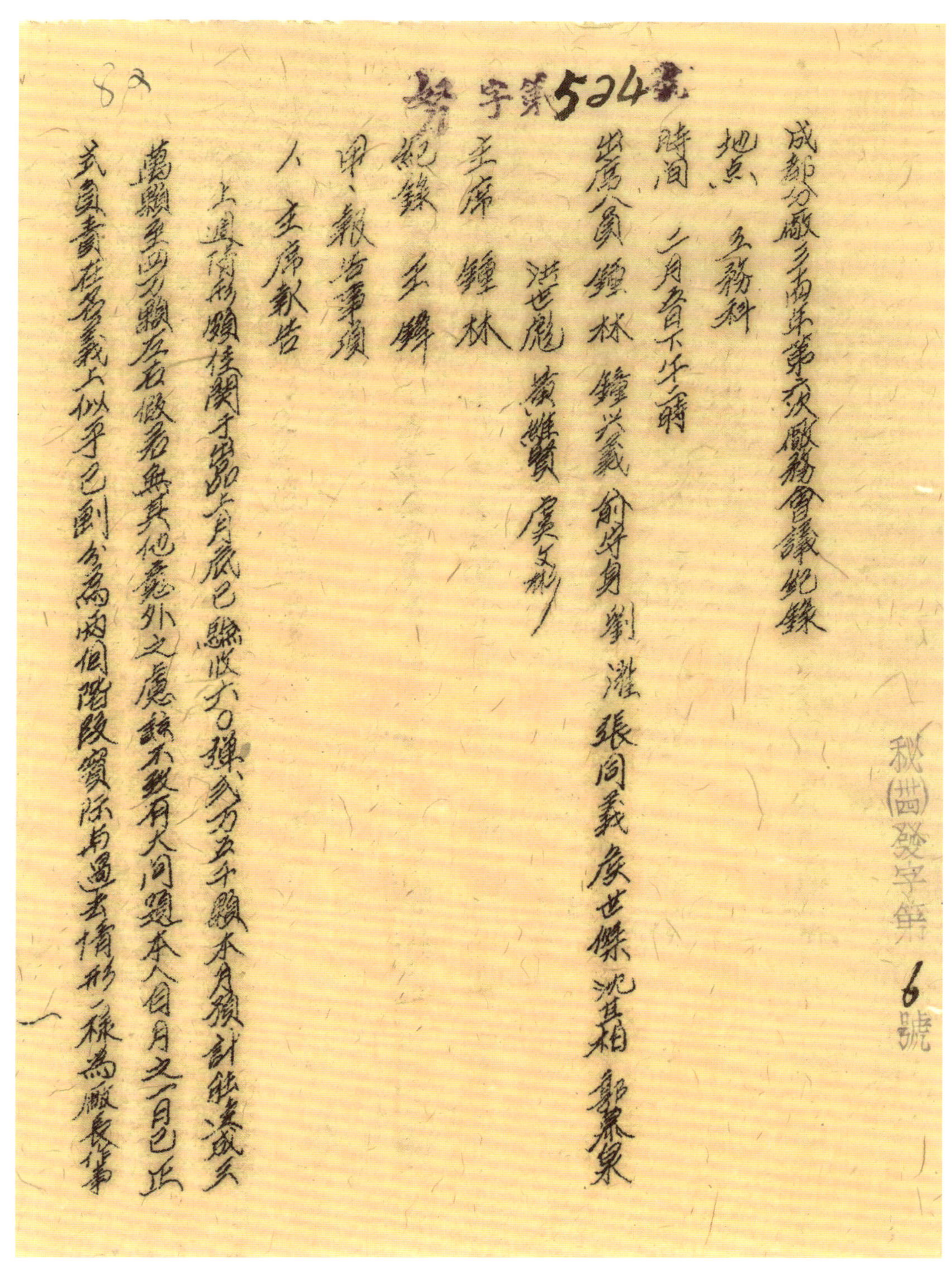
第524號

秘(卅四)發字第6號

成都分廠三十四年第六次廠務會議紀錄

地點 工務科

時間 二月五日下午二時

出席人員 鍾林 鍾興義 俞守身 劉濰 張同義 侯世傑 沈其楠 鄭鼎泉 洪世彪 黄雄賢 吳文彬

主席 鍾林

紀錄 王鏵

甲、報告事項

一、主席報告

上週隨移顧佳關于當地上月底已驗收六〇彈、分万五千顆，本月預計能造成六萬顆至四万顆左右，假若無其他意外之處，該不致有大問題。本人自月之一日已正式負責，在名義上似乎已劃分為兩個階段，實際尚過去情形一樣，為廠長任事

82~1

並無相異之處，不過在事務處理之原則上，責任比較繁重，還是站在客觀的立場代廠長主持廠務，倚蒙本廠同仁相互協助，致使在代理任內尚無大過，本人已深爲感謝。今後還希望各部主管仍群策群力，共扶艱巨，俾使本廠務係關系維持局面。近來各種物價奇漲，已超出一倍以上，而本年度經費並未大量增加，今後工作之推進，恐將愈趨嚴重。本人前次赴渝返蓉之際，廠長曾允批准分廠之福利基金三百万，購備洗細稿專款三百万，並批由出納處撥付，惟至今油桶款尚未匯到，未審其中有何原故，殊爲不解。此外，關于運輸方面，嘉定之煤包、永河之柴，至現在仍異常積滯，對工場內之影響頗大，運輸移滑，設法迭遲，辦理切勿遲延。目前藥、以戰局轉變，間諜及奸匪相機活動日趨熾盛，稍有疏須詳加檢察，及本廠屬防患，以免意外之虞。際此情况，本廠重要之階段，尚希群策群力，共維艱巨。

乙、討論事項：

83

1、張同義提議：關于員工記章早來遲到者甚多，實因不懷戒懼，致現僅有他人而放棄責任，應如何處罰請付討論案、

決議：工人遲到記章十罰十工，職員遲到記章罰月薪五分之一、

2、鍾学義提議：消費合作社應早日辦理立案手續以便享受政府平價物品配分之权利、

決議：責成福利委員会限一星期内辦妥立案事宜以利員工福利、

3、鍾学義提議：本廠滅火器應撥款交辦公所懸掛適当地点以備遇[illegible]之需請付討論案、

決議：由總務科庶務股負責辦理并負保管之責

4、康世傑提議：為便利辦公所警衛起見擬請在辦公所各通道處添置門燈以備早晚啟閉請付討論案、

決議：總務科營繕股照辦。

二

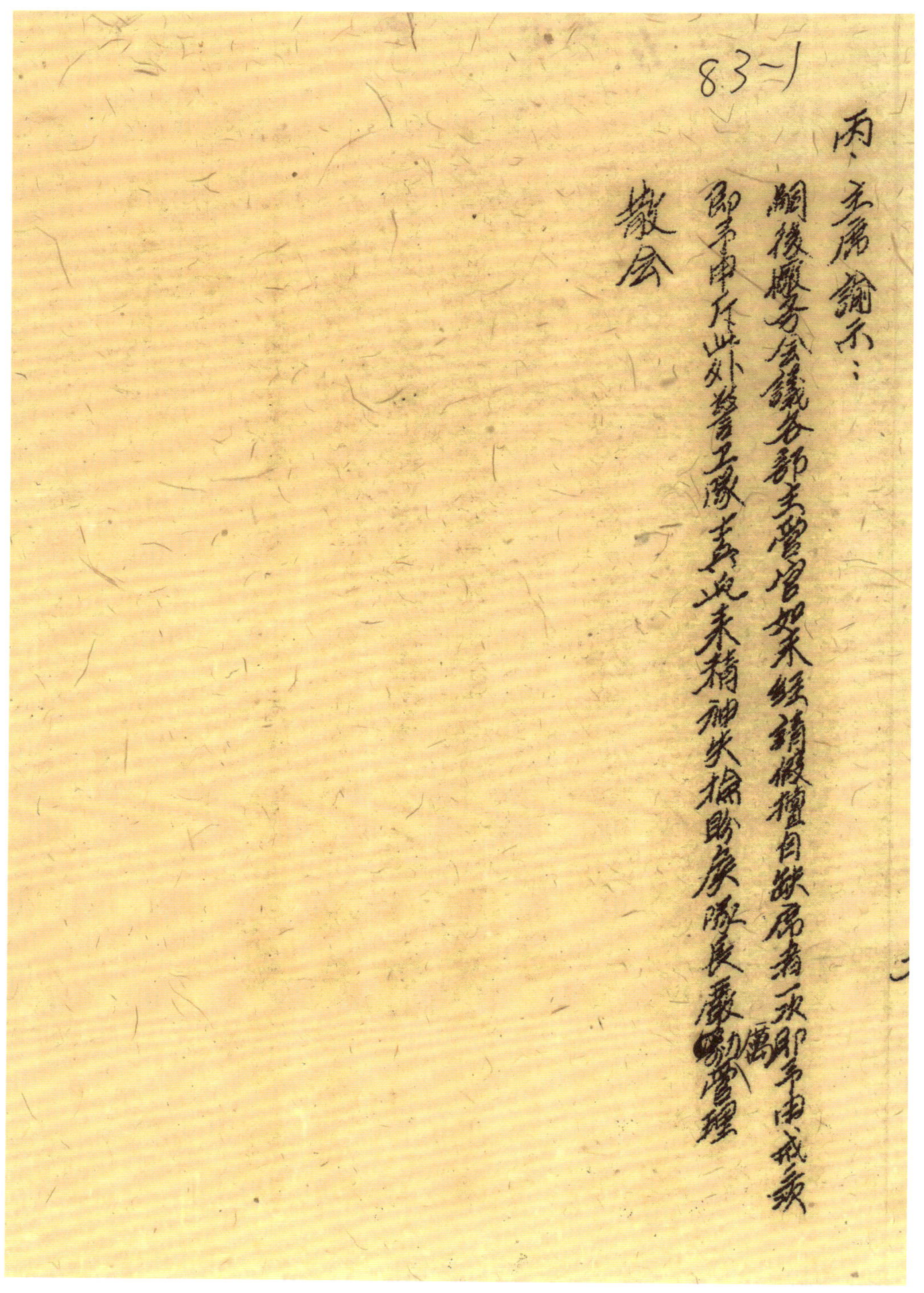

83-1

丙、主席諭示：

嗣後服務會議各部主管官如未經請假擅自缺席者一次即予申誡，兩次即予申斥。此外警工隊長近來精神失檢，飭康隊長嚴厲管理。

散会

军政部兵工署第五十工厂成都分厂一九四五年第八次厂务会议记录（一九四五年二月二十二日）

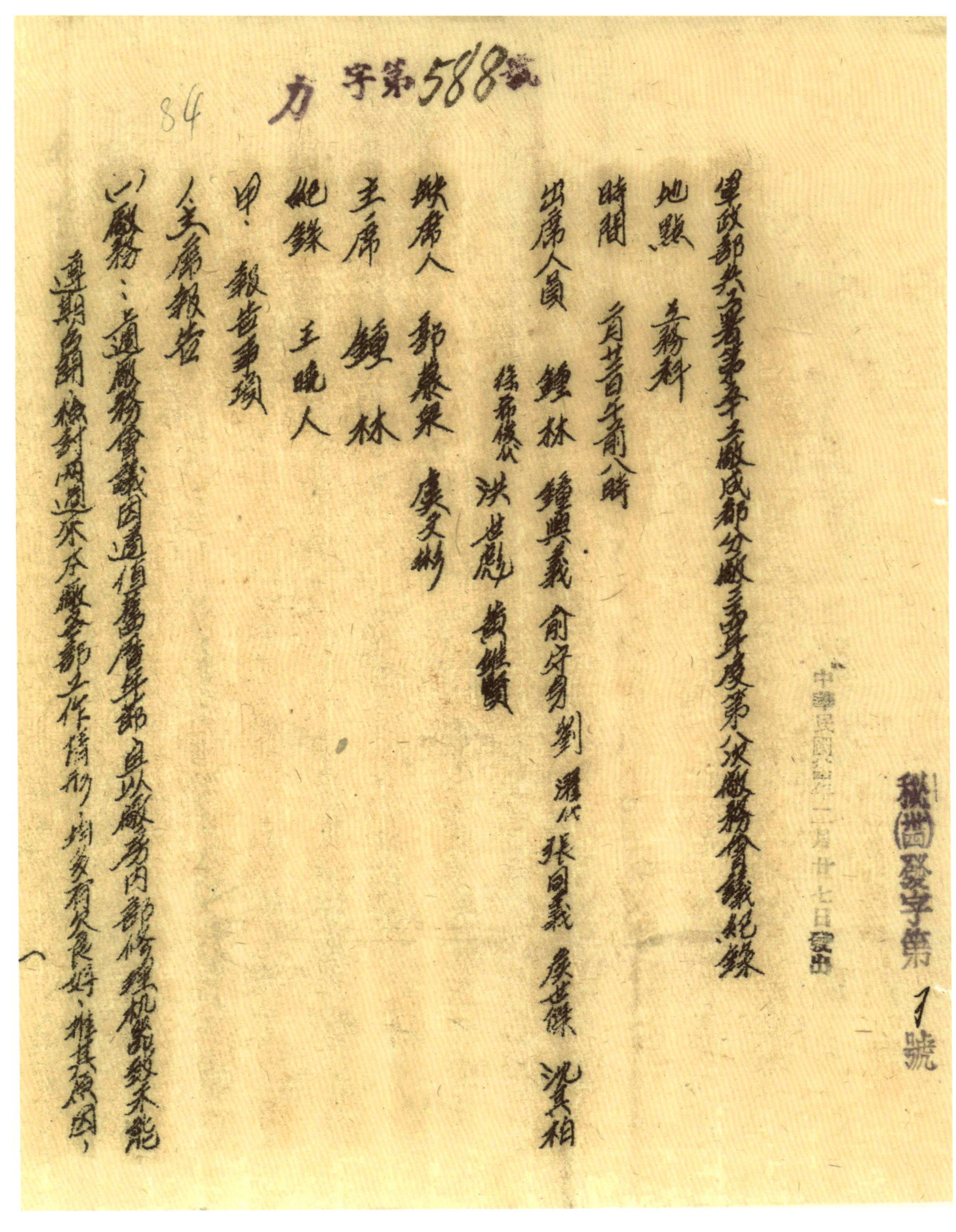

方字第588号

84

秘（卅四）发字第1号

中华民国卅四年二月廿七日发出

军政部兵工署第五十工厂成都分厂三十四年度第八次厂务会议纪录

地点　工务科

时间　二月廿二日午前八时

出席人员　钟林　钟兴义　俞守勇　刘濯代　张同义　康世杰　沈其柏

徐希仪代　洪世彪　戴继贤

缺席人　郑泰泉　康文彬

主席　钟林

纪录　王晓人

甲、报告事项

1.主席报告

（1）厂务：上週厂务会议因适值旧历年节，且以厂房内部修理机器，致未能

遵期召开，检讨两週来本厂各部工作情形，均多有欠良好，推其原因，

84-1

则为每年节省负荷稍稍，但不免受于煤炭、水力、线路及材料缺乏，而上收效不易，对于用户需求供给，致使益感困难，且各电灯公司，亦每有无故停电，前次虽经分陈上级机关饬予改善，但收效殊微，近来则自(究)亦随时停电，致使本厂生产受重大损害，此非本厂已往对此项要件未能针对线路设备之交涉，但因力之无所设备之须视，亦为其主要原因。缘电灯公司历次对外表示，均以电量负荷过重，及各项设备之风化甚烈，致使无法维持，而实际近来市区内外用电增多，且大部为不必要者，而用[illegible]耗，且有人为盗窃、私接内部负荷，[illegible]，致公司当（据到发电厂经理[illegible]关于供应本厂用电一节公司）此应负分别予改善，惟公司机件过旧，时难修[illegible]，至于调查各路发之意，迄今尚无停电情形，只由本厂发会，殊为憾事，现仍继续设法交涉，务期能维持经常供电，俾以稳定生产为原则。

二）出品方面：近来仍以材料项，时感缺乏，尤以引信制造部份之困难特多，如照本厰現有設備而言，月出三萬炮彈本不成問題，就一、二、四各所生產能力，則甚爲可虞，唯第三所因材料及製引信機器均有未足，致不能與其他部門適切配合，嗣後務盼員工同仁刻苦協力，共體時艱，希望在本月份中，可產足三萬炮彈，以補前次欠繳不足之數，四月份後並盼每月可出引信三萬炮彈三萬，以達增產目的。

三、前晚本人接獲內政部錢次長電話，告以美顧問數人擬來厰參觀，本人當表示極端歡迎，並希賜加指導，今晨美顧問等來厰，當由本人陪同各處參觀，其對本厰引信製造部門頗爲重視，並詢及每月產量及厰方備用金存儲情形，詢意殷殷，興趣頗濃，足證盟國方面對兵工生產甚爲重視，其注重實際之點，亟應爲吾人採擇，甚盼同人共作勉勵。

四、近因本厰爲加強各部行政效率，人事方面曾略有調動，如福利社張股長珊

85十

之調，營業股長、庶務股長係彝俊之調任，運輸科稍加運輸事宜遺缺並請派专任世彪，兹代均為顧及實際情形，其他材料驗收手續亦經釐定力從簡化，至本廠運輸工作至感重要，務希於此次調整後盡力加強效能，是所期許。

（五）本廠頻以經費困難，每月僅有經常費一千五百元，實感不敷分配，故各方均應力求撙節開源，力求各廠員工待遇已略有改善，亦知節縮稍殷時，尚請劉股長代向總廠方面交涉，如獲俯允，則此時實堪為同人慶慰，唯須稍待少後，各廠因經費窘困擬再從事裁汰冗員一說，本廠歷來均感經費不足，自應妥為準備，嗣後務盼各主管負責人，對於所屬人員勤加考察，凡有工作不力，或缺乏振奮者，即宜分別報請裁汰，切勿稍存姑息，值此抗戰極端艱苦階段，凡為國民，均應克苦自勵，吾人服務於軍事工業重要部門，尤當身體力行，以為

86

爭取勝利之要圖，其各勉之。

乙、決議事項

一、總務科長鍾興義提議：

本廠合作社成立已久，迄未正式備案，以致政府各項平價物品，均未能及時撥領，前次廠務會議以曾經決議辦理有案，尚未付諸實施，究應如何推行，提請公決案。

決議：福利委員會迳即照辦，總務科並即通知各部，嗣後對廠務會議決議案件，應視同命令，一律遵照，不另行文。

二、會計科劉漢提議：

員工證章遺失罰款辦法實施後，各部尚有多數未甚明瞭，是否具由總務科通傳並詳予解釋，俾衆周知案。

決議：總務科通傳對廠務會議議決案應視同命令後，不另通傳，自三

三

86-1

月一日起照新制實行，是項新制則制薪及工資，均包括補助
費在內、

三、劉濯提議：廿七年度各部結算報銷，尚有多數未予送審，現年
度結算並無法辦理，如何請公決案、

決議：除特殊情形呈准緩期外，其餘統限月底以前結清，不得再事
拖延、

四、劉濯提議、
本署製發之員工子女求學貸金，蒙予限定於四月底截止，已屆滿期
又福利委員會會計室組織規程內規定各種表件均多未遵期報
核，如何請公決案、

決議：各部遵期彙報、

五、劉濯提議、

查本廠上年度尚有津貼糧卅餘石在濰縣未曾運回，是項津糧早經
色商承運，如何處理，請公決案。
決議：由運輸督飭辦理，並限期運廠。
六、運輸科孫布倫提議：
廠後門渡船久已朽不堪用，現已雇船擺渡，每日租金六角，似殊不經濟，請
商請船業另為修理，俾用以維交通，如何，請公決案。
決議：原船交修，一面雇船代渡。
七、孫布倫提議：
運輸科人員太少，且負有疏散公文之責，倘遇危難，實感無法應付，應如
何辦理，請公決案。
決議：一、將儲備雕集書已完之各部份重要公文，直送照運輸科，核人保存，務
於俾免臨事倉促，仍文存放現各部科之公文箱，由運輸科第一區內撥數

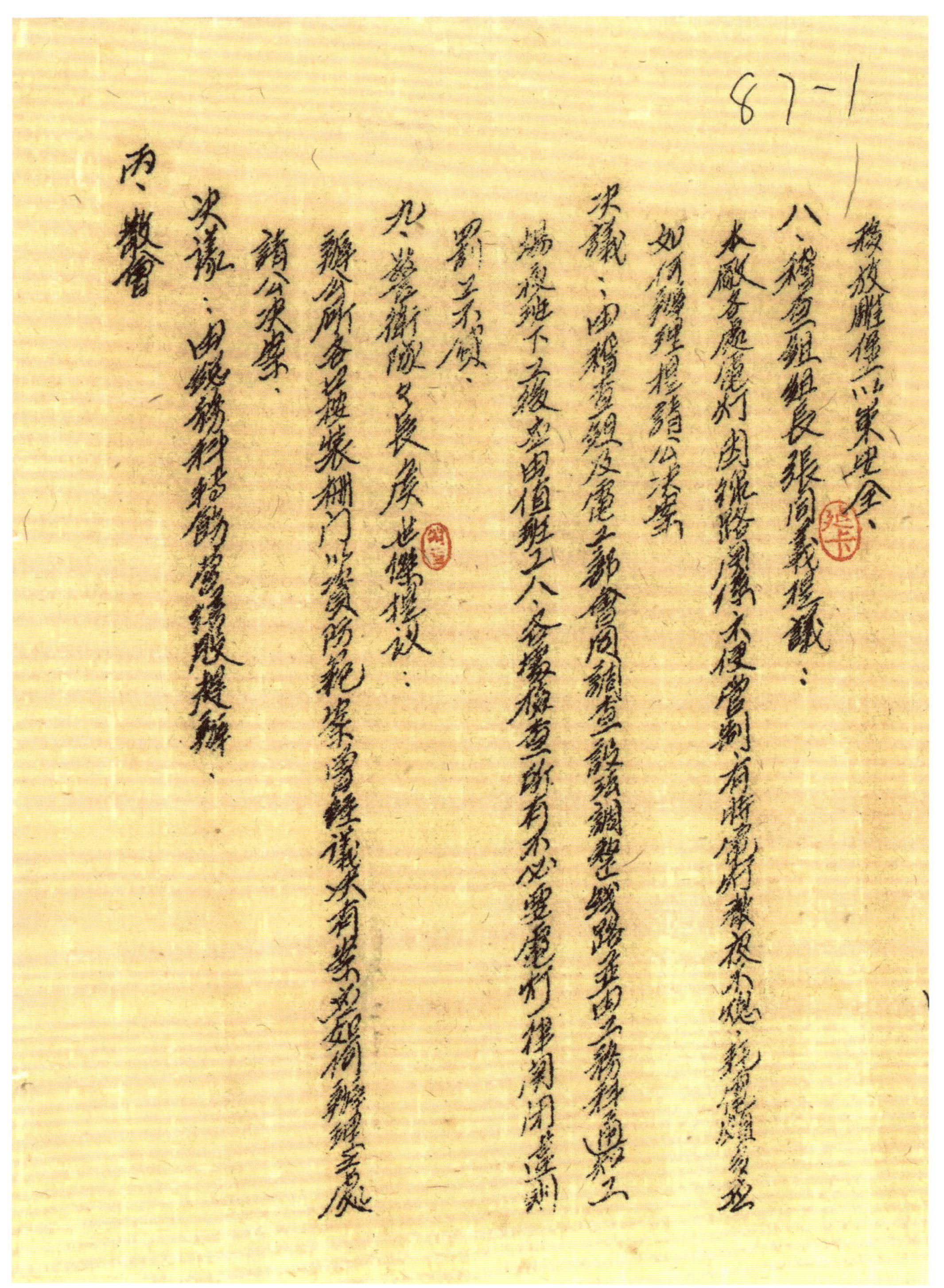

87-1

複放雕堡，以策安全。

八、稽查組組長張同義提議：

本廠各處電灯因線路關係不便管制，有時電灯徹夜不熄，致有燈火外露之虞，如何辦理，提請公決案。

決議：由稽查組及電工部會同詳查一般電灯線路，並由工務科通知各工場，自應於下工後並由值班工人、各場檢查，所有不必要電灯一律關閉，違則罰工不貸。

九、警衛隊隊長虞世傑提議：

辦公所各處裝棚門以資防範案，曾經議決有案，究應如何辦理，請公決案。

決議：由總務科轉飭營繕股趕辦。

丙、散會。

军政部兵工署第五十工厂成都分厂一九四五年第九次厂务会议记录（一九四五年二月二十六日）

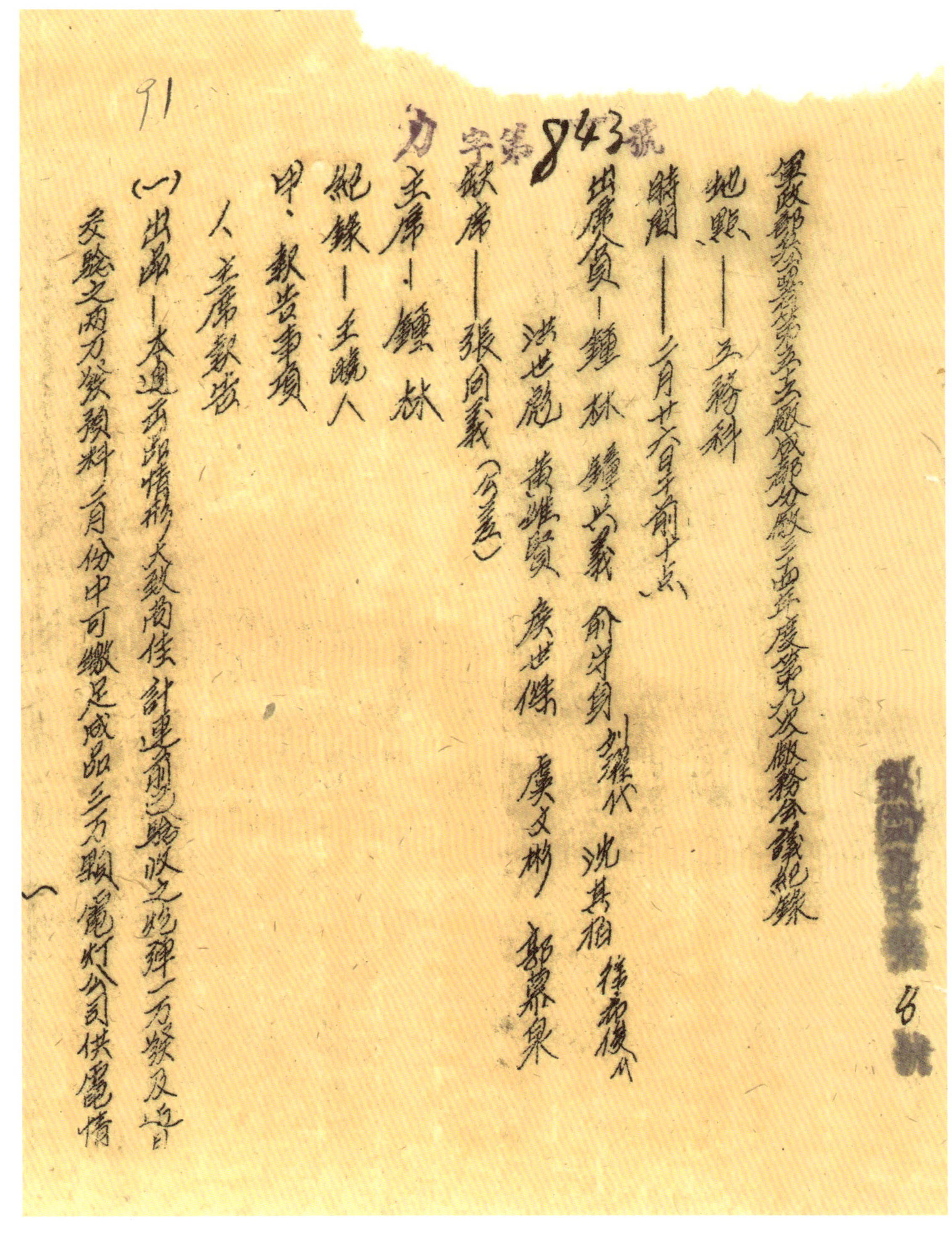

91

力字第843號

第 6 號

軍政部兵工署第五十工廠成都分廠三十四年度第九次廠務會議紀錄

地點——工務科

時間——二月廿六日上午十点

出席人員—鍾 林 鍾世義 俞守身 劉耀代 沈其楫 徐廷俊代

洪世懿 黃継賢 唐世傑 虞文彬 郭鼎泉

列席——張向義（公益）

主席—鍾 林

紀錄—王曉人

甲、報告事項

人、主席報告

（一）出品—本週出品情形大致尚佳，計連前之驗收之炮彈一万發及近日交驗之兩万發預料二月份中可繳足成品三万顆，電灯公司供電情

91-1

形經此次交涉後，刻已稍趨良好，惟平均仍每隔三日停電一次，前據該公司要求，擬請本廠代其修理鍋爐方面，酌予協助，尚在考慮中。最近總廠鎔鑄及造鍋引信用銅條及銅皮各一部，唯數量仍少，其他[illegible]所需要材料之銅梢，亦購到一部，但以來源甚感缺乏，今後不無可慮。近來總廠需用之細銅及鐵皮，可望撥給一部，此項運輸方面無大阻延，須[illegible]，或不致發生嚴重問題。

(二)廠務——近因經費因支用浩繁，已漸感支絀，籌來作略有同款，希望最近總廠能設法匯撥周轉金兩三仟萬元，以為備購材料之用，免受停作。操縱因煤炭及材料均為本廠經常大量需要，其運輸方面，近來迭次發生事故，影響出品甚大，蓋目前物價波動甚快，一切材料如能充分囤運，當可節省大部份經費。現時本廠最感嚴重者，厥為材料運輸及經濟三事，至盼各方力予[illegible]

90

以利生產、

(三)人事方面　首為鋼鐵及各項工業之福利計，決先從整理技術人手，並

鋼材料庫列各庫員專事其事，仍由福利科專業股統籌辦理，已指撥

各科及廠區附近菜園、雜公地點，暫設後門左側，又工作股隊棧

術員總組各組鋼之材料所需道、服務派由兼廠技術員案照、總代另

派房技術員予兼兼、辦理料事宜，務期經此一度調整後各方能

漸上軌道，集中出品，以應需要、

(四)公廠卅三年度會計事宜，頃接會計長由渝來信，郵派查帳員定

三月中旬來蓉，仍仰各部將收所屬卅三年度物斷經手款項賬目

限三月五日前一律結清，務須加緊用手抽延，以免影響結帳工作

關係，凡關廠方需要物料，並切實照規定辦法，先期籌備，以

照公開其它應加點行之，暗員小數三元以上者均須列款，不得積

二

92-1

有陸續或亦開有事並船運包括事宜，統希照此辦理，俾眾週知，又上述物料待驗屋亦經成立，各部並遵照規定辦法履行手續，併希轉飭知照、

（五）消費合作社自成立以來，各方感到便利甚多，上年度營業收入額數頗不弱，計可盈餘八十万元，即擬撥充合作社所屬福利基金，俾不開支之數，希望今後能常可維持基金三百万元，並常運購各項物資，供給員工日常需用物品，統希盡力早為籌備廉價供應，以重實惠、

（六）近日員工精神較前均好，此次舊曆年節，廠內迭來各項競賽及聯歡情形，深為欣喜，唯此後員工精神娛樂方面，亟設法盡力提倡，務希本廠處部加以注意，如話劇及電影各項，前次上演成績甚佳，嗣後仍須盡力加強，目前一般精神娛樂氣氛頗形之

93

象殊非現代國民所應有，亟應繼續極振作，振起朝氣，交互教人，因此
結眾，際茲戡亂以來，每遇營私機會，而怨尤迭出，乘機要脅，形同搗
亂，尤應痛滌前非，絕本廠係為本市有數之中央機關，一切均應遵循政
府指示，身體力行，藉作表率。又據處環境衛生攸關重要，仍請
總主任勤加督責，務以整齊清潔為原則，以重觀瞻。又近來
本市屢有奸僞小組煽動，範圍甚廣，本廠為重要國防禁區，
關尤須時刻防範，以策安全。此事應請警衛稽查組切實注
意，不可稍有疏忽。其他各主管同人如有意見，可請盡量提出
公開討論。
六、運輸科徐希儀報告
◎近來承運本廠煤炭商行，迭因生活高漲，多不願繼續承包，
考其原因，均以物價波動，不敷維持為辭，如辭退商行，此次

三

三

運炭單价每噸國幣一三、五〇〇元計每板車一部約可裝炭一噸五公噸計折運費二万零二佰五十元除須支付車底費六仟元外实收運費僅一万四千元之譜每車以力伕五人十日往返一次計算則每人每日僅可獲得收入二八〇元左右如遇炭價變化則更难維持故近來各運商均不願继續承装嗣後恐無一輛廠方对此項運費核發時亟酌量顧及实际情形以不使商行虧折血本為原則、

㈡船運方面前此同類業務由中合運煤事務處經營船業公會接談研究其中癥結均以運者本廠從事運炭而不問船戶商人以虞於虧折因而負責裝載致使沿途常有盜賣意外此次亟待力求改善並須謀得徹底解决办法俾藉各同人貢献意見共圖改正、

3、主席補充意見：

(一)運輸事宜本廠曾迭次研究並詳為計劃關於運商情形如果識屬虧累自可設法酌予補助唯商人詭詐多端變幻無常必須切實認清實情、

(二)十二月份鋸廠胡賭文押運材料八十噸來蓉迄今未得消息便中仍盼設法探詢運輸科嗣後對運輸動態情形應有明確瞭解、

五、議決事項

1、合作社虞文彬提議

肥皂一批已給妥如何運回請公決案、

決議 運輸科派車、

2、全前提議人

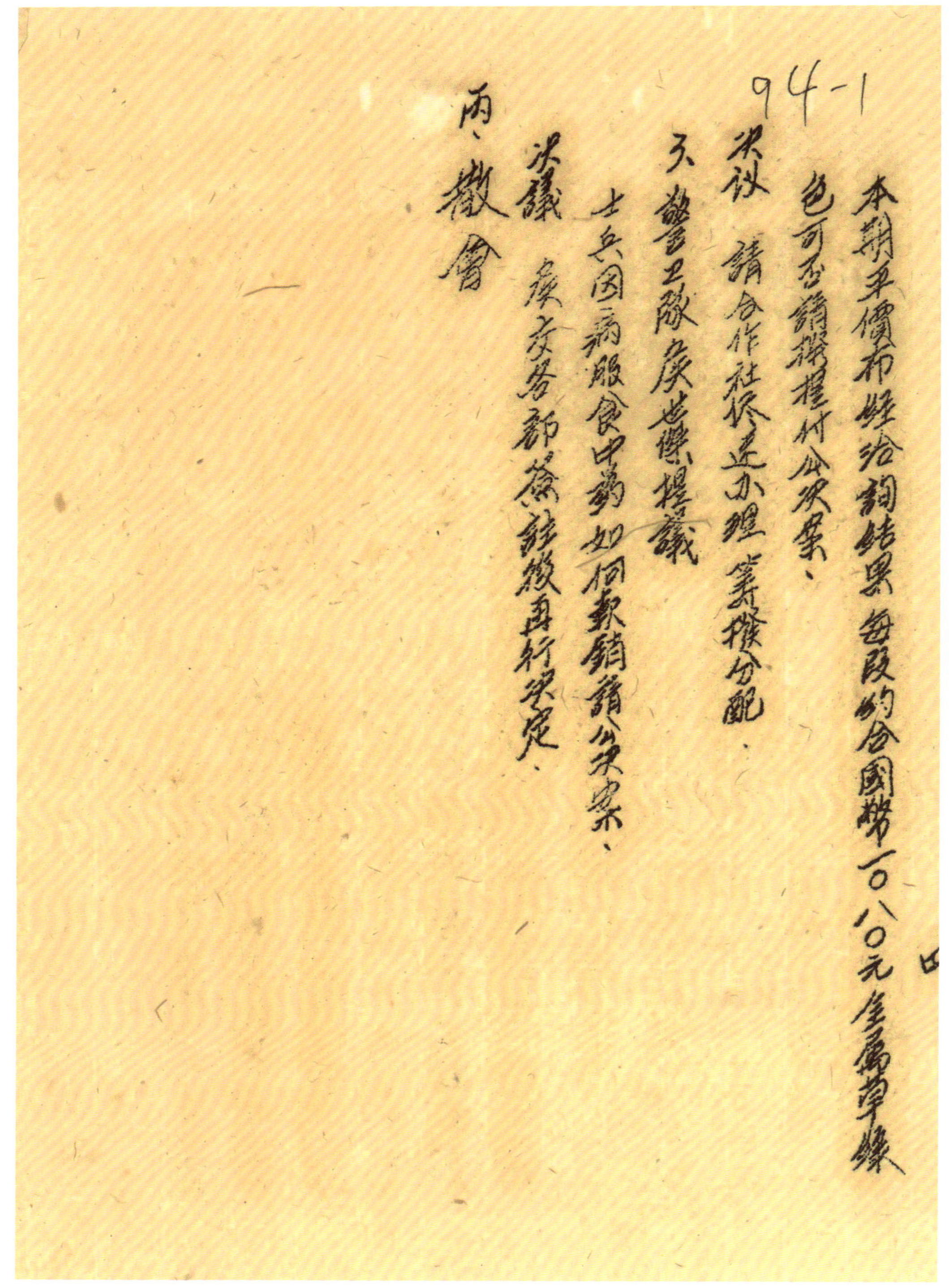

94-1

本期平價布經給銷結果每段約合國幣一〇八〇元全屬草綠色可否銷撥攤付公決案、

決议 請合作社核述办理 籌撥分配、

乙、警工隊處世傑提議

士兵因病服食中藥如何報銷請公決案、

決議 發交醫部簽註後再行決定、

丙、散會

军政部兵工署第五十工厂成都分厂一九四五年第十次厂务会议记录（一九四五年三月五日）

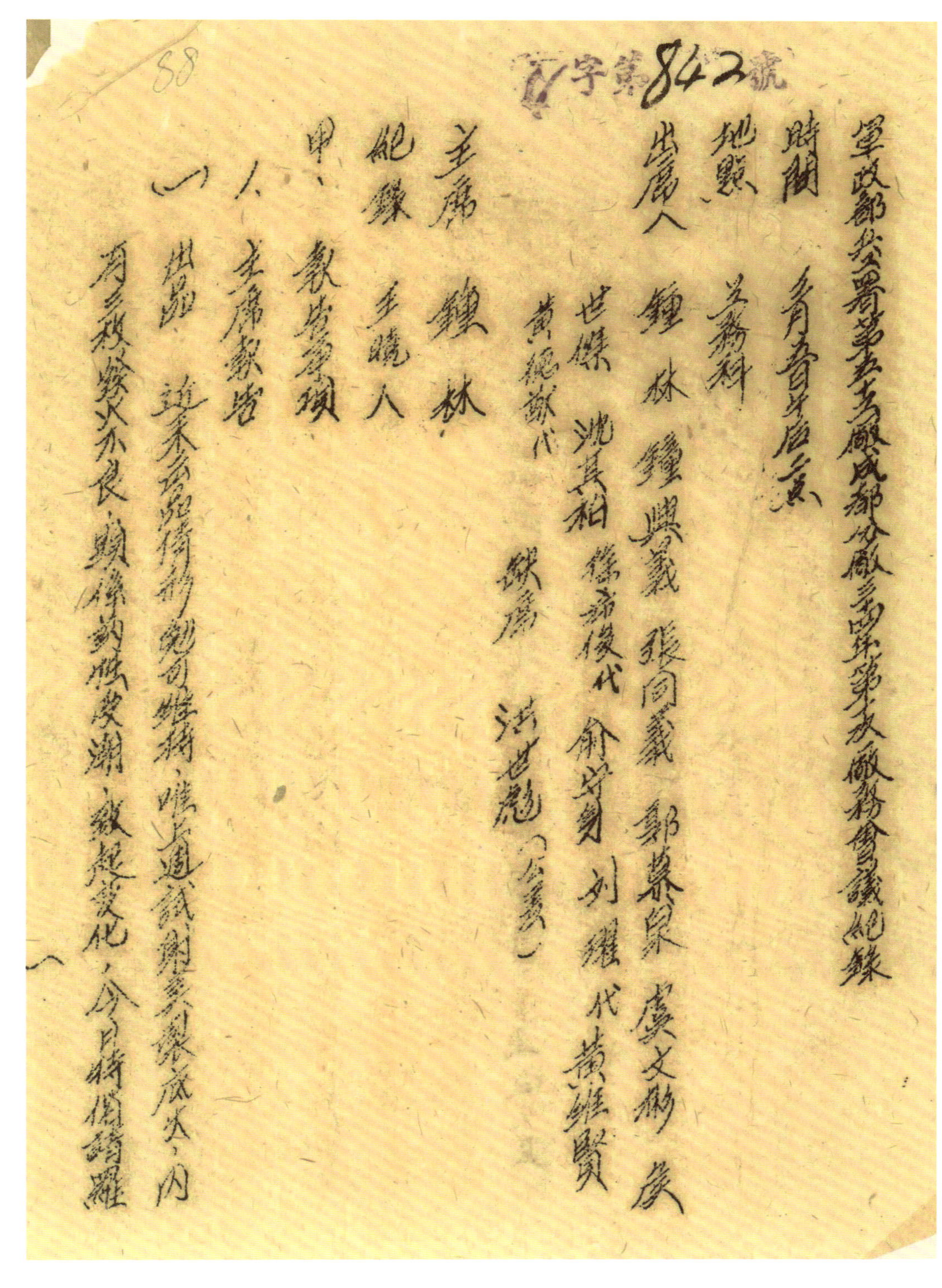

軍政部兵工署第五十工廠成都分廠三十四年第十次廠務會議紀錄

時間 三月五日下午

地點 工務科

出席人 鍾林 鍾興義 張同義 鄭葆泉 虞文彬 吳世傑 沈其裕 徐錦俊代 俞守勇 刘耀代 黄維賢 黄德鄰代

缺席 洪世彪（公差）

主席 鍾林

紀錄 王曉八

甲、報告事項

一、主席報告

（一）出品 近來出品檢驗尚可維持，唯迫擊試射多有膛炸，內有三枚發火不良，顯係藥帐受潮，致起變化，今日特僱請羅

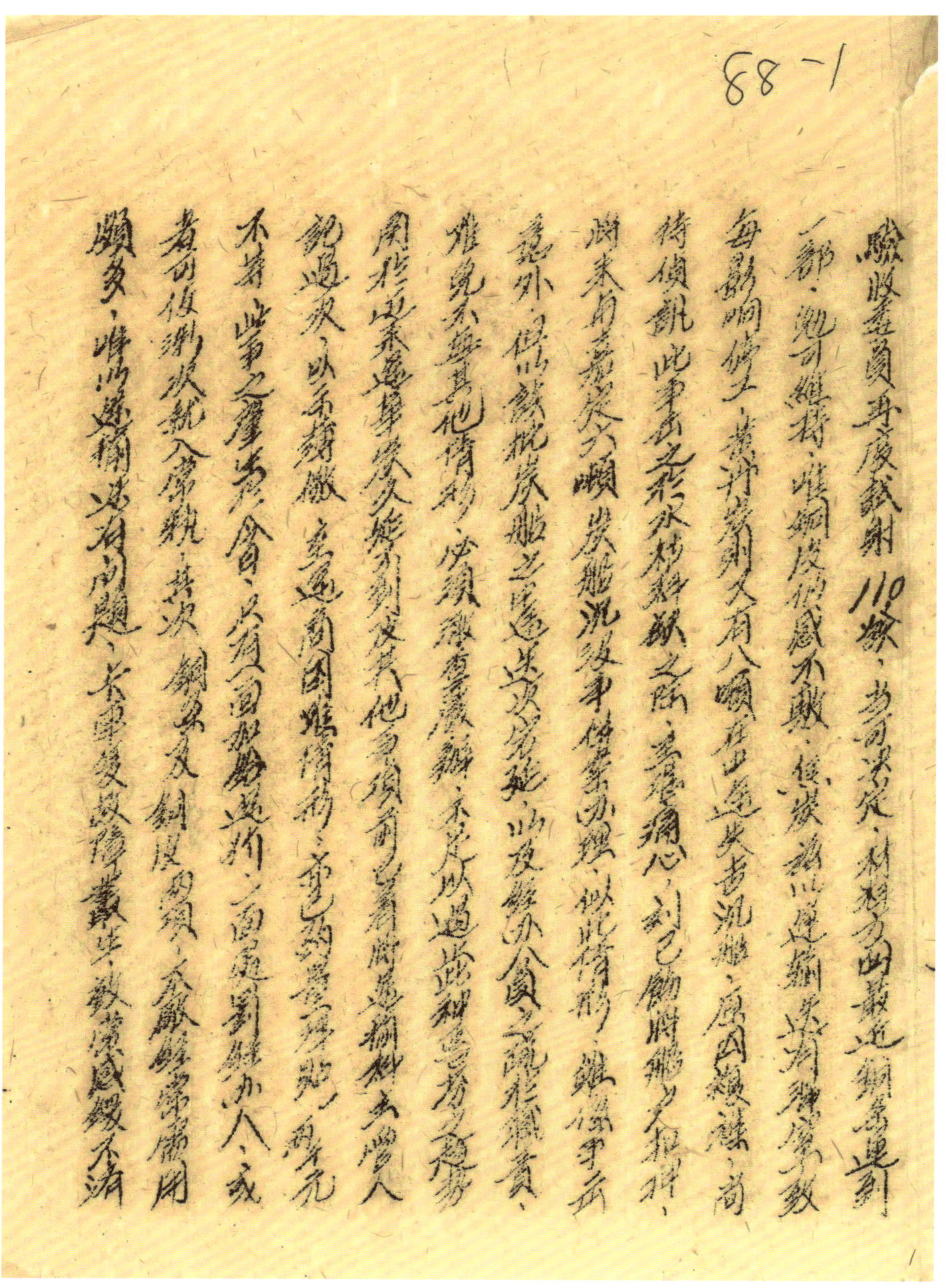
88-1

验收委员再度试射110发，当可决定，惟想办由最近之铜壳是否
一部，勉可维持，惟铜皮供应不敷，使该厂以后之铜壳将无法等候，以致
每影响停工，兼以前次有八吨存安远号中沉没，原因报告，前
待侦讯，此事出之于承运部队之际，当属痛心，到已饬厂编员拟办，
倘来有若发六吨铜皮船沉没事件发生，似此情形，虽保甲兵
意外，但以该批铜皮船之运送失败，以及该办人员之疏于职责，
难免不无其他情形，必须彻查严办，不足以遏此种恶劣之趋势
关于以前未运到之铜皮，则又其他各项前已着厂当速补救，未曾入
视过程，以示惩儆，至运输困难情形，亦已函请当局协助，嗣后凡
不属此事之范围者，已着当局认真运输，一面运到铜，办人，或
者可使制成就入常轨，其次，铜及铜皮两项，以为维修带领闲
题多，惟以运输之有问题，长年受其障碍甚大，致数量感缺不济

急、按廠原去年本有全公規定卡車大修，應不可能在預期難竣，於

廠只負小修配件之責，於是業卡車往返，分廠修理，實感不勝

負荷。關於本廠卡車保養方面，應已調回新到職技術員，統籌負責。

該君學識優良，經驗豐富，對於汽車機械保養頗能相信，對此工作必能

勝任愉快。預計今後卡車如無其他障礙，平均每月當可編進物料廿

公噸至六百，除急用之鋼條、炭鋼、皮七八噸可以勝利趕製外，尚可有十

餘噸缺經後，利用裝運其他急用材料，至銑鐵麥尚少鋼之頃，則完全由

本運。如此材料運輸既可舒緩，且經濟能力，則各部問題自當日趨順

利。至於同人共作努力，得以達成上峰編加產量之殷切要求。

小 廠務 農場方面，自達經營不力加緊頓後，現正從事調查園藝

及種肥材料，已就請金陵大學農場李主任代為指導。預計

數月後本廠菜蔬，即可自用。並擬指定合作社採此種塘乳燒，則

89~1

用裝運鹽酸收益，多方通融籌劃，藉以提高員工生活福利、

（三）經費　本廠經費上年先後准列一千五百萬又七百五十萬元共二千二百五

十萬元，現正與有關各部妥籌支配辦法，務以緊急合宜、適用為體

為原則，除每月工資薪餉須支付約壹佰二十餘萬元外，餘擬盡量

撥購材料、購置材料，並特別注意，務須撙節支用，過去本廠購料辦

法，除工務科材料方面驗收例有規定外，關于普通辦公用品，均

係由庶務股、會稽股兼行驗收，未能盡周，易滋流弊，此後凡購

材料購入驗收手續，呈報會同各部聯繫共同驗收，並另由購辦負責，

采購手續及經手人分別擬具公佈，以杜弊端，並希各部注意、

（四）康、文娛教育：本廠員工平作功已向社會部勞動局洽妥約在通

內可竣工，又正采合作社舉行後食散情形尚有多數未甚明瞭，特

為明瞭其狀況，擬本廠前與國民成都總務局每月推幹行撥平價

90

食鹽一千五百市斤，每斤折合國幣五千元，又本廠製藥需及消毒用酒外，擦六百斤，每斤價格九千元，惟本廠現收入日趨衆多，配給鹽量遂感不敷，前曾呈准撥付藥、食鹽補助經費，因而價格較為提高，此中情形，仍希全部予以核准，同人知照、

七、決議事項

1、合作社盧文彬提議：

本社經費部托材料員已往向縣府請領款項入自備使用，自不能擅用之人等以收入兼理，無力繳納存貨，可否請縣府撥款數萬元（另市外現撥付公款案求諮，可借款萬元），仍須積極籌措保管，勿得浪用為要、

2、總務科長鍾興義提議：

職員登記執字已久，迄無結果，如何總請公決案、

決議：仍請盧廠長負責商詢、

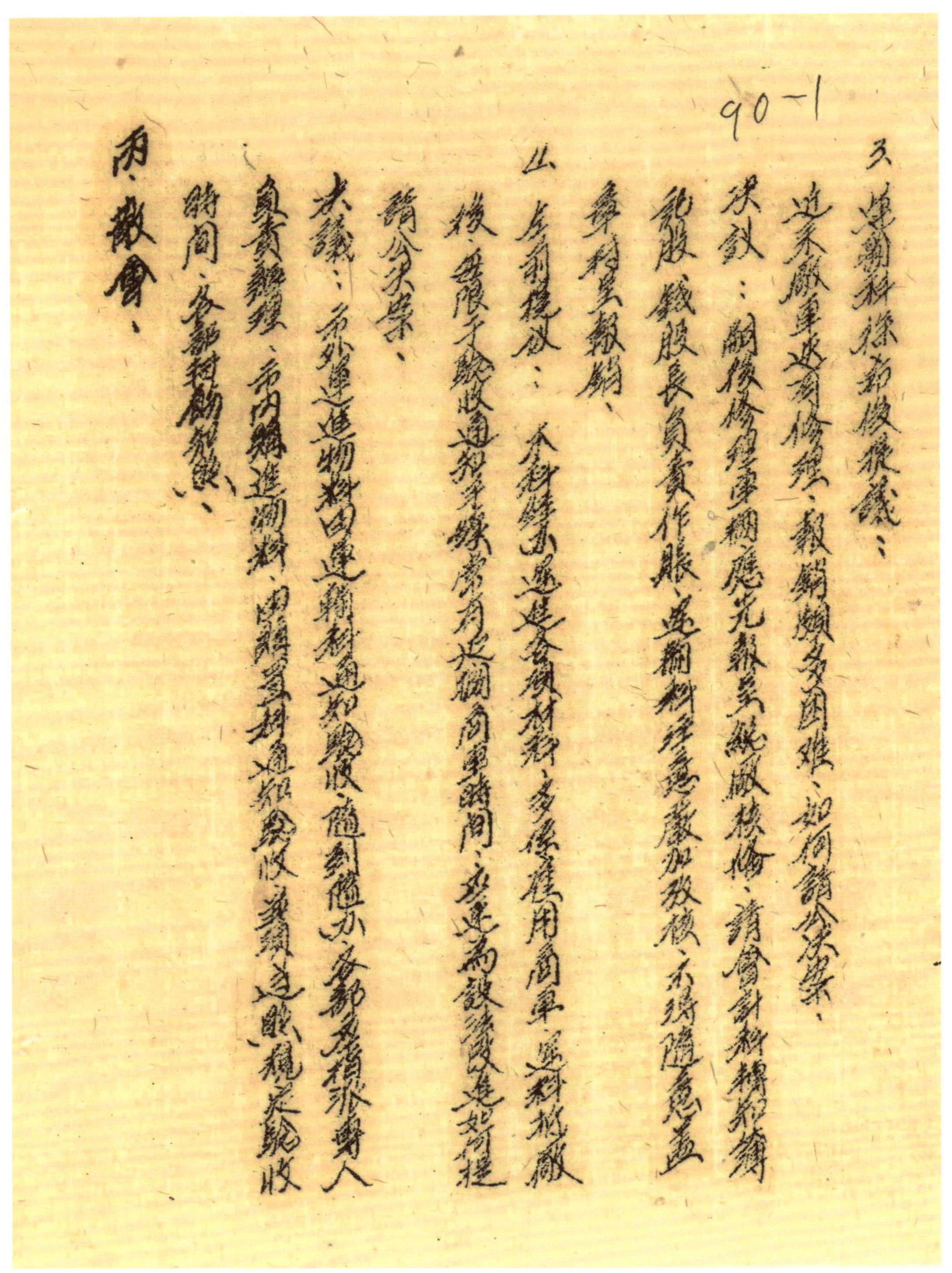

90-1

三、運輸材料保管修理議：

近來廠車送到修理、報銷頗多困難，如何請公決案。

決議：關係修理車輛應先報呈總廠核准，請會計科轉知領發股、鐵股長負責作賬，並購料須急需加發核，不得隨意濫用料呈報銷。

四、各科提議：本廠購辦運進各項材料，多係急需應用，運料抵廠後，每限于驗收通知手續，常有延擱甚長時間，應速為設法改進，如何提請公決案。

決議：市外運進物料，由運輸科通知驗收，隨到隨辦，各部各指派專人負責辦理；市內購進物料，由購買科通知驗收，並須迅速，規定驗收時間，各部指派負責人。

丙、散會。

军政部兵工署第五十工厂成都分厂一九四五年第十一次厂务会议记录（一九四五年三月十二日）

95

分字第872號

第五十工廠成都分廠三十四年第十一次廠務會議紀錄

地點　工務科

時間　三月十二日午後三點

出席人　鍾林　鍾尚義　張尚義　俞[illegible]身　刘[illegible]　吳文彬　鄧[illegible]泉　黄繼賢　繆世傑（代）　康世傑

缺席　洪世勳（公差）

主席　鍾林

紀錄　王曉人

甲、報告事項

一、主席報告

㈠出品——本週內材料各項均有運到，計引信方面鋼条及[illegible]所用鋼皮已運到一部，預計本月份引信產量可達（八、〇〇〇至[illegible]、〇〇〇

秘（函）發字第10號

95-1

之数，其他铸工所需钢炭亦有大部运存，堪可济急，仍待继续加速赶运，免致中断。又总厂最近拨运充作钢房修屋之铁皮屋顶一万余份，因尚待检验，嗣后拟请函转原制造厂（廿四厂）设法修补，俾能合用。现正与航委会研究院洽商将此批已到铁皮由该部处酌拨妥议交换办法，大致已无问题。其他前存柳州因待运送有延误，一部且因沉船失没，至堪痛心，现有卅二吨一批业已运抵中兴场，因冬枯河浅不能上驶，正设法改雇木船转运来厂，不日亦可到达。综计本年份材料及其供应情形，或尚可有百分之五至三分额稍变，尚无问题。

二、经费——近因物价波动甚烈，采购所需实过每月二万元总预算，需细价格尤较超过，至为可虑。因本厂流动资金有限，以应此节节上升之物价，殊感不敷支配，仍盼总厂最近能再筹汇一千数百万元，俾可早期储备各项急用材料，不致受物价波动影响。关于本案前已派员分赴新津

96

一帮道煤，据新样有实存余者，即可付款成交，此外有细及材料、鳞炭等项，均待筹款价购，故月前令敝厂筹款备料，实效迄未大为奏功、

三、厂务——关于研究半细白铅粉及硝镪等自制问题，现已由第一所长宋家驹试验成功，即可入手量产，此于厂方材料之成本，将益甚大、（估计每月可由此节省相当数目经费），是足嘉尚，惟此诸知识，籍以文化信体之保护奖励，故由自制装后，均於出路首资奖赏，仍盼各部同人潜研究，务期节省材料资财，以应华侯需要，又文书科长沈其祖，因职务繁冗，致有积压，因而屡请辞退，兹应重予精神勉为其难，所请长假一节，可请勿庸置议，至因厂务必须推进事宜，仍请各部同人合置贡献意见，藉供采择、

乙、提议事项

96~1

1.福利科長鄭[illegible]提議

本廠三十三年六月奉撥瀘縣庫存前由運輸科鍾子文辦運管理處承運，因該處經辦人發生意外，以致尚有卅餘箱存返分系運回廠倉庫，迄今甚遲久懸不決，恐生意外，應如何繼續提請公決案、

決議——運輸科負責飭原承運商行限期辦竣、

2.合作社吳文彬提議

本廠去年在滬購辦肥皂、布疋八箱，因無車裝運，迄今仍存放鐵廠，現物價日高、員工均感需用迫切，如何辦理提付公決案、

決議——函請鐵廠便車搭運、

3、總務科長鍾爲義提議

廠內各處清潔及衛生事項，因前定規則日久廢弛，究應如何加強維持請公決案、

決議——由稽查組會同警衛隊嚴密巡查，並督飭勤加督導，
並由總務科通知，在工作時間內，禁止員工及各處遊戲動作，嚴禁擅行
嬉戲，以重秩序。

六、會計科科長　提議：
屬本部各營隊員兵同時發餉，各款應將會計帳簿，並應按月賬續結，
以備查核，如何辦理請公決案。

決議——各部除平常帳簿按期續結，將當月科目分科逐日結算，隨時加
注意。所有日常收支，務須隨時登記帳簿，不得積存，須合作社上
年度結帳款項應即速呈。

丙、散會

军政部兵工署第五十工厂成都分厂一九四五年第十二次厂务会议记录（一九四五年三月十九日）

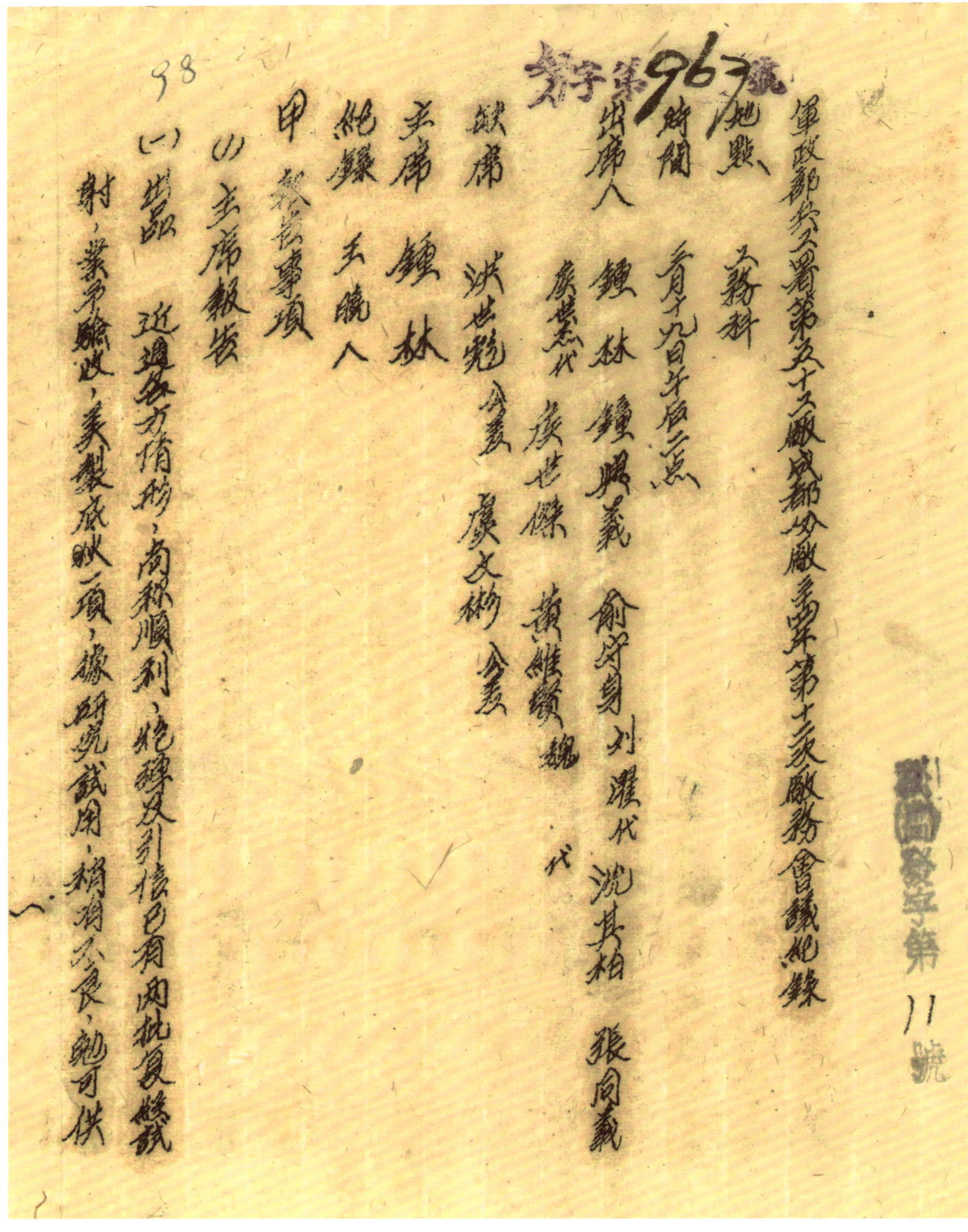

軍政部兵工署第五十工廠成都分廠三四年第十二次廠務會議紀錄

(1)地點、工務科

時間 三月十九日午后二点

出席人 鍾林 鍾興義 俞守身 刘濯代 沈其柏 張同義

庚世杰代 庚世傑 黃維瓒 魏 代

列席 洪世龍 公差 廖文彬 公差

主席 鍾林

紀錄 王曉人

甲 報告事項

(1) 主席報告

(一) 出品 近週各方情形，尚称順利，炮彈及引信已有兩批复驗試射，業已驗收，美製底火一項，據研究試用，稍有不良，勉可供用，停電情形則嚴重如故，上週翁部長偕美顧問數人因公來蓉，前日相偕赴廠參觀，因於電源問題，曾經面陳請為指示，據答稱，俟雅安發電體解決困難，現正計劃業務將置其處之發電機遷蓉，並將約於半年內可望實現，自前數月電力公司鍋爐曾有損壞時有發生停電情形，停電區域，現已日趨擴大，似此情形，本廠出品將蒙受嚴重影響，殊深可慮、

(二)經費　本週經費情形，已漸感窘迫，因大部已支付購辦材料及食米，目下存款無多，即待電請總廠發匯，仍盼各部撙節支用，以維現狀，至此次黃科長繼賢偕張赴新津採購食米後，自週以來，近來亦頗覺緊張，米價亦上騰，至為感幸，已電催張總意，嗣後各部採办物料，務須不失時機，能補足急需，卻各注意、

99

（三）材料　上週訂木運黄丹炭一批約廿二噸，已抵中兴場，因河枯水綫，無法上駛，目前經運輸科派員各處洽詢，決定另以綫車轉運来廠。每噸運費約為四五〇〇元，价格比較尚廉，另一批黄丹炭四十二噸日内可抵梁山，（最近亦可到達江口，最後一批大十二噸）總計以上三個月份所購嘉梁黄丹炭，運費合價、損耗頗大，且此次辦理此事務，估計炭價連運費合計每噸平均當已超過三万元以上，殊堪痛心，嗣後運輸科當務努力實法施，勿得再事宕延，一則廠方蒙受重大損失，一（再）受核銷困难，且運商尤因而賠累不堪，不可不慎。

（四）廠務　目前翁部長来廠參觀，所得印像尚佳，對本廠所製引信尤深嘉許，惟機器過舊，消耗人物財力又復[illegible]頻繁情形，頗引為憾事。

目前廠方同人，仍有多數暮氣过重，此次激励，懇切殷[illegible]，良

八

有一部把持極狹之義、遇事隱瞞、不肯負責，實堪痛憾。嗣後務於力求徹改、切勿甘自墮落、須利料大數職員尤為特別注意、如仍執迷不悟、可由各主管官嚴請嚴辦、或先期警告、以觀後效。因此輩人從無公務、但用係員、復不能為公服務、實為本廠敗類、不能再為姑息、更不可因大數人影響多數人、仰即轉相告勉、

又上週張組長同義因公赴滬、職務由各隊隊長代理，在此期內、各隊隊長須格外勤慎、對士兵訓練、尤須特別加緊；近來各分均覺士兵精神萎靡、紀律鬆弛、亟須嚴加管理、農場方面現已觸到、真門長七三八、目不為分勞力整頓荒地，種植菜蔬、又購置種子運來本場、當有積存、嗣後應按日繼續理、所得果實尚為可觀、並希轉知各級職員切實注意、

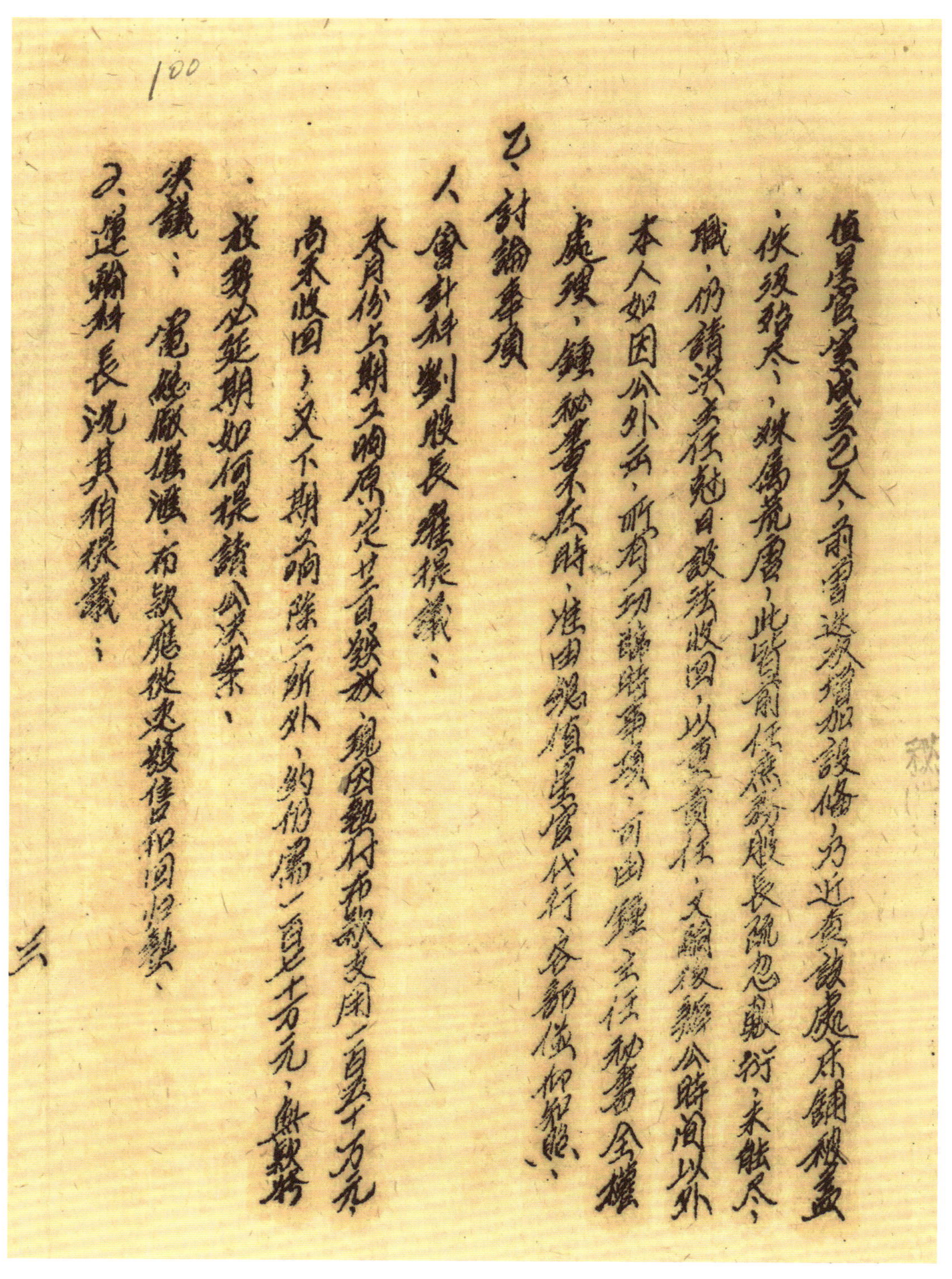

100

值星官業成多日矣，前曾述及增加設備，乃近查該處床鋪被蓋缺乏殆盡，殊屬荒唐，此皆前任總務股長疏忽職守，未能盡職，仍請洪主任逐日設法收回，以重責任，又關於辦公時間以外本人如因公外出，所有一切辦理事項，可由鍾主任秘書全權處理，鍾秘書不在時，准由總值星官代行各部份職能，

乙、討論事項

一、會計科劉股長雄提議：

本月份上期工响原定廿五日發放，現因器材布款支用一百五十萬元尚未收回，又不期工响除二所外，約仍需一百七十萬元，無款將放，務必延期如何提請公決案，

決議：電總廠催匯，布款應從速變售歸回歸墊，

二、運輸科長沈其楨提議：

六

秘

100-1

八、馬丁鋼廠、現已由木船運抵中興場、該批材料運費係由總廠
派員雇用叙府船幫承運、依訂船契、業已運交、或給余万元應付、如
何接運來廠、或仍飭包商負行轉運保付、公決案、
決議：：候鋼鐵運員驗交鋼廠會同驗收後再行決定。
九、十月份叙陽黃丹發及十噸、前由包商王森定承運來廠後
沿途迭生事故、本廠先後墊款甚巨、如何辦理、提請討論公決案、
決議：：候煤炭公部運廠後再行決定、嗣後應運原則、應訂約
(一)要另函給展、(二)要承運商運量減低、(三)日期限定發廠
四、承運商必須自有運輸工具、
十、府河現已枯涸、水運極感困難、非四五月後不能暢通、嗣後
叙陽煤炭是否繼續購運、請公決案、
決議：：俟本季內可就近為業山路線發運、廖汰米期購、再

材料運送事宜、

四、因水河鋪炭供應、因冬令水涸時虞不繼、且常有多數觸折、不願駁運包攬，如何求謀徹底解決辦法，提付討論公決案、

決議：運輸材料籌擬自組收車隊計劃，呈廠核奪、

五、近來卡車駛渝、因限於運輸統制局之軍車不能放行規定、軍品裝甚少可裝、有時指運商貨、因多為搭貨估價運費、必須本廠代為購油、如何辦理、提請公決案、

決議：運費照公營歸公、購油照收物料購置手續辦理、運輸材料並照另立專冊紀錄呈報、

六、警衛隊長張世麟提議、

一、關係禁閉人犯、其食糧報支應以何項為標準、提請公決案、

決議：照士兵軍糧數發給、

101

101-1

六、廠門小塘常有垂釣捕魚，人色複雜，如何處理，請公決案。

決議：由警衛隊製牌公告，嚴禁捕魚，違者重懲，並由稽查組警衛隊值日嚴查法辦。

丙、散會

军政部兵工署第五十工厂成都分厂一九四五年第十三次厂务会议记录（一九四五年三月二十六日）

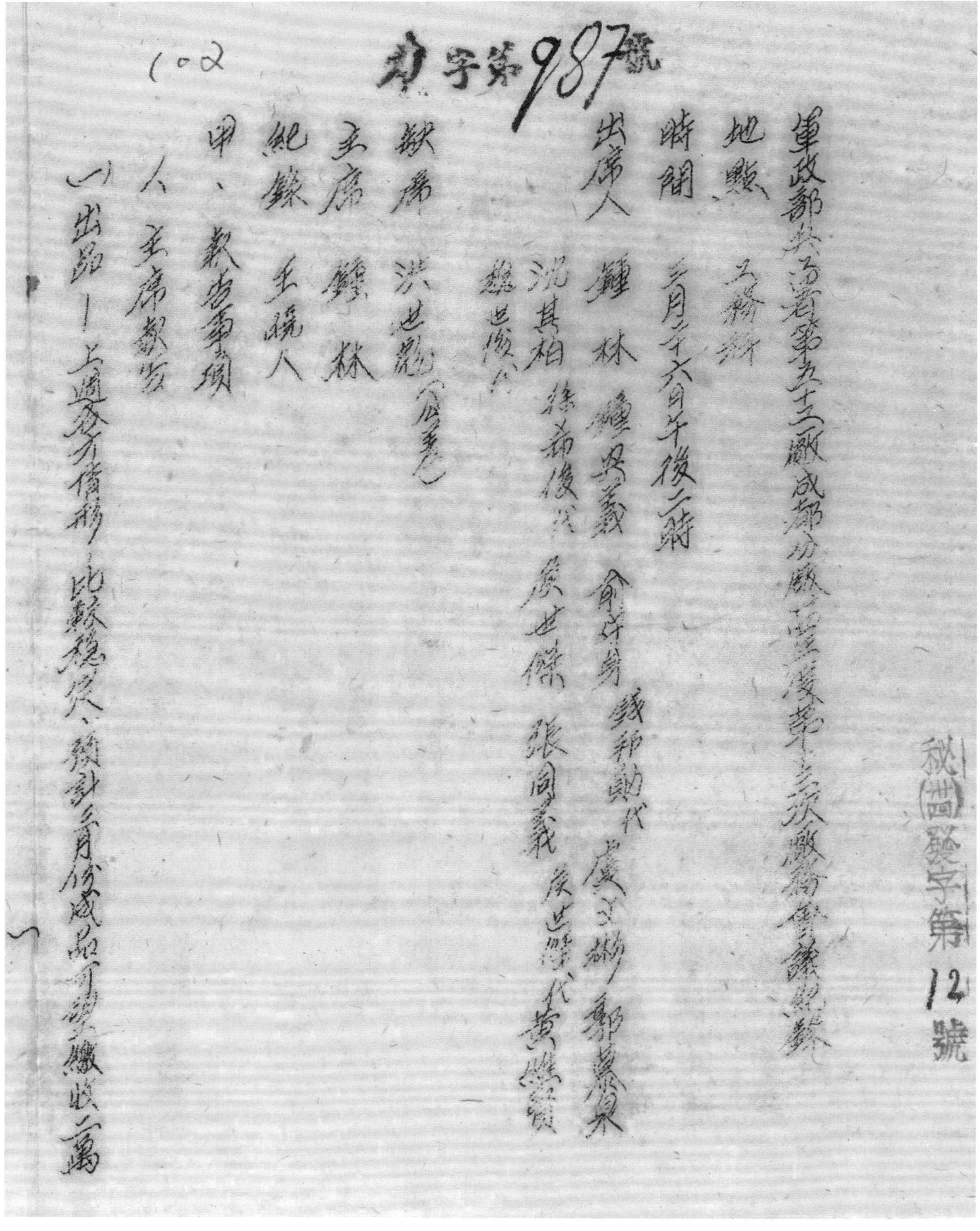
102

字第987號

秘（四）發字第12號

軍政部兵工署第五十二廠成都分廠卅四年度第十三次廠務會議紀錄

地點　工務科

時間　三月二十六日午後二時

出席人　鍾林　鍾如義　俞汝身　錢秉勛代　虞文彬　鄭景泉

沈其柏　徐希俊代　虞世傑　張同義　虞世傑代　黃[illegible]

魏世俊代

缺席　洪世龍（公差）

主席　鍾林

紀錄　王曉人

甲、報告事項

人、主席報告

（一）出品：上週各方債務，比較總很、預計三月份成品可望繳收二萬五千至三万顆，引信亦約可達成二万枚左右，目下鑄件及尾管底量已積存約五六万枚，唯以尾翼材料及引信問題，不能適當配合，深感不便，業於最近陸續分批購到油桶四百餘只，尾翼材料，大致可無問題，引信方面，因限於機器設備，每月僅可製一万至二万左右，因此務必與廠洽擬月造一二万套，以利兵器，又查附紀彈子業經驗收，99批則以舊鋼球不合，因引信須重裝，已電航空委員會，美製M式底火，經數度實用，仍嫌不良，已電航委會請仍擬用(victor)式。

(二)廠務——(1)上週購炭到廠部，略堪供用，煉丹炭則又有一批四十三噸於青神造紙事，(船夫被控)連輸料應嚴懲迅予解決。(2)食米上週先後已購到四百餘石，惟搬運較長，擬從速新建築辦公倉米棧，緣前鄉鎮甚多，殊屬不合，應斷然處置，以福利

103

科前在璧縣發存棉花多卷，擬即速運渝，運輸科籌辦運回，不得再有遲誤。(四)各會計科會計科長目前由渝返廠，部派查賬委員亦同車前來，各部應即整編查核。(5)合作社承借布尺已購運到廠，該項應按布級、按期於次工餉發放後出售歸墊。

乙、討論事項

(一)總務科長鍾丹義提議：

部派查賬員現已到廠，應請有關各部準備，提請公決案。

決議：有關部份，查照辦理。

(二)福利科長郭蔡泉提議：

卅三年度福利料費因收益項下，懸欠卅餘萬元，前已擬由合作社付收，如何轉賬及辦理核銷事宜，請公決案。

決議：(1)合作社對營業費余項，每月以一萬九千四百元作為四會計科

二

福利委員會辦轉賬手續，限本日辦竣、

（三）總務科編錄股提议：

本廠先後懸借預支稍資、尚有多數未予清算，如何從速請公決案、

決議：：各主管部門負責督促、限期办理完竣、

（四）合作社經理處交辦提議：：

員工所領購物證，常有不慎遺失情形，日久亦不呈報，重複補購，稽核困难，如何規定办法，請公决案、

決議：：遺失在一個月内呈報者，取消其当月購物权，所有未購物品，亦不再行補給，通傳各部知照、

（五）主席提示：：近來各處均有偷窃此項情形，本廠警卫隊應切加注意，在廠區範圍内，尤須嚴行防範，並望各處經理為要、

丙、散会、

军政部兵工署第五十工厂成都分厂一九四五年第十四次厂务会议记录（一九四五年四月三日）

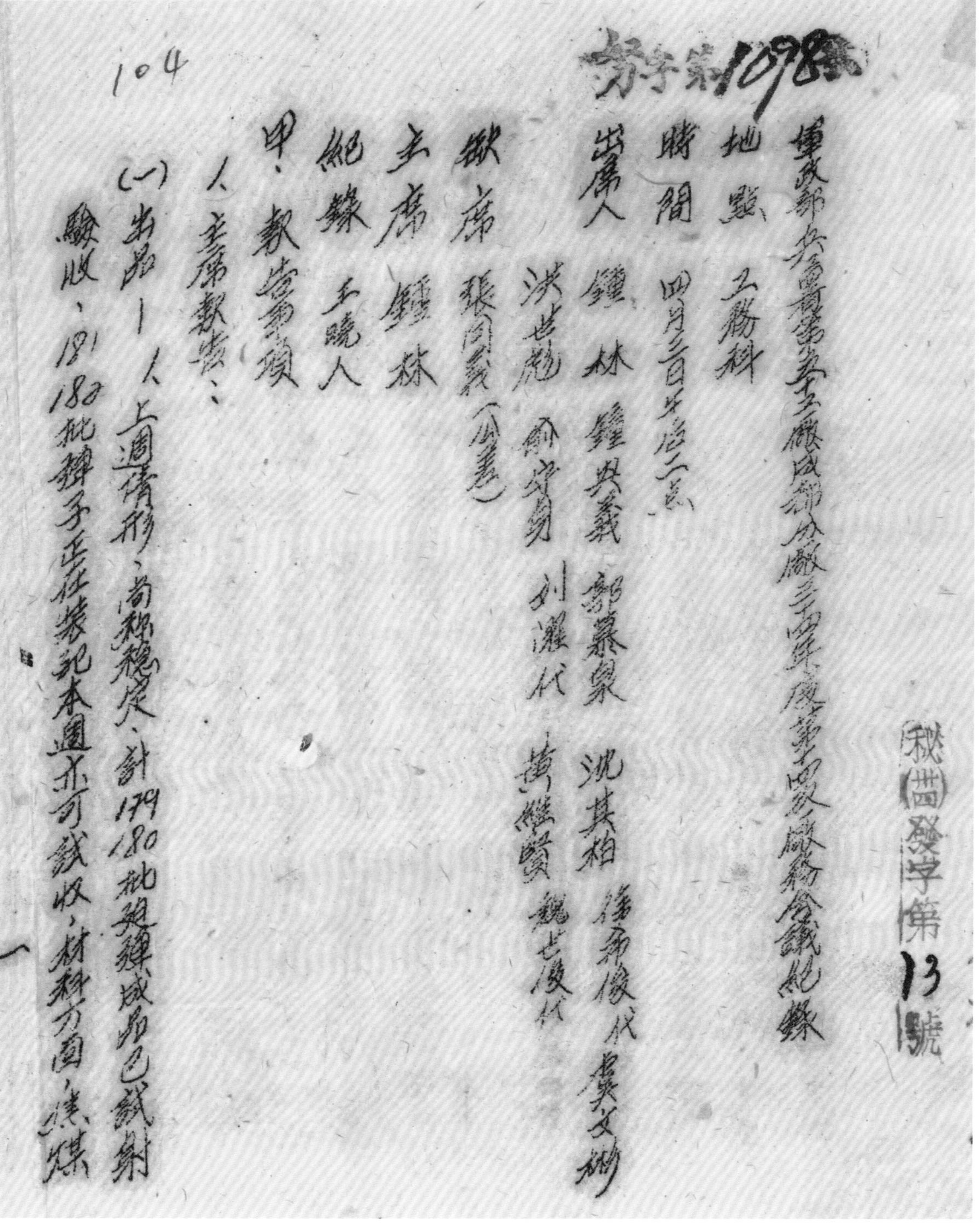

104

分字第1098號

秘（四）發字第13號

軍政部兵工署第五十工廠成都分廠三十四年度第十四次廠務會議紀錄

地點　工務科

時間　四月三日下午二時

出席人　鍾林　鍾興義　鄒慕泉　沈其柏　徐希俊代　袁文錫

洪世超　俞守勇　劉灝代　黄繼賢　魏世俊代

缺席　張同義（公差）

主席　鍾林

紀錄　王曉人

甲、報告事項

1、主席報告、

（一）出品　1、上週情形、尚稱穩定、計179、180批迫擊砲彈已試射

驗收、181、182批彈子正在裝配本週亦可試收、材料方面、焦煤

及黃丹炭兩項，現時尚足供用，唯引信一項，殊爲可慮，因製引信亦以銅条缺乏，停工待料，甚受影响，目前出品亟要寬籌，在於銅火引信，銅皮及銅条已往因運輸不前，常致中斷，現正促請韓燮光鑄員趕修八噸級卡車一二條又線，即可大量運進，水運材料方面，現亦擬派員前駐樂山、長川辦理接運事項。又自流河鏵炭來源，近因地方與駐軍發生衝突，釀成事件，交通幾將中斷，如短時內可獲解決，或不致影響鏵炭供應。又十月份黃丹炭一批四十二噸，前於青神船運途中被盜攔劫，其後上週已派員携款奔往接濟，查該批炭船係承辦人俞鑄及押運員劉秉安因送次不力，貽誤公職，且有作弊嫌疑之處，業予分別禁閉，候令辦理。其次本廠電力供應問題，决給電灯公司設法推將本廠前撥公司撥予衛及電纜兩處發電

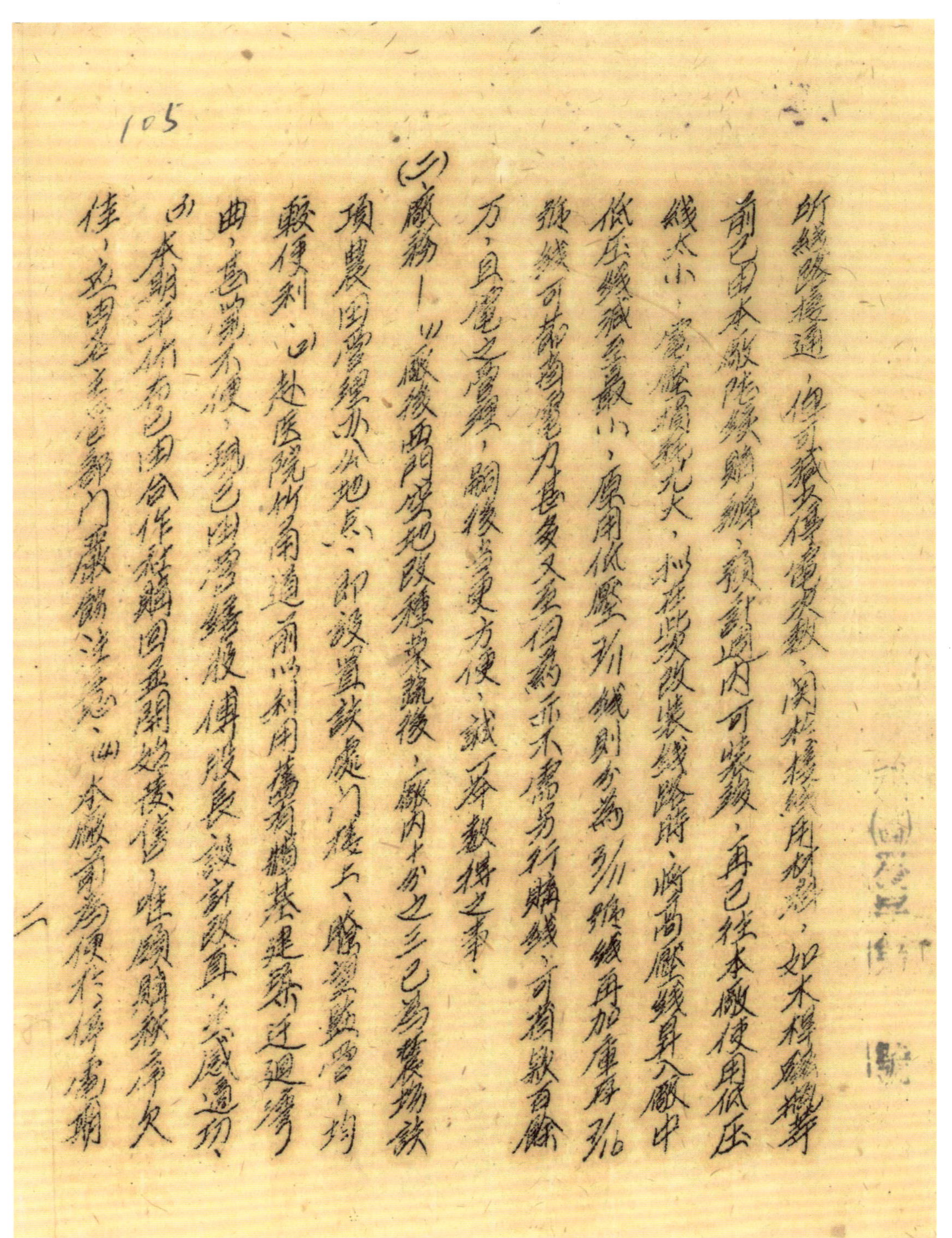

105

所线路接通，仍可减少停电次数。关于接线用材料，如木杆铜线等，前已由本厂随时购办，预计短期内可装竣。再已往本厂使用低压线太小，电压损耗尤大，拟将此项改装线路时，将高压线再入厂中，低压线减至最小，原用低压3/11线则分为3/11号线，再加库存3/16号线，可输送电力甚多，又至目前亦不需另行购线，可节款百余万，且电之电压，关系亦更方便，诚一举数得之事。

（二）厂务：（1）以厂后西门空地段种菜蔬后，厂内大分之三已为农场，该项农田管理办公地点，即设置该处门楼上，除资监管，均较便利。（2）赴医院所经道前以利用旧有桥基建筑迂回弯曲，甚为不便，现已改为缘级，俾改良路线，新路面甚感适用。（3）本期平价米已由合作社接办，因延期始接办，唯该肉价格久佳，并由各主管部门严厉注意。（4）本厂前为便于傅家朝中斷期，曾在廠內各要衝樓裝青紗路等多處，遇有停電，即行換燃，並指由稽查組派兵專責管理，乃近週晚間停電期中，該項管理油燈士兵及工人竟多偷懶，並未按照指定辦理，殊屬非是！已將該兵及工人即日除名，嗣後應請各該主管部份嚴注意，不得再有疏忽。(5) 值日官實為本廠重要值勤部份，規經飭由廠務處整理後，並即長久繼續，值日官並須住居廠內，不得擅離職守。(6) 節約委員會委員並應厲行，當對節約從不苟且，臨時為便利明瞭該廠方生產實況起見，特於本廠長邀請委員等參觀試驗，俾參觀者欣賞，並用感勵。(7) 現查輪僱件業（本廠福利科飼養本廠牛一隻，於去冬十二月被現查竊，疑因被竊，經緝交警衛隊偵緝後，迄無結果，原被竊牛現自為該隊捕獲，殊為憾事，並請廠務長負責限一週內破獲歸案。

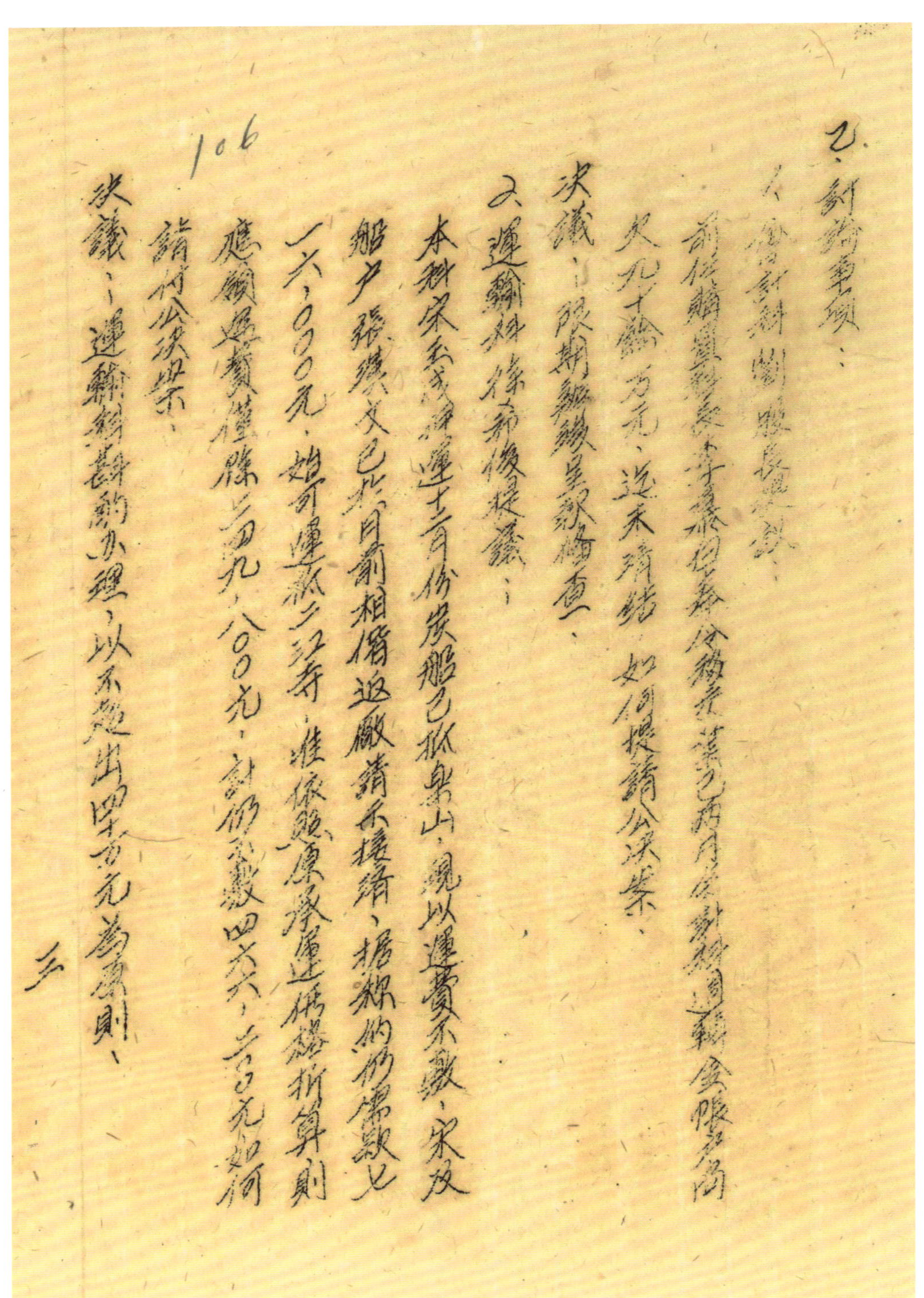

乙、財務事項：

1、會計科制服賬務欠款、

前任[illegible]金帳尚欠九千餘萬元、迄未清結、如何催請公決案、

決議、、限期繳納呈部備查、

2、運輸科條陳後提議、、

本廠采辦處運十二月份炭船已抵泉山、現以運費不敷、宋及船戶張[illegible]文已於日前相偕返廠請求接濟、據稱約需款已一六、000元、始可運抵江岸、惟依照原承運合約折算、則應領運費僅六四九、八00元、計仍不敷四六六、二00元、如何請付公決案、

決議、、運輸科長斟酌辦理、以不超出四十萬元為原則、

三

106—1

三、警衛營長侯世麟提議：
時屆冬令，本年度員工缺棉衣，亟須領製，以資禦寒，
如何請公決案。
決議：本週內催辦製發。
四、合作社經理吳文彬提議：合作社經費節省開支為前提，
並推選采購員無適當人選，如何提付公決案。
決議：合作社自行采辦，以分元為限。
主席提示：合作社采購員未購到前，仍應維持營業，毛巾肥皂所費不多，應須
隨時有消洗，定購更換，補充觀瞻，不得緩其發給，及佈告公布。
五、總務股長洪世魁提議：
四月份辦公費即將發出，尚有多種尚未購到，如何提付公決案。
決議：嗣後每月辦公費應由總務股列具預算，以不超過十

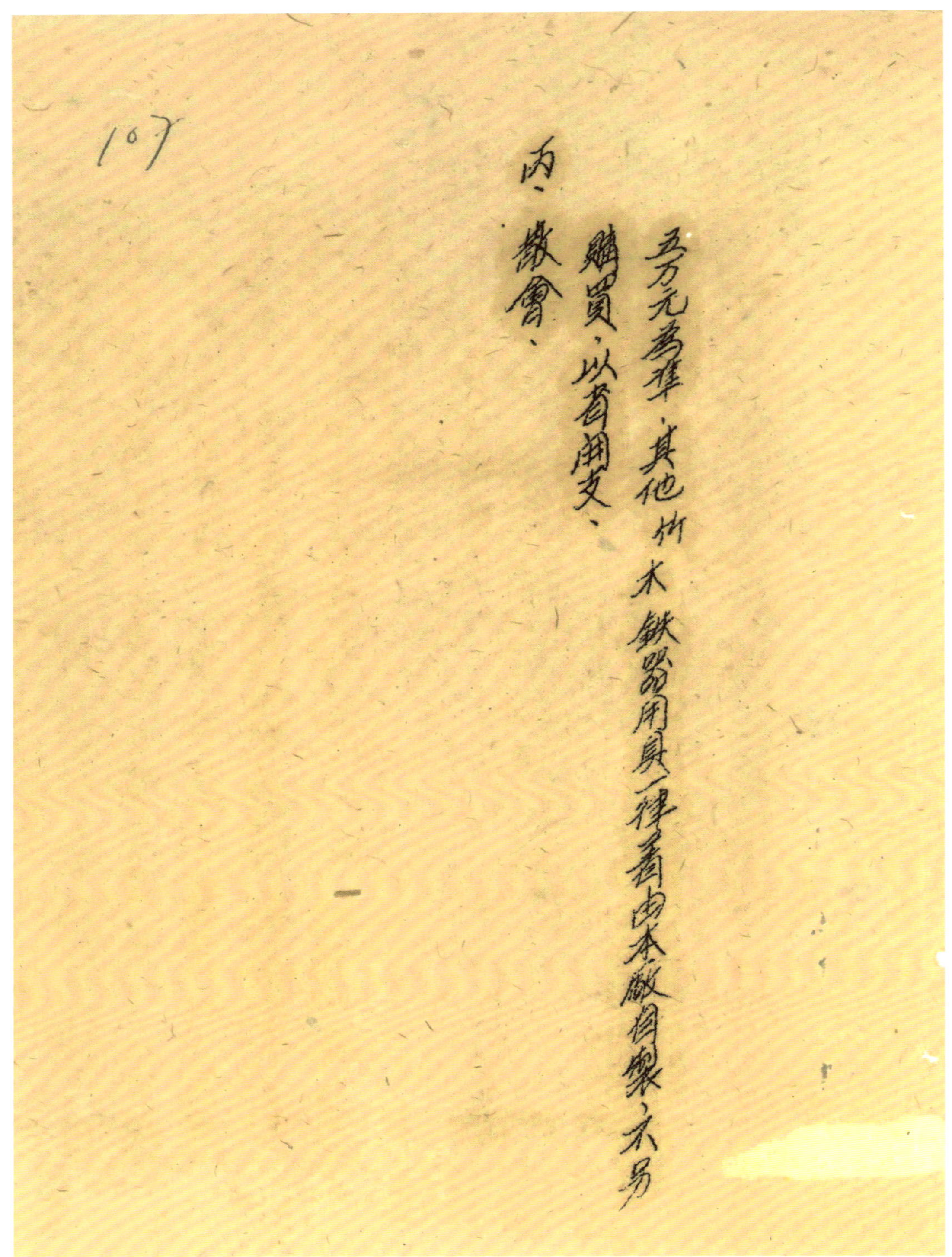
107

五万元为准，其他竹木铁器用具一律尽由本厂自制，不另购买，以省开支。

丙、散会。

军政部兵工署第五十工厂成都分厂一九四五年第十五次厂务会议记录（一九四五年四月十日）

108

分字第1132號

秘(四)發字第14號

軍政部兵工署第五十工廠成都分廠卅四年度第十五次廠務會議紀錄

地點 工務科

時間 四月十日午前八點

出席人員 鍾林 鍾興義 俞守身 劉耀代 沈其柏 孫亦俊代
洪世彪 郭慕泉 侯世傑 虞文彬 黃維賢 秦孟儒代

缺席 張同義（公差）

主席 鍾林

紀錄 王曉人

甲、報告事項

子、主席報告

(一)出品—(1)上週本廠出品情形(一)四(一)各所產況均穩，唯三所因引信銅殼缺乏，大部停工待料，已電總廠催運。(2)181、182批成品上

108—1

週經試射後，(8)批合格驗收，(9)批則以前用舊銅殼代裝，試射成績欠佳，已另拆換新殼，不免稍有耽誤。(3) 目前引信問題最為嚴重，如彈體每週可製六七仟枚，本無困難，每月最高產量可達三萬餘枚，但引信一項，則本廠僅可自製一部，大部仍仰友廠供給，且時有間斷，如六月份中僅運到引信一萬六千套，似此情形，月產一萬五千顆成品亦感不易，無任焦慮。(4) 上開彈藥總廠轉奉署令，以本廠欠繳成品已達七萬二千餘發，特令自六月份起，每月趕造六萬，限五月底前將欠繳成品，扫數繳清，本人當以本廠情形萬分艱難，且此數乃數年積欠，一旦奉發動令，勢將益趨困難，且次查所因設計設製引信機器及銅殼，銅皮常感不足，本年數月以來，電燈公司復迭次停電，屢不能全部工作，以上五點，均為直接影響增本廠出品之主要原因，特為分別請示，並請轉呈署令續發五

109

（渝）四廠字第　　號

月份飭遵令，此事乃告解決，嗣後仍盼同人務各凛體於職責之重，
努力本位工作，共渡時艱，(四)為整理材料，近於廣州迭向航委會洽
商交換，頃准該會函稱，最近可到楠皮已百張，囑請俯派員前
一次交換鋼板辦法，俟對此批楠皮運入後，連前購存數量，約可
供本廠四月需用。
(三)廠務——(1)本廠之糧食情形，近來本廠雖如敘薪炭供應時虞斷絕，
竟於前月間又告恐慌，急需加緊運輸。(2)購置麵粉事，已赴
新津洽辦食米情形，諸欠洽當，所有運回食米，不但品質欠佳，
且價格亦昂，每段合約為一萬七千元，殊為憾事，唯有詢價長期
印大批購備，稍紓職工負擔，嗣後本廠務必負責採購人員認真辦
理，勿得草率敷事，藉資公允。(3)翻砂廠房，自委員決定後，已遵
開始工作，計築地前後項現已修建完畢，正積極趕修整，

二

109-1

據該已往情形頗多，此年度無專員任收事務，且有違反情形，似太荒唐，嗣後務須會計同人力求改善，藉資正確。(4)上述各項務盼隨時指據，已屢經廠撥派，不日可下。(5)[illegible]來場為本廠額外[illegible]本年度擬定之[illegible]大增產期望，其可獲來人，檢收各處，以務財力，[illegible]各種困難，藉免[illegible]，福利委員會應預為籌劃，以[illegible]預算[illegible]已由當局修改預算[illegible]，[illegible]供應，以重衛生，[illegible]工廠[illegible]之開支，本日即可施工。(7)本廠所需電燈公司[illegible]發電所同時接線事已經[illegible]定本禮拜日由電燈公司派工接火，同日本廠[illegible]時撤還本工所，俟到新址，嗣後電燈供應可無問題，惟電燈公司前以本廠事請求接濟，然後承認雙方接洽，已[illegible]總署核示。(8)禁止在廠區地攤[illegible]，[illegible]縣廠[illegible]議通知施行，[illegible]

110

乃昨夏人意有餘工务合作社長王列文先於工作時间擅往垂釣，當經抓獲，已分别予以禁閉，嗣後所有本廠員工同人，对决議案務須恪遵，不得视同具文，致干紀咎，並仰轉飭知照、

九、討論事項：

(一)會計科劉股長提議：

關於材料運輸折耗數額，本廠向有規定，每三個月呈報一次，查本廠卅三年度以前歷年應發之運耗，業於六月由本科列表呈請核發運輸料查核發放，遞經催办，迄未送核，如何撥付公款案、

運輸料係由總廠查發，已往因總廠與本廠賬科收發時有懸殊，差量出入頗大，如去次總廠運到後，批依照總廠運輸单開為一万七千餘斤，而實際僅收一万六千餘斤，因而往返諮詢，頗費時日，特為提出報告、

决议：嗣後物料運輸損耗照報期報告，如收料數量不敷，應即

三

110-1

迅速查詢，不得任意稽延推延，儘該科所列進程表者進辦，即日
發覆。

（二）劉股長提議：

本廠近來職員在外購採辦伙食，未按批購辦清楚，迄未呈報，已運廠
者似應即予數編，未運廠者儲藏何處，是否妥當，並具單依照
數量多少，似均應詳載備案，如何公決案。

決議：購買材料及何所長茂成應即詳載備案。

（三）劉股長提議：

近數批去益陽炭運費因未結及物價暴漲，運商不能履行合約
關係，已墊用購料自力充發，本月份經費更形困難，現庫無存
款，除已挪用購廠購料款多自力充發，致多不工資及購料稱外
現時款多月份工資及購料運費等共所需開支自力充發，此

111

提出報告、

主席示：已電請總廠設法匯撥二千八百万元，以維開支，俟款到

挪用總廠購油款即予撥還、

(四)福利科鄒科長提議：

本廠公分存灘購置米卅石及各條床帳員往給據稱隨時均可提撥，如

何提撥請公決案、

決議：由福利科飭經收人尽速追回歸案、

(五)運輸科徐股長提議：

交通部川陝聯運處前代本廠承運白水河煤炭數次，茲經開

具維付運費通知，須由本廠加付傭金費，如何請公決案、

決議：照原合約規定辦理、

(六)購置科金科員步濤提議：

四

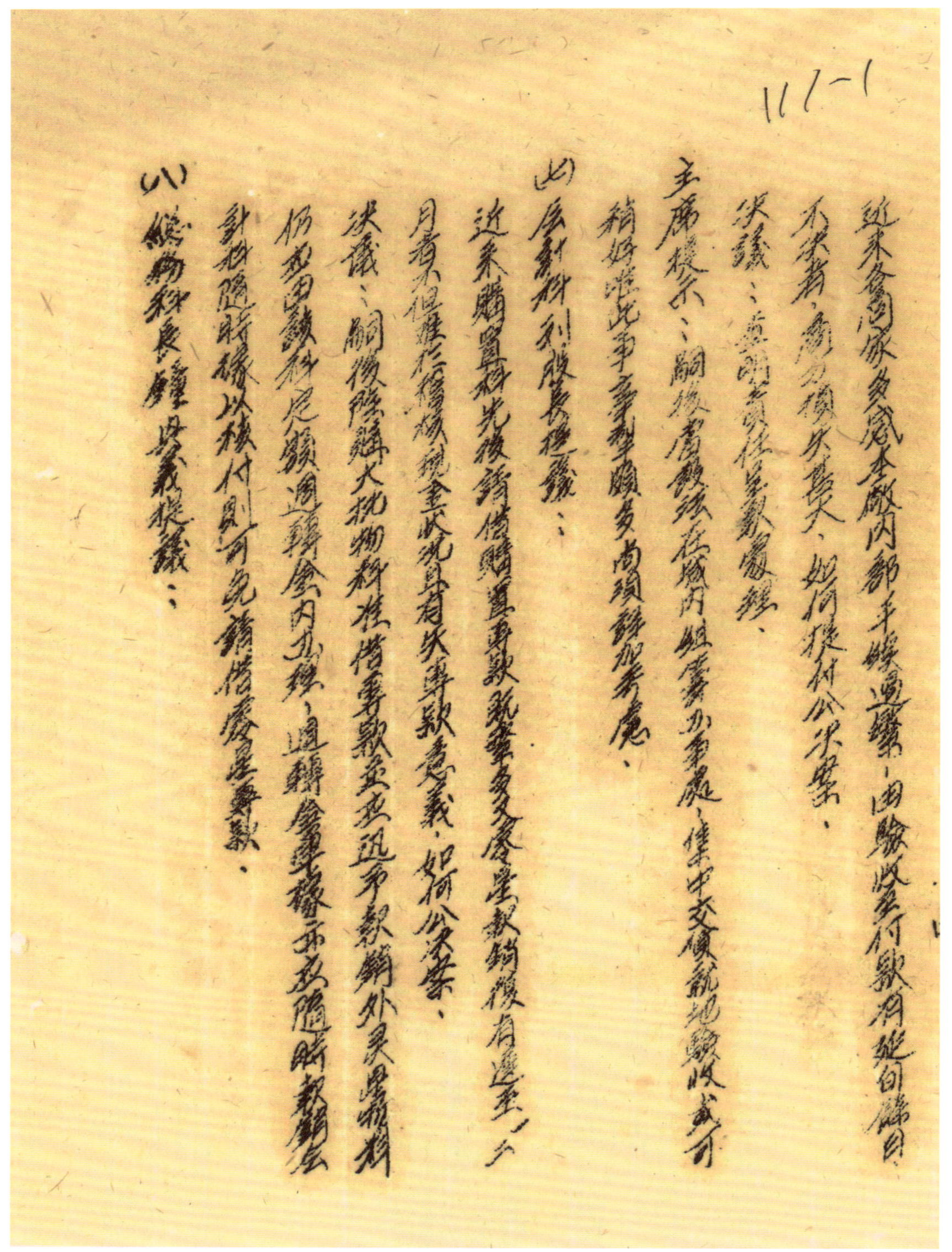

111-1

近來各商家多感本廠內部手續過繁，由驗收至付款有延至百餘日不決者，商家損失甚大，如何提付公決案、

決議：：查明責任呈報處罰、

主席提示：：購料處設在城內，組辦事處，集中交貨，就地驗收，或可稍好，惟此事事實困難多，尚須詳加考慮、

（七）原料科科長提議：：

近來購置材料先後轉借購置專款，孰多交處呈報銷，稍後有遲至一二個月者，不但難於週轉現金，且失去有決專款意義，如何公決案、

決議：：購料處除大批物料於借專款並在迅予報銷外，其零星物料仍由原料科定額週轉金內支撥，週轉金墊款亦應隨時報銷，對材料隨時發撥以核付，則可免轉借購置專款、

（八）總務科長鍾吳義提議：：

112

近來各部公文，每因手續繁多，且有普通文件錯同分送，致多稽誤，有失時效，擬請通飭各部凡關重要及含有時間性公文，須以紅簽投送，以資辨別，如何？請公決案。

決議：照辦。

(九) 消費合作社最後結束擬議：

前本廠遣散員工剩餘集中存廠衣物，擬交相當機關繳公，如何辦理，請付公決案。

決議：定期公開發賣，地點可選在本廠禮堂，並事先公告通知。

主席提示：

一、本廠職員宿舍散在各處，警衛隊以人數有限，防範自難周密，應請該隊長每週赴警衛隊分駐各宿舍處巡視一次，並隨時報告警衛情形。

五

112-1

乙、藥廠及本廠清潔事宜，應經常由專人巡視督導，擬請洪主任負責辦理，每週赴藥廠巡視一次，並隨時提出報告，

丙、散會、

军政部兵工署第五十工厂成都分厂一九四五年第十六次厂务会议记录（一九四五年四月十七日）

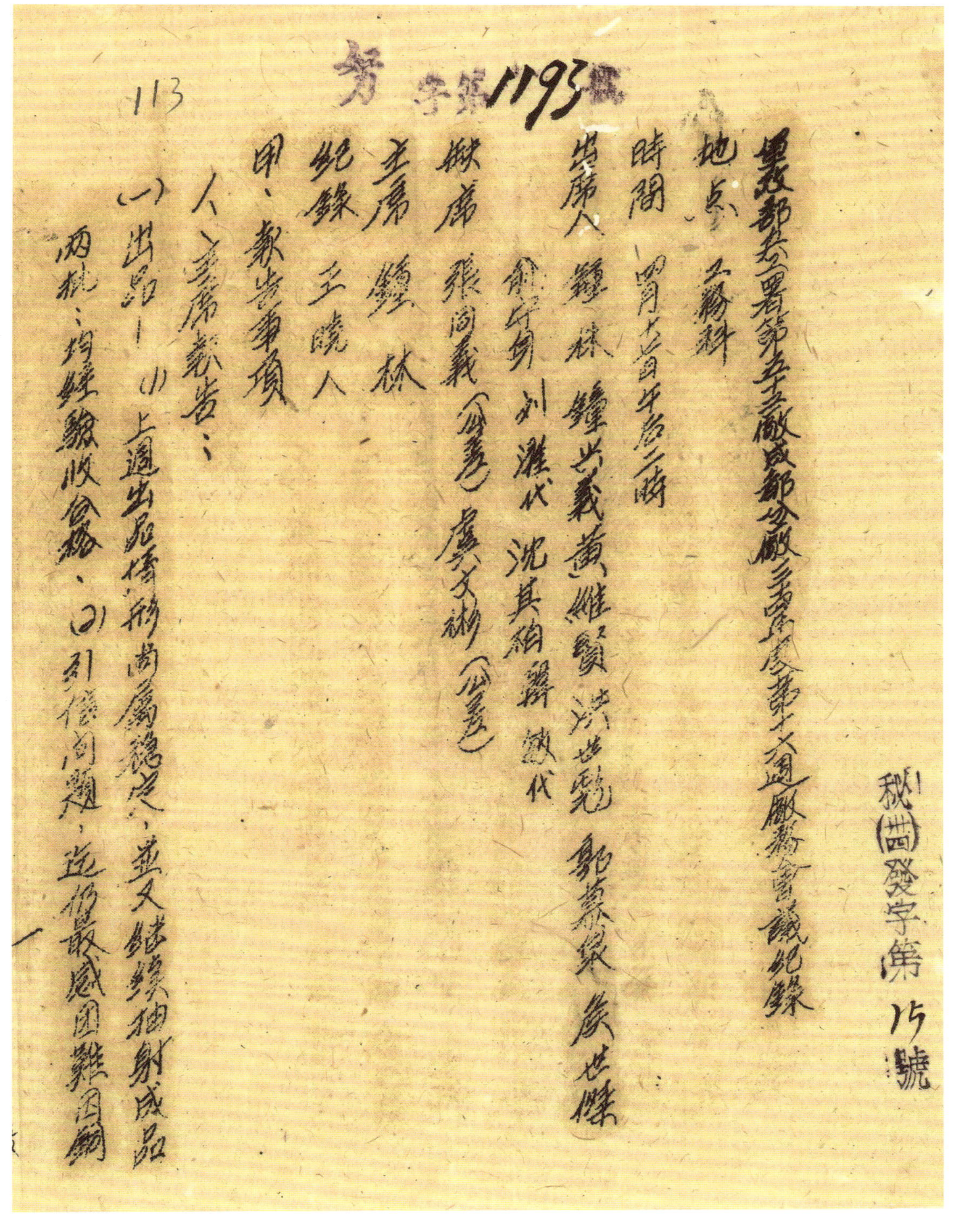

第1193號

113

軍政部兵工署第五十工廠成都分廠三十四年第十六週廠務會議紀錄

秘(四)發字第 15 號

地點：工務科

時間：四月十七日午後二時

出席人：鍾林　鍾世義　黃維賢　洪世魁　郭慕濂　吳世傑

俞竹鈞　劉灌代　沈其緒　[illegible]代

列席：張尚義（公差）　虞文彬（公差）

主席：鍾林

紀錄：王曉人

甲、報告事項

一、主席報告：

（一）出品：（1）上週出品情形尚屬穩定，並又繼續抽射成品

兩枚，均經驗收合格。（2）引信問題，近仍感困難，因鋼

113-1

查鈥料已久，兩週以來，減少出品約近一萬枚，已電請總廠設法速運，以應急需。(3)焦炭仍以鄂城路未能暢通，極感困難，先後又已停爐兩日，正趕購急運，黃丹炭則以缺乏行運誤，緩不濟急，迫而在市上現購一噸，藉維現狀，價值六萬八千元。(4)電力線路損毀路線，正遇維修電燈公司，請其修復，以來該公司仍以電力負荷過重為詞，要求本廠發給所需材料水費，致仍僅維持通，停電影響頗大，已電請總廠核示。(5)現值國府戰事漸趨有利，開始反攻，應自動發奮為國效勞，全體員工忍受目前痛苦，今加緊生產，以赴事機。

(3)廠務——(1)買付上期經費撥到後，業已支付殆盡，下期經費係預備一千五百萬元始可蒇事，仍盼總廠及時匯撥。(2)本廠工人伙食團，因人數眾多，數月以來，迄未臻於完善，工人

迭有不滿，應由福利科切實督導，盡力改善。(3)據查近週本廠
輸值之總值星官，多有疏忽職責，日久積生，每每視同具文，自
少數並日記亦不按時記載，或僅寥寥數字敷衍了事，對於
廠方當日重要事項，反而漠然無知，足徵全未注意，前於飭知
庶務股整理床位後，業已大致就緒，嗣後各部總值星官，應
即確守職責，如再查有疏忽敷衍情形，決即嚴厲處分，各部
轉飭知照。(4)郵務查驗並寄遞目正趕查三十三年度本廠各卷帳
目，預計不日可完成，各部對於此次查核賬目後，知所遵循並
力求改進，以重財政。

五、財務事項：

(1)運輸材料轉移處理經過：

自本河鋪家機關陳總錄前以免遭受損失後，雖存機械部

二

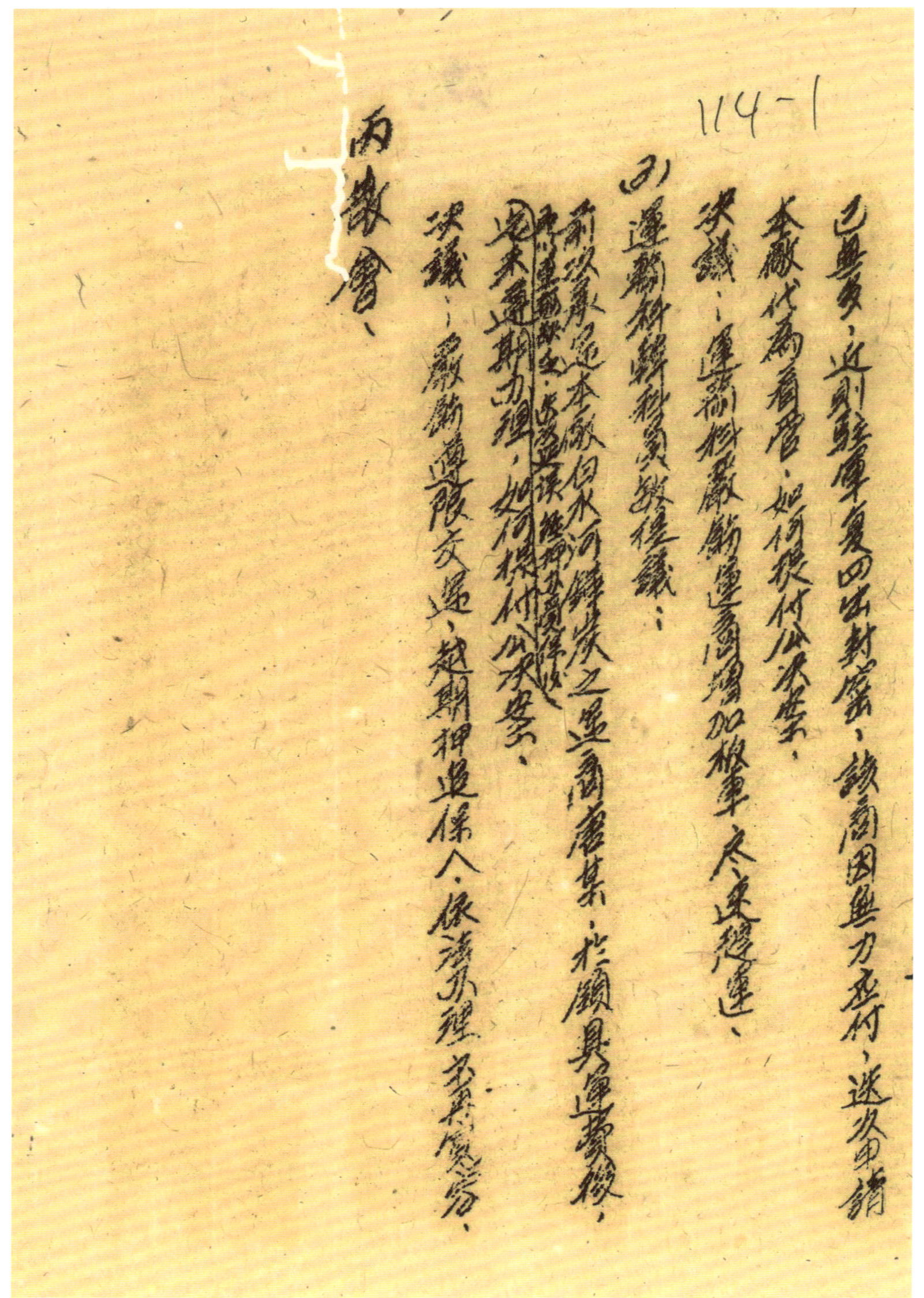

也無多，近則駐軍復四出封窑，該商因無力應付，迭次申請本廠代為商借，如何擬付公決案。

決議：由運輸科轉飭運商儘量增加板車，以求趕運。

(2) 運輸科科長提議：

前以承運本廠白水河鑄炭之運商唐某，於領具單運費後，[illegible]竟未遵期辦理，如何擬付公決案。

決議：由廠飭該運商限期交運，超期押追保人，依法辦理，并[illegible]。

丙、散會。

军政部兵工署第五十工厂成都分厂一九四五年第十七次厂务会议记录（一九四五年四月二十四日）

秘(卅四)發字第16號

□字第1314號

115

軍政部兵工署第五十工廠成都分廠三四年第十七次廠務會議紀錄

地點 工務科

日期 四月二十四日午前十時

出席人 鍾林 鍾尚義 俞好身 黃維賢 鄧榮黎
侯世傑 洪世魁 沈其柏（黃建勳代） 虞文彬

列席 張同義（公差）

主席 鍾林

紀錄 王曉八

開會如儀

甲、報告事項

人、主席報告

（一）出品：一、二週來各項急需材料，陸續均到一部，出品情形，稍趨猶好，唯有此因銅皮及銅條久缺未到，影響另件製造頗大，前後安司迭催，迄未解決。又，黃丹、炭及錳炭亦時有間斷，至感焦灼，小各部切實注意，凡軍品需用，仍依隨時籌辦，多。又，上述總廠借撥署屬兩部運有銅條、銅皮、黑鉛粉各項材料到廠，總以緩急，唯於本部所需之青鉛一項，迄未撥運，深感困難。已電總廠速予設法裝運，以利工作。又，近來市面因金價陡漲，各物咸趨騰貴，職以數年來物價上漲指數，均以目前價格為最高數量，本廠以經費有限，實不能鉅款以購置，值此百物飛漲，尤感不能兼顧者，再前此曾因各方價格節節上升，購存物料一部，惟只可供短期利用，深感嚴重，似再準急撥廠按照週轉金兩倍方允，俾能先期購儲需要之材料類，深炭及青鉛各項均需要購儲，以資充裕，大關□□木料

116

之採購，因係本廠長川大宗需要之各項購料，全技術員去儘前赴峨嵋產區就地收購，價格尚可稍廉。又近來戰局緊張情形而後，惟運輸紛紛迫來，未能適切運送，致已驗收數徼之貯棧，均有擱置未能交庫，不但廠方無此必要需要諸多不適，且值此戰事日漸好轉，前方需要緊急萬急之際，此種行為，實無異減低作戰之力量，甚盼切實注意。

（二）服務——人、鄭派查點委員及審計部派員會查帳項情形，統卅卅一卅二等年度均已完竣，審核頗為順利，此次查賬委員不避煩瑣，各事咸能認真，並承劉切指示數點，至深感銘。此種勤勞為公之服務精神，應為吾人之良好楷模，本人並深致敬意。又、消費合作社在渝購買灰藍布一五〇尺，已適已由廠車運到，即可公佈發售。唯本廠合作社以資金有限，週轉困難，擬於此批布料發售時，略照原價提高，藉資挹注，並為奠定合作基金之基礎，本關員工之福利，特為提出

二

鈞座方叢場部務科業繁務，大部均可下放，願對數月後即可總[illegible]伏懇。此近來各部會亦交係，多有重視私情，或故意推諉敷衍，此種不正確心理，殊深可危，吾人一切無以事理為對象，不能純以感情用事，必有「不徇私罪人」之精神，始克共趨事功。又本廠乃成都區之唯一軍火業，地處衛要，環境複雜，故各方防範尤為週密，稍有疏忽，即不堪設想，尤以疏散各處硐庫，儲火之高度炸藥等更須特別防範、

六、各科科長分別報告：

會計、此次查賬委員等蒞廠後已有月，現各項工作均已完畢，擬將查賬經過情形，分別扼要報告如后，藉使同人共期明瞭，以此次查賬委員抵廠稽核之工作，以至全部賬冊為止，歷時計一週有餘，自廿至卅二年度平均每一筆帳簿均須通過，因之查核各類帳據無不詳細

117

認真，絲毫不苟，其對大額支付及暫付款，尤特為注意，計卅、卅一年度審查提出意見十三條，卅二年度上期亦多，下期則比較為少，綜合所提各項意見，大要可歸納為下列四點：(1)卅二年度以前各會計部份技術甚差，如單據審核及經手證明人蓋章不齊，簿記之轉賬手續亦嫌過簡，致眉目不清，查對困難；(2)有關物料之收發及單成本計算各部門連繫欠缺；(3)暫付款有懸久未予轉銷者，頗易滋生流弊；(4)單據轉賬及付款辦法間有未合，如大額支付多由經手人轉借，事後請求以單據轉帳。以上數點均係指卅二年度以前而言，卅三年度以來，本稽各卷帳須經各方簽核後，業已稍具規模，此次承委員等蒞體察實情，並推究既往，深閱改革，仍飭各部門人員務遵規定辦法，切實奉行，無任感念。

三

117-1

六、合作社经理黄文彬报告：

（一）去岁本社在渝购买平价布料一批，因运输缺乏，迄未运回，兹以分厂需要，复又经与有关团体、经其保总厂业于上週装运抵分厂，计白布一一〇疋、灰布四〇疋，共一五〇疋，积计照目前人数每人可获分配一丈三尺。

（二）本社因前府立案手续久未批下，已向陈局长请示，商讨后允于本月中旬勘查范围，填下准予立案。

（三）本年度营业预算报表请缴一案，已造列名册，俟会商盖章后即可呈请核发。

七、福利科长邹景荣报告：

去岁五月份本科请求粮食局核发灌县平价米一批，经运输科交四川转运处，继向运输处要求承运，嗣以铁路发生意外事故，

118

致餘多散失，殊屬可惜，曾數次提會報告述明運輸科交涉於本月半批由本科代擬函件送達，已運回。經年不決之懸案得以解決，殊為快事。

五、討論事項：

（一）合作社股息如何分配提議：

此次各合作社股息係本廠墊付甚鉅，在年終應儘量減少，嗣後各部請借款項，應如何限制，請公決案。

決議：暫付款及專款應從儘量減少，並以直接交付當方為原則，已付暫款應即按期收銷，凡借款在五元以上之支付，應由合作社核給。

（二）各部支領週轉金，每未按期報銷，致因無從支付情事，查明辦法，如何核辦，請公決案。

決議：應用墊用各部份者，須規定按期剋日報銷，並將用途及支

四

118

付清所欠款项等，辞职列册，以凭查核、

主席提示：：此案因物价飞涨，生活程度特高，各部员工迭有请求借支、历次多准，惟员工需要亦复不少，体察实情，均予核借，其中确因急需者固属不少，但亦有不顾藉以困难理由请借，挪作别用者，殊属非是，嗣后此项借支拟予限制，并分期收回，以重公帑、

（三）总务股长洪主任出席提议：：

近来物价腾涨，员工负担，各月借支已超过：：四十万元，似应紧缩、

公决案、

决议：：在维持最低需要之数量下，尽量减低限度，以资撙节、

嗣后册表之印刷事宜，可向建国纸厂统购，并请统一印刷，当会部代印，保费开支、

（四）合作社经理屠庆文提议：：

119

此次運到平價布料，原擬按每人一丈五尺分配，惟目前全廠實有人數業已超過一千五百人以上，不敷頒發，如何提請公決案。

決議：除警衛隊及女工服裝發黄布外，職員及機械工每人價發黄布一丈五尺，長工價發灰布一丈三尺，如與灰黄布有餘時，各主管及部股處長准另購黄布一段，以資平均。

丙、散會、

军政部兵工署第五十工厂成都分厂一九四五年第十八次厂务会议记录（一九四五年五月一日）

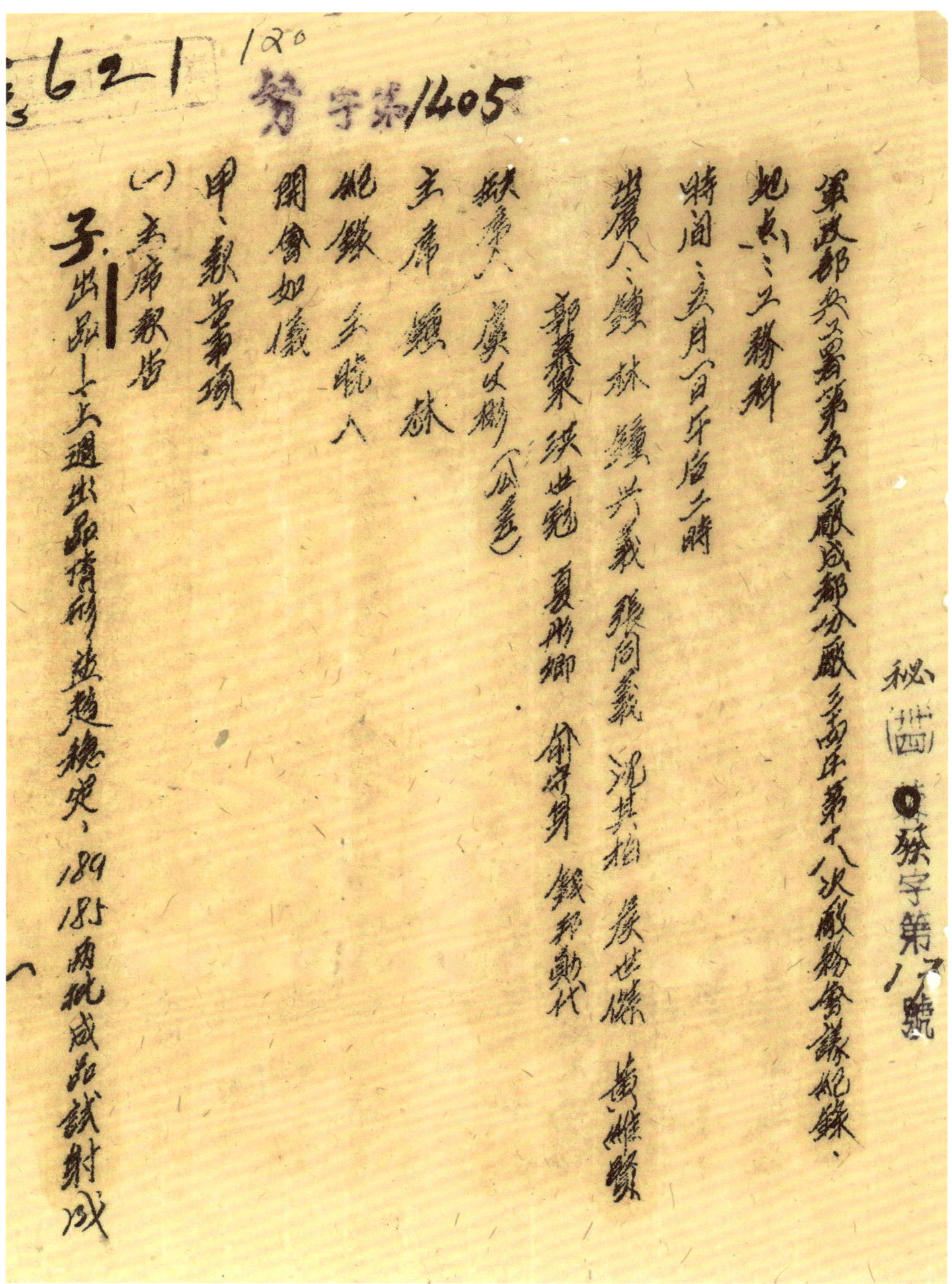
621
120
務字第1405

秘
發字第17號

軍政部兵工署第五十工廠成都分廠三十四年第十八次廠務會議紀錄

地點：工務科

時間：五月一日午后二時

出席人：鍾林 鍾興義 張尚義 沈其柏 侯世傑 黃維賢
鄭家棠 狄世魁 夏彤卿 俞守身 錢邦勳代

缺席人：虞文彬（公差）

主席：鍾林

紀錄：王曉人

開會如儀

甲、報告事項

（一）主席報告

子、出品：本週出品情形並趨穩定，189、185兩種成品試射成

續到後，業予驗收並即分別裝車運繳儲械庫、

二、船運黃丹漿近以春汛水位昇高，所有鎮江帶轉發之船，均即可運成都，計十五兩月份漿頁順充裕，業已撥廠，唯勤縣轉漿則因地方變亂之後，漿商損失甚重，一時難於恢復，因而仍感遲之。

三、引橋因滿濟又有一批漿到，前雖亦於此次敵東運來，更感適切，惟只五百公斤，殊供應不及、

四、近來運到各批鋅漿，時有小量摻水舞弊，品質欠佳，殊多影響出品，應請達鄉材料轉飭漿商澈底改善，嗣後不得以劣貨發售，否則繳收鄉給局嚴罰，屆時應請轉告依劃法處、

五、原料：一、本次雖到縣漿，因價格昂貴，雖先撥匯

121

三〇〇万元，先尽购买木料，一〇〇万元交付新市付房款及建费，又一〇〇万元付债款，总计来部支出业达五百万元，节约其他不必要之普通支付，仍应撙节用度以维厂况。

八、本厂以材料时感缺乏，且内运输不便，因而供需时感失调，特於上週派由材料库长张景尧前赴欧厂交涉洽办，亦已於道，未将来厂再前往。

九、新任五十工程师夏勤卿及黄大豪，造所长郑品璋业於上週先後将来厂，东撥厂，内务服务兵界历史悠久，成绩卓著，该为加强本厂购料购置事宜计，特将原代办购买材料各务，继续蕃猶秘书处，遗职聘由夏工程师担任，业已将长郑主办亦於即日到差工作，相信今後厂务及各处各方可获此而益趋发达，甚盼各部密切合作，共图襄助，更深感盼。

十、

121-1

四　捐資合作社運到灰[illegible]布料及舊存西布紗，適政府議決

征發分配亦照發，已於五月廿九日開始發售。

五　近因物價波動，員工生活日感艱苦，此乃抗戰勝利前必經階

段，同人須堅苦忍受，本大我入國家民族利益，安為此而疲頹

消沉，或意氣為要，能以應付公事而敷衍塞責，無事生非，

皆負責，或則推委塞責，而不講求效率，致此情形，嚴重

消沉，若不極端振作，處此艱難時局，將予嚴重提出

警告。凡此不顧公益只圖私利之惡現象，須徹[illegible]子，將來從嚴論

處，積弊深重，為[illegible]優容，期共勉之。

(二)

是[illegible]特長况其相勸告：

本館為[illegible]責委[illegible]公同[illegible]發同題，本人[illegible]於五月廿六日

[illegible]

陳紹謙

122

惟存較多，僅五百斤左右，田茂先、何鐵民、劉文祥等各窯則顆粒無存。據稱上月十三日彭縣民變後，炭商橫遭波及，家存積蓄盡炭則為搶掠殆盡。近來地方秩序雖漸告平寧，但人民仍多畏匪不回，且值小春農忙期間，以致炭礦之開採燒造遂等大感困難。此次隨同本人前往之板車三部，以無炭可裝，在白水河候起一天，適遇陳姓、田姓、何姓、劉姓炭商父子兄弟親自出來採運，每家日亦僅可得五六百斤，嗣本廠藍英傑主筆拿推選之板車二批，對翻部旅亦先後到達，候炭裝車。據此情形，困難萬分，最後經向炭商討論結果，額訂五六仍續發，五月十日起農忙期後始能源源照常供應，特為據呈報告，請備查，仍將照本科逐辦實況，稽核科長彭參果毅呈。（本段經錄摘自稽核科長彭參果毅搬）

三

122-1

本科應解兵米各糧及漕米，因本處無倉庫發給，又係同此運

並而實足殼數在途，自然損耗及斗升折耗之不以致耗成差額，竊

須將此項差額，另款發給補足缺額，須再缺額抵不，以缺額向

與此種情形，本係搬運，另累積繳示，似此情形，逐年將來尤甚

錢業，歷年既來來以象數，則實有無所根據，自不易办，則此差額

之差數，將此項攸為問題。本人對此殊引為慮，並願將情形

極難搬運，各為其搬運為量出亦為量其米之來源均係

交通不便之處，交通便利之處，重慶，以經過偏僻各縣轉

搬運米糧多，一次搬運即多，一次折耗亦愈多，人希當為

不惜為係搬運米來縣，交換亦又係處，米實足發散為

均不有折耗偏米未經不同，以備將來為河道，河中途不能保不

折耗問題，並且進為辦為為其為不致有折耗情事、

123

乙、討論事項

（一）運輸科長提具簽擬提案、

1、彭縣礦區鐵廠提煉精砂，兼營機器鑄造，仍需其鐵，噸，由承包己本廠鐵廠樑某，刻在紅寮路九十號存有鐵炭數十包，可否照會同觀察後強制令其交出運回，提付公決案、

決議、庶務科、運輸科辦、

2、指水河鐵廠及僑事，前曾向該廠商洽購，據稱炭係在山中，鹽費困難，商方無力強制，擬請稽查組派員會同本科借往硫場交涉辦法，如何提付公決案、

決議、稽查組、運輸科派員協辦、

3、本廠前在何根梯炭口數八十公噸，因水枯未及啟運，仍由該處堆棧，自難倖免損壞，如何運回請公決案、

（四）

123-1

决议：派韩科员敏前往接洽运厂，并运赴本河盐收购

货事宜，着派关科员前往接洽。

4、运商范某原系包以汽车包运彭县盐炭，嗣以中途桥

梁损坏，车辆未能通过，故障，停车未运，现路面业已修好，

是否仍饬由汽车运送，以期迅速，请付公决案。

决议：转饬运商照办。

5、现值生活日涨，员工出差旅费迄未增加，如宜依日便可支

着九十元，现定一〇〇元，并将出差情形核签过多，签请公

出人员因以衰免不济，如何，请付公决案。

决议：此案限于规定数额，俟总署核示后再行决定。

6、本科特股长前往建造运煤船只，承包运煤船只等已在

船只由某山、本月份即时按期交接，运至某山

船拟运某山

擬送運成都提付公決案、

決議、四月份炭擬梁山後部轉運來蓉，五月份炭可送

應運成都、

（二）會計科長俞守身提議：

購置料備用金自處長視事後已另撥100万元應用，惟

前次各廠家報銷手續，迄今清結，如何提付公決案、

決議、黃代科長除手續期內，從速清理，李前科長任

內各項報銷，並即依限办理完竣、

（三）兼廠務股長洪士任先生提議：

值日官室已整修就緒，唯該處公役仍係由廠務股公役

兼办，至感不便，如何提付公決案、

決議、天氣漸熱，值日官室除備床鋪外，並加添蚊帳八

及

124

124-1

議：公役一名，請由各部公役輪流值日。

(四)參事科長俞守身提議：

上次滙到廠款，除支付材料各款外，僅餘一三〇万元，曾月份下期工廠現定發放日期已近，預計約需二〇〇万，不敷甚鉅，如何接付公决案。

決議：暫作抵繳延欠存款充用。

(五)福利科長郭慕泉提議：

近來各級運米，常因斗量差額，每有超出9/1000折耗規定，均屬實在情形，但以報銷困難，致無法呈請處理，如何接付公决案。

決議：據實轉請核示。

军政部兵工署第五十工厂成都分厂一九四五年第十九次厂务会议记录（一九四五年五月七日）

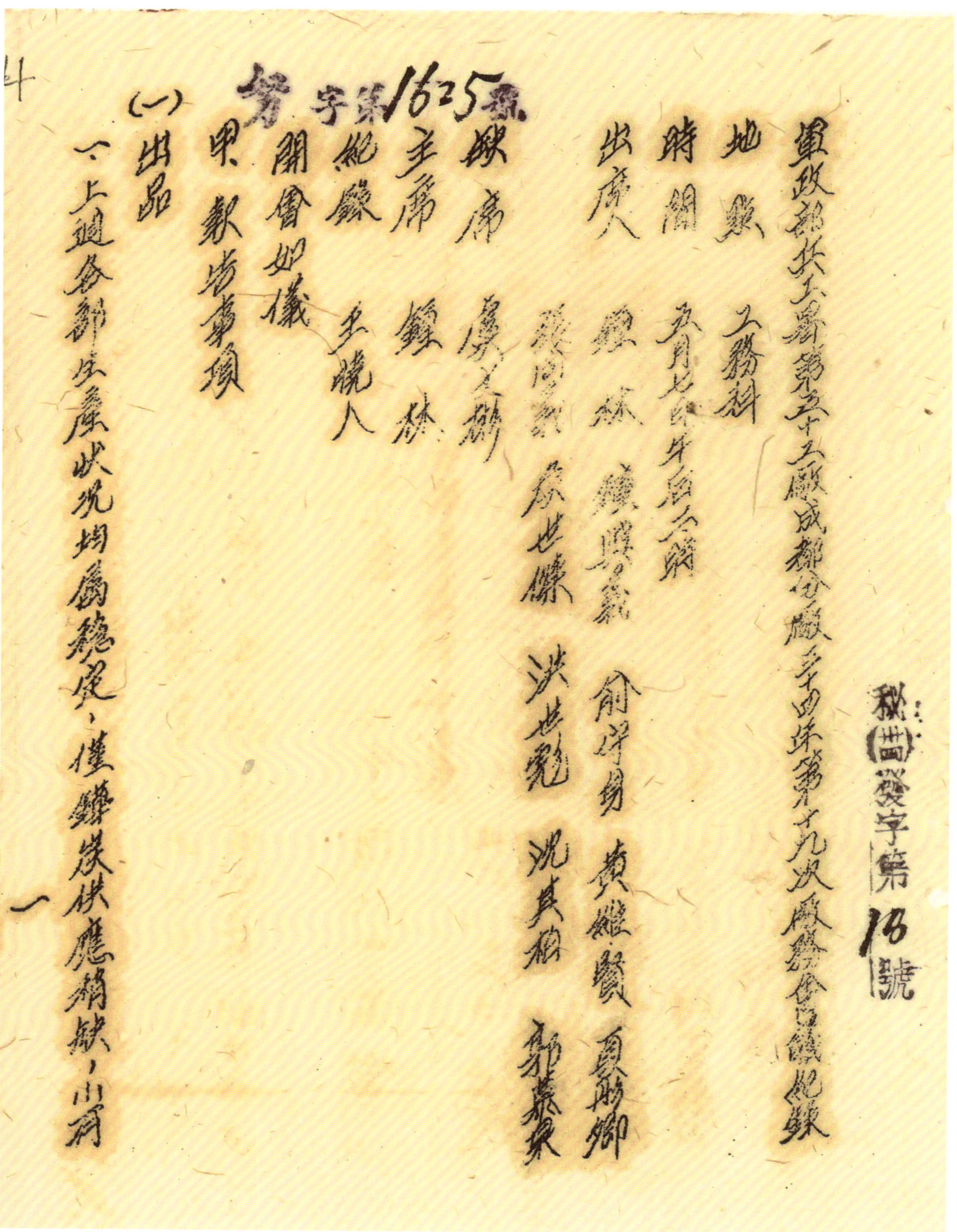

秘(西)發字第13號

軍政部兵工署第五十工廠成都分廠三十四年第十九次廠務會議紀錄

地點　工務科

時間　五月七日午后六時

出席人　魏林　鍾興義　俞仔揚　黄繼鑫　夏鵬鄉　程同教　孫世傑　洪世彪　沈其樹　郭燕棠

缺席　廖文彬

主席　鍾林

紀錄　王曉人

開會如儀

甲、報告事項

(一)出品

1、上週各部生產狀况均屬穩定，僅鏟炭供應稍缺，小两

發字第1625號

一

影響，預計本週當續有成品兩批可行試射；

六、本廠鋼製彈尾翼大部係用油桶為主要材料，年來以收購困難，將感供應不足，因而影響出品，至覺棘手。近經各方搜羅，計又有九百個，單價計五千五〇〇元，業已成交（按近前各批購價均在五千五〇〇元至五千六〇〇元之間）。值此百物昂騰聲中，得以較前尚廉之價格購入，殊深引為慶幸。估計此批油桶約可維持至九月底左右，唯油桶蒐集將因廠款告罄，商方又亟需現款，然商請總廠轉經理處賜准予惠借購油專款二百萬元，得以慶成，至深銘感。

三、本廠前向廿四兵廠訂製鋼皮，短期即可交貨運發，尾翼材料於茲差堪解決。

四、近來各部對物料消耗使用多任意濫用，如月初購到青油五百公斤，僅五六日即又告罄，似此情形，顯有未合，值茲戰事持續日久，物資困乏之際，吾人如不能善為撙節，誠恐影響所及，固不僅為部一二人問題，嗣後對於物料之使用消耗，購用或請購入必須權衡實際需要，不得稍有浪費，發給部份尤應縝覈嚴實，嚴禁徇私通融，以重公用，各部應請轉飭遵照。

五、船運原料有大批到達江口、二江寺，宜即設法運回，俾應用。

（六）廠務

一、四月份起廠款遂不繼到，各方總已為感窘迫，除因購買油桶等已為商准挪用總廠油款二百万元外，員工薪資均待發放，已轉告各製造所對工資方面設法慰勉，一面

七

電廠急速匯撥、

二、職員年資獎金項奉令又增加一倍，計每年一級為三百元，唯此項款數係指由福利基金項內開支每月二十餘万本廠以歷年經費拮据福利盈餘特尠，自不無相當困難，但無論如何，均必盡法予以維持發給、

三、頃接渝稽核股劉股長由渝來函，各廠僱員司待遇調整辦法已奉署令制定頒佈，渝廠已開始施行，詳細條參閱命令移據即可頒行。

四、本廠遷以建築困難，物料購置不易，雖屢經廠長呈懇撥付專款二千万元，係作遷移基金，茲接劉股長函稱已奉准核發一千万元，藉資補助、

五、天氣漸趨炎熱，疾疫最易流行，關於病者之請求衛生

16

事宜，應飭嚴加管理，本廠醫院並須購備各種預防藥劑，以便防止流行疾疫之傳染、

六、國人每尚虛談，好高騖遠，不務實際，此種習慣，現且普遍流行於社會各階層，尤以近來物價波動，生活趨艱難後，一般消極份子，藉此飾詞自慨，貽誤滋長，甚堪危慮，應澈加戒免，凡事少說多做，如對廠方有任何改善建議，均可坦然提出，吾人無不竭誠採擇，但不得模稜詞意，存狡詐，希與同人共作勉勵、

七、各辦公處近日以來，常有空無一人，或在上班期間隨意外出，自由散漫，置職責於度外，毫不為意，均應嚴厲避免，嗣後，各主管人員亟須留意，否則查照考勤規定提案處罰，或逕予停職，特為提出警告、

三

七、討論事項

(一)運輸料良況其相機議、

人運商范恩仲承包本廠彭縣煤炭一五〇公噸、前以白水河發生叛亂、影響停滯甚久、現仍有大量存炭待運、如何提付公決案、

決議:、轉飭該行除遵飭使用汽車裝運外、仍應多添板車加緊趕運、以期迅赴事功、

2、本廠按月由犍為嘉陽公司發撥煤炭五千噸、惟因雇船困難、運價高低不一、常致中途斷續、公私共蒙其害、如何澈底改善、提請公決案、

決議:、仍以運費價額為取決標準、雖須覓具殷妥保証、轉知總務科及押運人員嚴予注意、

7

3、總廠機運材料向由民生公司汽船運抵宜賓或嘉定到達後轉僱木船上駛，惟現以運價波動不定，船戶多不願包保承裝，可否將來委託鹽務船只裝運以期穩妥

提請公決案、

決議：1、仍以運價為準」

(二)購置科長夏彤卿提議：

1、上週本科簽撥100万元週轉金，茲因廠購油桶業簽撥用八十万元，餘款無多，週轉困難如何撥付公決案、

決議：1、俟廠款匯到後即予撥還」

2、本人奉派採辦購置科事宜後，經查前任各期除李前科長手續大部已告清結外，計黃代科長任內外欠仍達數十万元，單據多未轉帳，據稱因各部手續辦轉過

四

緊，致有懸宕，如何請公決案，

決議：飭由魏科員士像催有關各部份從速辦理各項手續以便清結付清外欠各款，

丙、散會、

军政部兵工署第五十工厂成都分厂一九四五年第二十次厂务会议记录（一九四五年五月十四日）

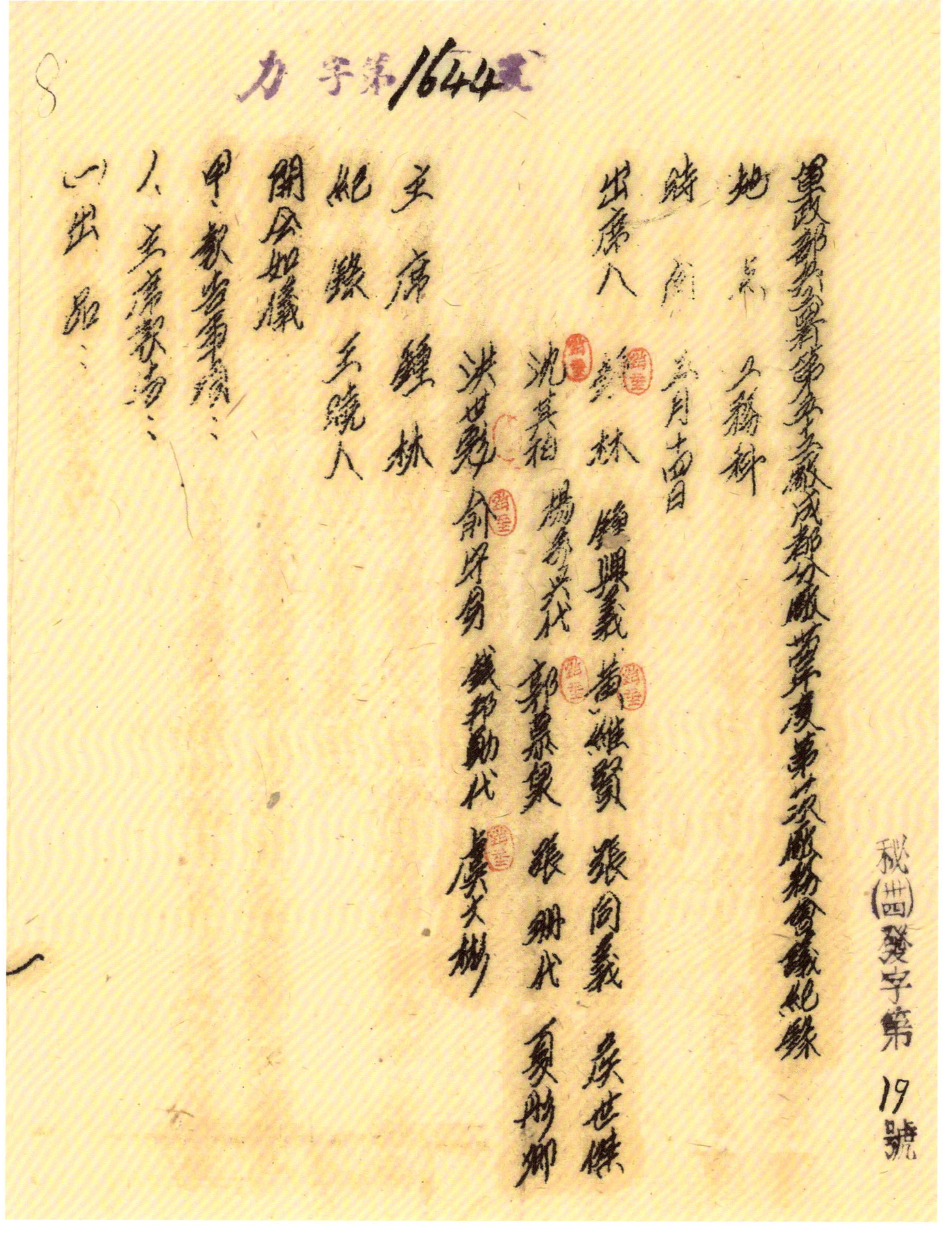

力字第1644號

秘(卅四)發字第19號

軍政部兵工署第五十工廠成都分廠三十四年度第二十次廠務會議紀錄

地點　工務科

時間　五月十四日

出席人　錢林　鍾興義　黃繼賢　張向義　侯世傑

沈其昶　楊奇英代　郭嘉泉　張珊代　夏彤卿

洪世[illegible]　俞牙易　錢邦勛代　虞大彬

主席　鍾林

紀錄　王鏡人

開會如儀

甲、報告事項

人、主席報告

(一)出品、

子、上述鐵廠所造槍炮、187 126號已試射、結果均佳、餘186號試射

及修正各部機件外、187號則因引信稍有錯誤、尚須返修、

丑、材料缺乏、但鋼板及普通鋼均已告罄、急待補給撥運、

寅、船隻高丙丁號一號已抵滬口、業經選購材料、材員即日務須前往

接運、一週內或可到達、

卯、自本河鋼鐵因被東流運輸有困難、由本廠自動籌辦、選購部份

銅鐵應急、然經常發生一切卑為難之錯綜、均須隨時設法、人力

物力、均感無謂浪費、

（二）廠務、

子、廠款二千萬元上週匯到、預撥款及各欠即可支付數額、惟前此舊欠

開銷頗多、僅可維持短時、

丑、最近本廠疫癘最易流行、旅工急要殞、充分開支應預防、承

廠因限於經費，一切設備甚簡，医院方面並積極設法充實，並遵照前此籌設中医决議案辦法，擬具實施計劃呈候核奪；

寅、工人因房於昨晨發現總廠內有死鼠一条，除飭將該鼠會同衛生組、交廠衛生稽查逕行處理外，伙食管理人員，應隨時加注意，勿使再有類此不幸事件發生；

卯、抗戰期內，物力維艱，前曾迭次飭諭各部撙節użycia但收效甚微，並希各部門人員，隨時查核糾正；

辰、入夏轉熱後，天氣晝長夜短，本市公共機關辦公時間均已一律提前一小時，本廠為適應一般環境起見，時間即日起亦同樣辦理；

2. 合作社處理業務案；

二

本廠自去年成立後，原擬修費三百萬元，除應備購置物品
支付大部外，僅一小部撥充維持門市營業，本已甚感拮据，
嗣後以撥付指定資金困窮，先後墊付約一百三十萬元，連前購付分
廠款項亦在內，嚴致因年貸款愈增加，又墊付將近三萬
元，因而益感週轉艱難，即此次指付查帳委員所費亦無
務維艱維持，因將發兩款者，諸當共期明瞭、

乙、討論事項：

(1)購買分發辦法如何請議：

查各處購物支付金額，已經規定在十萬元以上者即須付訂洽同現
購各物勝貨，又各處物品，動輒數十萬元，而屬力最北，尤須常有
不願其易可否酌量放寬，以省手續，候付公決案、

決議：、本案限於北上服務，暫仍照舊辦理，應請不批覆核、

10

再行决定、

(2)會計科長甯[illegible]提議（錢科長代）

部派查帳委員前曾指示、本廠暫付款數目過鉅、又以往購置大批物料付款驗收、多有未按規定辦理、目前仍未改善、提付公決案、

決議、支付大宗物料價款、應盡量由商方負擔、關於物料之請購收驗、倘有應整頓及不準確之處、分別妥填統籌辦理、

(3)總務處長沈世曦提議、

近來各廠所購辦公用品、因限於經費、不得已而購低廉貨、各部因此頗有煩言、為求節省靡費、應於發付、如何、提付公決案、

決議、通知[illegible]、[illegible]廠家[illegible]時將[illegible]及貨物品[illegible]送[illegible]、

(4)購置[illegible]提議、

三

市面生活日高，而本厂旅费规定数支如故，因而公差人员常感累不堪，如何改善，提付公决案。

决议：除长程旅费已有新规定外，短程旅费须可由会计科根据实际情形，并参照长程旅费规定拟具调整办法呈核办理，再行公布。

（五）兼庶务股长洪世魁提议：

自春季天气炎热，昼长夜短，办公部份工作时间，可否酌予变更？提付公决案。

决议：除各部份另行规定外，办公部份准自下月一日起，改订每日上午七时半上班，十二时下班，下午一时半上班，五时半下班。

（六）合作社应从缓组织提议：

本社过去筹备会缺乏，先修复机构，其他周支亦当从缓办，因此无感

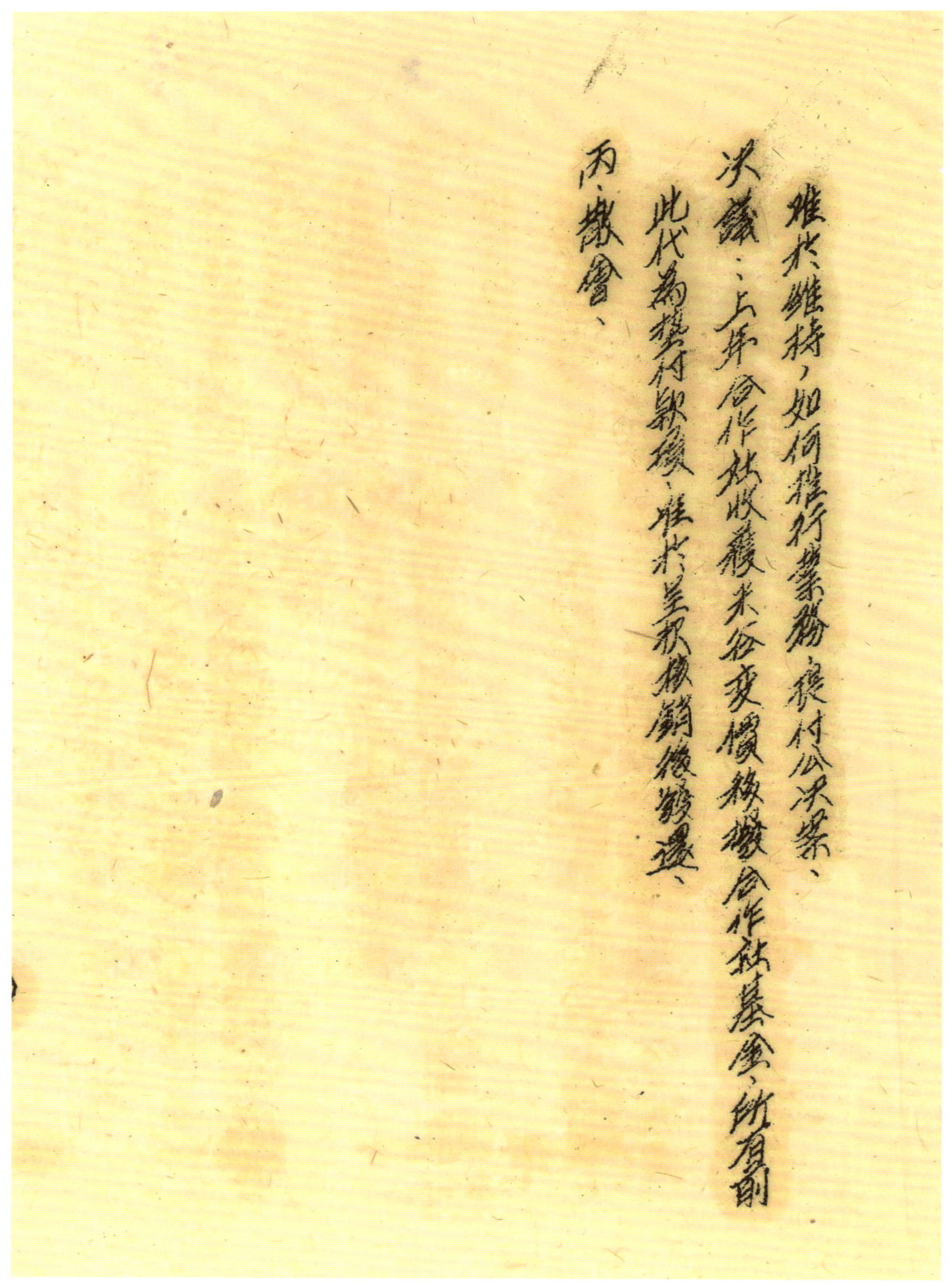

難於維持，如何推行業務，應付公決案、

決議：上年合作社收穫米谷變價，移撥合作社基金，所有剩

此代為推行職務、惟於呈報核銷後發還、

丙、散會、

军政部兵工署第五十工厂成都分厂一九四五年第二十一次厂务会议记录（一九四五年五月二十一日）

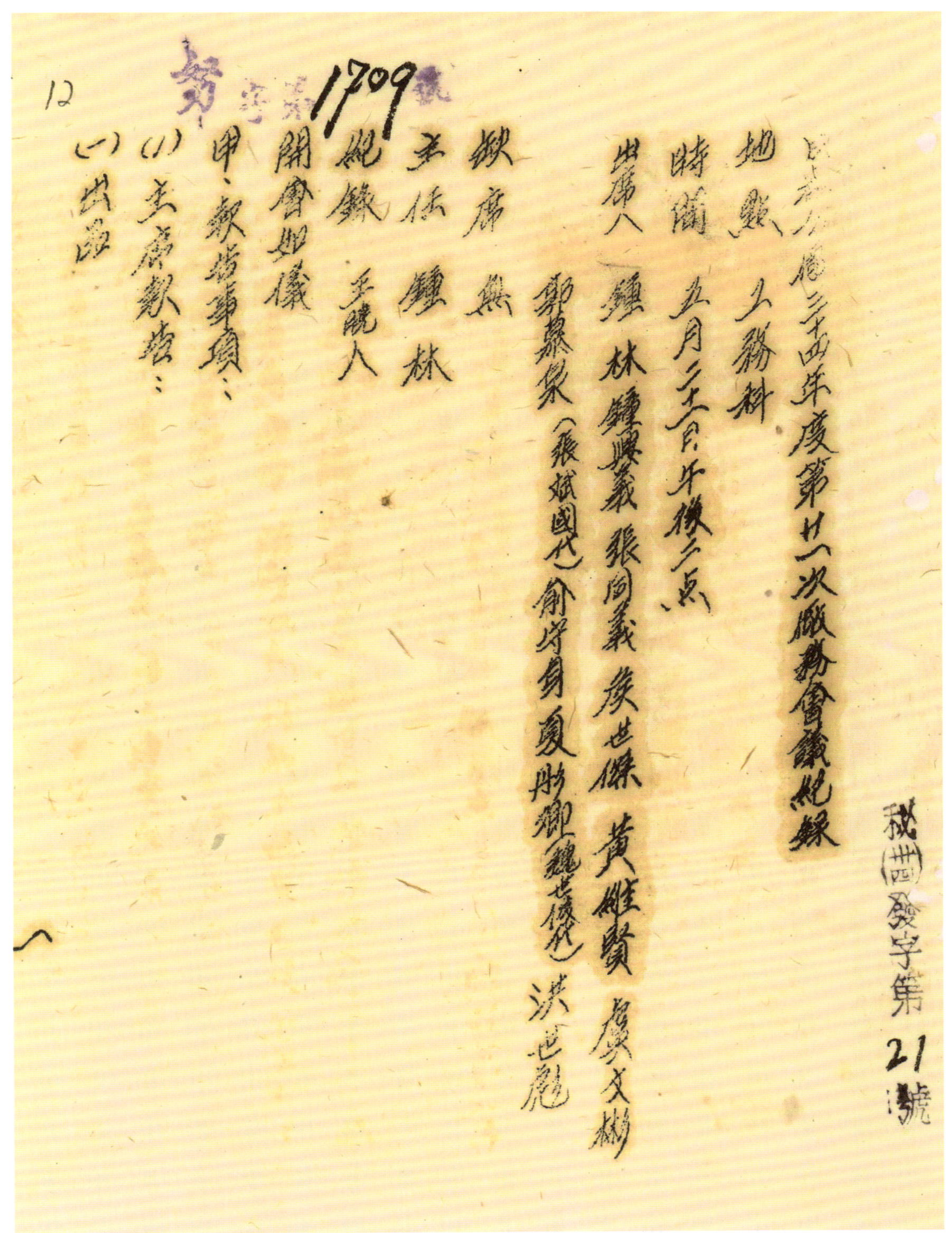
秘（四）發字第21號

民國三十四年度第廿一次廠務會議紀錄

地點　工務科

時間　五月二十一日午後二点

出席人　鍾林　鍾興義　張尚義　侯世傑　黃維賢　侯文彬

鄧燦泉（張斌國代）　俞守身　夏彤卿（魏世傑代）　洪世彪

缺席　無

主席　鍾林

紀錄　吳曉人

開會如儀

甲、報告事項、

(1) 主席報告：

(一) 出品

另187批跑彈退修引信本週已覆射合格，又卅三年度欠繳成品底數一萬六九枚亦試射驗收，預計本月份成品可達一萬，000顆，無大問題。

又，上次廠車運到銅条及銅皮，因數量甚微，不日又將告盡，此為引信製造方面至感困難無法克服之嚴重問題。

演、油桶材料又購到一批，正交驗中。

關于青油一項，現以積存小爲收到期間，價格起伏不定，須候路行暢通後再行大量購置。

農佳黑倉供應，仍感缺乏，已由沈科長親赴合川等地催購，務期徹底解決。

至通二所高壓線，正加工趕築，一俟裝置完竣，即可照常工作無虞。

十六、鑄工部新設烘泥心炉已着手建置，務期出品日趨精良、

十七、嘉陽黃丹炭四月份五十噸已運抵樂山即可上駁，五月份炭已派員前趨洽運、

(二) 廠務

十八、上次廠遷因大部撥還借款，餘數無多，聞總廠已允匯一件五百萬元，週內可到、

十九、上週接奉署令飭改進六〇砲彈出品，附發本廠與第十廠成品比賽表全份，所列各點，均為本廠限於技術材料及設備無法克服之缺點，當即召開全体工務會議，商討解決辦法，決議改善數點（詳工務會議錄）已分別發交各製造部份遵照實施，至如本廠因機器窳舊，經費困難以及廠用材料之牽實不便，均屬一般通艱，然

畔同人共觔勉勵，務期人盡其力，物盡其用，庶不負層峯厚望焉。

寅、工務科引信部利用煉銅廢熱氣設備活塞已裝置完成，甚感便利，各部關係應即注意廢物利用。

卯、營繕股工作場務由正門出入後，材料及工作稽核均較以前便利。

辰、近來工人每以惑於他處利誘，乃致常有不假潛逃，此種祇顧私利而不知公益之自動行為，應予嚴厲制裁，本部前曾分令各公私廠家嚴禁高價誘致友廠工人有案，惟查[illegible]設法[illegible]，一經檢獲，即予重懲，以為遏止此種不良之風氣。

巳、討論事項：

14

(1)會計科長俞守身提議：

運輸科有關會計部份事宜，往往積壓不辦，況科長因職務需要常多公差，科內主持乏人，本科無法接洽，在如何改善聯繫推進工作，提付公決案，

決議：：候向水河鎮炭交涉獲有結果後，即應剋期清理，嗣後如無特殊情形，當以經常在科內主持辦理為原，

(2)會計科長俞守身提議：

工務科所送完工工作單及材料收發表報，延多未能按時彙送，如何提付公決案，

決議：：應即提請彙送，通知工廠股材料庫分別知照，

丙、散會

军政部兵工署第五十工厂成都分厂一九四五年第二十二次厂务会议记录（一九四五年五月二十八日）

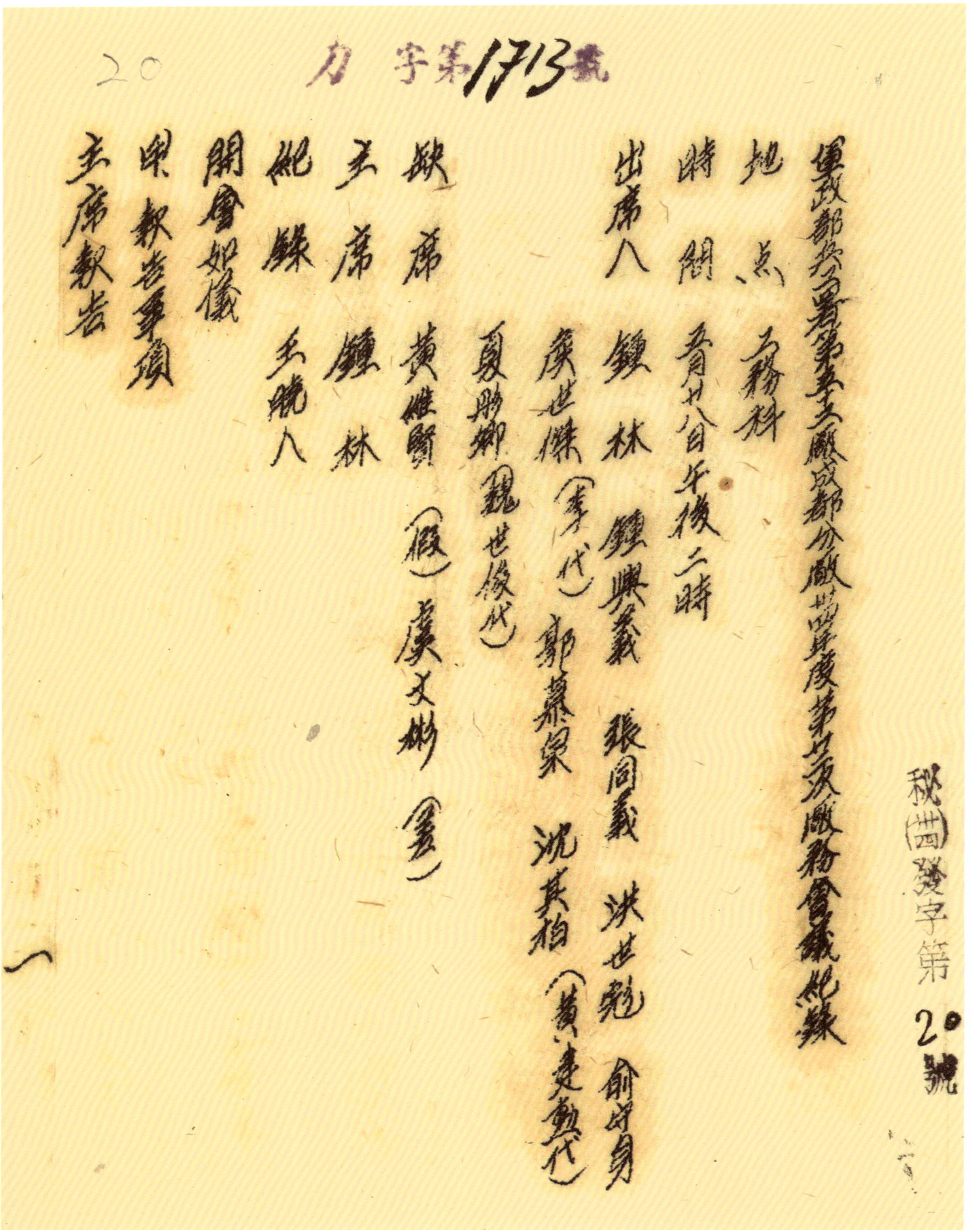
秘（卅四）發字第20號

20

力字第1713號

軍政部兵工署第五十工廠成都分廠卅四年度第廿二次廠務會議紀錄

地　點　廠務科

時　間　五月廿八日午後二時

出席人　鍾　林　鍾興義　張同義　洪世魁　俞時身

康世傑（李代）　鄭慕梁　沈其柏（黃建勳代）

夏勝卿（魏世緣代）

缺　席　黃維賢（假）　康文彬（差）

主　席　鍾　林

紀　錄　王琥八

開會如儀

甲　報告事項

主席報告

一

（一）出品：

1、上週各方情形穩定，製造狀況亦良好，預計週内將續有成品三批可予試射、

2、停泊江口之馬丁鋼已派員督運一部回廠、

3、錳鐵砂[?]可維持，已催商行加派汽車趕運、

4、引信材料又到大量，仍恐供不應求，須待本廠試造小銅条成功後，引信方可完全自給、

5、本廠歷年所用木料，因市區商家採購居奇，所蒙損失頗大，次長期擬由產地採運，以省開支、

6、頃訊自四月份起六〇彈每枚價格將擬增為三、一七〇元，今後經費或可得補救、

7、截至五月份底止，成品約可交驗至一九〇批：除共[?]

21

並廢欠缴尾數業已歸解外，本年奉飭製造額短期可望提前，廠多而不致短遲一個月數量、

（二）廠務：

1、各類物價，實又上漲，自前廠款月不過三千萬元左右，除員工薪餉及電費等項需支兩一千六七百萬元外，所餘僅一千三五百萬元，以之購置材料，實感極度困難，應請增發經費，方可維持、

2、已製成炮彈之分仍有數万存置廠內，運輸材料應速設法提運解繳、

3、本廠人事因適應需要，下週起略有調動，各部應密切聯繫，以圖增進工作効率、

4、農場應再確實改進，加強耕殖，以裕收入，而維員工

二

福利、

(三)美籍專家來厰參觀之經過：

上週准生產局函，以鄭鐘事處通知，美籍專家 Mr Moody 等三人

擬來厰參觀，厰長亦來電飭積極指導，旋專家等於

廿四日及廿六日先後兩次蒞臨，考察至為周詳，逐厰參

觀指示各點，分别如后：

1. 對第一所之廢物利用及第三所之引信製造，雖於設備及

材料各种困難条件下，仍能正常出品，甚為讚許、

2. 第二所設備尚稱完善，然厰房及裝鍊尚佳、

3. 第四所翻砂設備過簡單，打風及熔鐵頗感不良、

4. 檢驗各部均覺尚佳、

除上列各点外，其對本厰因限於材料設備所作之[illegible]努力

22

法，初亦認為可疑，但經實際解釋後，則頗為踴躍，如最感困難之翻砂，其合格比率實由30%數逐步提增為45%以上，均可見本廠積極前進之精神、

福利科長郭慕泉報告

1.四月份軍米已撥定為彭縣區，業派員往洽，預期運回，

2.軍鹽業經向鹽務局交涉准照官兵實有數每人每月核發食鹽十六市兩，五月份應領數一百八十斤，已運回即可分發、

五、討論事項：

1.福利科長郭慕泉提議：

本廠前領軍米，因米糧局核撥及提運手續過繁，而本廠又無折耗規定，以致虧累甚巨，其原因情形已略如上項廠長報告，如何陳請核銷，提付公決案、

三

決議：「呈　廠請示辦理」

又、稽查組組長張尚義提議：

本組派駐高河坝組員，因組本部人手不敷，祈予調回，

遺缺派班長郭家驥暫為接代，可否？提付公決案。

決議：「稽查組暫照原議分別負責」

又、會計科長俞燾提議

根據本科帳簿統計，截至最近止，本廠鐵礦成品僅五一

八公噸，而廠內需用數批未能運出，不無影響經費，

應如何辦理，提付公決案。

決議：「運銷組限週內將鐵礦辦齊，不得再事拖延」

十、散會。

军政部兵工署第五十工厂成都分厂一九四五年第二十三次厂务会议记录（一九四五年六月五日）

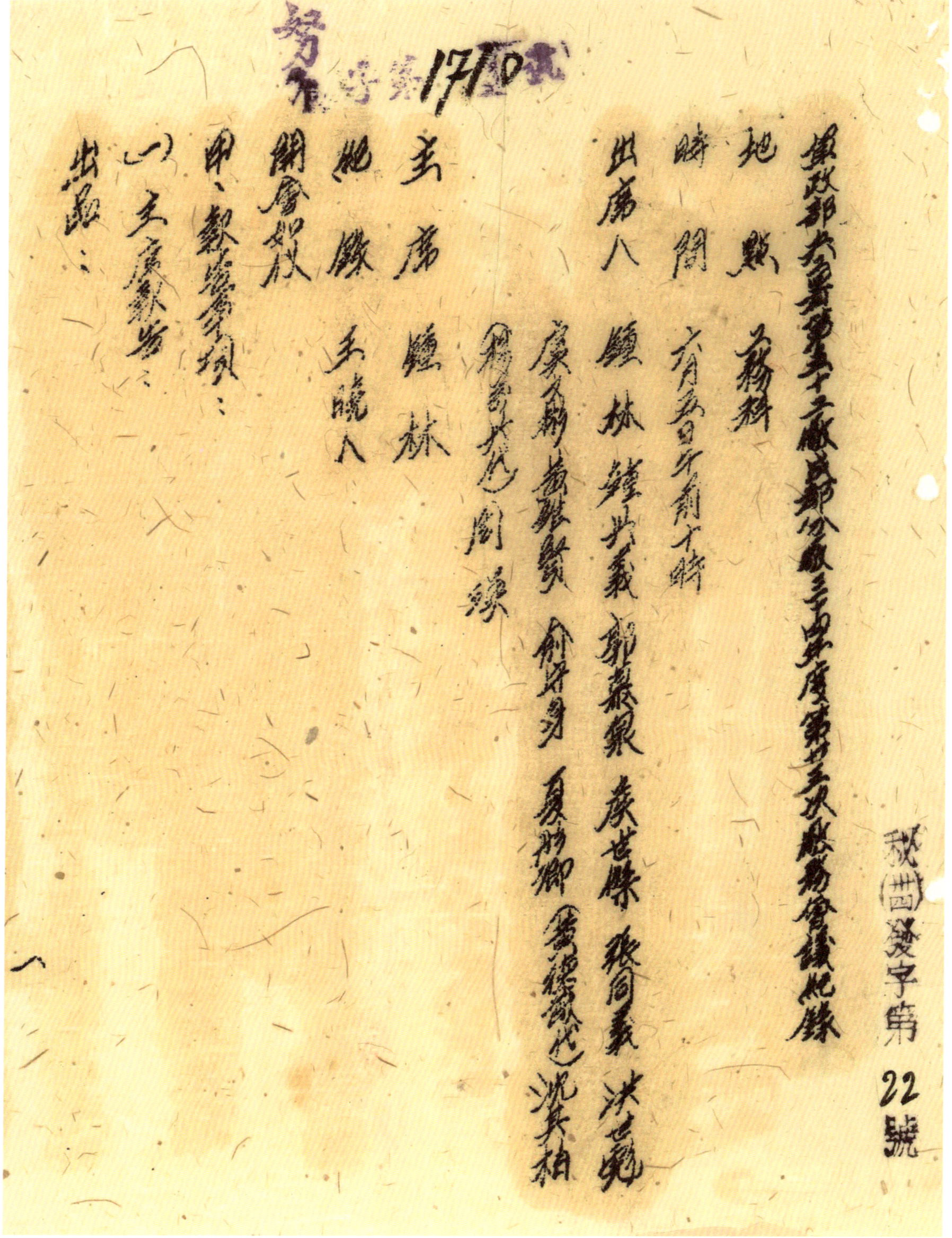

1710

秘(四)發字第22號

軍政部兵工署第五十工廠成都分廠三十四年度第廿三次廠務會議紀錄

地點 廠務科

時間 六月五日下午四時

出席人 鍾林 鍾世義 郭淼泉 康世傑 張同義 洪世苑
康文彬 蔡毓賢 （劉子身） 夏鵬卿 （黃德欽代） 沈其柏
（楊崇光代） 劉濂

主席 鍾林

紀錄 王曉人

開會如儀

甲、報告事項：

（一）主席報告：

出席：

15

(1)上述各府成品兩批均織射合格，已予驗收，五月份成品計共製繳二七、三〇〇顆，各種材料無問題，六月份成品可望達到三万顆，足敷銷送顆數、

(2)峨嵋山發來材料票要一批，即待處發船便就裝、

(3)五月份需硝黃丹炭各〇噸，象豫電業，在部轉到，並已裝船上駛運渠，〇月份運渠各〇噸，亦系經運送、

(4)近因總廠承辦大倫，材料運入量較前為減，且新劃利用洪水對中大量船運，以致車運不足、

(5)對於引信係上週運到萬枚，因大部仍須修改始可裝用，甚感不便，故亟盼本廠自製引信設備早期完成，藉謀自給、

廠務：

(1)本廠為提高各部工作效率計，特就人事方面，妥予分劃

16

調整如后：

子、廠務文件日繁，秘書室經轉呈准成立，原兼總務科長鍾秘書興義着即專任主任秘書事宜，所遺總務科長職務，着調福利科長郭慕泉接充，遺福利科長職務，着派工政股長閻瑛接充，

丑、駐廠所工政股閻瑛調職，遺職着派區分部幹事魏甫泉接替，

寅、調文書股長曾澍接辦區分部事宜，遺職張黃專員繼續兼代，原有文書股着即併入秘書室，

卯、合作社業務日繁，原有人事不敷，着調出納股長任明規為合作社副經理，以襄贊助，

辰、派郭科長慕泉兼辦出納股事宜，並調福利委員公

二

會計主任張斌國爲稽核，遺缺由稽利科代辦，亦另調補。

以上各員除任股長明曉調任合作社副經理，務須呈奉廠長批示，遵令決定外，餘均於本月一日分別到職視事，並呈報總廠備查。

(二)本廠歷次人事調動，均爲根據實際需要，務期人盡其才，各獻所長，俾可共圖事功，如洪主任及黃專員等尤屬調熟各職，均在事前經過詳盡考慮，務求共体時艱，勉爲其難，爲本廠前途，實有利賴之。

(三)會計科爲本廠經濟中樞，關係本廠前途甚大，各有關部份所有經手未了之款項手續，每未能依限遵章辦理，亟碍業務推行，亟須嚴予注意，切將經手款項，以重

17

據貳、

（六）會計科長俞守勇報告、

承主席提示各點，因爲有關本科業務，特爲分別陳述概況及提供意見如下、

1、截至月前止，本廠各部未清暫付款額總數若不決者，僅運輸科一處即達四十万元，全部總合約近六十万元，存在此數，迄今有增無減，迭經本科口頭及書面多次通知，亦無結果，特再提出促請決議、

2、根據上述情形，本廠賬務極爲紊亂，本科積極催促清理，另既爲本廠前途着想，亦深覺有嚴勵限期清結之必要，至如何辦理之處，仍請討論公決、

3、運輸科經手款項及迭次運輸損耗數量，處從催辦、

三

迄未送備，上週經召開本科科務會議決定派會計員一人前往協助清理，俾收效，仍請沈科長惠予指示、

（三）合作社處經理提議：

本社蠶場蠶季飼蠶業已全部結束，計共收穫蠶子二六〇〇張又鮮繭一二〇〇斤，依照目前市價，蠶子每張一二〇〇元，全部可售三一二〇萬元，鮮繭每斤值一千四百元，總之目前市場情形，銷售頗無問題，特為提出報告、

六、討論事項：

（一）會計科長俞守興提議：

進聯社經借款項及購進材料損失各案，均請核撥清理，除已由本聯社會計科前往協助外，應責成該社限期報銷，如何核付公決案、

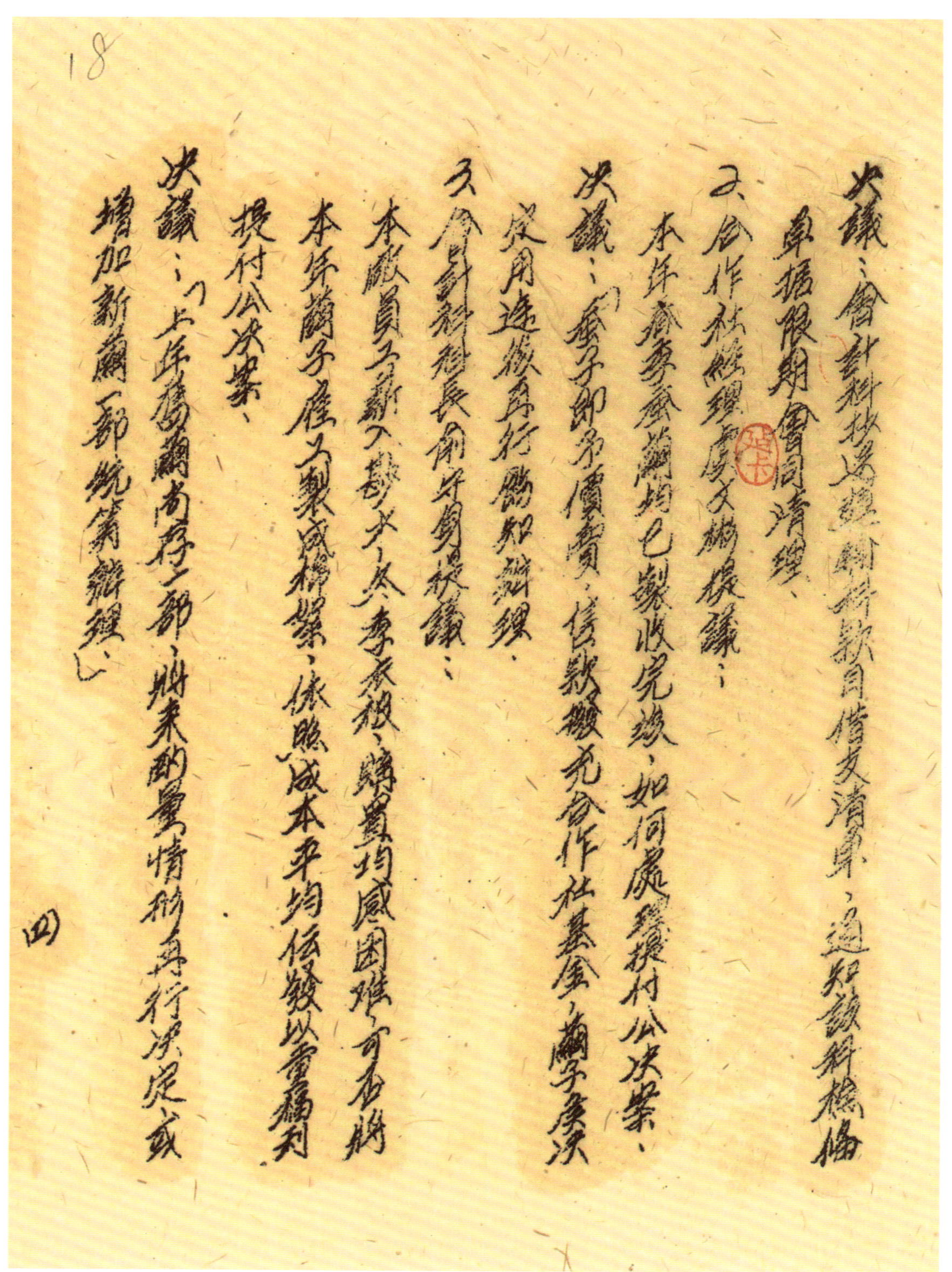

18

决議：會計科於必要時劃出各款同借支清单，通知該科總備
单据限期會同清理。
五、合作社經理處交來提議：
本社前承參議會撥到已經收完竣，如何處理提付公决案。
决議：（一）參加部分價費，係款撥充合作社基金，鋼字處决
定用途後再行酌知辦理。
六、會計科長開呈所提議：
本廠員工薪水甚少，冬季衣被、購置均感困難，可否將
本年鋼子廢料製成棉絮，依照成本平均派發，以資福利
提付公决案。
决議：（一）上年廢鋼尚存一部，將來酌量情形再行决定或
增加新鋼一部統籌辦理。

四

六、購置料代黃總獻提議：

上週購到油桶八〇〇隻，該須價款四〇〇万元，因廠款迄未匯到無法付給，如何提付公決案、

決議：(1)應俟請撥廠款匯到後，再行核發

七、稽查組長張同義提議：

天氣炎熱，各處近多發生火警，本廠宿舍係竹建，入晚常有工人八点、燃蚊烟以驅蚊虫者，極易釀成火災，如何提付公決案、

決議：

(一)由工政股斟酌情形扣款或勸令工人自備蚊帳，嗣後新進工人應飭其蚊帳檢查無誤後再行辦理進廠手續，以重公共衛生、

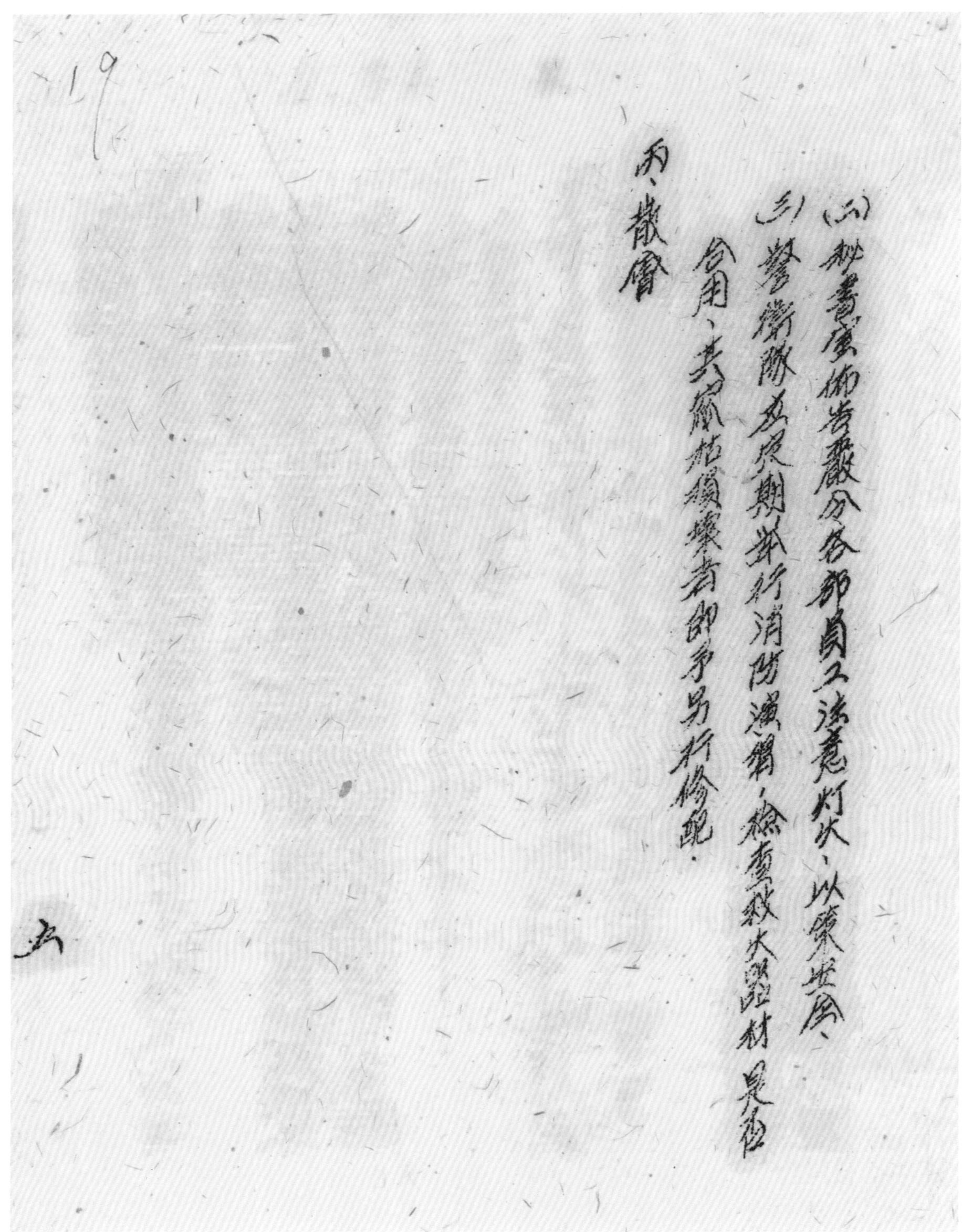
19

（二）秘書處佈告廠分各部員工注意灯火，以策安全。

（三）警衛隊應按期舉行消防演習，檢查救火器材是否合用，其有損壞者即予另行修配。

丙、散會

五

军政部兵工署第五十工厂成都分厂一九四五年第二十四次厂务会议记录（一九四五年六月十一日）

23

办文字第1758號

秘（函）發字第23號

軍政部兵工署第五十工廠成都分廠三十四年度第二十四次廠務會議紀錄

地點、工務科

時間 六月十一日下午八時

出席人 鍾林 鍾興義 張岡義 侯世傑 洪世魁

俞明鈞 沈其相（楊萬鈞代） 夏敬卿（魏世俊代）

周瑛 羅文彬 鄒慕泉 黄維賢

主席 鍾林

紀錄 王曉八

開會如儀

甲、報告事項：

主席報告：

（一）製造方面：

(1) 上週成品試射兩批，內一批因距離稍差，須待返修，本日當續有兩批可予試射，計最近旬日內先後試射成品四批，情形順利，差堪滿意、

(2) 材料方面，以紫銅鑼及五分銅條需用最急，除又發[illegible]日已屢經總廠催速撥發、

(3) 馬丁鋼庫已無存，最近雖可運到一部（約十噸），唯仍感不足，仍待續行撥運、

(4) 近因總廠車輛缺乏，八噸卡車修配需時，以致影響運量，致材料情形，日趨嚴重，現二、三兩所大部陷於停工狀態，深用隱憂、

(5) 五月份製造令已由署頒下，所列月製三万顆數，就目前製造情形，如材料不虞匱乏，亦均當無問題、

(6)炮彈單價自五月份起核定為每顆四〇、〇〇〇元，如以額造數三萬顆合計，則月可換領經費一二〇、〇〇〇萬元，然因尚須補繳上年度欠額，仍感繳多不貲，截至上月底止，計尚透欠二萬顆未能交清，預料七月底前可望交補足，茲擬[illegible]部門，應加緊工作，俾可早日就入正常生產。

(7)本廠所用引信，因自製能力不敷，致仍賴友廠協撥供給，不但成本負擔過重，且使用上亦諸欠穩妥，如近來一廠修械之三八式引信，合用者不及七成，餘均須加工修理，深感非計。

(8)目前本廠引信生產能力，經遞次充實改進後，已能月可達成二〇、〇〇〇枚，一俟設計專門車床全部完成後，即可大量出品。

(9) 署撥庫藏第六廠倫姚廬之廢炭機鋼木等物予炼鑄化鋼一案，現已由該庫開始撥運，全部計共六十餘噸，估計可應製引信二十万枚之用，該項成本每噸僅七万元，殊深慶幸。

六、廠務

(1) 廠款又已告罄，已屢急挽廠務科節前加匯一兩千元，應急，日内當可到達。

(2) 據劉股長由渝來函，本廠經費即將增撥為每月四千餘万元，關係可望稍舒，唯物價時有波動，不能適予與當，並仍應樽節開支，儲備材料，以厚廠基。

(3) 本廠技工以應付生活波動，時有流動他往，一般水平，均形降低，且品質參差不齊，直接影響出品，關係各廠增補技

25

術人員、務必嚴審慎、不能濫竽充數、藉以發揮工作效能、

(四)值星值日仍有不按日記載者、殊涉不合、以後應由各主管長官負督促之責、務使嚴格按規定、不得稍有疏忽、

俞科長對負警告、

(一)關於整理運輸科帳項概況、自派本科歐股員發、協助辦理以來、初步工作已近完成、唯該項帳目均係積壓經久、殊時似未易清結、本科只能以協助地位協同辦理、解決困難、仍請況科長減少公差時間、俾指導該股員期早完成、

(二)本廠獎金給與辦法、實施已久、唯因各部規定不一、更動頻繁、有時不免競爭失衡、卽以辦公廳部份與廠房方面之間、職員服務員或機械士而論、給獎辦法相差似嫌懸遠

三

途，實有統一規定之必要，詳細當於另案擬請公決。

乙、討論事項：

會計科長俞守身提議：

（1）獎工金額支出日益增大，月得八百元以上者頗不乏人，似因工作規定年久，失之過寬，且與工務日繁有關，計算之制並有未便，如何改訂，公決案。

決議：應予以補助費須整頓，辦法須嚴格，再行核實統一並規其數為高額數，之規定一須應由各級逐層核核，實際出作積極核獎為宜。

（2）依照原領獎工規定，以前積工三倍以上者即予扣發，審核或兼身獎工，並兼領獎工之亦應根據列實勤積極考成予以鎮近來間有積工數目勿予列領獎工者，似應分別以限制，如何

提付公決案、

決議：交餘股查明發表，嗣後嚴予避免。

(3)原規定獎金清冊，以公費感不甚適用，又各填造部份多不能按期齊送，影響發放日期，如何提付公決案、

決議：交餘股另新擬各級令獎金清冊呈核，各部獎金表冊並應按期齊送，不得任意延逾限期、

(4)署方對各級獎金規定，曾迭有指示，務期統一，各經理、各廠獎金辦法更動頻繁，可否設立獎金委員會專負其責、

提付公決案、

決議：暫緩，各部出品均上軌道後再行設立（已派員至總部趕辦並參酌各廠辦法再行決定）

(5)辦公廳各部份之服務員、管理員與廠務間接工人、雜役、女服務員及助理員之工作情形相彷，但獎金之額數則顯為懸殊，奇

应另行规定，提付公决案。

决议：除因加工情形务有增减外，办公厅部份之长工仍旧，机械士、服务员、管理员准自六月份起各奖白米六斗，以示体恤事务。

福利科长周提议：

五月份厂米迄未拨运到厂，致影响眷粮发放，如何维持，提付公决案。

决议：俟厂款汇到后，可购买食米100—150石补助。

稽查组长张同义提议：

小河坝长发成碾米厂存谷100石，闻尚存业务处，可否运回厂接济，提付公决案。

决议：运输科斟酌情形设法运回。

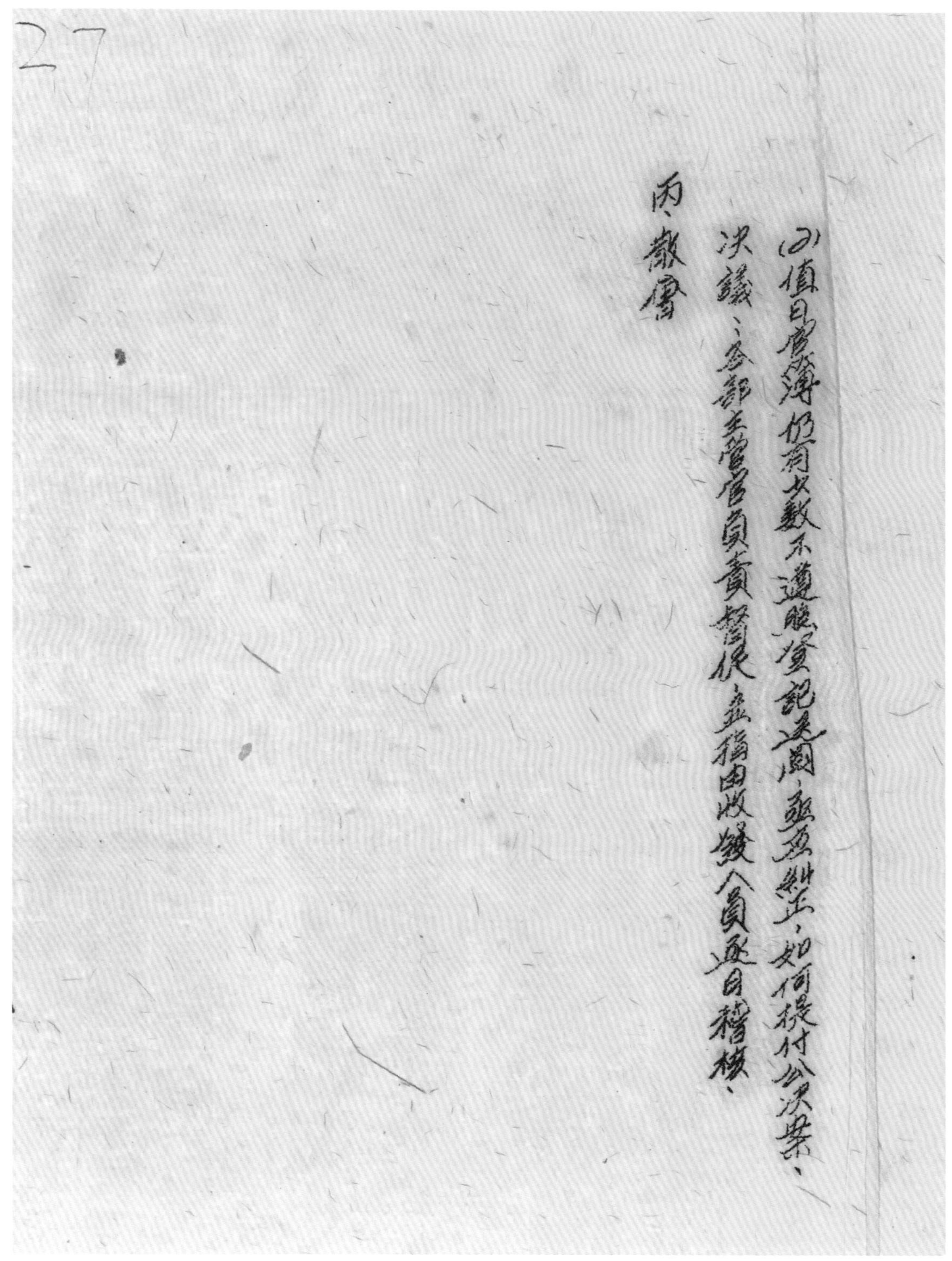

27

(2)值日官簿仍有少數不遵照登記及閱，並應糾正，如何提付公決案、

決議、各部主管官員責督促並指由收發人員逐日稽核、

丙、散會

军政部兵工署第五十工厂成都分厂一九四五年第二十五次厂务会议记录（一九四五年六月十八日）

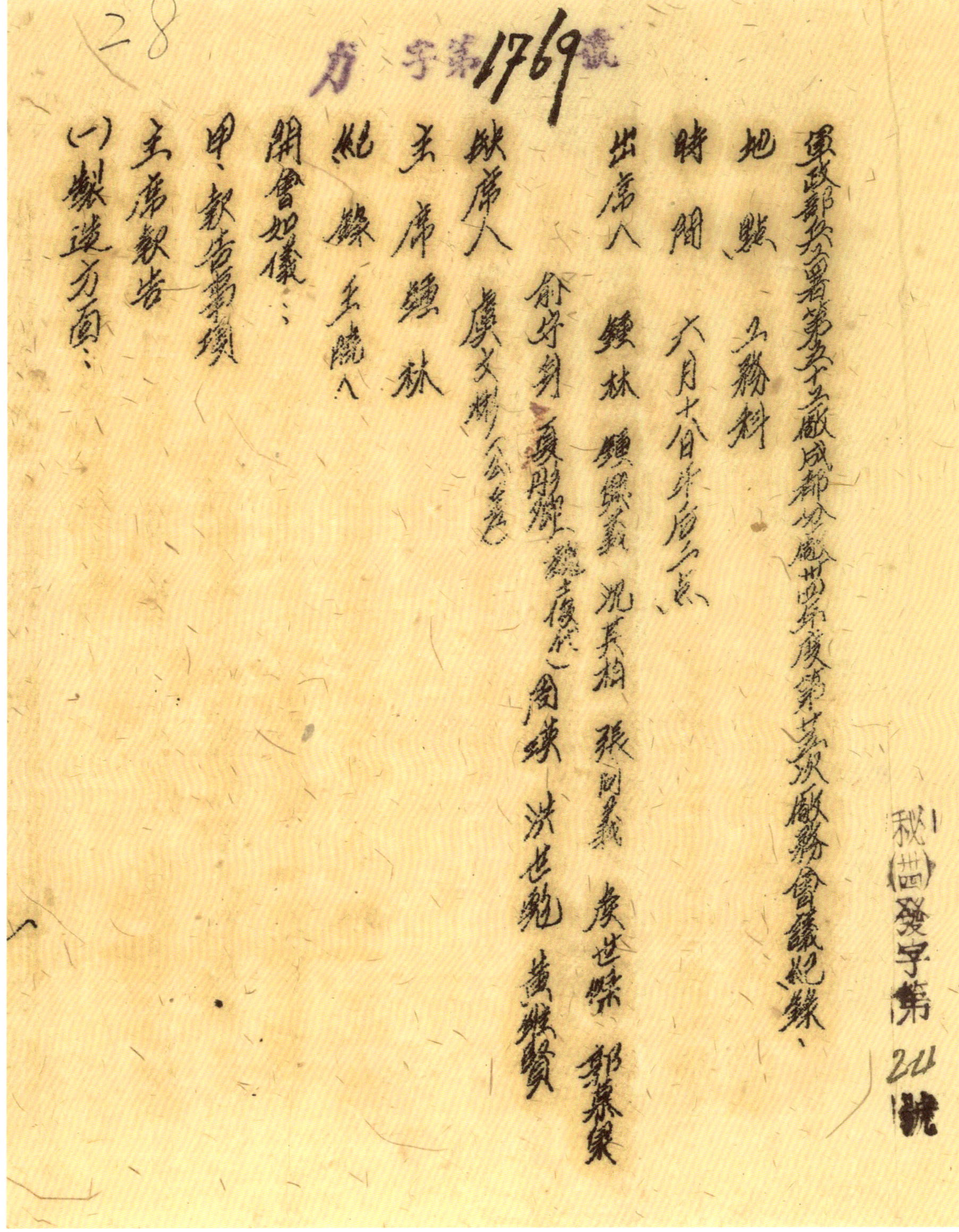

28

方 字第1769號

秘(四)發字第211號

軍政部兵工署第五十工廠成都分廠卅四年度第廿五次廠務會議紀錄、

地點、工務科

時間、六月十八日下午三時、

出席人、鍾林 鍾殿義 沈其楨 張則義 庾世榮 鄒燕果
俞守身 聶彤耀（孫士俊代） 周瑛 洪世魁 黃樹賢

缺席人、庾文彬（公差）

主席 鍾林

紀錄 王曉八

開會如儀、

甲、報告事項

主席報告

(一)製造方面、

(1) 上週試射炮彈兩批，成績均良好，業予驗收合格，明日當續有兩批可為試射，綜計上月份成品共製繳二五，〇〇〇顆，彈体尾翼則現成均超過三万件以上，僅引信一項因限於設備及材料未能達到此數，深為憾事。預計本月份如材料準備無問題，預造之三万炮彈可無困難、

(2) 渝廠卡車送僅剩一部，故材料供應物感困難，以及分及三分鋼條需用孔急，已派周處長赴黔，商請兵工署迅籌處撥，以代運，尚未獲[illegible]物、

(3) 滬赴峨嵋採辦之大料，現祇已購到數百團，近以渝市航業公司大批船隻遭難後，來源深受影響，現已暫感不敷購買二〇〇團應急，運輸材料應轉勵勉速辦理，藉減損危、

(4) 本廠各項大宗需用材料如木材、焦炭、煤斤等因在接

有關製造成本，故必須盡可能在產地自辦購運為原則，現時木料因造船影響來源日趨艱難，鋼炭則時有枯竭，黃丹炭雖可按月發給，但本廠需用量日大，亦感供不應求，以上各點，務須運輸部份密切注意、

(5) 炮彈單價雖已提高，但鑄造彈數亦同加增，故分發凡屬可節儉用支出，均以盡量緊縮為原則、

(二) 廠務方面、

(1) 上週廠款，於總儲部前兩日匯到一千五〇〇萬元，適可濟急，據劉股長稱，尚有一千五〇〇萬元，續即交匯，暫時經濟情形，可望稍紓，唯近來物價及薪餉均有提增，致使廠方負擔仍重，估計本廠每月需當在五六千萬元，故事實上仍須繼續維持撙節，擬請各部注意、

(2)近來各部多以總公部份與工廠內部之資額數相距過多，提請改善，業經上週廠會公決酌予調整，惟各部務員所職平衡，技工與普通工即有差別，其薪資平均約高於普通工三至五倍，漢至月前，分發次減，依僅可當普通工之一倍左右，以影響技工之技術下降，優秀技工，相率改就他業，亦為事實上之嚴重現象。

(3)又八補助費調整辦法，已奉批准施行，一般約可較原待遇提增四分之一，雖杯水車薪無補於實，但值此國步方艱之秋，亦屬另外不易，職等共體時艱，努力充實服務，以副上峰殷望。

(4)本廠醫院已購到大批防疫注射藥劑，值此霍亂病症流行之際，必切實防範，各部應轉飭遵照張貼，按次注射，切勿因循規避，

(5)編列材料台帳，關材料長到職各部加強調整保管，已有甚大改進，

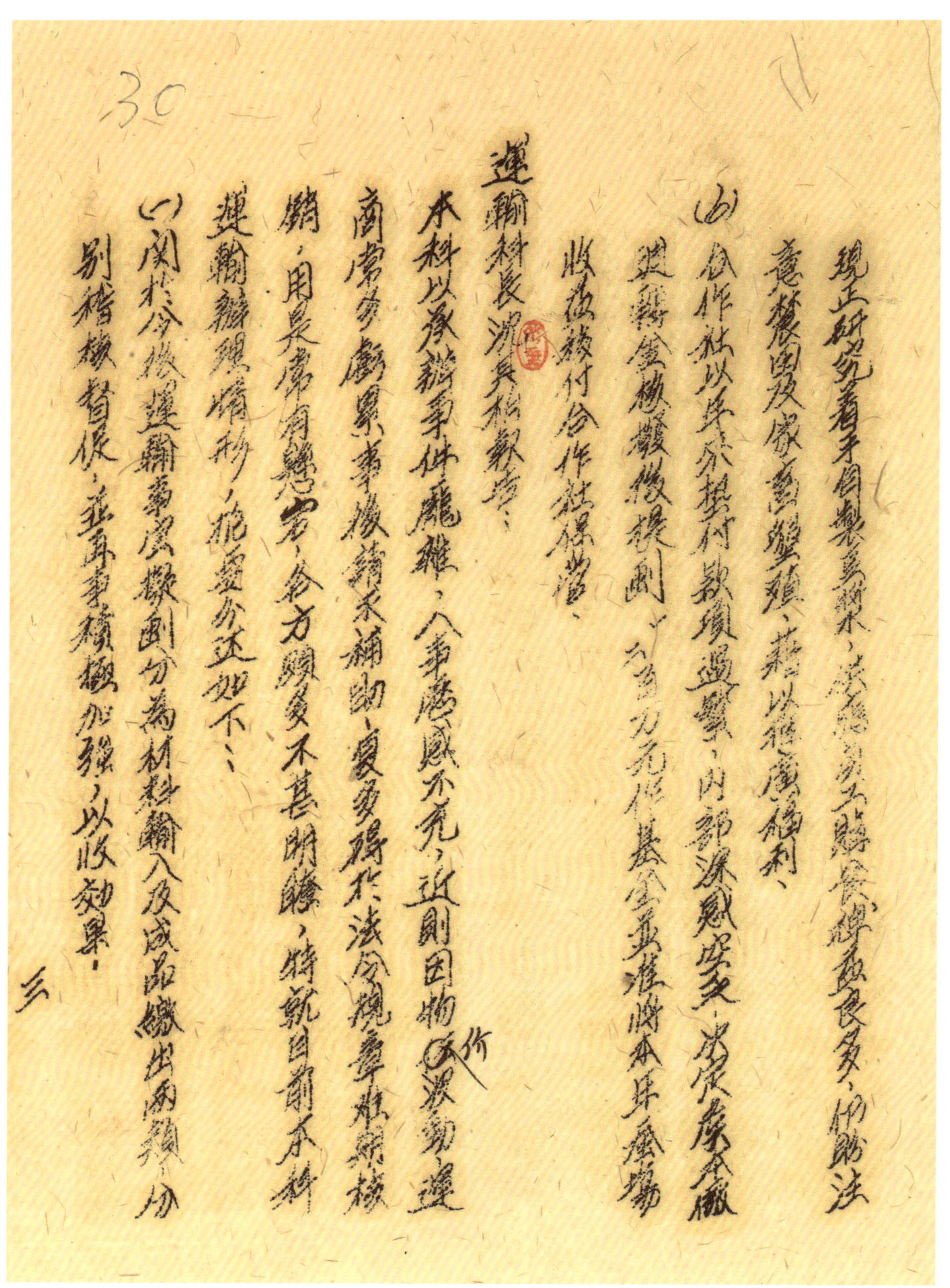
30

現正研究着手自製是項技術，或能於最短時間得最良效果，仍設法

意發展與改善發展，藉以謀廣大福利、

(六)合作社以兵工署付款過繁，內部深感困難，另候本廠

撥發資金機器撥劃，以資充實基金，並准將本年產場

收益撥付合作社經營、

運輸科長沈兵松報告：

本科以承辦事件繁雜，人事應感不充，近則因物價激漲

商常多勸募手續不備，致多延於法令規章難核

銷，用其常有無理要，各方頗多不甚明瞭，特就目前本科

運輸辦理情形，扼要分述如下：

(一)關於各項運輸事宜擬劃分為材料輸入及成品繳出兩類，分

別稽核，暫依，並再事積極加強，以收效果。

三

（二）宜賓接運站已派晏科員前往籌設，並電請孫股長協助辦理、

（三）至於河鎮存炭購存無多，並將續行交款訂購，以免停斷、

（四）關於交割已運辦法，原則已決定，以多兌成數，以減少運量，並須勒令兌取繳款保証，現已開始試行辦理、

（五）運輸總案已加緊清結，必要時另以通保負責、

（六）近來市上極缺鐵火，原委託四川鹽運處已運總鹽之駁車亦甚久未到，迭次交涉，均以車輛缺乏為詞，致成品運繳每感遲誤，正盡力設法中，現廠存待繳成品僅一六二〇桶（附批）預計不週可全部運出、

（七）本月份委陽撥丹炭因在鐵撥國營，尚未裝運，已電陳股長趕來辦理、

以上各点，均为本科事实情形，敢请同人不吝指正，以匡不逮。

乙、讨论事项：

运输科长沈其楫提议：

(1) 沿途损消之钢已积达十吨以上，除须康机后同难解决，拟请可继续上驶，如何拟付公决案。

决议：一、厂方需用之钢甚急，十吨仍感不敷，应派原接运人续为前往接运，以利工作。

(2) 运商唐子玲未交颇钜数，迭次展延，无力交运，经催办毫无结果，上周该商竟潜行他往，遂竟无着，后经传询原保证人到厂，初允设法，后出厂后不返，遂无踪迹，近更上控本人于地方法院，皆以欺诈盗窃罪名，如何办理，请付公决案。

决议：一、函请法院根究严惩，仍责成原保人派员协同该商来

廠況請究辦、

(3)存於根灘及口鐵若干噸、及置堆棧、現值洪水河漲可否

應運回廠，提付公決案、

決議：：參送交運回廠並轉飭廠警等人辦理搬運至廠、

稽查組長孫同義提議、、

(1)各部值日簿所填人事及記事兩欄、大多空無一字或僅寫

照常無異動字樣、似有失值日報告意義、應如何改進請公決案、

決議：：通知各部值日人員、應將當日內部重要事項及人

事異動、詳實記載、按日報告、主管官並須負監督之責、

(2)近來廠務會議、多因臨時事件驟有延期情形、臨時

驟感召集困難、可否規定一固定時間、不必另行通知、如

何提付公決案、

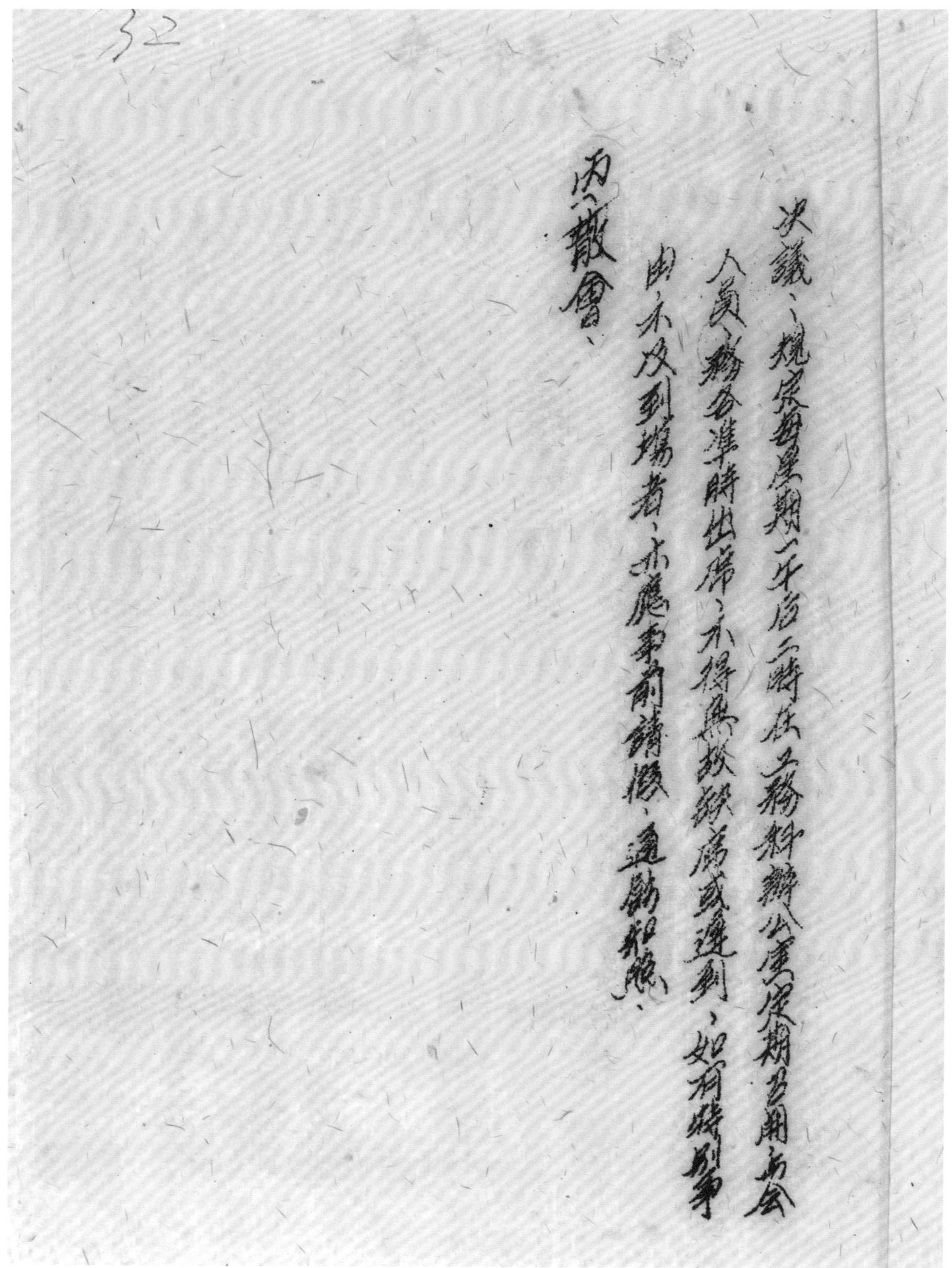

52

决議、規定每星期一午后二時在工務科辦公處定期召開務会人員、務各準時出席、不得無故缺席或遲到、如有特別事由、不及到場者、亦應事前請假、通融報照、

丙、散會、

军政部兵工署第五十工厂成都分厂一九四五年第二十六次厂务会议记录（一九四五年六月二十五日）

秘（卅四）發字第25號

軍政部兵工署第五十工廠成都分廠三十四年度第二十六次廠務會議紀錄

地點：工務科

時間：六月廿五日午后兩點

出席人：鍾林 鍾興義 俞守身 周琛 洪世魁 沈其柏

蔡世傑 黃紫賢 郭桑宗

列席：張同義 翁蓀 黃大楙 餘

主席：鍾林

紀錄：王曉人

開會如儀

甲、報告事項：

人、主席報告、

（子）製造方面：

1. 上项试制成品两批，[illegible]试射合格，连前各[illegible]共有[illegible]，另
枚，[illegible]陆续[illegible]试射，如试射无问题，则今[illegible]
可[illegible]成批出品[illegible]
[illegible]

2. 材料[illegible]，[illegible]到一部，另一部[illegible]
[illegible]
[illegible]钢[illegible]材料、

3. [illegible]，[illegible]钢[illegible]急，因[illegible]国[illegible]
[illegible]
[illegible]大量[illegible]。

4. [illegible]此[illegible]厂
[illegible]问题，[illegible]射

248

悉撥，以便由斷爲幸，

又啟者，前

十一月份上期運到麻袋已經贖支，刻無存，現僅大料、油、炭，均

須大宗需款，前月之新餉又將發放，請由郵局寄再爲籌備，

以濟急用。

又，成都所有開的之石板不甚進步，初聞運輸科稱於本月底解繳

款銀清，切勿延誤，

又，運輸科長沈某借款事，

閱於總辦經理滿月，此閩總辦由川總運處代爲轉[illegible]以

致發因公不多辦，待其據辦，該處本月因依於覺輸人員，方須

轉派驗查洽，前述所據贅務發，務其負責人擇，自有發辦

一般運所縣頗明在一方九在多，就要會核依，不明運九，[illegible]

少

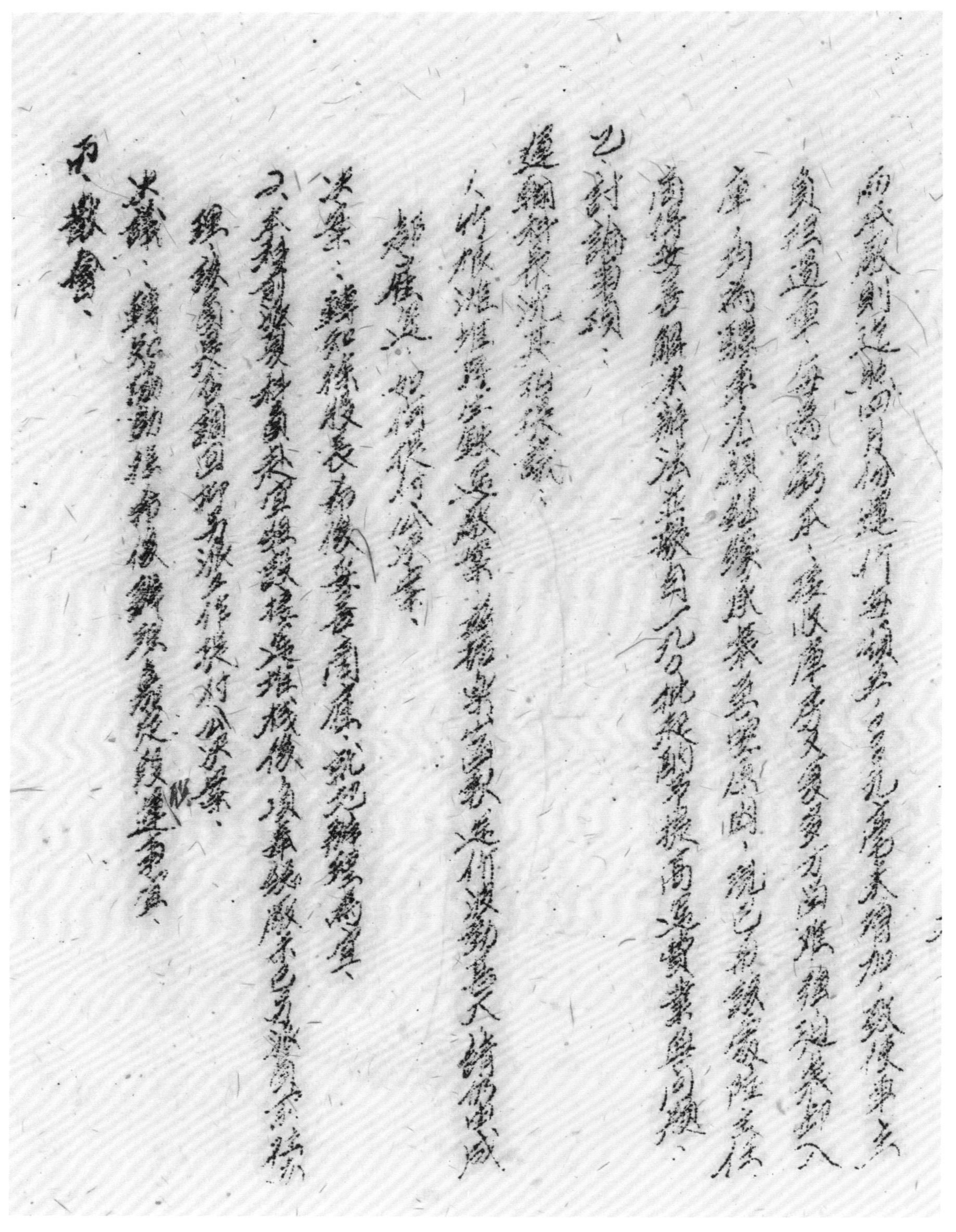

而我厂则迟至四月份进行，无须再另觅厂房，未增加产量，使本厂
负担过重，每为[illegible]，请政府[illegible]多方设法维持过渡期入
库内为联系承办[illegible]，承造事宜，[illegible]
商得妥善解决办法，并拟与人力[illegible]节省开支，业务[illegible]。

乙、讨论事项：

运输材料状况及材料价值：

一、对于[illegible]堆积原料[illegible]案，[illegible]进行运动，[illegible]

[illegible]应[illegible]办案。

决案：请厂务科长负责商承[illegible]办理事宜。

二、本厂制造[illegible]

理[illegible]公产案。

决议：[illegible]

丙、散会。

军政部兵工署第五十工厂成都分厂一九四五年第二十七次厂务会议记录（一九四五年七月二日）

军政部兵工署第五十工厂成都分厂第二十七次厂务会议纪录

地点：工务科

时间：七月二日下午二时

出席人：钟林 张国义（詹秉琦代） 黄世荣 俞可贤 沈光裕

洪世龙 夏彤卿（魏世伟代） 郭嘉泉 周璜

列席：姚继贤（公差） 吴文彬（假） 钟兴义（病假）

主席：钟林

纪录：王多虎

开会如仪：

主席报告：

（一）业务方面：

（1）上周成品数为1,800颗经试射合格，计六月份成品数缴验

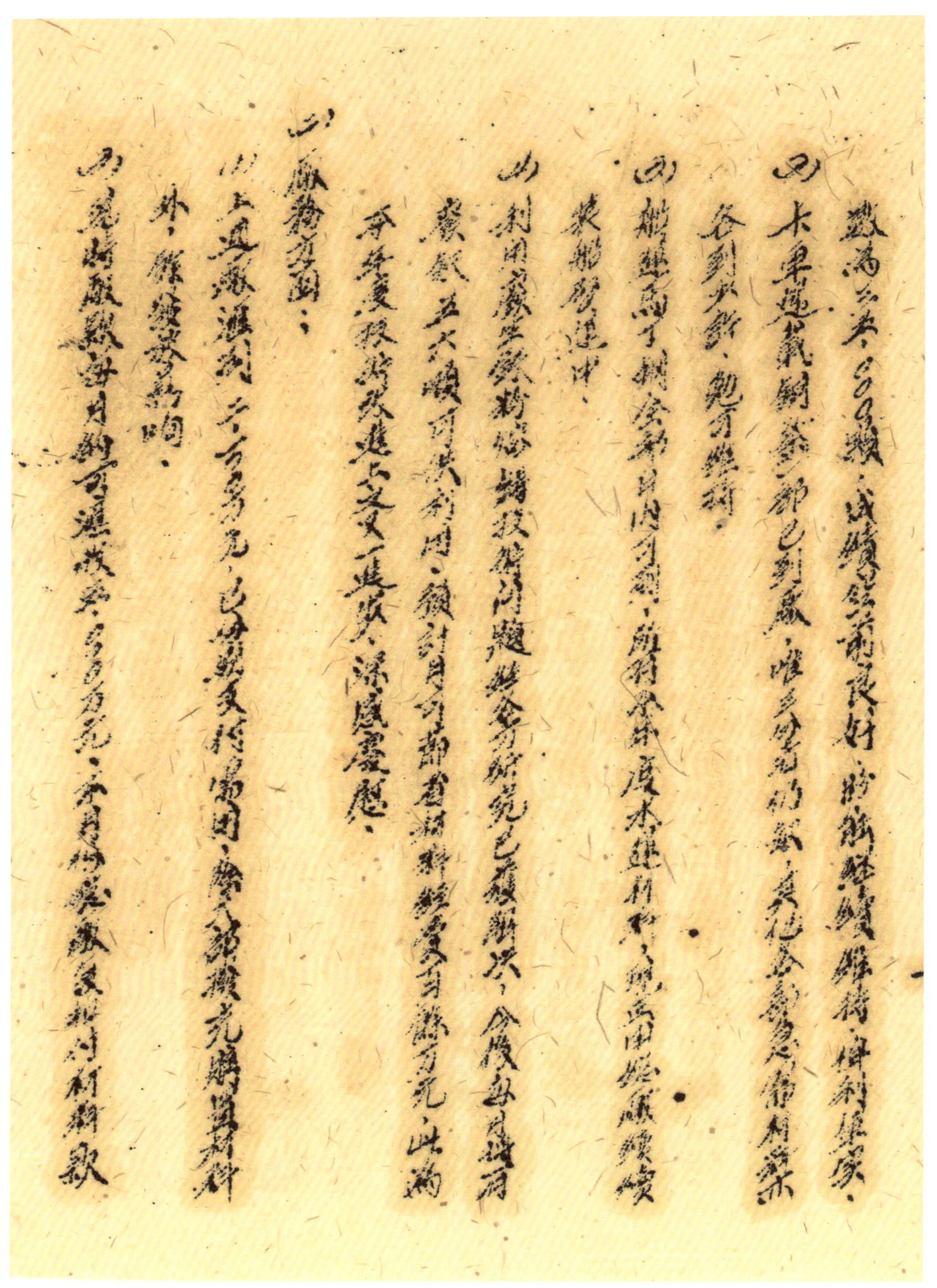

数为六千五百公斤，成绩尚称良好，将来继续办理，俾利厂务。

(四)木炭蒸气锅炉一部已到厂，唯多处零件损坏，其他各部零件尚有缺乏，

俟到齐后，即可装用。

(五)船厂方面：木船修理完竣，所有大部木建材料，已由运输股陆续

装船启运中。

(六)利用本厂废生铁精炼钢料技术问题，经本厂研究已有数次，今后每月铸得

废铁五六吨可资利用，预计每月可节省采购材料费万元，此为

本年度技术进步之一[illegible]，深感欣慰。

二、厂务方面：

(1)上月份[illegible]六十万元，已[illegible][illegible]常用，惟[illegible][illegible]购买材料

外，殊觉不敷应用。

(2)本厂职员每月薪饷共计六百万元，本月份[illegible]发放[illegible]

三百余元左右，皆係漲已不及此數，因此材料缺乏，及買不到者頗多，
亦將受限制，前各共修費預算限，務力以照係繳發修繕補助經費、
(五)近來門禁稍嫌鬆弛，警衛亦應切實注意，以免閒雜份子混
跡進入，毋得稍事疏忽。
(六)嚴區各處多有潮濕情形，不但有碍觀瞻，亦且於衛生深有妨碍，
現值夏季流行，更須特別戒慎，請回稟告廳卿日通告限一週內各
處清除穢物，一律將行改善，並期即由各處自行實行，以資衛生，七
城，以資衛生，再請設法修繕，又各處房屋如有因漏損毀壞需修
費，修繳補作補助各水電費用、
討論事項：
建議辦理木棉花種植案件：
(一)由水利處商酌，另編預算，以資推廣，並組織委員會辦理，如何，案請公

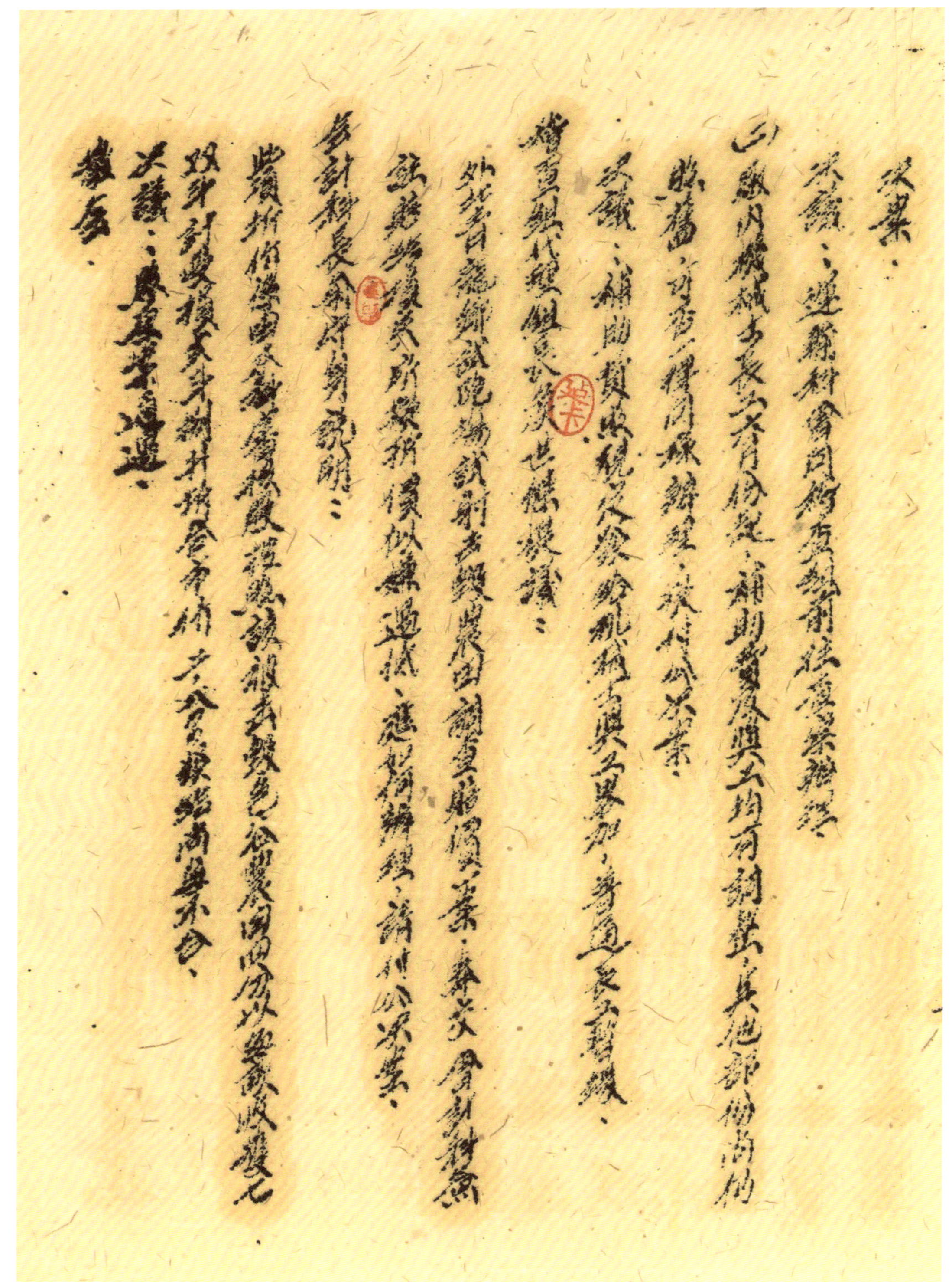

決案：

決議：遵辦，科會同廠務科所擬辦法處理結案。

（二）廠內機械工長三本月份起，補助費各與工均有利益，其他部份如

照舊，請查照核辦，提付公決案。

決議：補助費准照各部份機械工與工具工同樣增加，並通令各

機工長代理領班長以前無此項津貼。

外若自願離職或強制請求離廠，由廠負責追究案，並應受處分

並應予究辦，所有損失以無過錯，應予賠償，請付公決案。

各科長簽署說明：

對於所俱樂部之餘，應予提高，俾使職工生活改善，以資安定

以資對換，該項材料費由公家負擔，以資救濟。

決議：本案保留，以後再議。

散會。

军政部兵工署第五十工厂成都分厂一九四五年第二十八次厂务会议记录（一九四五年七月九日）

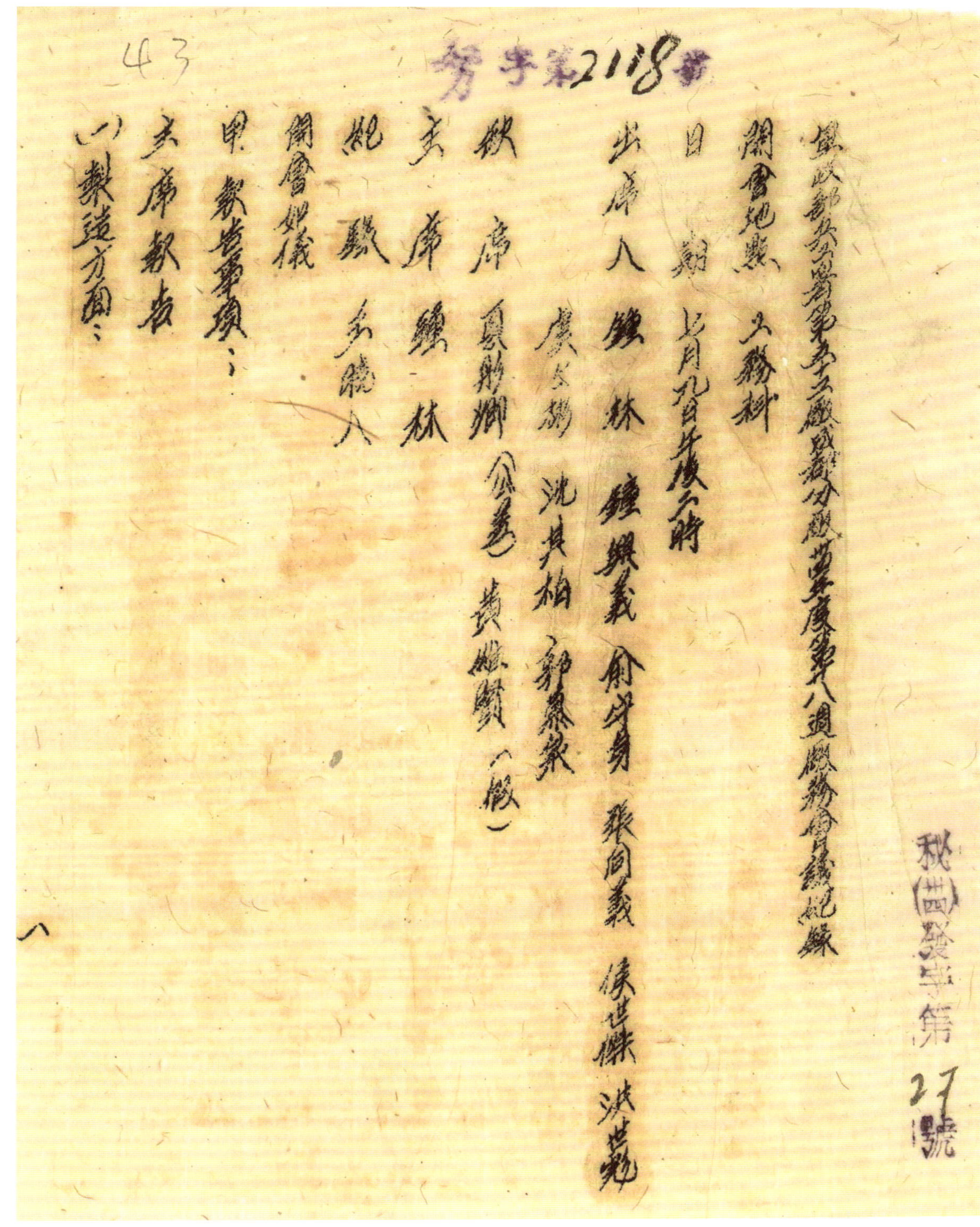

43

務字第2118號

秘(四)發字第27號

軍政部兵工署第五十工廠成都分廠卅四年度第八週廠務會議紀錄

開會地點　工務科

日　期　七月九日午後六時

出席人　錢林　鍾興義　俞守身　張同義　侯世傑　洪燕
　　　　虞公弼　沈其柏　郭燊家

缺　席　吳勝卿（公差）　黃麟賢（假）

主　席　錢林

紀　錄　李德八

開會如儀

甲、報告事項：

主席報告

（一）製造方面：

八

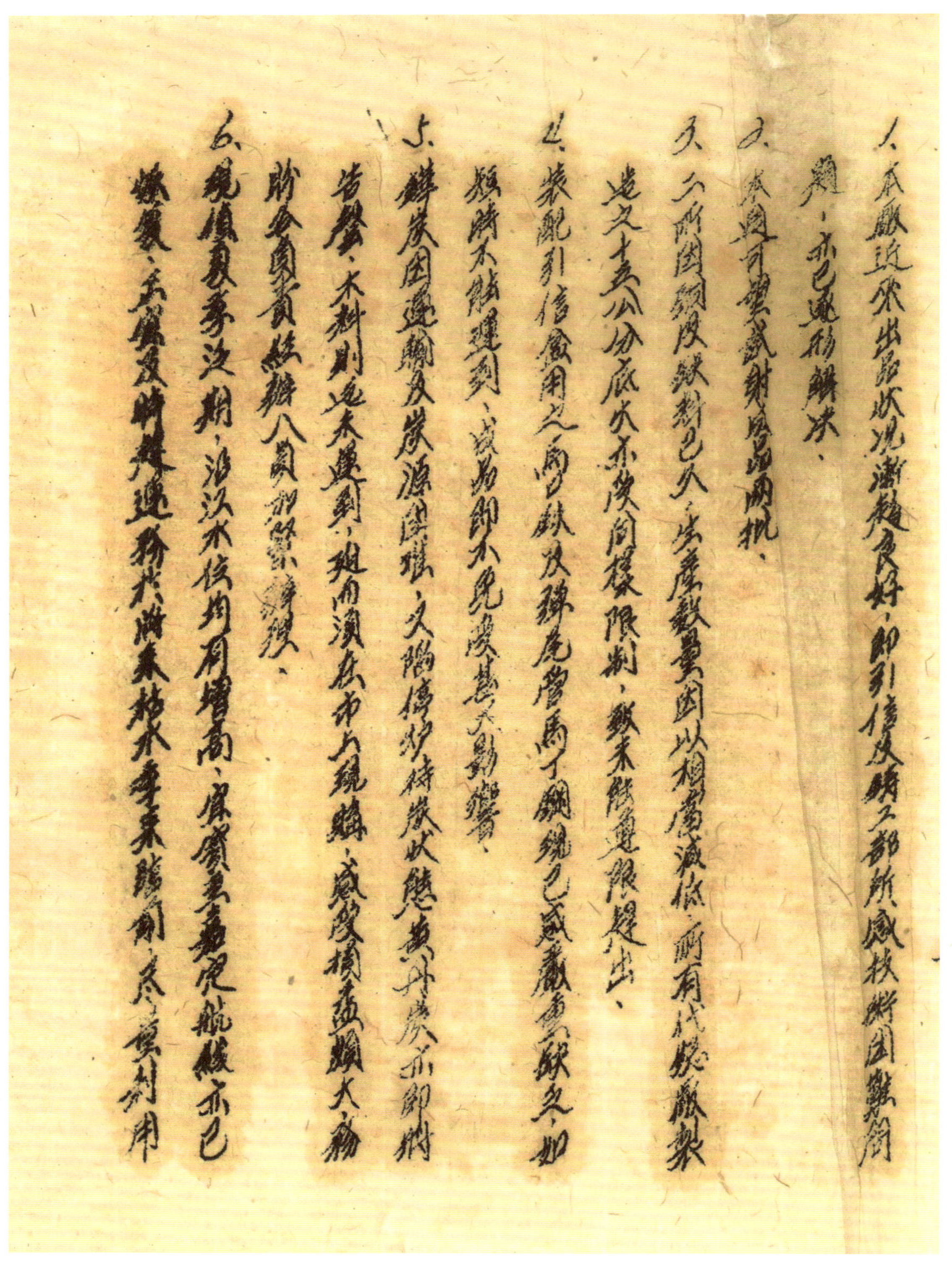

1、本厂近来出品状况渐趋良好，即引信及药工部所感材料困难问题，亦已逐渐解决，

2、本周可望黄铜到货品两批、

3、二所因钢皮铁料已久，出产数量因以相当减低，所有代炼厂制造之十五公分底火亦复同样限制，致未能尽量提出、

4、装配引信需用之马口铁及弹壳需用之钢镜已感缺乏，如短时不能运到，该所即不免发生大影响、

5、铁炭因运输及来源困难，又陷停炉待炭状态，其外厂亦即将告罄，木料则运来无多，现再须在市上采购，成本复增奇大，购办委员责无旁贷，八员均紧张、

6、现值夏季汛期，沿江木船均有增高，涨价更甚，原定航线亦已停驶，各项材料运输问题尚未解决，至于材料运用

40

船造材料運輸材應切實注意·

7、關於本廠在浦沿購材料事宜，茲派王振陵關股員專駐鎮廠就近辦理，並飭於行前務與王准殷及物料庫妥先籌劃，其他各有關機器部份，亦應互取密切聯繫，以利成品製造、

8、本年度計劃承造材料，計有生鐵六〇〇噸，馬丁鋼二〇〇噸及其他零星物品，首批生鐵五〇噸，馬丁鋼十五噸已由鐵廠撥交，銅機件大量鑄鋼不斷，惟因購物價格無常，以運費一項，漲不跳動尤烈，估計每噸材料連運費平均以三十五萬元計，則全部需用不下三万万元之巨，其數額甚浩大，故自本月份起，每月勢須劃撥一部積充數及運費，其他開支，即須再事減縮，仰懇全體同仁共為體察，俾能維持出品、

(二)廠務方面：

二

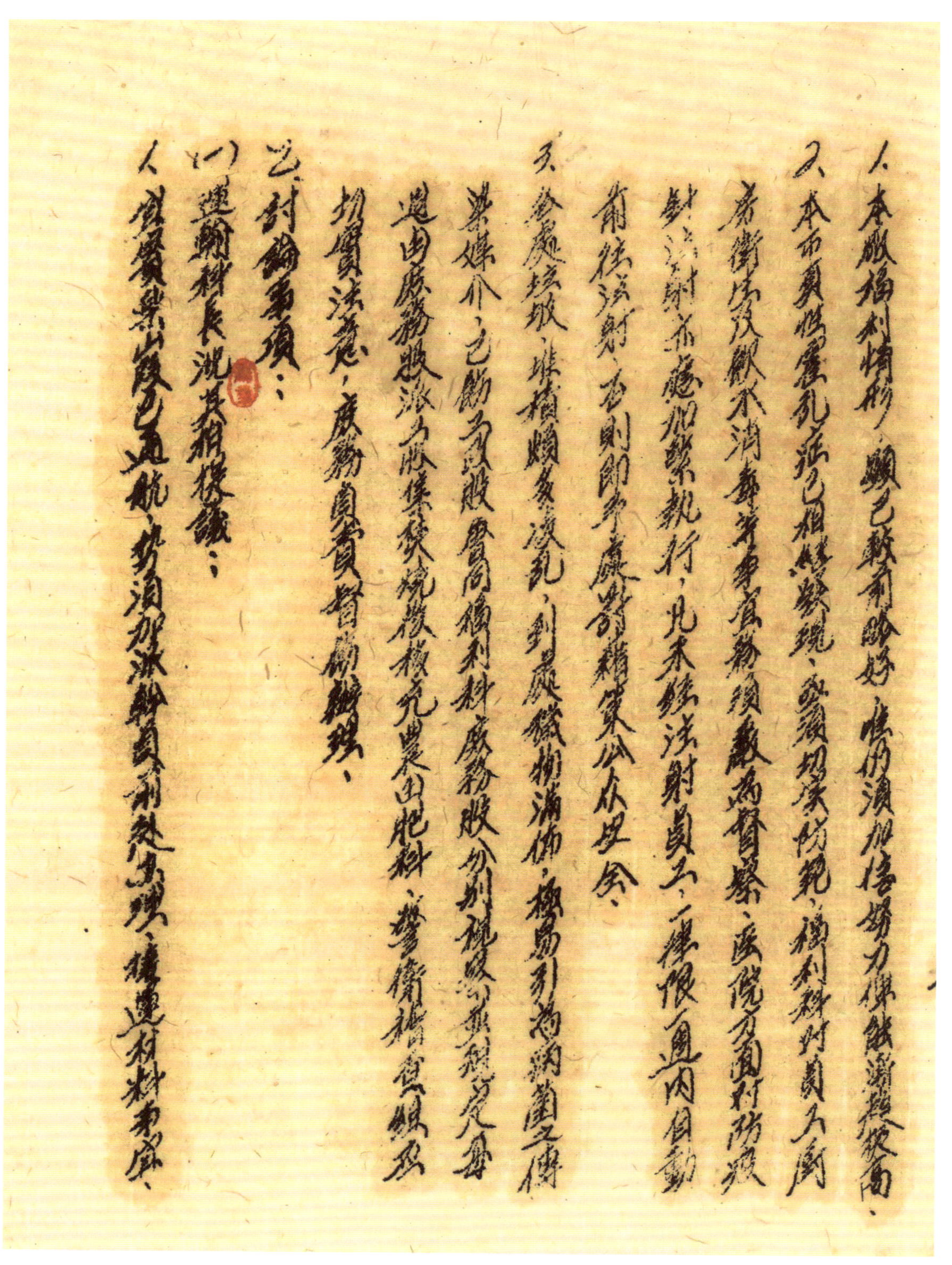

1、本厂福利情形，虽已较前略好，惟仍须加倍努力，俾能渐趋完备。

2、本市夏秋霍乱症已相继发现，亟须切实预防，福利科对员工厕所卫生及饮水消毒等事宜，务须严为督饬，医院方面对防疫针注射亦应加紧执行，凡未经注射员工，一律限一周内自动前往注射，否则即予严厉处分，以策公众安全。

3、饭厅地板破烂，墙壁积满灰尘，厨房秽物堆满，极易引为病菌之传染媒介，已饬总务股会同福利科、庶务股分别规划设计改善，再由庶务股派人随时检查补充，出把料、整修补遗，食堂以及物质设施，庶务员当负督饬办理。

乙、讨论事项：

(一)運輸科長沈其楨提議：

1、本厂员眷乘船出入通航，势须加派渡轮，以利交通，积极造材料来厂、

一、唯本科人員大部派出，無法抽調，現僅有顧乃戴英傑服務員王華章留科辦理白水河鐵炭運輸，如何提付公決案。

決議：運輸科自行酌辦。

又、白水河鐵炭供應，近因運炭商要求加價未准，均不願大量承裝，估計依照本廠用炭數量，至少須按板車十部絡續運送，如何提付公決案。

決議：應即加緊辦理，以照市價較低，多方洽雇爲原則。

又、解繳碗礦問題，因四川省驛運處縣東無着，連日多方洽雇，均以索價過昂，未能成交，僅有中央軍校某人自願承包此項運輸，運價可以稍低，如何辦理提付公決案。

決議：須飭妥覓保証，並由其服務機關出具証明後，方可交承運。

七、運商唐子珍保人所欠鐵炭待運尾數，因其今逃避不見，殊無法結束，如何提付公決案。

決議：：繼續嚴予追緝，務獲歸案法辦。

七、運商范泉以運價過低，賠累不堪，迭次要求追款停運，如何辦理，提付公決案。

決議：：應予不准，仍飭依限交運，不得貽誤。

八、本廠三十三年度交由華大承造保護管一批，該廠以缺乏經驗，所製成品規格多有未合，該廠以資力微薄，無力賠償，經迭次交涉，願以成品作廢用，依照所領材料數量照繳，遂請求本廠收製，照付工資，如何提付公決案。

決議：：事關成品製造，應候呈請上峯批示後，再行核辦。

總務科長郭榮泉提議：

一、本廠餉款由中央銀行匯到後，因原匯匯款號碼不明，其

中第五十三廠，請譯為第十三廠，銀行據此不予兌付，迭次交涉迄
未生效，如何提請公决案。
決議：一、秘書處即函該行証明請予撥付，並為該廠查明更正原電轉
函知照。
會計科長俞佇寰提議：
本科前奉總會同交部飭清結款銷帳項，現除運輸科、購置科進
行成績尚屬良好，購料科方面，因前後任移交案款既未解決，而該科
會計處又迄無月報表送核，致無法辦理，如何提付公决案。
決議：一、購料科前後任科長速予完清手續，並勸所屬會計處按月造
送報表呈閱，限期清理完竣。
丙、散會。

军政部兵工署第五十工厂成都分厂一九四五年第二十九次厂务会议记录（一九四五年七月十六日）

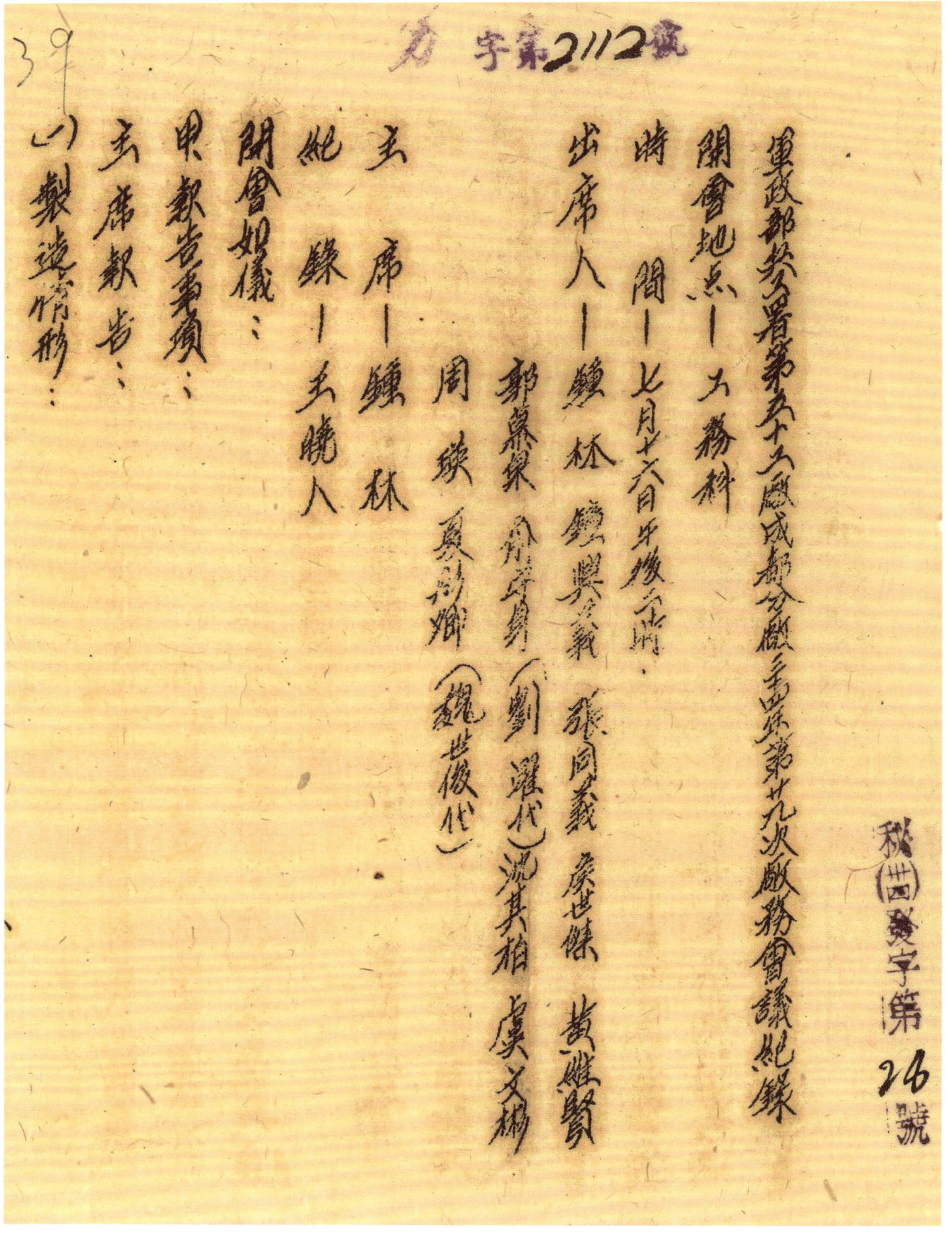

39

力字第2112號

秘(四)發字第26號

軍政部兵工署第五十工廠成都分廠三十四年第廿九次廠務會議紀錄

開會地點——工務科

時　　間——七月十六日午後二時

出席人——鍾林　錢興義　張同義　彭世傑　黃繼賢

郭雋梁　聶守身（劉耀代）沈其柏　虞文楊

周瑛　夏彭輝（魏世俊代）

主　　席——鍾林

紀　　錄——王曉人

開會如儀：

甲、報告事項：

主席報告：

（一）製造情形：

1、近來各部出品情形已就常軌，今後如材料無虞，則月出二五，○○○至三○，○○○顆製當可無問題。

2、近因運輸困難益艱，鋼炭鐵材料缺乏，黄丹炭亦因船只缺少，屢滯中途，致而在市上現購既應需要，誠屬不貲之舉，主要原因，仍以限於廠款，無法大量儲購，因而週轉失靈，間接亦致運輸困難，為一嚴重事。

3、彈尾管料之馬丁鋼，及二三所需用之鋼皮、鋼條等項，因係主要製造正料，致由缺料所予出品之影響頗大，兹在係本年需過期間，特派工業股周股員赴渝與廠聯辦籌運材料事宜，並盼在洪水期內可搶運材料八○○至一，○○○噸，以

(二)廠務概況：

甲、製造、

40

八、七月份上期廠款已匯到，惟需用項目繁多，仍感不敷分配，就目前本廠支付狀況，月需約在七千萬元左右，始能勉應需要，因材料一項，多者即需二千數百萬元，事業費用尤感日趨浩繁，過去尚可仰給總廠接濟補助，現則方亦感拮据，自無力再事挹注於廠，雖經全体同仁，共体時艱，實深隱憂。

九、數月來物價曾一度稍穩，近則因停放黃金，游資復傾入市場，刺激物價，影響頗大，尤以運費一項，數倍於往日，實乃直接形成運輸困難之主要原因。

十、一月來本市霍亂病症流行漸廣，其死亡率亦逐日增高，殊覺可慮，除飲食清潔及環境衛生應由各有關部門協會督導外，職工對於各方飲食事宜尤須格外注意，以防疾疫傳染。

六

公本廠以地處不適，關於出產所需主要材料，均須仰賴外地輸
入，製造成本，亦無形較別處爲高，遂使設備及待遇，均以限於經
費，無法普遍提高，現正計劃盡可能節省，俾使一般可獲
安心工作，
討論事項：
人運輸科長洸其楷提議，
現在江漢期間，正爲業務進展便利要節，總廠對已派員赴
宜賓、瀘縣辦渝瀘段不再負責，宜賓以上運輸段則
劃由分廠自辦，此項運輸業務繁重，轉輸交駁，殊有困難，擬
辦人員以資遵循無由，文電請示，費多費時，誤事可能，可否由會
討論派員專門辦理，並將所需及運費支付之核撥辦法，須報請
公決案。

41

決議：(1) 仍照向例辦理，切實增派人員。

2、民生公司駛宜嘉段小輪因載重有限，每次最多不過接儎貨品一百五十噸左右，而商方因就近請託便利，常獲優先裝運，俾免及多延誤，如何提付公決案。

決議：(2) 應由經辦人員據情婉轉力爭，並函該公司請予協助，惠予便利。

3、近來總廠來渝卡車，時有中途抛錨，損壞後不能不予修理，如最近駛來之二九四七號及二九四〇三號卡車及八噸柴油車先後修理，佔用駁款頗鉅，總廠方面且以後車輛擬發即予放回等情，深感困難，如何辦理，提付公決案。

決議：(3) 妥善研究處理，以盡可能使車輛隨到隨開，並將各次車運情形呈廠備查。

三

乙、據調查白水河鎮災害情形，每年以五六七等月份最爲疲滯，且沿途橋樑常因山洪暴發，輒被冲毁，運輸尤感困難，現時承運商行僅王（廿頓）張（十頓）楊（五頓）數家，且被軍運，運量有限，以致供應時有停斷，如何處理，提付公決案。

決議：（一）多覓家數包運，並酌將運價提高。（二）函請四川省政府轉令沿綫地方培修公路，以利運輸。

主席提示：

目前物價頗趨暴漲，各項材料存儲無多，運輸又屬有問題，秘書處可再電總廠酌撥週轉金三四千万元，又分廠歷次代總廠撥運各品，是否按月結清，要部會計科迅予辦理，以利廠款。

消費合作社應如何整理提議：

本廠所出蠶籽，前經函託嘉定蠶种場代為推銷，茲據覆信價格不能一致，且前每張約可售八〇元，如何擬付公決案、

決議：「廣所長酌留出售」

總務科長鄭惠泉提議：

霍亂流行甚劇，本廠以限於設備，僅可注射防疫苗，且以藥械過遲，救急恐多困難，究應如何充實，提請公決案、

決議：

1、限公員工每人注射防疫針乙次、

2、購買石灰交由醫院指導於廚房及陰溼、廁所處所勤為撒播、

3、醫院添購注射器針設備、

4、請廠所長代處中藥疫藥、代製備用、

散會

四

军政部兵工署第五十工厂成都分厂一九四五年第三十次厂务会议记录（一九四五年七月二十三日）

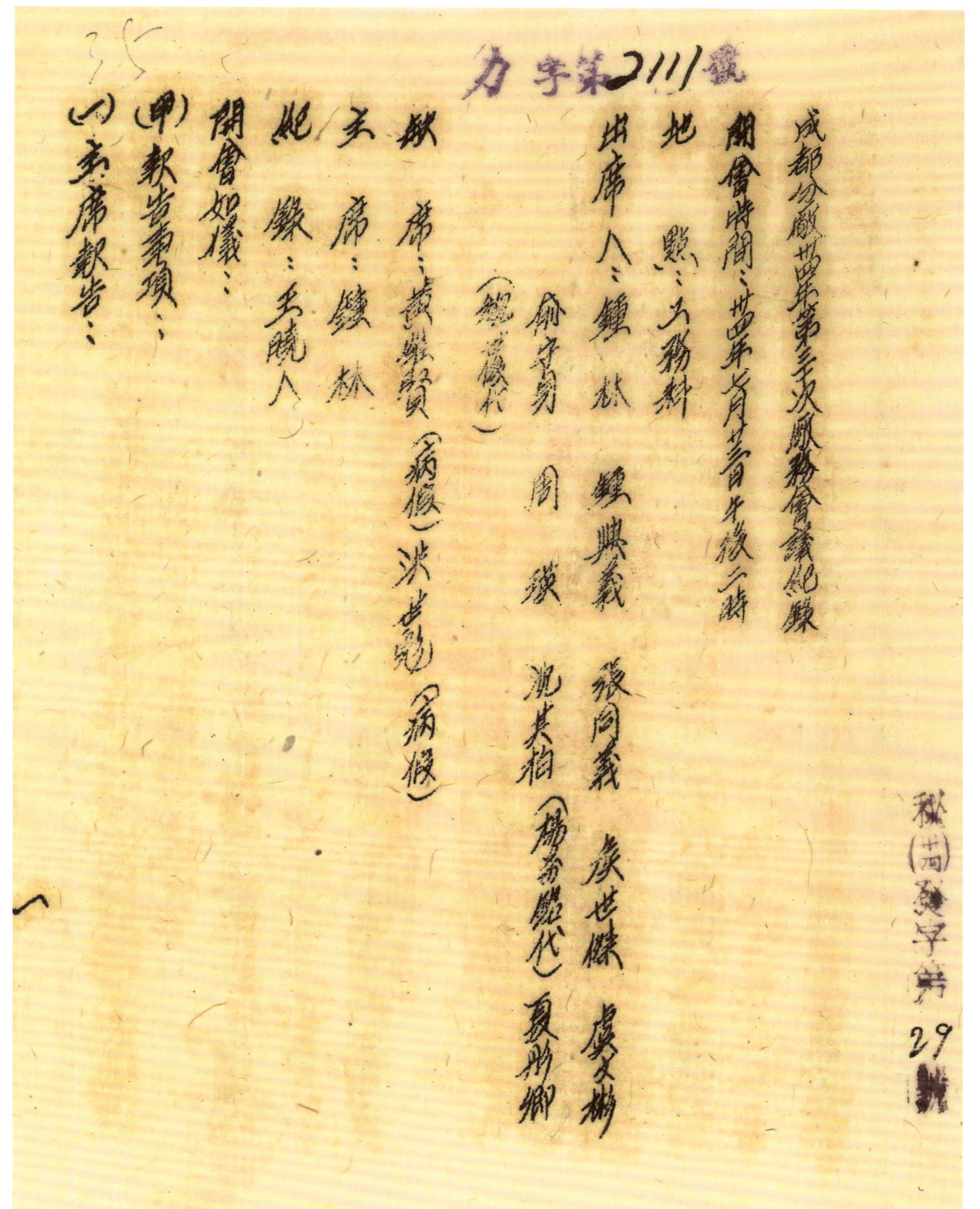

秘(卅四)發字第29號

力字第2111號

成都分厰卅四年第三十次厰務會議紀錄

開會時間：卅四年七月廿三日午後二時

地　　點：工務科

出席人：鍾　林　鍾興義　張同義　庾世傑　虞文彬

俞守勇　周　琰　沈其柏（楊希懿代）　夏彬卿

（總務處代）

缺　　席：黃驗賢（病假）　洪世彪（病假）

主　　席：鍾　林

紀　　錄：王曉人

開會如儀：

（甲）報告事項：

（一）主席報告：

八、前週本部試製造情形大致尚屬順利，日內即可續試射成品兩批。本月份製繳數須速以前已造二萬顆、

九、近因鋼廠卡車已有旬餘日未到，各項材料來感缺乏，如鋼皮鋼管等重要材料，均須賴鋼廠接濟之物，即須儘急與鋼廠及時撥運，以利工作、

十、鑄造廠頃以因屢被洪水淹浸，遷廠工作復感有問題，殊[illegible]鑄工部份陷於停頓，數月以來，情形日見嚴重、

十一、六月份計購之熔爐煉鐵之蘭丹炭，業已運到，除飾到信部參[illegible]用僅可維持數日外，稍有材料[illegible]先後托由[illegible]六噸暫用，惟價格不但昂貴，且品質亦欠良好、

十二、廣東山通航後，前批應撥材料內之鋼管各噸及火鉛各噸，已水運抵東山，刻正交該木船轉運途中、

36

6、本廠為多方保障後方以利工作計，曾於本年三月間專派李技術員赴湘桂各大都市辦理購運事務，迄今數月，尚未發運到廠，殊屬非是，除派員前往督促辦理外，已另將鑄鋼設計鑄造，其他部份工作人員努力嚴督、

7、廠址已經遷到，之件照舊為充，惟支付繁多，仍感不敷配用，尤以材料費為所需急，已屢呈總廠懇予体察情形，酌為撥發經費，以維工作、

8、最近渝光號劉代本車均須大修各局部修理，自有於途中拋錨四次之多，無數度損毀，消耗精數，仍未適時運到，如此情形，似應嚴加管制，並轉請總廠勸於卡車開行前預為檢查，使可減少中途停滯救濟之煩勞、

9、近日霍亂病症漸感嚴重，廠內已先後有數人染病死

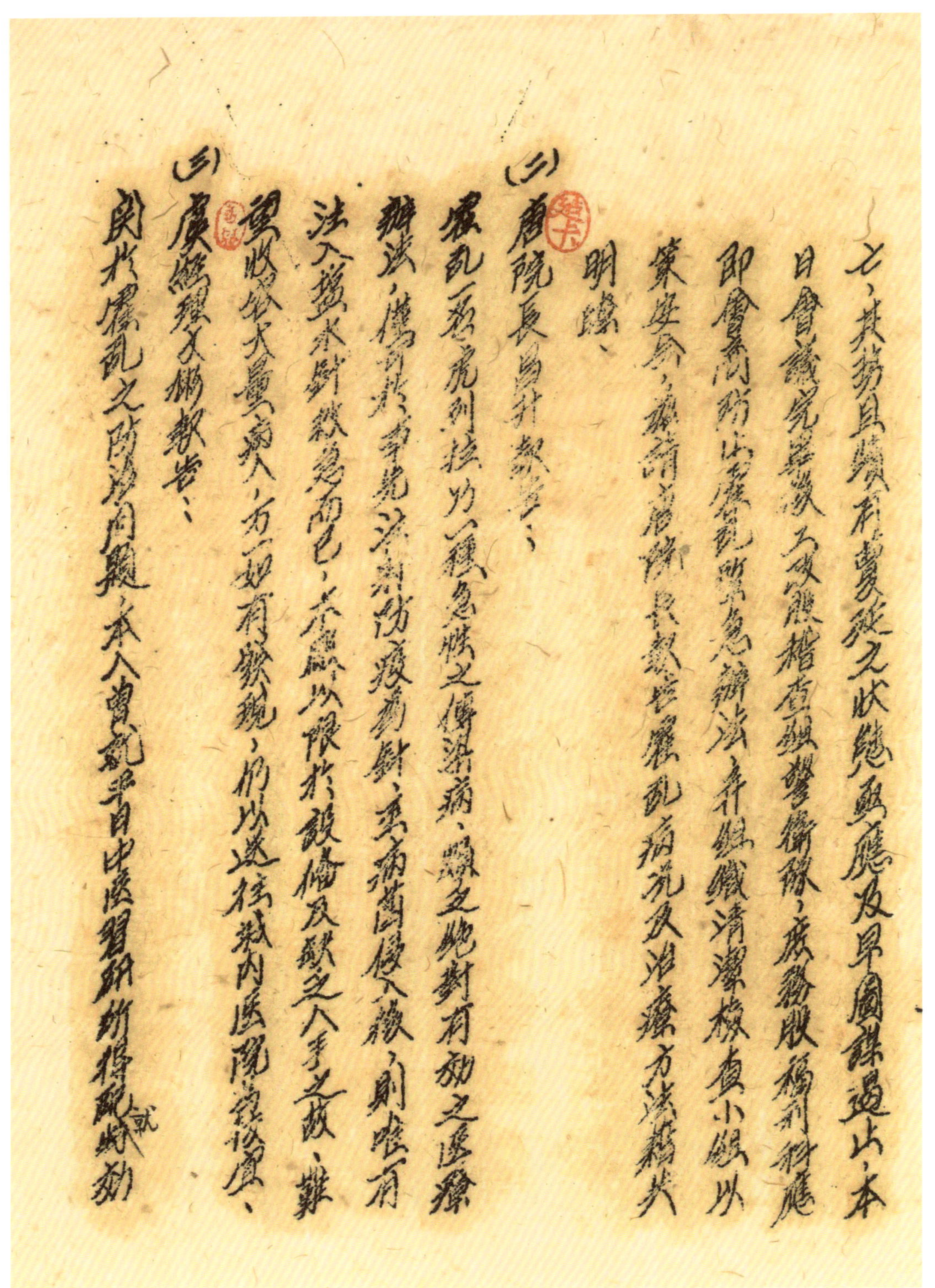
七、其勢且有蔓延之狀態，亟應及早圖謀遏止，本
日會議究應如何嚴格查驗督飭衛生，廚務股、福利科應
即會商消滅蒼蠅急辦法，并組織清潔檢查小組，以
策安全，並請醫務課長報告霍亂病況及治療方法，藉共
明瞭。

（二）醫院院長呂衡報告：
霍亂一症，竟列於十種急性之傳染病，雖至晚對有效之醫療
辦法，僅有於未發現前之預防方針，若病菌侵入後，則惟有
注入藥水對救急而已，本院以限於設備及缺乏人手之故，難
望收容大量病人，萬一如有發現，仍以送往城內醫院為原則。

（三）處總務長報告：
關於霍亂之防治問題，本人曾就平日在醫學研所所得，貢獻此效

37

葯一種，服法簡單，亦可止瀉，已治癒患數人，現正大量提煉

將來擬分發各部備用、

(四)運輸材料者、

本科此次辦理各項運輸情形，茲分別概要撮述如后、

人據係於十七日由梁山龍岩四月份黃丹、炭五〇噸及硫磺

五噸已於本月廿日由玉華華押運至敝，又六月份黃丹

炭各噸及兩千斤鋼十五噸生鐵十五噸由來成押運至本

月五日離梁上行，以上各料月內可運到敝、

又，庫存成品近已陸續提運，自194以前各批均已掃數解清，

第195批係正務料加焊松香，完畢後即可交運、

及自永河之鋼炭已續在商東四鄉前往提運，(因)途日川西大雨，

沿途橋樑道路多有沖毀，致有延宕運誤，已由沈科長親

三

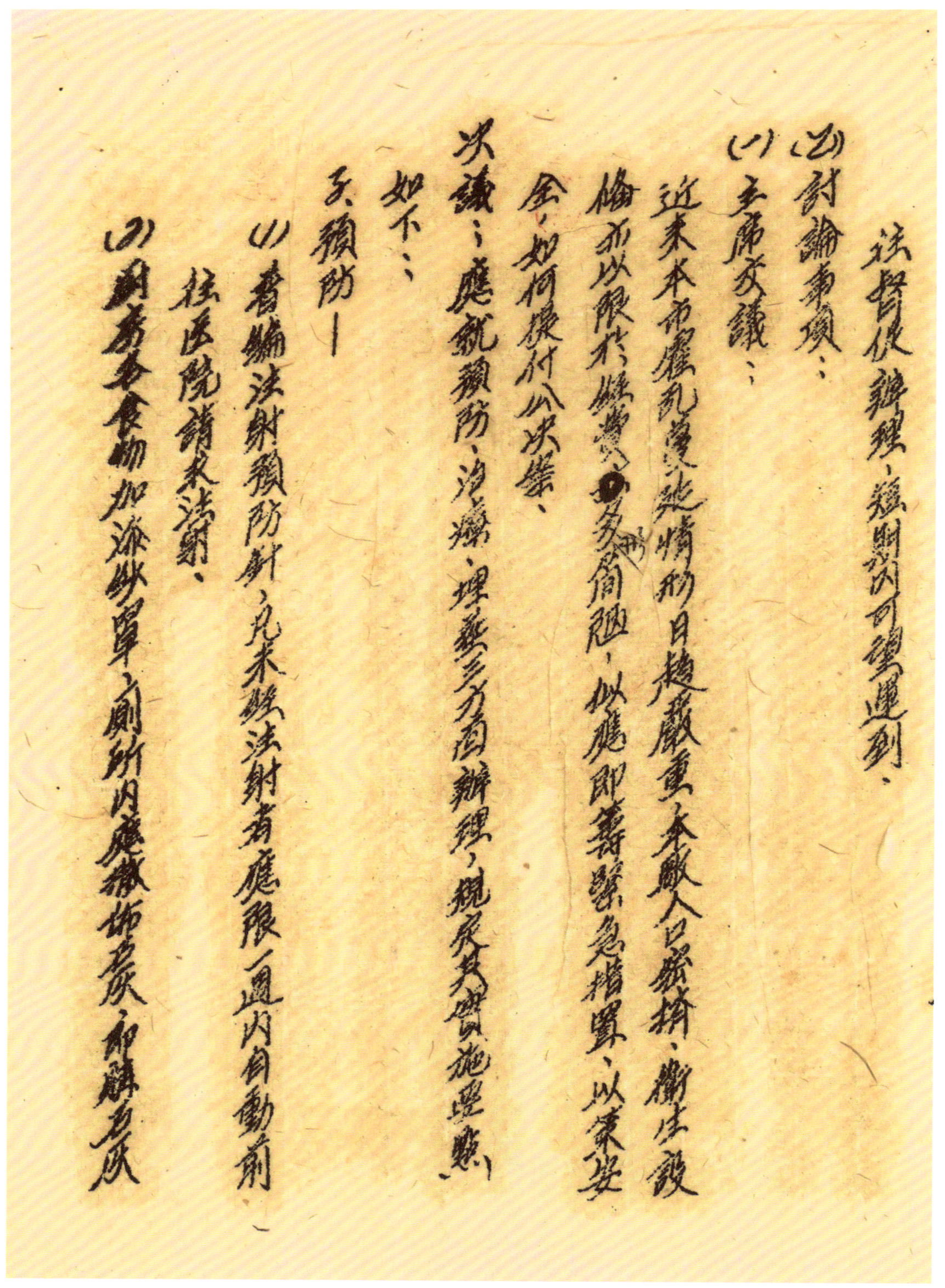

法督促辦理，務期以可望運到。

（乙）討論事項：

（1）主席交議：

近來本市霍亂蔓延，情形日趨嚴重，本廠人口众擠，衛生設備亦以限於經費，多簡陋，似應即籌緊急措置，以策安全，如何，提付公决案。

決議：應就預防、治療、埋葬三方面辦理，規定其實施要點如下：

子、預防——

（1）普遍注射預防針，凡未經注射者應限一週內自動前往醫院請求注射。

（2）對于各食物加添紗罩，廁所內應撒佈石灰，即購石灰

二十色、由福利科妥擬辦法、並商定聯合巡察規則、剋日施行、

又、医院即查詢藥水針設備方式及費用數額、着手籌設霍亂救急治療所、

丑、治療——

又、簡化各部並醫院手續並另函請本市各大医院查照辦理、

又、處所長所製中藥救急藥粉可即大量製發備用、

又、選定治療地點、以免疫菌傳染、使病者互相隔離、并注意患者所居區域之消毒事宜、

寅、埋葬——

又、染霍亂不治死亡之屍体、應即剋將送出城、在指定區域內深埋下葬、

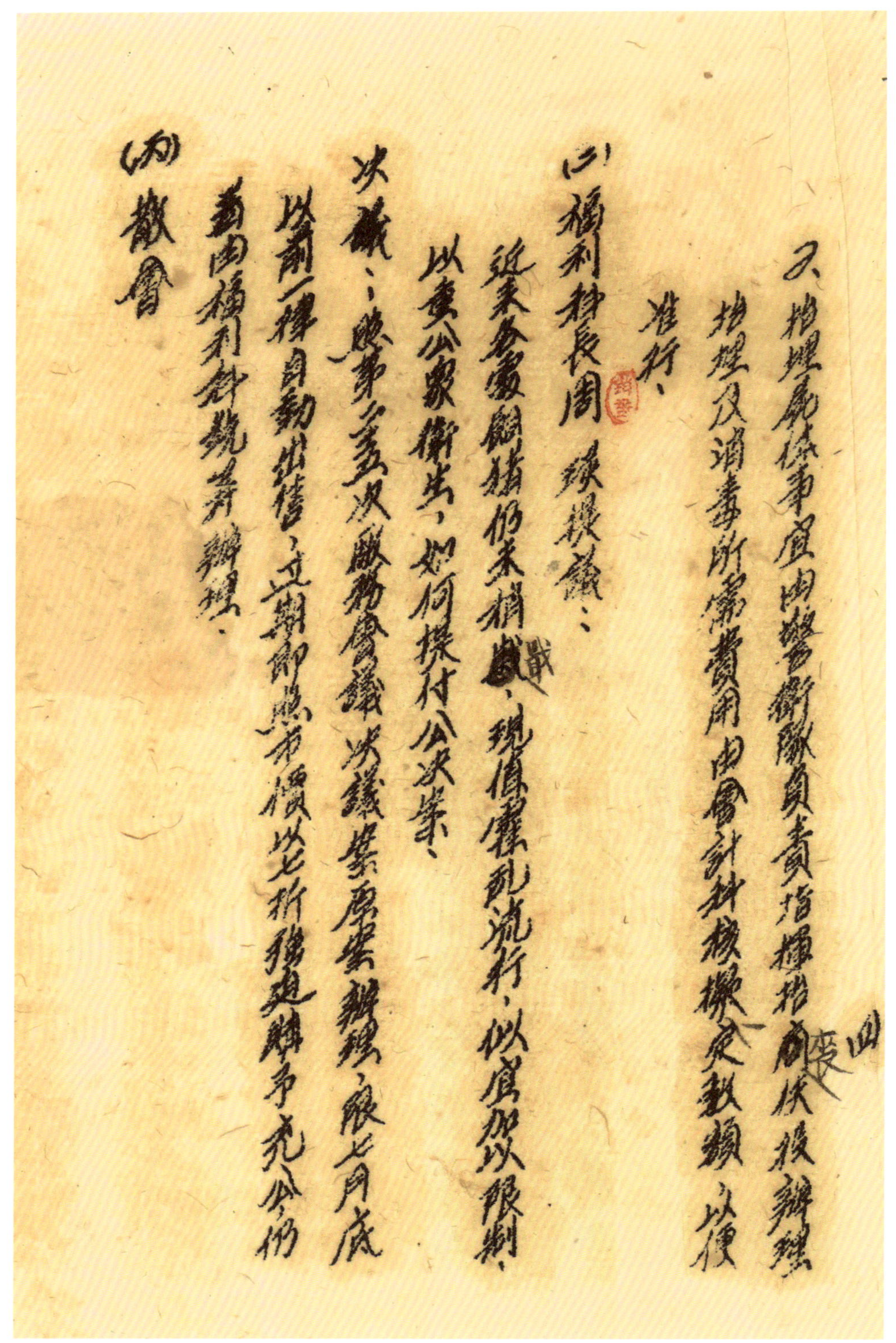

又、掩埋屍體事宜由警衛隊負責指揮指派民伕按辦理，掩埋及消毒所需費用由會計科核實數額，以便

准行。

(二) 福利科長周 臨時提議：

近來各處飼豬仍未稍戢，現值霍亂流行，似宜加以限制，以重公眾衛生，如何提付公決案。

決議：飼豬事交由廠務會議決議嚴厲辦理，限七月底以前一律自動出售，並由本廠照市價以七折強迫購買充公，仍着由福利科擬具辦法。

(六) 散會

军政部兵工署第五十工厂成都分厂一九四五年第三十一次厂务会议记录（一九四五年七月三十日）

69

工字第2144號

秘(四)發字第30號

成都分厰三十四年度第三十一次厰務會議紀錄

地　點：人事科

時　間：七月三十日午後二時

出席人：鍾　林　鍾興義　俞守身　張向義　唐世傑

郭泉裕　夏開卿　（黄藻代）沈其楣　周　璟

唐文炳

缺　席：黄雄英

主　席：鍾　林

紀　錄：王毓八

開會如儀

甲、報告事項

主席報告：

（一）製造情形——

1、過去一週內各製造所因材料不濟，形成嚴重之缺料情形，正尽力補救，務求仍能維持原定造辦額數、

2、近來各項材料皆受大水影響，因運輸時有阻滯，復以限於經費支絀，未能多量儲存，致每于亟要急需材料，均感嚴重缺乏，如鋼鐵生鐵以綦江大水衝斷橋樑，運輸不便，自月來到廠較少，致鑄工部分須停炉，炮彈部工作亦因而遲頓，又六月份黃丹等因受大水影響，加以來蓉中途一船在灘觸毀，越期亦久，其他銅及鋅等則因滇廠長未運到廠，舊存大部告罄，上列各項均為製造主料，影響所及，深用焦慮、

3、本廠所需爆藥，因數量較大，轉運頗感困難，川內各廠當係人工採治，不僅品質不一，且產量亦甚有限，年來雖經多方進行、

一時似難舉債，據聞普通礦藏出產應用情形，一般以六七八月份為易於購買，現則情形反常，故價值頗已約達十萬元上，而現貨仍少，但就本廠半年需用量以四百噸計，則全部需款不下四千萬元，其數額殊鉅驚人、

(六)木料近又奇漲，旬日時已由每担一六〇〇元上昇至一八〇〇元，將近二〇〇〇元大數，查本廠前派赴贛省購辦之木料，因受[illegible]，短期亦難運回，甚感損失不貲、

(二)廠務概況：

人廠眾時有不足之虞，近來各物隨金價陸續上漲，依據目前每月需造[illegible]、最低亦需經費七千萬元，因現時總廠亦有標困難，無力再行撥法分廠，週轉金之請撥，恐將不易辦到，為情轉款總廠亦甚棘手、

又霍亂症候據情形近已寡少，唯仍須嚴格執行廠務會議議案，

其預為預防，以免猖獗不遏之勢，着准即將各飲食攤販，務為迅速勸

討，持派糾察隊，於飲食攤販山地組設檢驗，至時執法所應處，並

已頒到規定取締辦法，對於流動攤販，因市上購買不易已

勵由將之所，結紀組自製供用，務期患者立即覆檢不致因

擁危及生命。

又據參方調查勘討，此項麥茶飲用地區之廠衛區域，多係由於人

烟稠密，難以觀察地帶，本廠對於此類衛生事宜，應為加

強管理，除福利科等有關部份對廠務則所特須注意清潔

外，已令飭各該販號等注意賣品，斷未合衛生者斷不得售，

以重公眾衛生，並飭發斋戒勸。

此、據准兵工署制局第　局長致本廠奴欲覆轉各廠價購平價布

53

須經財政部、軍政部核准，值此大局動蕩之際，自應十分節省，福利
科長來渝，擬列若冊分別呈送，以便早日頒發，藉重員工之福利、
六、分廠駐渝就近洽運材料等事宜，已派關慶股員衛衡前往辦理，惟據
夏科長由蓉來信，謂據撥樂陽四部即可核發，運輸材料應於六月底
到即開，并早期裝到，回程裝貨較快、
七、近來時有本廠官佐所屬人員對其資格未滿或雖已滿而成
績尚差，以順從人情，遂而請求晉升薪級，殊有未合，嗣後應加
慎重，應照獎懲條例，人人知所振勵，自能警惕，藉節經費、
乙、討論事項、
運輸科長沈其樹提議：
一、自本河鋪渡後，近以天雨道路泥濘，發生車輛屢受損壞，以致本
廠用煤常致中斷，應如何辦理，提付公決案、

三

決議：請由鎮秘書前往交涉辦理，以資熟諳，一面派員分頭赴大邑、灌縣、犍為、邛州各縣產區調查洽購。

又，竹根灘尚堆存本廠灰口鐵八〇噸，迄今尚未裝運，如何辦理，提付公決案。

決議：庫存尚多，暫以趕運急用材料為主，所提暫緩辦理。

又，頃准四川省驛運管理處奉令結束，並自七月廿日截止清理承運期限甚短，所有該處與本廠簽約往來，如何辦理，提付公決案。

決議：運輸科負責即前往洽辦清結事宜，並由廠方備函致謝，請賜便利。

又，據夏科長由渝來函，以署派運料卡車即可到蓉，請將存料裝運至部放回等情，查該項卡車所燒用柴油如回程交由公路利用時，無法請求發給，亦無困難，如何辦理，提付公決案。

決議：以卡車三輛裝運本廠積存材料足額，餘一輛交由軍需司令部利用，並請析撥成款轉購紙以應用。

會計科長俞守身提議：

人 四川大學農學院廿三年度欠本廠貨紙價帳項迄今經年未決，迭催置之不理，如何請付公決案。

決議：請廠長嚴詞交涉，並再函該校催辦，以利結款。

六、查限制申請購物辦法，迭經廠會決議有案，乃近查各部仍多不顧實際需要，濫肆購辦，以致[illegible]公費日滋增，如何提請公決案。

決議：維持原案，並重新規定雜公用品之月支總額最高不得超過六〇万元，集中請購，該股應查察基本需要及實際情形分別先後緩急，斟酌辦理之。又凡屬不必要或可以自製者，一律予以批駁，不得任意外購，以節公帑。

(四)

六、本廠單身職員宿舍，原設有燒木柴爐灶處，近因缺欠勤警，時有停炊情形，又以美籍人數既少，服役不懶，以其用人殊感不便，如何整頓，提付公決案。

決議：准予增補長夫五人，連原有長夫三名，共同分任燒水、挑水、送水事宜，不敷時可商請由各部公役協助辦理，並規定嗣後例假星期應須輪替工作，不得藉故停止開水，備利材料轉帳照辦。

七、合作社廣棉經理提議：

查肥料剩已以每張八〇〇出售一〇〇〇張，要移樂山發場來劃，該處市價可售一、二〇〇元，唯運費須轉自付，應將提付公決案。

決議：「以尽速出售為宜」

建築科長沈其構提議：

查本廠員工眷屬，本廠只可維月提撥吾嘅，近因高原自費，送

感不敷應用，且以洪水期內搬運無從限制，可否呈請酌量增撥給
以利工作，請公決案。
決議：已電請增撥月約10公噸，俟交到再行決定。
稽查組長張同義提議：
本週聯合督導清潔結果，大部情形已趨良好，唯仍有少數難
違諸誡，若不稍改，如何辦理提付公決案。
決議：照上週決議案辦理，初犯者勸告，再犯者予以警告，三次
重犯者准予罰款，移充衛生費用，詳細辦法著由清潔督導組
擬具呈核。
會計科長納守綱提議：
擬將本廠應用木器改由廠方自製，以資節省，一切費用，惟現
有管理工人、雜木工數人，恐難勝任，應否酌予增加名額，配合
五
55

需求，提请公决案。
决议：增加现有人数努力制造。
丙、散会

军政部兵工署第五十工厂成都分厂一九四五年第三十二次厂务会议记录（一九四五年八月六日）

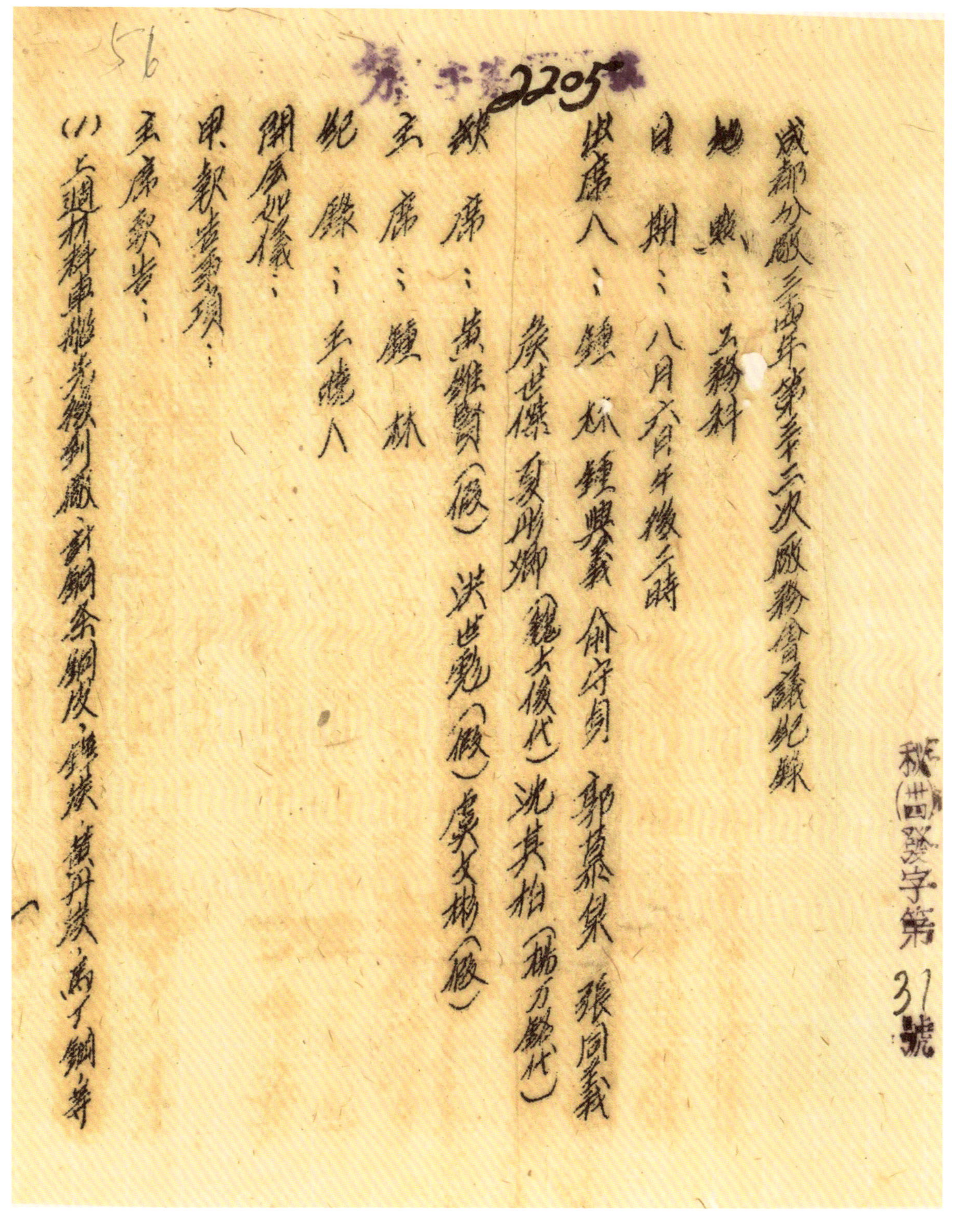

56

2205

秘(西)發字第31號

成都分廠三十四年第三十二次廠務會議紀錄

地點：工務科

日期：八月六日午後二時

出席人：鍾林 鍾興義 俞守身 郭慕泉 張同義

侯世傑 李彤卿（魏大俊代） 沈其柏（楊乃驗代）

缺席：黃維賢（假） 洪世超（假） 吳文彬（假）

主席：鍾林

紀錄：王德人

開會如儀

報告事項：

主席報告：

(1)上週材料庫繼續先後到廠，計鋼條、鋼皮、雜鋼、黃銅皮、高工鋼等各運到一部，已飭節免發儲要，唯數量甚微，仍待繼續大量撥運，俾免停工。

(2) 七月份燒磚成品，雖有材料各項困難不一，各製造部門仍能繼續規定動造額數達到完成，實均得力於上下合作共矢努勉。

(3) 此次卡車運到材料，計為八分鋼皮、兩分鐵皮、五分及三分鋼條及副信管一部發射藥及緩千分兩項，則仍付闕如，再以各料運到遲延，如雷管及引信體之製造均將趕為減低，至超過各製造部仍加緊工作，務期將前此停工待料期內短少製件，設法予以趕上，以維物造能額。

(4) 渝來土鋼近來時有缺乏，除已備貨函兩部外，仍有仰懇筆撥及入廠鐵卡車急待修理，全部擬用將達四五十萬元，其數似感過巨，應請遵照特別法處，務希調度得宜，並盡力減少損耗

57

時間為要。

(5)此次由紐約分署運輸處洽擬，將由此東四部，分半數先到廠，擬夏秋長途運，經過頗與煩難，該處初以簡機細，繼而以阻擱裝儀為詞，最後復以缺乏當時輪船之機，經數轉後商，始於七月抄出〔捌〕，轉運輸料應即妥為準備，隨時調可資裝運來廠，填改辨外，其餘可向東站司令部交涉，請求利用，務於即月內一次開出。

(6)近月來鍊焦供應乃為最感棘手問題，〔陳〕轉請運輸部份多方覓度購煤外，但水河方面已漲，說料長再往催購，另在灌縣發辦四十噸試行採用，又大邑新場煤礦亦經先撥派員前往調查，一俟獲有結果，當可大量收採。

(7)燒鍊集作用之耐火磚因方已有調整，每枚為六八〇〇元，如果屬實，則本廠製造鍊磚每月約可達六四、〇〇〇、〇〇〇元，雖是最低限以一萬樣計即可

飄用，甚盼早日解決、

(8) 目前運輸問題既如此繁劇，故關於引信用藥，現已屬甚為迫切，亟盼有關機關各部格外努力，精圖自給，以裕收入、

(9) 本廠近週瘧疾傳染情勢已漸趨減少，惟本廠中偶有發現者，希各同仁隨時盡力防範，以重公衆衛生、

(10) 農場工作，實無異廠機件之作息時間，適遇例假，即感應參廠一些，致每有臨時發生事件，乏人調度，此後應重行規定，所有農場工人於星期例假，應由場長向廠來報住所，俾資調用、

(11) 市府近因四川重慶區劃地建造營房一案，前曾圖定本廠規劃之橋山地段，本廠亦已列，唯該處多係本廠員工遇有疾病死亡埋葬之區，並為通切重要，擬予據理力爭，已函該府請予免撥、

(12) 本署頒發本廠基本編制表一種，飭自行擬具詳細核擬、

該項新編制除一般無異外，另設有技術科一處，專司設計各種，技

術員與普通職員人數比率約為二比一，已極具美滿，關係各部

甚大，可能減少增補人員，以加不加入為原則，以維經費開支、

五、討論事項、

總務科長郭景森君提議：

頃據伙食管理員呈稱，近來物價暴漲，本人獨營食床位經費五十間左右，

新到工人無法安插，如何提付公決案、

決議：一律　發給人米三，其原有以人床之工補發向者於先分住亦先安置

由營繕股添置、

上週工人中有患染霍亂症者，往往現為於治療所醫不治身死，因棺木

無着，竟須暴露，有礙衛生，且諸感不便，應如何辦理，提付公

決案、

三

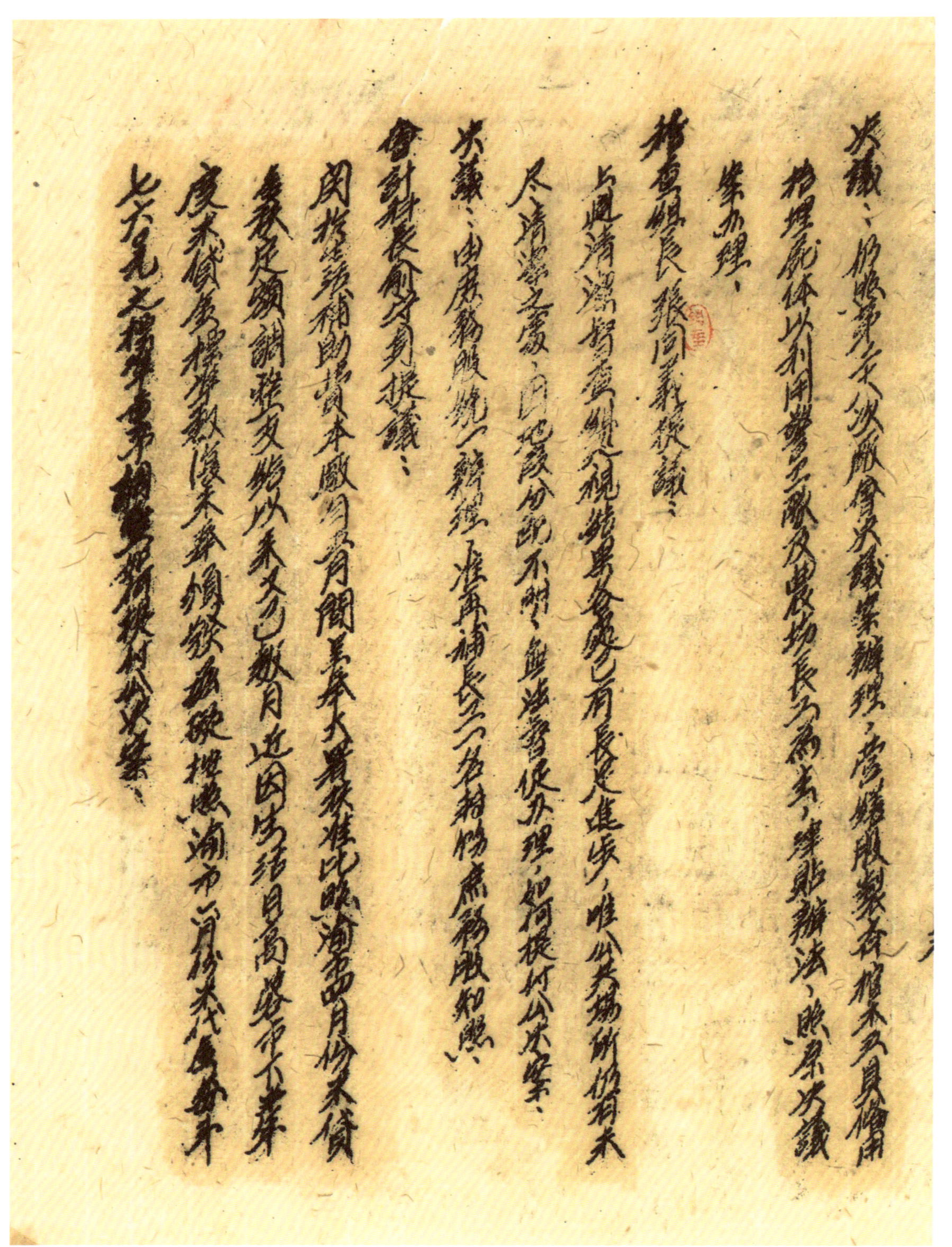

決議：仍照第一次小組會決議案辦理，應繕服務表存根及具備用
指揮處俾以利用，譬如水廠及農場長之所需，得照辦法，照原決議
案辦理。

稽查組長張同義提議：
上週清潔檢查組之視察結果，各處已有長足進步，唯公共場所仍有未
盡清潔之處，因地段分配不明，無法督促辦理，如何提付公決案。
決議：由庶務股統一辦理，准再補長工一名，由庶務股知照。

會計科長劉[illegible]提議：
関於米貼補助費本廠以前每月[illegible]間[illegible]暨按照比照渝市四月份米貸
金額定額調整支給，以來又已數月，近因生活日高，[illegible]
度米貸[illegible]標準數額，[illegible]擬照渝市六月份米代金每市
七十六元之標準，[illegible]如何提付公決案。

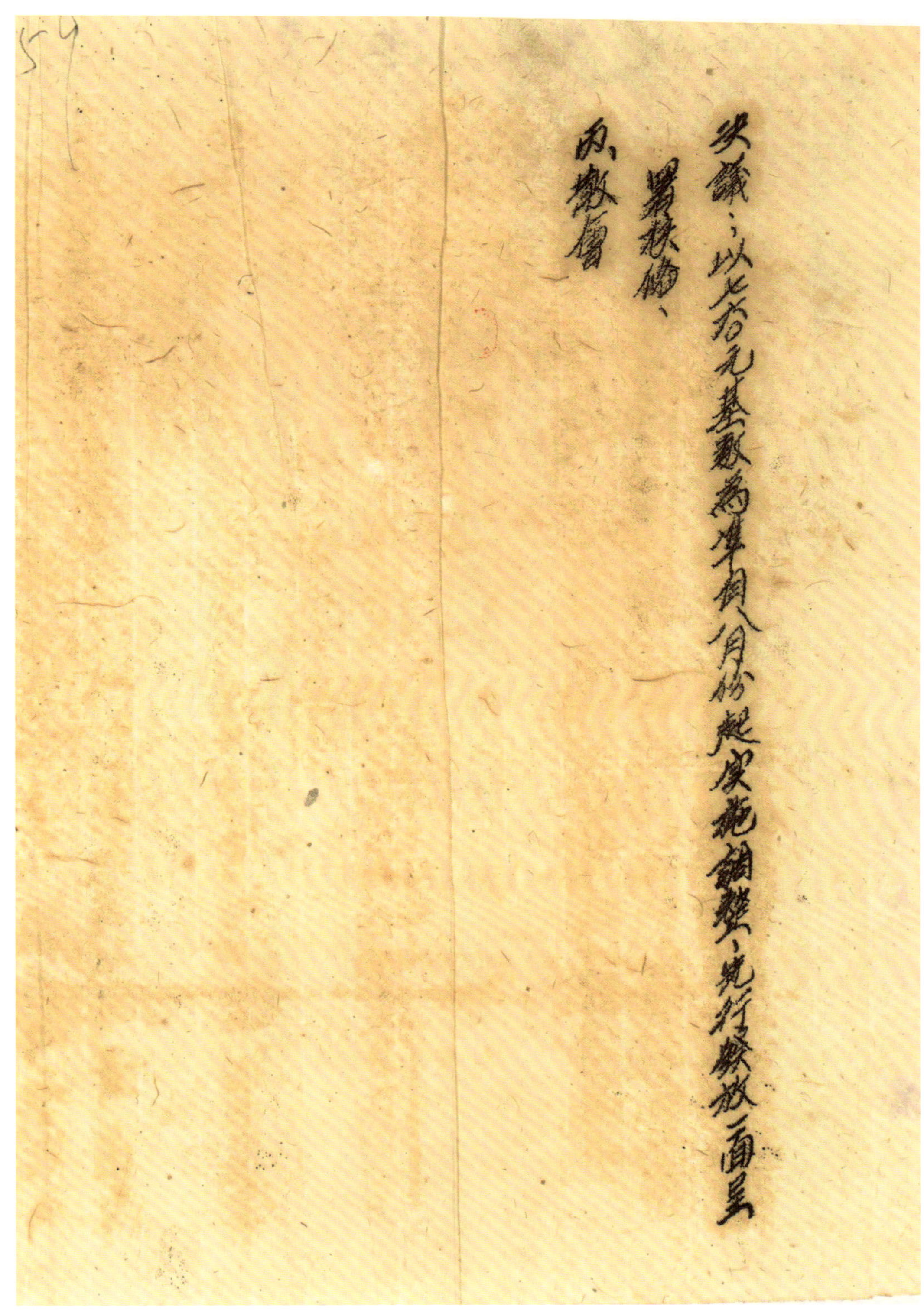

次議、、以七省元基數爲準自八月份起實施調整，免行繁擾而昭
畢核備、
丙、擬會

军政部兵工署第五十工厂成都分厂一九四五年第三十三次厂务会议记录（一九四五年八月十二日）

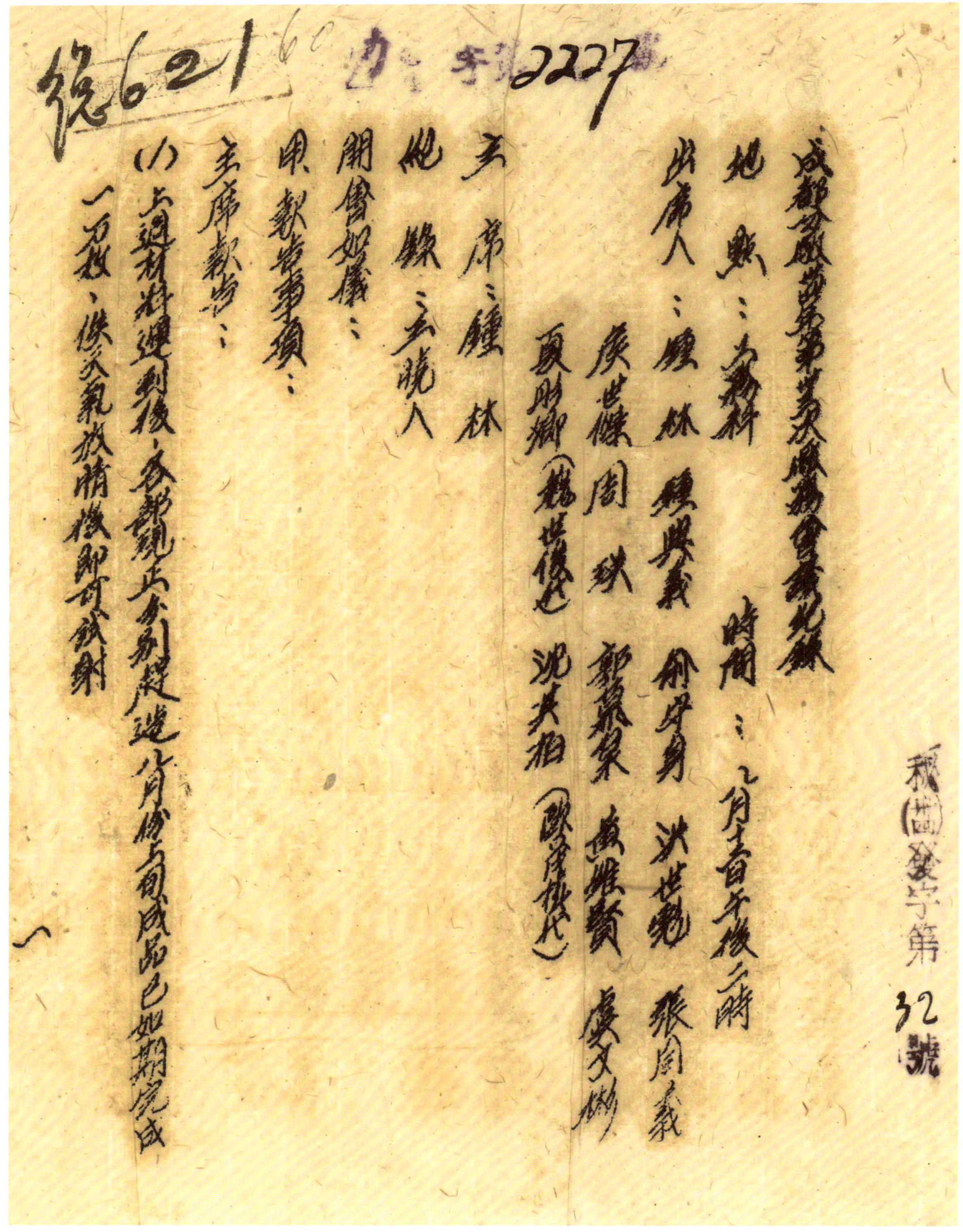

秘（商）發字第32號

成都分廠第卅三次廠務會議紀錄

地點：工務科　　時間：八月十二日午後二時

出席人：鍾林　錢興義　俞守身　洪世瑋　張鳳義

庾世傑　周琛　鄭蔡榮　戴維賢　虞文彬

夏彤卿（魏世俊代）　沈其柏（歐陽樹代）

主席：鍾林

紀錄：王曉人

開會如儀：

報告事項：

主席報告：

（1）上週材料運到後，各部現正分別趕造，八月份上旬成品已如期完成

一萬枚，俟氧氣供給精機即可試射

（2）日寇投降消息，於十日午后傳出後，一般無不歡欣鼓舞，此乃我人處於八年餘戰厭下之自然結果。唯日寇素尚譎詐，吾人似應預量以處，不能因此遽爲鬆懈。本廠同人有於次日提議放假休息者，雖因停電所限，但大部仍覺可爲之，照常工作。蓋政府未明令公佈前，應仍照常持恒工作，不可稍懈。

（3）近數日來，川西各地普降大雨，以是交通每多阻塞，如煤炭、木料及食米等項，均爲延誤，故啓明電力公司亦因燃料問題停止供電，以上影響出品頗巨。

（4）關於霍亂病疫情形，近因本市大雨後，低窪之處多被淹沒，疫菌傳佈益廣，數載患病人數大有激增。本廠方面雖無發現，但亦仍應加意防範，至關重要。

（5）近來因運輸迭有困難，煤炭已感嚴重缺乏，除向木河方面業派

61

专人前往督饬办理外，又已前场长任本年三月间派李技术员欣鹤前往洽运试用，迄今数月，迄据该员报告，业已启运，计早应到厂，乃近日据查仍在中途滞搁，一部且未装运，似此情形，实属顽忽功令，业已转饬该员加紧催运，以功折罪，倘再延误，定照战时公务员贻误公职法呈请严办、

(6)、一月来因材料缺乏，各部多有停待，近来材料赶运到厂，复感燃料不足，电灯尚常停电，实予出品以大减损，甚为焦灼，煤炭问题解决后，各部即予加紧工作，以补前此不足之数、

(7)、前拨运料柴油卡车四部，已卸底盘，并向军辎司令部交涉利用，日内可开出，唯该车引擎因不敷装运酒精，尚予迟延，兹为关系署中征经处拨借车辆代运材料，以利工作、

(8)、欠款又添列四、三〇〇万元，此为近来一次最数多之巨款，致应予妥

二

善利用，唯物價因敵寇投降業已大跌，故此項儲款之動用，須候當局明文，以[illegible]敵況。

(9) 逐次支付修理卡車費用已達四五千万元，此外須自購車胎始可發車，此後運輸計劃應加意避免出租，對此項車輛之營利，務取撙節態度，不可稍有放弛。

(10) 關於物料之驗收手續，前為審慎起見，曾規定應由使用部份負責查驗品質，庫房負責數量，會計科負責單據價格核實，各相當周密詳盡，實行以來，收效頗宏，唯日久漸多荒弛，甚至敷衍塞責，事務為難推諉，不但削減工作實効，且常使供應商以甚多之不便，殊深憾事，嗣後務期各部份，照原規定之辦法，切實執行，毋得再事疏忽。

(11) 關於技術人員，調整薪級一案，茲值勝利已臨，故須早日呈報，已由總處遵擬具即可呈廳。

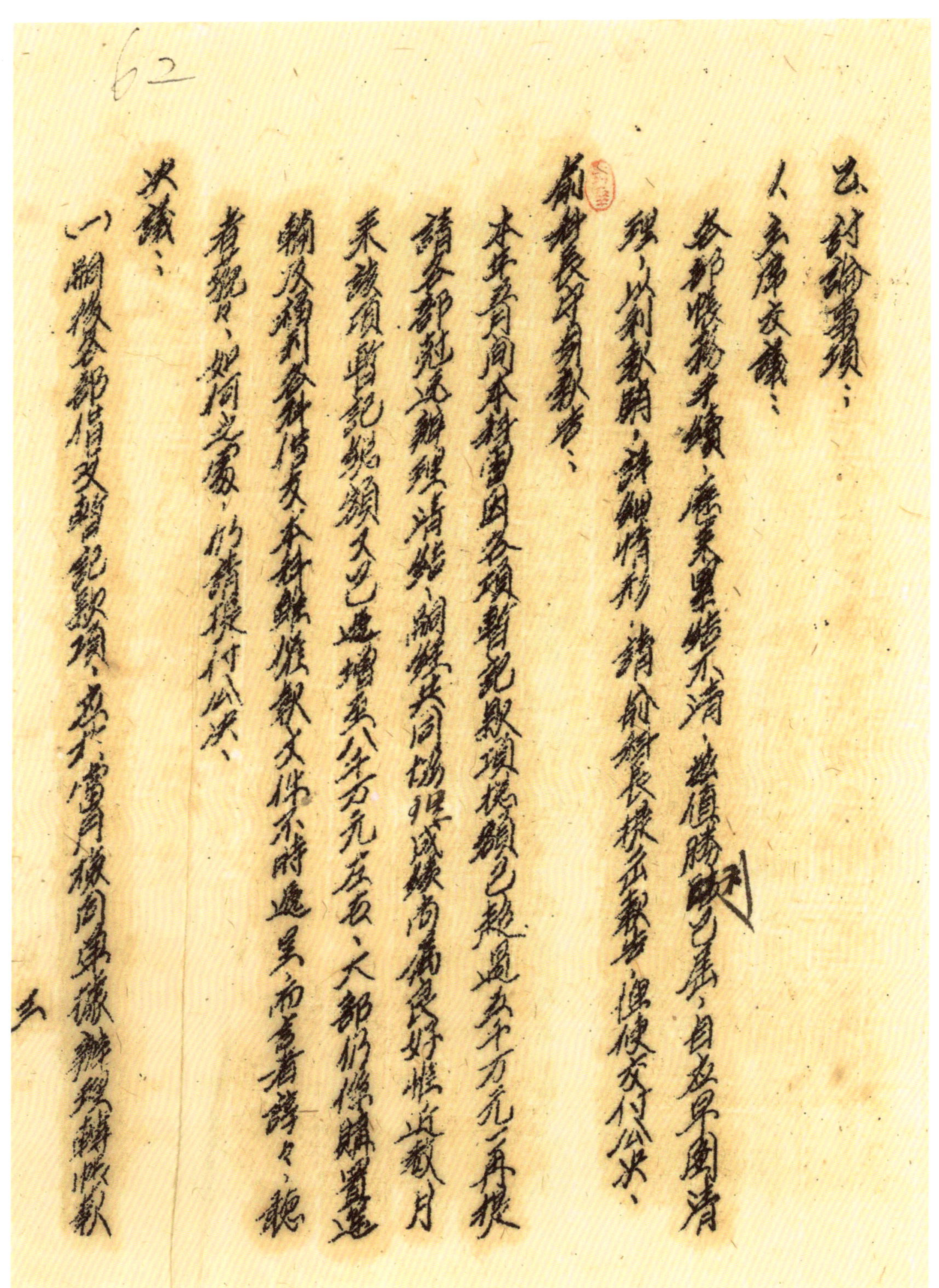

62

五、討論事項：

八、主席交議：

各部帳務未結，歷來累積不清，茲值勝利已屆，自應早日肅清賬，以利結算。詳細情形，請會計處長報告，俾便交付公決。

會計處長報告：

本年八月間本廠因各項暫記款項數額已超過五千萬元，再提請各部趕速辦理清結，調整共同協理，成績尚屬良好，惟近數月來該項暫記款額又已遞增至八千萬元左右，大部仍係購置運輸及福利各種借支，本廠雖催繳文件，不時遞呈，而各處請々，總者賬目，如何處置，仍請提付公決。

決議：

（一）關於各部借支暫記款項，應於本月底以前分別清繳，辦理轉帳收款

三

辦木鉢拖延過久、否則予以警告或處分。
列清楚傷及帳款，若有成原係公員負責者提辦並稽究之：
人黃淳負擔手續費，無用依帳務、核算日內辦理完畢、
又福利社前經任務交手續中有關會計部份者限鄭社長一週
內清理完畢，應作成交帳經理同此辦理、
又選福利社帳目，應派社長返廠後議定、
福利社社長周秩提議、
本廠現共有稽手辦後利用白做焉喚剩餘，交處理頗感不便，因此
來料由福利社廠大為養辦小猪、俟猪大稍、送交廠本部從肥、以利營養
如何請付公決案、
決議：通過、如擬辦理、
東廠社長洪世光提議：

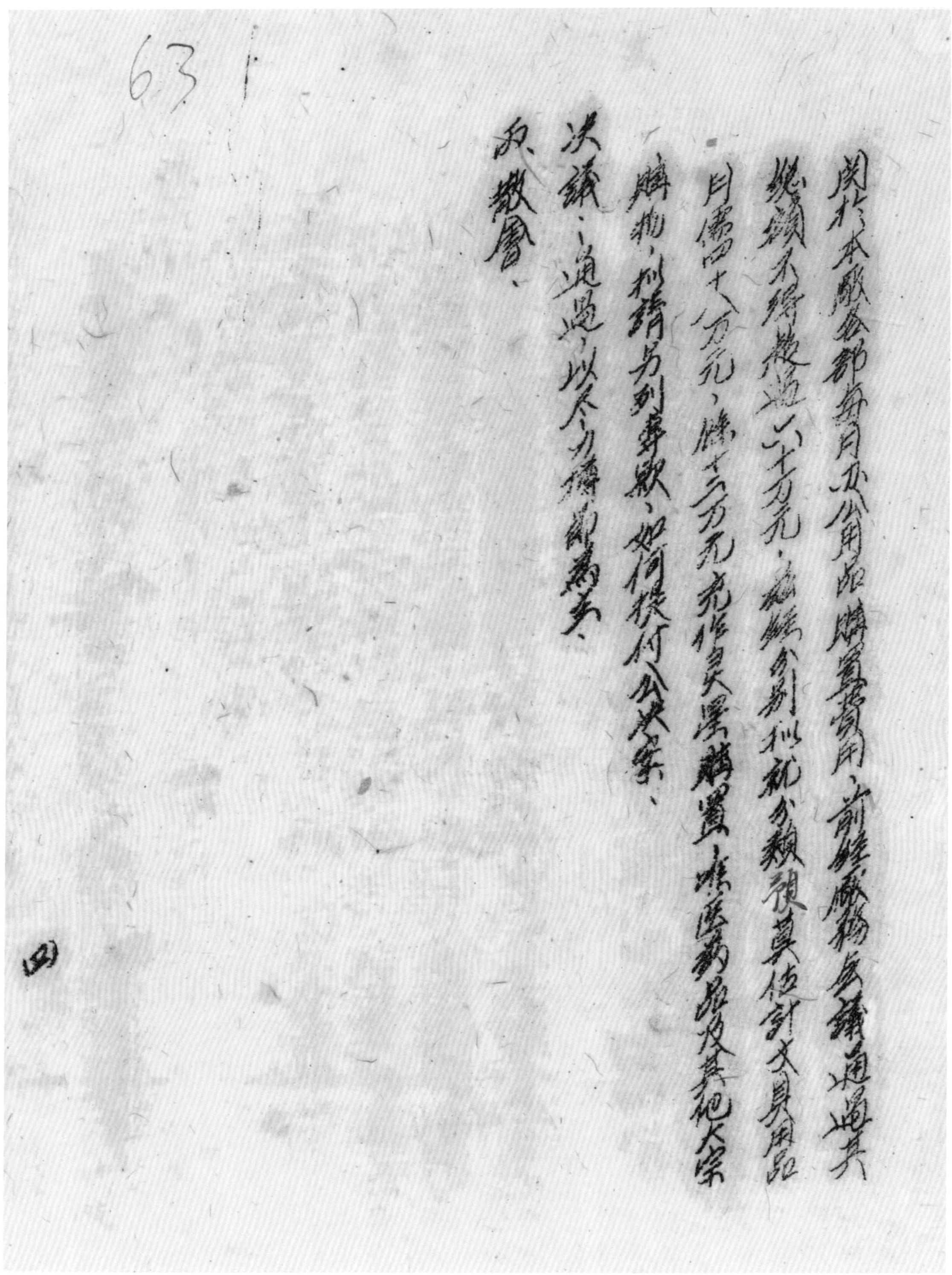

63

関於本厰各部每月办公用品購置費用，前經厰務會議通過，其總額不得超過六十万元，並經分別擬就分類預算，估計文具用品月需四十八万元、燈油十二万元，充作是項購置。惟医藥品及其他大宗購物，擬請另列專款，如何採行，公决案。

决議：通過，以不另撥款為要。

五、散會。

(四)

四、人员名录

国民革命军第一集团军总司令部筹建工厂办事处为检送职员录致总司令部军务处的笺函（一九三三年十月十四日）

附：国民革命军第一集团军总司令部筹建工厂办事处职员录

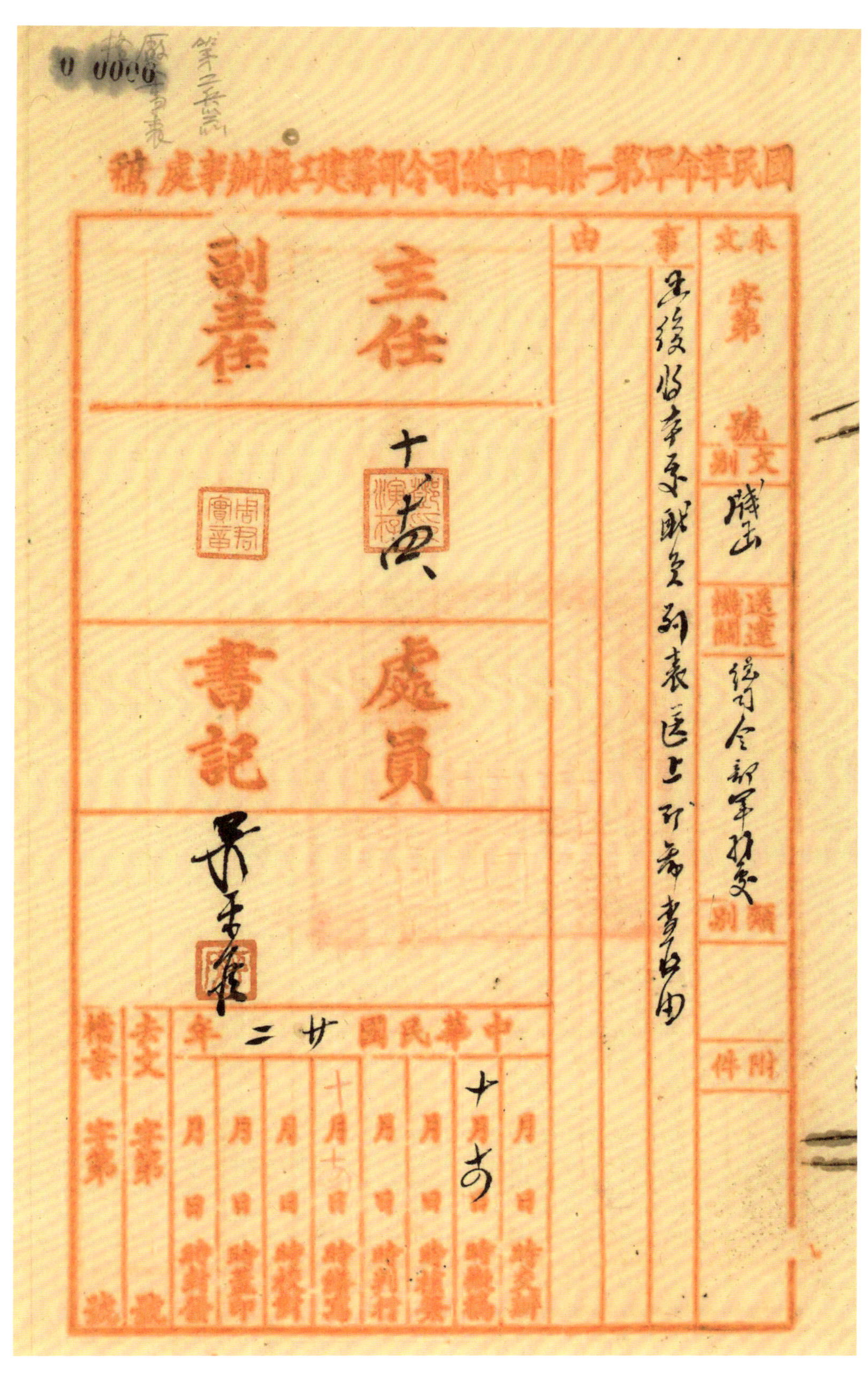
國民革命軍第一集團軍總司令部籌建工廠辦事處稿

來文 字第 號

文別：牋函

送達機關：總司令部軍務處

類別

附件

事由：函後將本處職員錄表送上祈希查照由

主任 十五

副主任

處員

書記 吳玉璋

中華民國 廿二 年 十 月 十四 日

月 日 時交辦
月 日 時擬稿
月 日 時核稿
月 日 時判行
月 日 時繕寫
月 日 時校對
月 日 時蓋印
月 日 時封發

去文 字第 號

檔案 字第 號

6-1

騁出吾兄

道綏，現准

貴處擬函以編印本集團軍職員錄，需要明瞭

貴廠少校以上各官佐官職、姓名、別號、年歲、籍貫、出

身、通訊處，函送一覽所列表函送，以憑彙編等由，過處

查照需要等

茲編制待遇表，錄列職別、薪俸，並官佐等級

之別，前將需要全廠職員列表送上，即希

登閱，准出第四科名手覆

書函，收發

第一集團軍、部、長鈞

主任鄧○○

副主任周○○

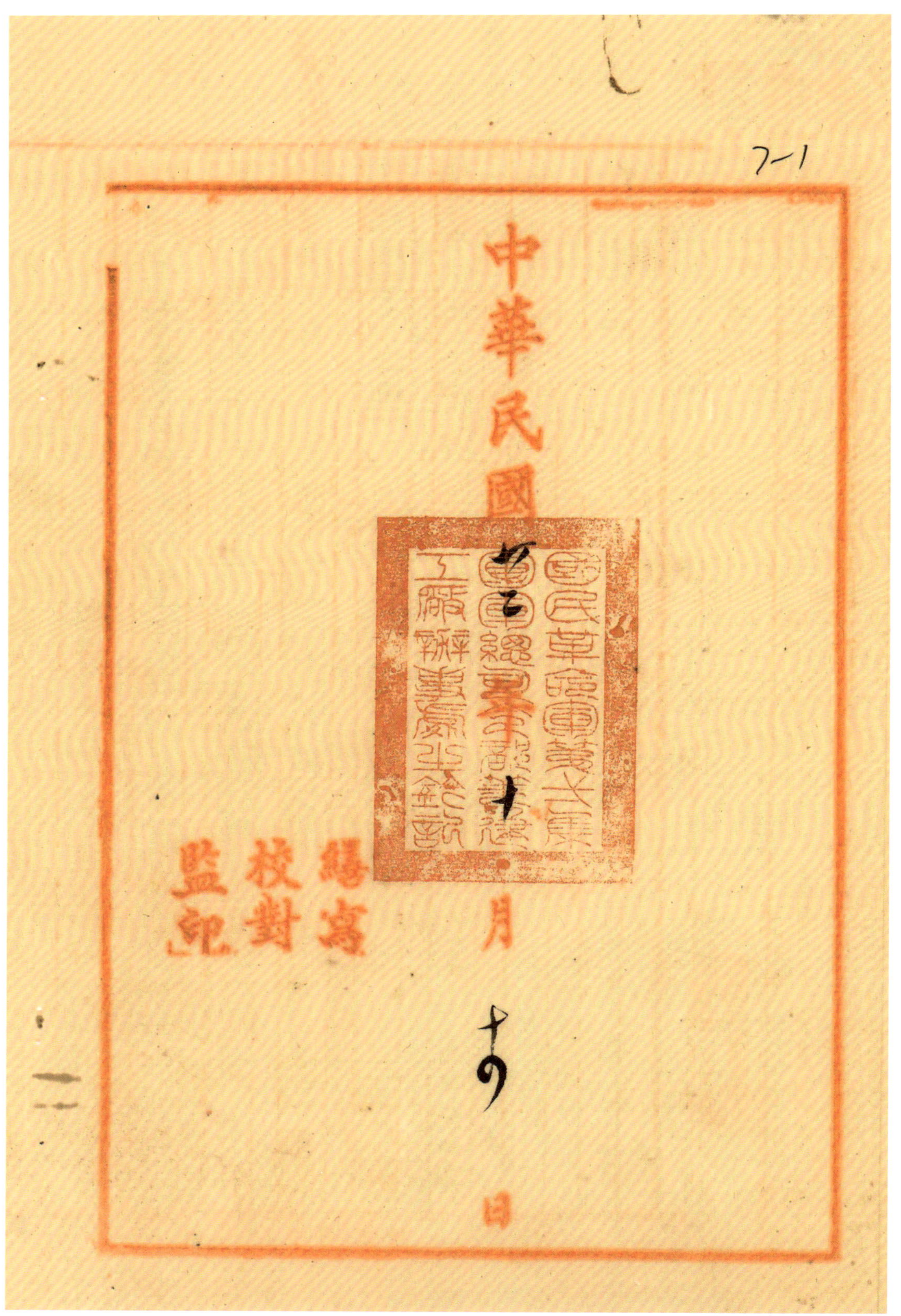

7-1

中華民國廿七年十月十四日

繕寫

校對

監印

國民革命軍第一集團軍總司令部籌建工廠辦事處職員錄

職別	姓名	別號	年歲	籍貫	出身	通訊
主任	鄧演存			惠陽	保定軍官學校	兵工廠副廠長兼職
副主任	周君寔					總司令部軍需處經理處處長兼職
翻譯員	馬季魯	幼愿	廿九	順德	廣州中德學校畢業	廣州寶華路十七號
工程助理員	黃根	淫生	廿二	新會	吉隆坡維華荷李書館	廣州維新南路石將軍武成巷二號二樓
工程助理員	吳錫疇		三十	恩平	廣東陸軍測量學校	廣州大南路[illegible]二樓
庶務	譚錦球	藝卿	四十九	新會	廣東陸軍速成學校工兵科	廣州市小馬站第三號
副官	喻	義國成	廿八	湖南寧鄉	陝西憲兵教練所	廣州新豐街又十一號
書記	吳平侯	以字行	二十五	江蘇儀徵	廣東高等師範附中肄業	廣州光塔街一二二號

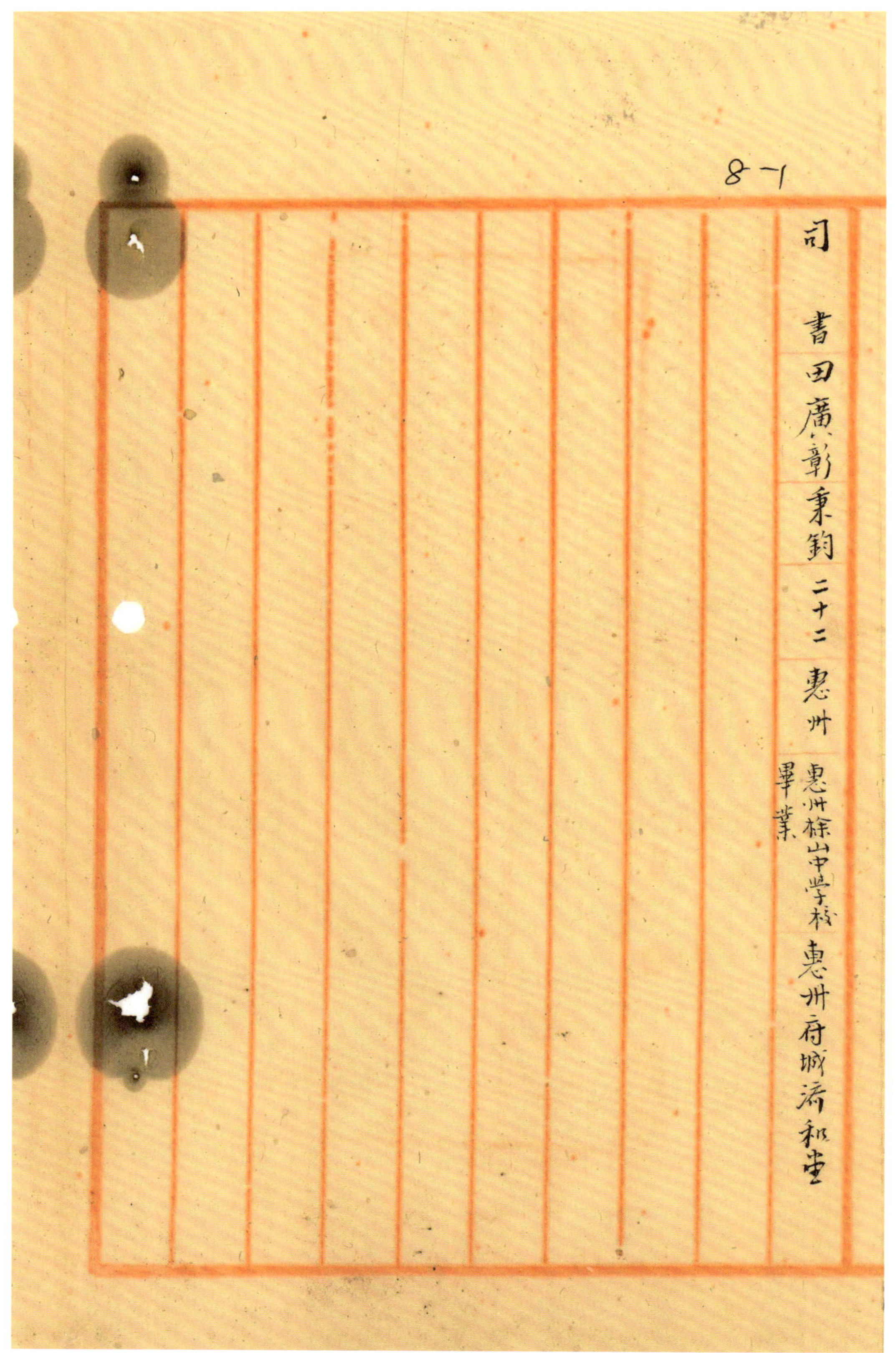

8-1

司

書田廣彰秉鈞 二十二 惠州 惠州樣山中學校畢業 惠州府城濟和堂

邓演存为报送广东第二兵器制造厂上校以上人员表给第一集团军总司令陈济棠的快邮代电（一九三九年三月十一日）

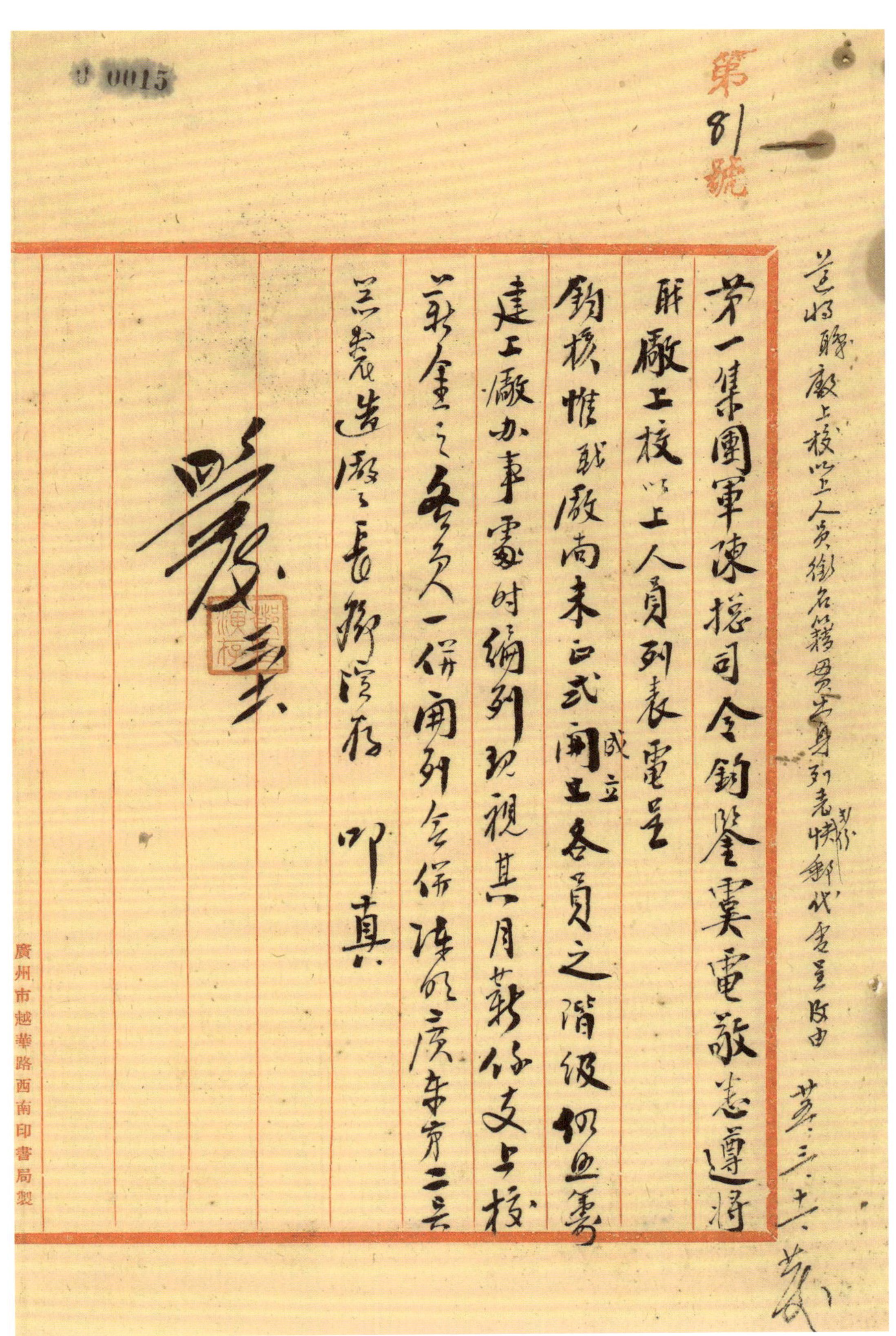

0015

第81號

並將職廠上校以上人員銜名籍貫出身列表快郵代電呈核由

廿三.三.十一 發

第一集團軍陳總司令鈞鑒：寅蒸電敬悉。遵將
職廠上校以上人員列表電呈
鈞核。惟職廠尚未正式開工（成立），各員之階級擬照籌
建工廠辦事處時編列，現視其月薪俸支上校
以上薪金之各員人一併開列，合併陳明。廣東第二兵
器製造廠廠長鄧演存叩。真。

鄧演存

鄧演存

廣州市越華路西南印書局製

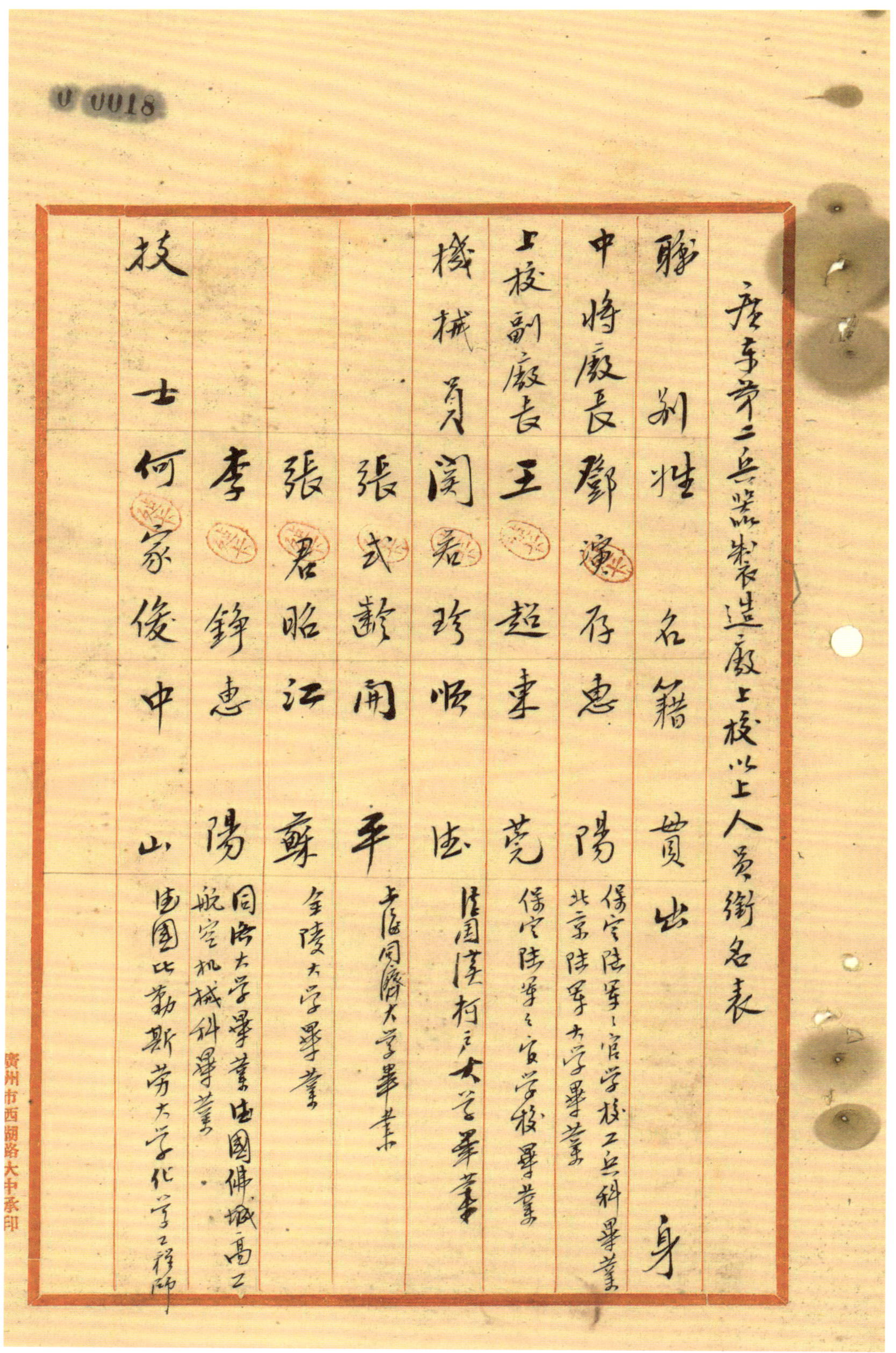

廣東第二兵器製造廠上校以上人員銜名表

職別	姓名	籍貫	出身
中將廠長	鄧演存	惠陽	保定陸軍軍官學校工兵科畢業 北京陸軍大學畢業
上校副廠長	王超	東莞	保定陸軍軍官學校畢業
機械員	閔若珍	順德	法國諾村大學畢業
	張武齡	開平	上海同濟大學畢業
	張君昭	江蘇	金陵大學畢業
	李錚	惠陽	同濟大學畢業德國佛城高工航空机械科畢業
技士	何家俊	中山	法國比勒斯勞大學化學工程師

广东第二兵器制造厂为报送加委职员职别薪俸一览表致国民革命军第一集团军总司令部军务处的函
（一九三六年八月七日）

附：广东第二兵器制造厂职员职别薪俸一览表

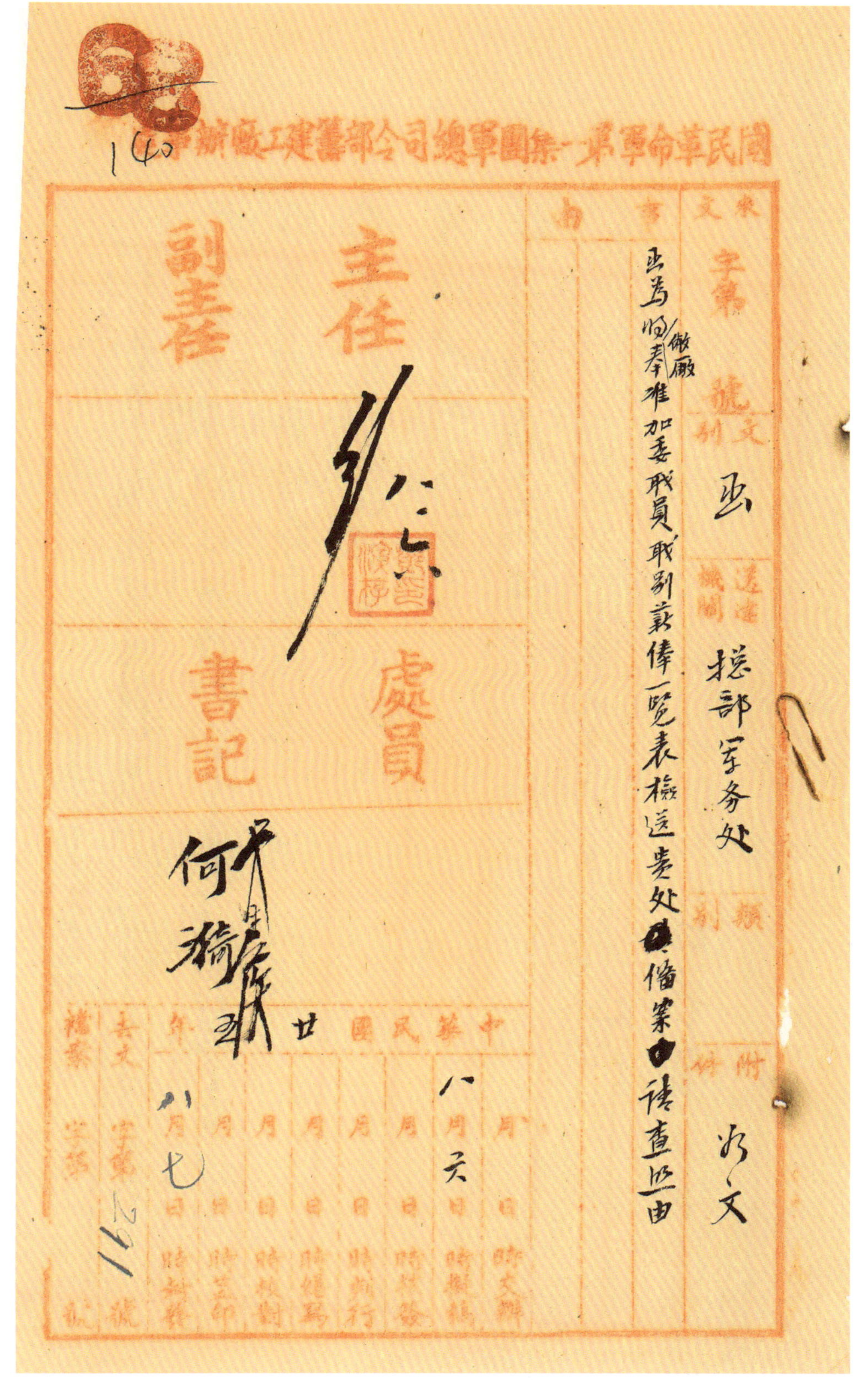

國民革命軍第一集團軍總司令部營建工廠新稿

文別：函

送達機關：總部軍務處

事由：函為敝廠呈奉准加委職員職別薪俸一覽表檢送貴處備案請查照由

主任
副主任
處員
書記
何㠯瑞

中華民國廿五年八月六日

140-1

函第　　號

逕啟者：查敝廠職員業於　月　日開列名冊，函呈
總座察核，經批准，飭部加委有案。茲特將該奉准加委之
職員職別薪俸一覽表，檢送
貴處，請煩予以備案。相應函達
查照為荷。此致
總部軍務處處長但

計附職員職別薪俸一覽表一冊

廠長鄧〇〇

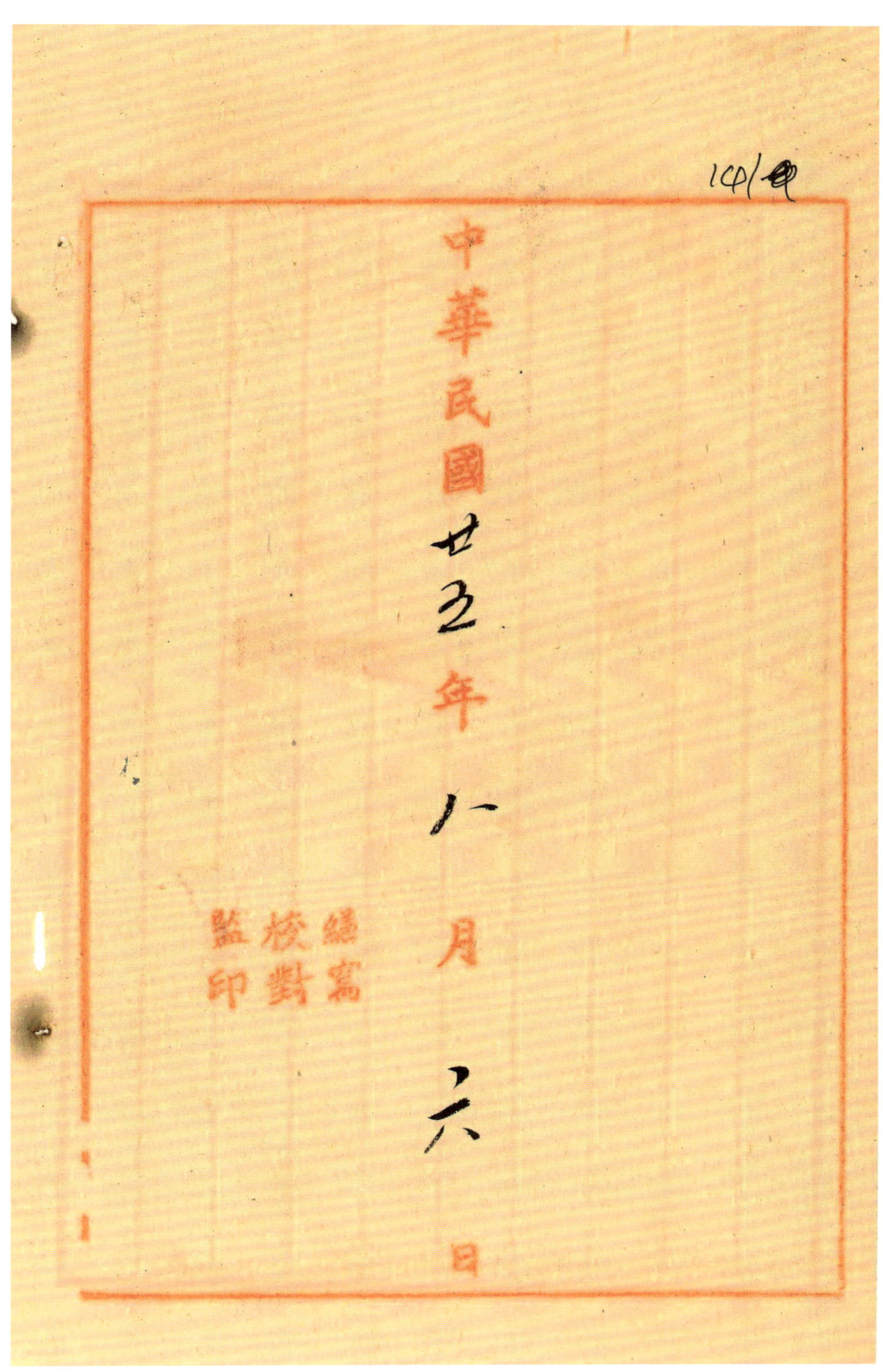
1414
中華民國廿五年八月二六日
繕寫
校對
監印

廣東第二兵器製造廠職員職別薪俸一覽表

職別	姓名	薪俸	備攷
廠長	鄧演存	[illegible]佰元	
副廠長	王超	卅百元	
主任	黄森光	佰元	伕馬費薪水由總部發給
技正	羅明熇		
機械員	關若珍	卅百元	
機械員	李錚	卅百元	
	張君昭	卅百元	
技士	何家俊	卌百元	

職別	姓名	薪額
	張式齡	〢〤百元
	雷官鑄	〢百元
	劉開坤	〢〤百元
	李步黄	〢百元
	侯從孔	〡〣百元
	劉天盛	〡〥百元
譒譯	馬季魯	〢百元
	馮礎堅	〣十元
	吳學志	〢十元
工程員	吳錦疇	〡〤百元

71

103

職別	姓名	薪額
助理員	崔樾	〡〤百元
繪圖員	秦庚春	〣十元
	陳錦坤	〤十元
	林藻明	〤十元
	吳翰均	〤十元
測量員	曹思權	〣十元
管理員	梁沛之	〤十元
醫官	李樹芳	〡〤百元
司	盧起濤	〣十元
	莫燕華	暫緩
軍需	鄭立基	〣十元

143-1

職別	姓名	薪額
	田廣彰	四十元
	胡國材	廿元
書記	吳平侯	廿元
	何漪	廿元
司書	容柏常	三十元
	鍾澄波	三十元
	周秉珩	三十元
副官	陳任可	
	葉德隆	
	喻義	

以上四名由總部派來服務不支薪

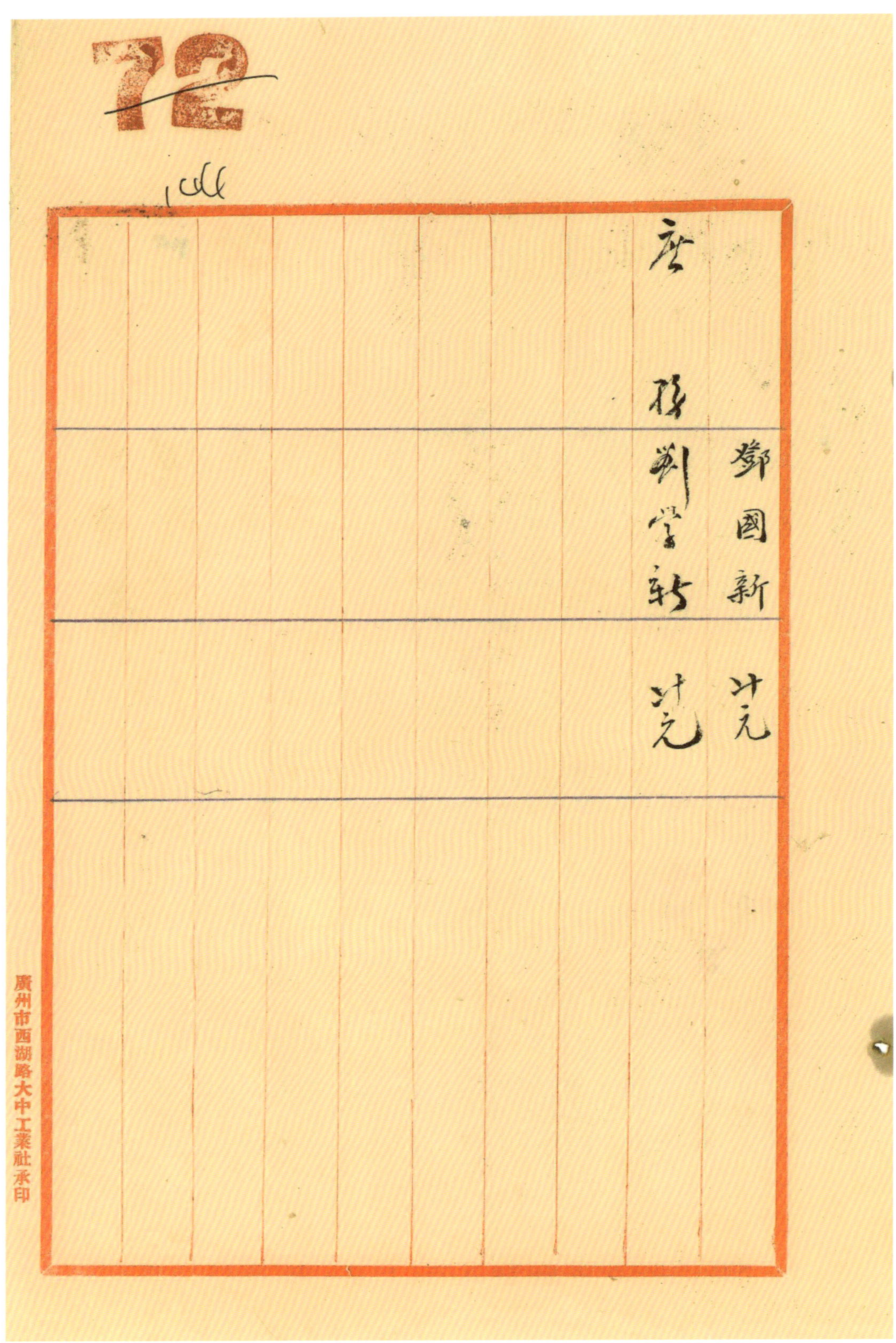

鄧國新 卄元

庶務 劉學新 卄元

廣州市西湖路大中工業社承印

国民革命军第一集团军总司令部筹建工厂办事处为报送职员名册及简历表致军事委员会广州行营的呈

（一九三六年十月二十四日）

附：兵器制造厂官佐简历册

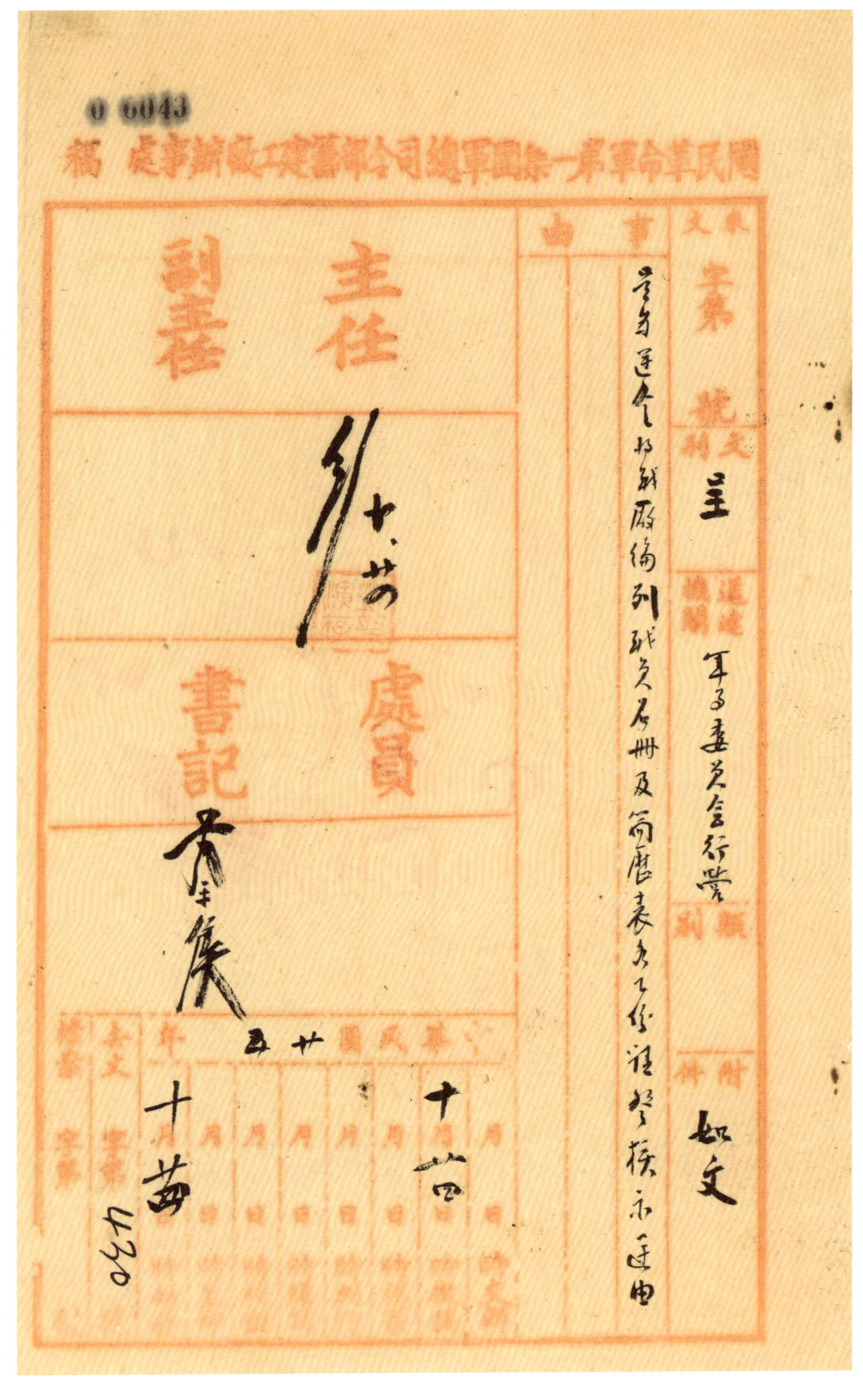

0 6043

國民革命軍第一集團軍總司令部籌建工廠辦事處稿

來文 字第 號

文別 呈

送達機關 軍事委員會行營

附件 如文

事由

主任

副主任

處員

書記

中華民國廿五年 月 日

呈 第 號

呈為呈復事案奉

鈞座訓令粵人字第二八三號內開：「查本行營為明瞭該省駐軍及各軍事機關學校人事情形，特製有任職編制表及人員簡歷冊，茲於文到五日內各檢一份呈送行營，並以此後按月造送任免抄告表，以備查考。除分令外，合行附同該表各項，令仰該廠長即便遵照辦理為要。」等因；附發簡歷表格式一份。奉此，竊查職廠尚未正式開工，所有任用職員多無階級之規定，祇視工作之需要而定人員之多寡，並以對於編制一項尚無正式規定在案。奉令前因，理合具

文造全職員姓名冊及簡歷冊各乙份送呈

鈞核，伏乞

指令祗遵。謹呈

委員長蔣

計呈職員冊及簡歷冊各乙本

全銜廠長鄧[illegible]

[D.-5]

中華郵政

掛號郵件憑單

Receipt for Registered Article

577號

收件人姓名住址

44-1
中華民國卅五年十月廿日
繕寫
校對
監印

0 0047

兵器製造廠官佐簡歷冊 二十五年 月份

隸屬	職務階級	姓名	別號	年齡	籍貫	出身	略歷	到現職年月日	備考
軍政部兵工署	廠長 中將	鄧演存	競生	四八	廣東惠陽	保定陸軍官學校砲兵科畢業 北京法政大學經濟科畢業	第四軍參謀長 漢陽兵工廠廠長	二十二年八月十四日	
	副廠長 上校	王超	若鵠	四二	廣東東莞	保定陸軍軍官學校畢業	歷任上海兵工廠科長 [illegible]	二十四年十二月一日	
	技正	黃森光		[illegible]	廣東台山	美國米西干大學建築工程學士	廣東建設廳 [illegible]	二十四年二月十日	
	機械員	閔若珍		[illegible]	廣東順德	德國漢諾威高工畢業	廣東兵器製造廠技正	二十二年十月 日	
	機械工程員	李鏘	其芳		廣東惠陽				
		張君昭							
	技士	張式齡							
		何家俊		[illegible]	廣東中山	德國比勒斯勞大學	廣東省政府 [illegible]	二十三年 月 日	

47-1

		雷官鍹						
		李步黄						
		劉甸坤		卌	廣東中山	德國但澤高等工業工程師	前[illegible]兵工廠上校工程師	二十七年[illegible]
		侯從孔						
		劉天威						
工程員		吴錦疇						
助理員		崔樾	蔭讓	卌	廣東番禺	日本宏文學院	粵漢綫局材料廠廠長	二十四年二月廿八日
翻譯		馬季魯		卅	廣東順德	廣東航空學校第二期畢業	廣東航空處文秘書	二十三年九月一日
	上尉	馮礎堂						
	中尉	吴學志						

0 0048

底稿

第一頁

空佐簡歷冊　　年　　月份

隸屬	職務階級	姓名	別號	年齡	籍貫	出身	略歷	到現職年月日	備攷
	軍需中尉	胡國材		廿七	順德	廣東軍事政治學校經理班畢業	歷任日前軍區會計等職	廿三年八月一日到差	
	翻譯	吳學志		廿五	南京	同濟大學機械系畢業		廿五年[illegible]月	
	機械工程員	李錚	其蘇	四十	廣東	上海同濟大學工科、德國[illegible]工科	歷任廠長處長所長等職	廿三年十二月	
	工程員	吳錦疇		三十	廣東	廣東陸軍測量學校畢業	歷任測量工程等職	廿二年九月	
	技士	李[illegible]黃	鮮閣	三三	江西萍鄉	軍政部兵工專門學校畢業	曾任江西建設廳技士、漢陽兵工廠技術員等職	廿五年八月一日	
	技士	侯[illegible]凡	時齋	三一	河北	軍政部兵工專門學校造兵科畢業	曾任漢陽兵工廠技術員	廿五年八月一日	
	技士	張武齡		三十六	廣東	上海同濟大學工科、德國萊因金屬特殊炮廠實習	曾任工程教導隊技術訓練主任、第四集團總部工程師	廿二年八月到差	
	翻譯	馮礎堅		三二	廣東	中山學校畢業	曾任教員、教友等職	廿五年四月到差	

48-1

副官 中尉 鄧國新 紹禹 二七 廣东惠陽 總司令部交通教導營畢業、湖北海陸空無線電學校畢業 曾任無線電通訊員、工科員、股員、副官等職 廿五年八月一日到差

技士 劉天威 東蕨 三十 遼寧鐵嶺 遼寧海[?]大學工科機械系畢業 曾任鐵路工務員、大學教授等職 廿五年八月一日

繪圖員 林葉明 興華 廿二 福建閩侯 國立中山大學高中乙部畢業 廿五年六月一日

繪圖員 陳錦坤 廣东順德 廿一 廣州市市立第三職業學校製圖科畢業 廿五年六月一日

技士 雷官鋪 廣东中山 卅八 廣东中山 美國未蘇里大學土木工程科畢業 歷任建廳兵工廠鐵路工程師 廿四年三月

機械工程員 張君昭 江蘇無錫 卅 江蘇無錫 金陵大學電機工程科畢業 廿四年高等考試建設人員電機工程科及格 曾任上海兵工廠技士、金陵大學教員、科學研究會技士 廿四年三月一日

庶務 中尉 周金沛 廣東東莞 卅五 廣東東莞 香港中南書院肄業 曾任廣東科學研究會庶務 廿五年六月廿一日

軍醫 少校 李燦芳 焯棠 卅六 廣東番禺 廣東公醫醫學專門學校 曾任科員、軍醫主任等職 廿三年八月一日

軍醫 上尉 盧遠濤 海民 廿七 福建 福州協和大學醫科畢業 曾任處長、院長等職 廿三年八月一日

司藥 准尉 鄒金華 廿四 廣東惠陽 廣東救護隊調劑學校畢業 曾任上士司藥 廿三年八月一日

職別	階級	姓名	年齡	籍貫	學歷	經歷	日期
書記	上尉	吴承侯	二八	江苏仪徵	廣東大学附中毕業	東海関監督公署科员	二十五年八月十四日
	中尉	何漪	廿六	廣东惠陽	廣东國民大學法科政治經濟系毕業		二十五年六月十日
司書准尉		周秉珩	二二	廣东惠陽	廣东惠陽崇雅中學商科毕業	軍事委员会七十五師政训处處員	二十五年四月十日
仝右	仝右	鍾澄波	二四	廣东惠陽	省立惠州中學毕業		二十五年一月十六日
仝右	仝右	容伯常	三一	廣东惠陽	省立惠州中學毕業	潼廣區八年司令部陸政处總务科上员	二十三年十月十五日
医官	少校	李樹芳					
	上尉	盧起涛					
司藥准尉		郭金義					
軍需	上尉	鄭惠基	卅	廣东惠陽	省立惠州旧制中學毕業	漢陽兵工廠經理科科员	二十五年四月廿日
	中尉	楊國材					

49-1

	少尉	田廣彰		[illegible]	廣東惠陽	廣東省立政治學校經理班第二期畢業	惠陽縣政府科員	二十二年八月十四日
副官	中尉	鄧國新						
仝右	仝右	喻美彰	國威	卅三	湖南寧鄉	陝西憲兵教練所畢業	新編第一師政治部科員第一集團及第四縱隊總部[illegible]	二十二年八月十四日
庶務	中尉	劉學新		[illegible]	廣東惠陽	廣東省立惠州舊制中學畢業	前陸軍第一師部少校軍需四團第[illegible]部書記	二十五年八月一日
仝右	仝右	周金沛						
編審員		秦碩青		[illegible]	廣東番禺	天津心廠建築工程學校畢業	天津市政府技佐	二十四年七月一日
		林藻明						
		陳錦坤						
會計員	中尉	梁沛之		[illegible]	廣東台山	台山中學	第一集團軍[illegible]工務所書記	二十五年五月一日

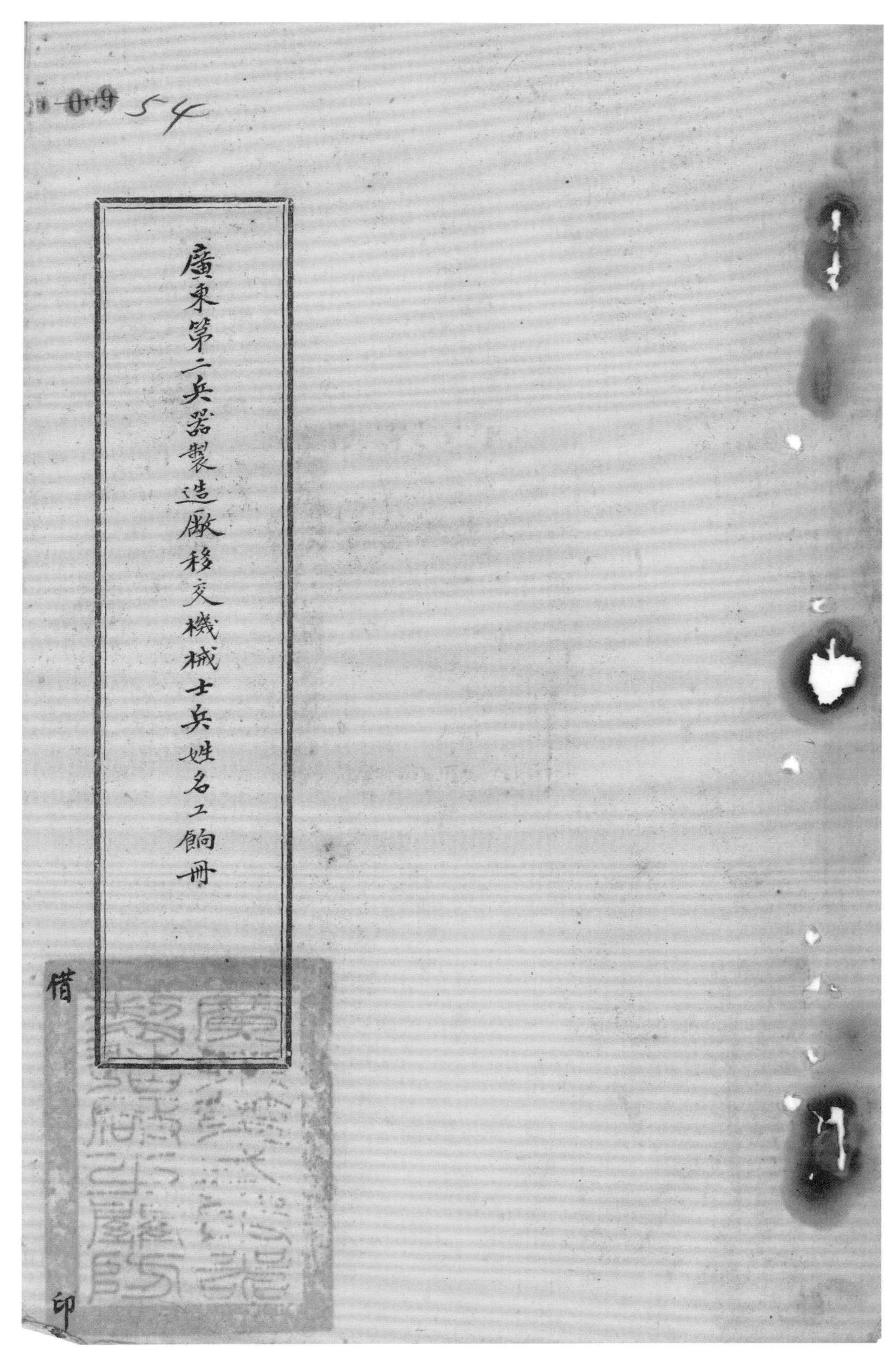
廣東第二兵器製造廠移交機械士兵姓名工餉册
借
印

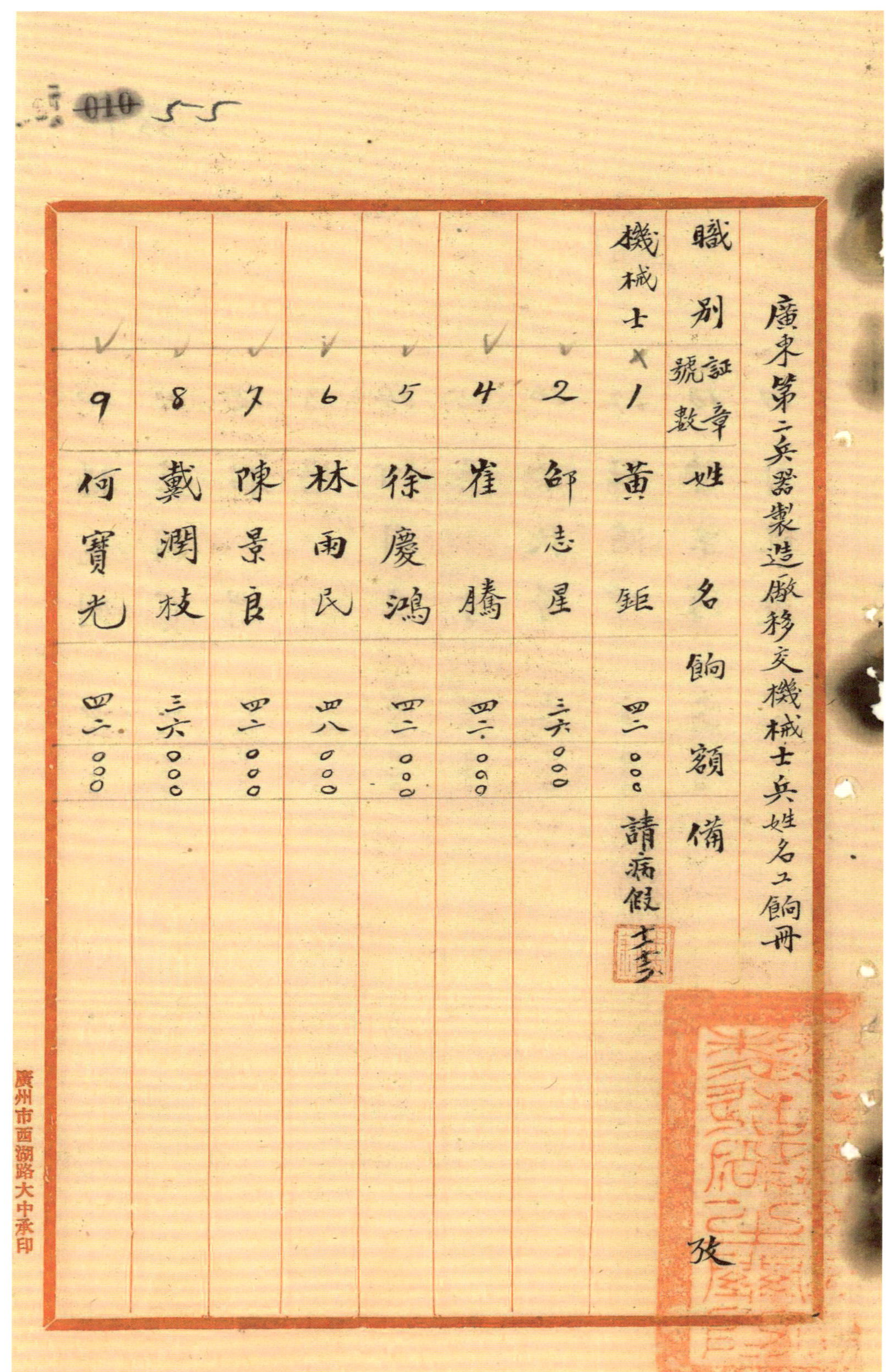

010 55

廣東第二兵器製造廠移交機械士兵姓名工餉冊

職別	証章號數	姓名	餉額	備攷
機械士	1	黄鉅	四二〇〇	請病假
	2	郃志星	三六〇〇	
	4	崔騰	四二〇〇	
	5	徐慶鴻	四二〇〇	
	6	林雨民	四八〇〇	
	7	陳景良	四二〇〇	
	8	戴潤枝	三六〇〇	
	9	何寶光	四二〇〇	

廣州市西湖路大中承印

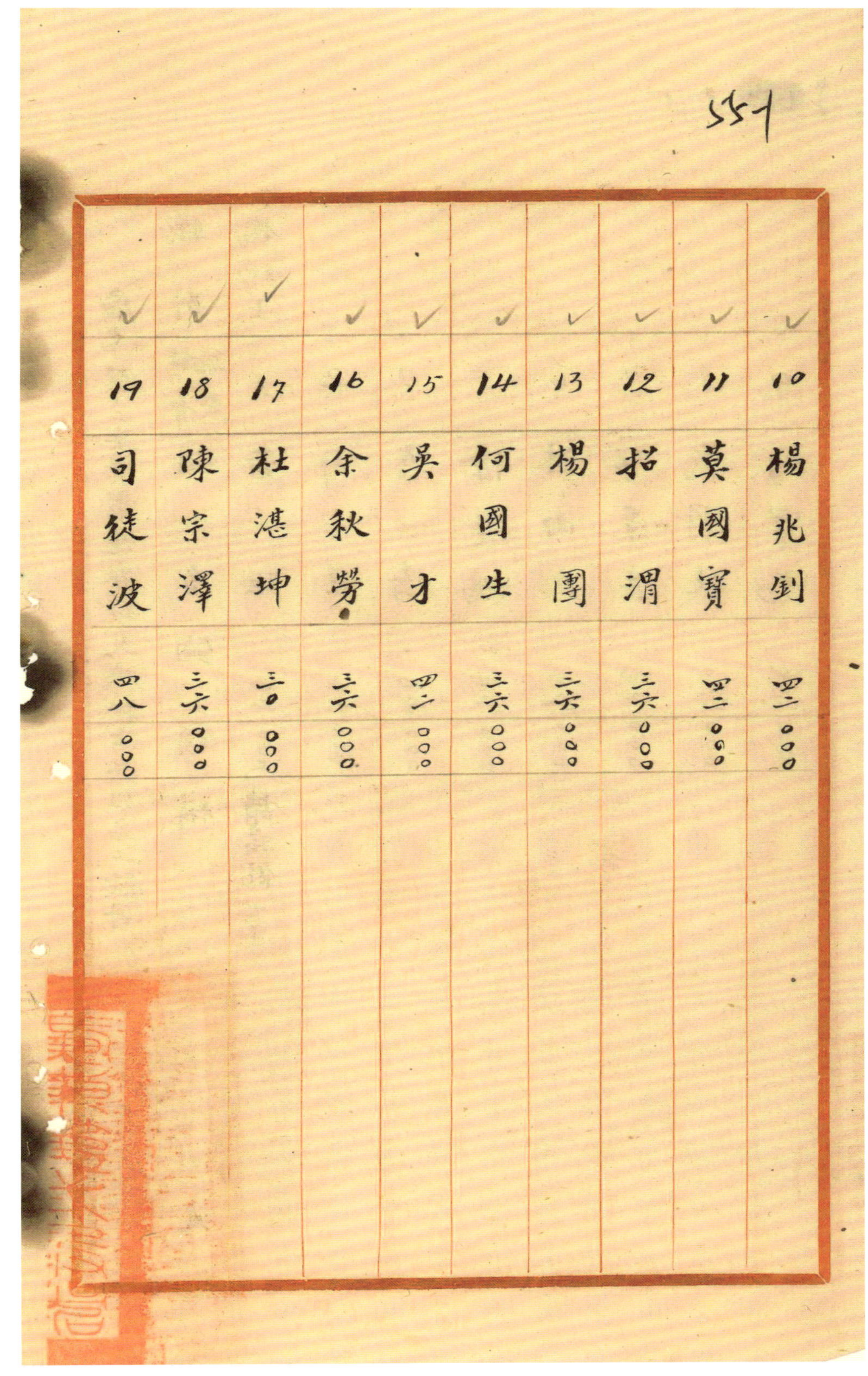

551

✓	10	楊兆釗	四二〇〇〇
✓	11	莫國寶	四二〇〇〇
✓	12	招渭	三六〇〇〇
✓	13	楊團	三六〇〇〇
✓	14	何國生	三六〇〇〇
✓	15	吳才	四二〇〇〇
✓	16	余秋勞	三六〇〇〇
✓	17	杜湛坤	三〇〇〇〇
✓	18	陳宗澤	三六〇〇〇
✓	19	司徒波	四八〇〇〇

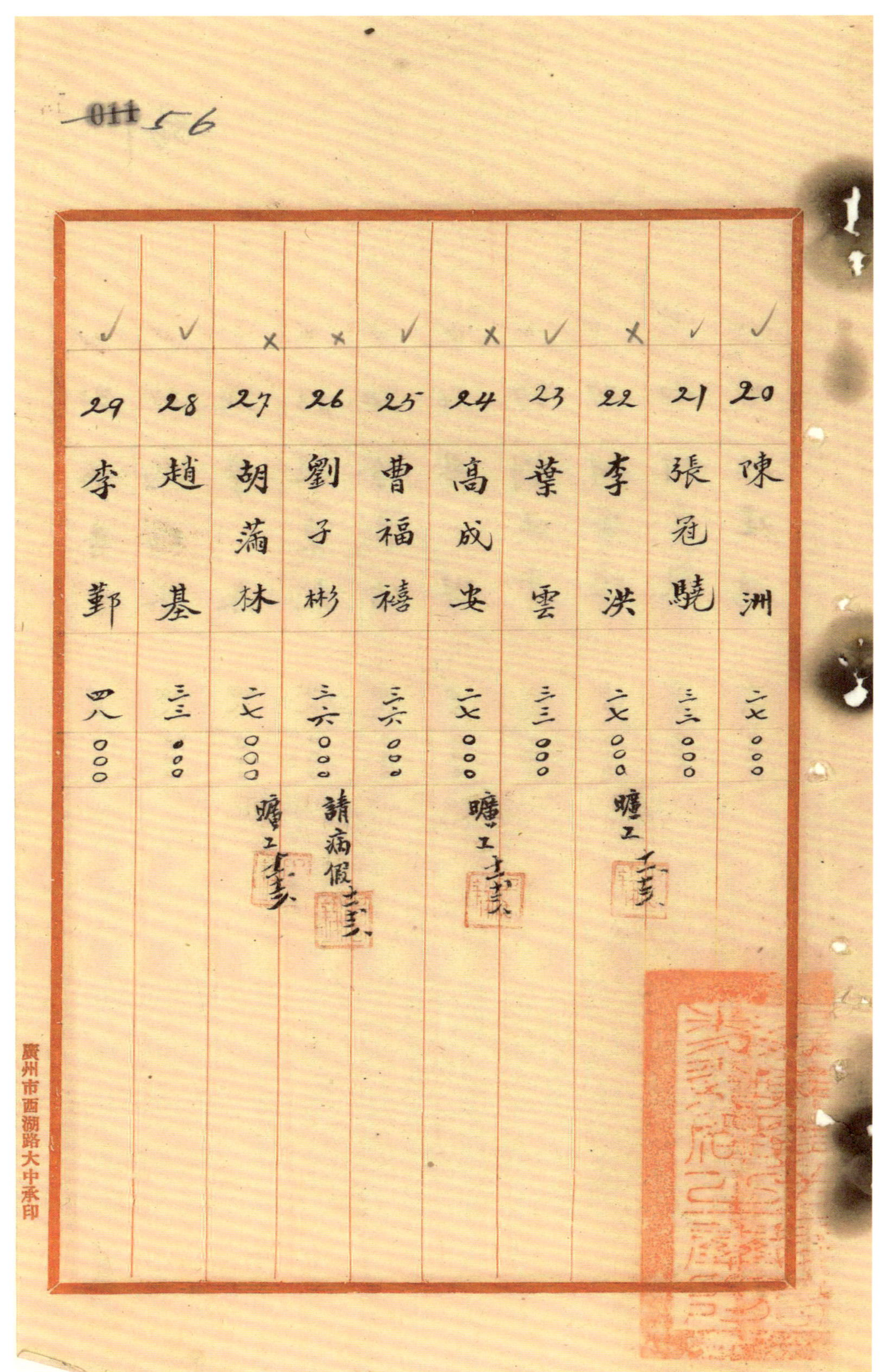

~~011~~ 56

	號	姓名			備註
✓	20	陳洲	二七	〇〇〇	
✓	21	張冠驍	三三	〇〇〇	
×	22	李洪	二七	〇〇〇	曠工
✓	23	葉雲	三三	〇〇〇	
×	24	高成安	二七	〇〇〇	曠工
✓	25	曹福禧	三六	〇〇〇	
×	26	劉子彬	三六	〇〇〇	請病假
×	27	胡蒲林	二七	〇〇〇	曠工
✓	28	趙基	三三	〇〇〇	
✓	29	李鄞	四八	〇〇〇	

廣州市西湖路大中承印

561

	號	姓名	金額	備註
✓	30	吳香宏	四二〇〇〇	
✓	31	馮瑞荃	四八〇〇〇	
✓	32	葉森	四八〇〇〇	
×	33	張秉乾	四八〇〇〇	請病假
✓	34	徐良佑	四八〇〇〇	
✓	36	畢傑	四二〇〇〇	
✓	37	劉正平	三六〇〇〇	
✓	39	何家聰	三〇〇〇〇	
✓	40	何家毅	三〇〇〇〇	
✓	41	侯建鴻	三六〇〇〇	

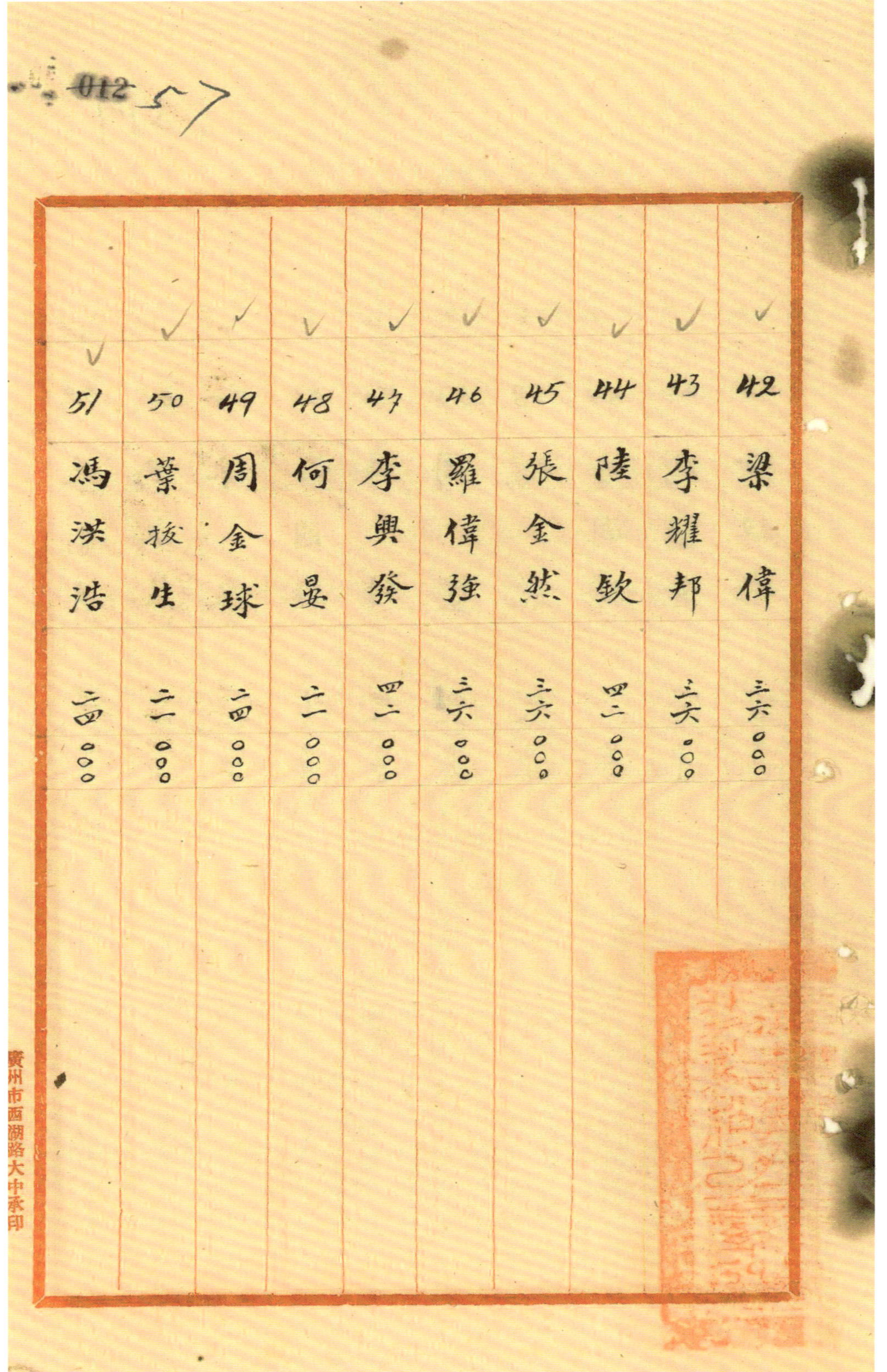

~~012~~ 57

编号	姓名	金额
42	梁偉	三六〇〇〇
43	李耀邦	三六〇〇〇
44	陸欽	四二〇〇〇
45	張金然	三六〇〇〇
46	羅偉強	三六〇〇〇
47	李興發	四二〇〇〇
48	何晏	二一〇〇〇
49	周金球	二四〇〇〇
50	葉拔生	二一〇〇〇
51	馮洪浩	二四〇〇〇

廣州市西湖路大中承印

571

號	姓名	數
52	張元英	二一〇〇〇
53	馮永泉	二四〇〇〇
54	林章	六六〇〇〇
55	陳國球	六〇〇〇〇
56	區坤	四八〇〇〇
57	周星	四八〇〇〇
58	何乾	四八〇〇〇
64	房國璋	七二〇〇〇
66	周德金	六六〇〇〇
68	徐祖光	六〇〇〇〇

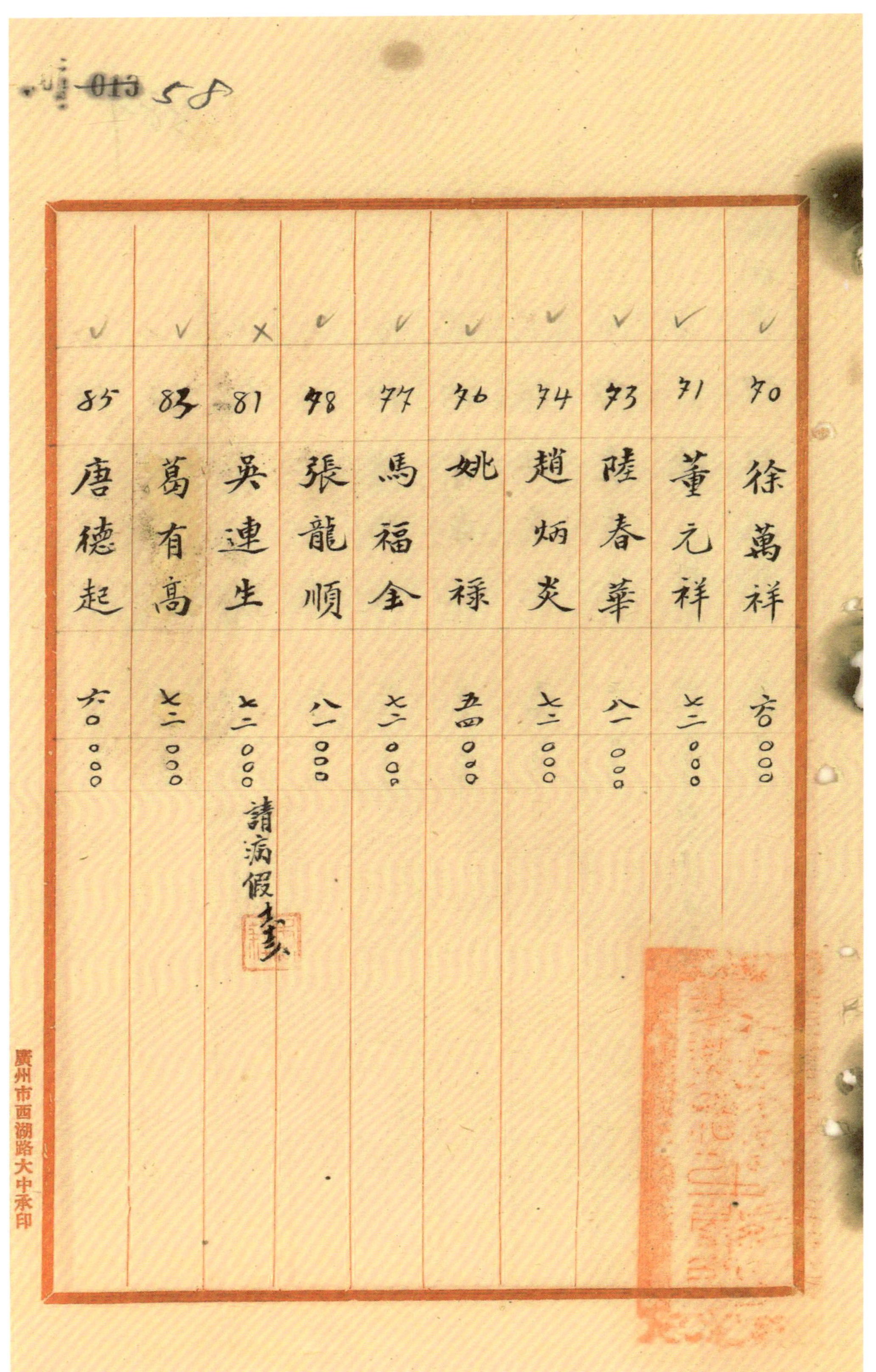
013 58

徐萬祥	董元祥	陸春華	趙炳炎	姚禄	馬福金	張龍順	吳連生	葛有高	唐德起
70	71	73	74	76	77	78	81	83	85
六〇〇〇	七二〇〇〇	八一〇〇〇	七二〇〇〇	五四〇〇〇	七二〇〇〇	八一〇〇〇	七二〇〇〇	七二〇〇〇	六〇〇〇〇
✓	✓	✓	✓	✓	✓	✓	×	✓	✓

請病假

廣州市西湖路大中承印

581

86	范鎮江	六六〇〇〇	
87	王清江	六〇〇〇〇	
91	夏鈞陶	八一〇〇〇	
93	沈金鑑	七二〇〇〇	
94	趙炳初	七二〇〇〇	
95	肖壽秋	五四〇〇〇	
96	杜景山	五四〇〇〇	
97	袁秀茂	七二〇〇〇	
	陳懋	四二〇〇〇	臨時木工未編號

機械兵

59	彭鴻聲	一五〇〇〇	

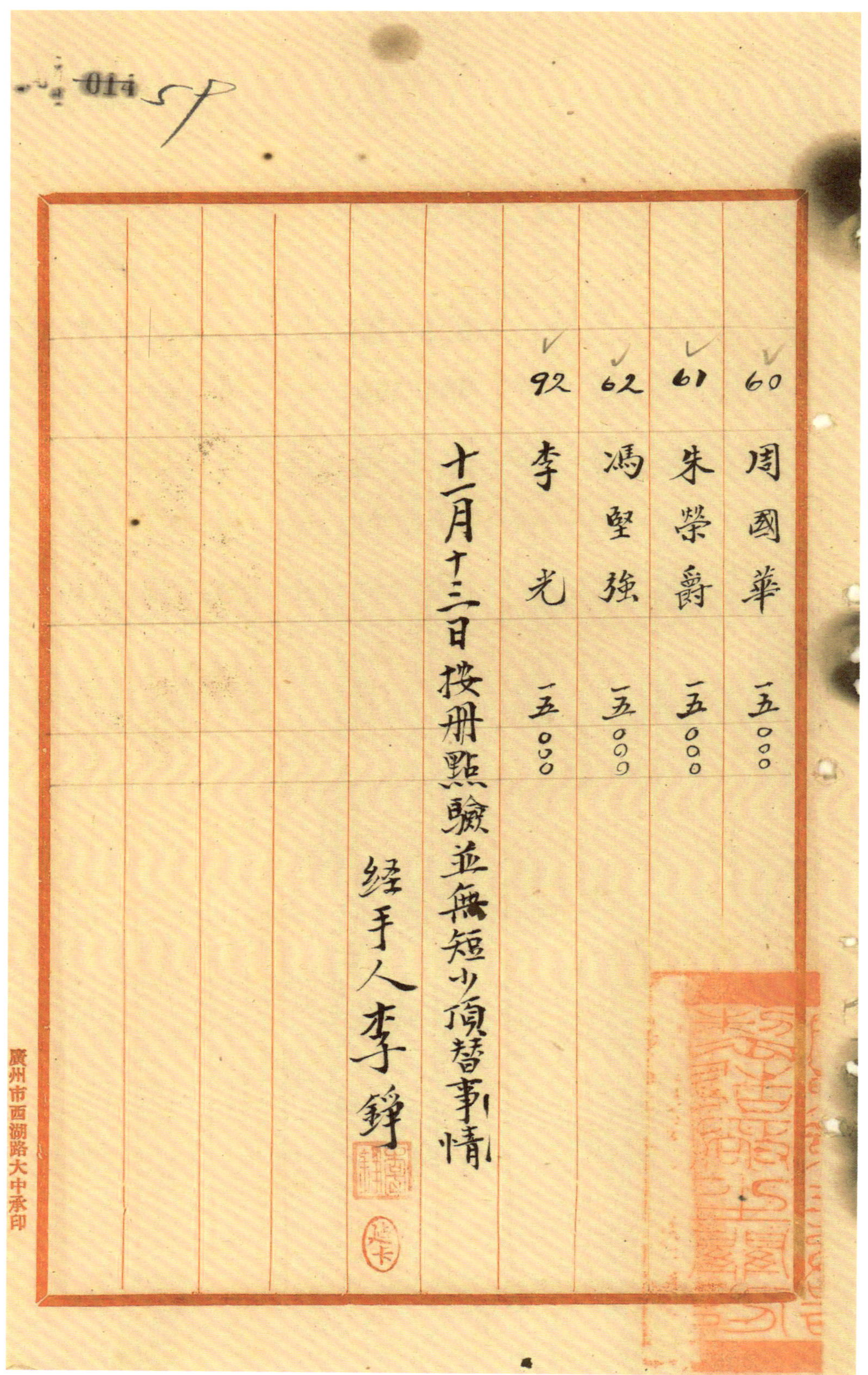

014

60 周國華 一五〇〇〇

61 朱榮爵 一五〇〇〇

62 馮堅強 一五〇〇〇

92 李光 一五〇〇〇

十一月十三日按册點驗並無短少頂替事情

經手人李鏵

64

廠　長鄧演存

副廠長王　超

中華民國二十五年十月　日

借印

军政部兵工署广东第二兵工厂接收委员会接收广东第二兵器制造厂移交职员姓名清册（一九三六年十二月）

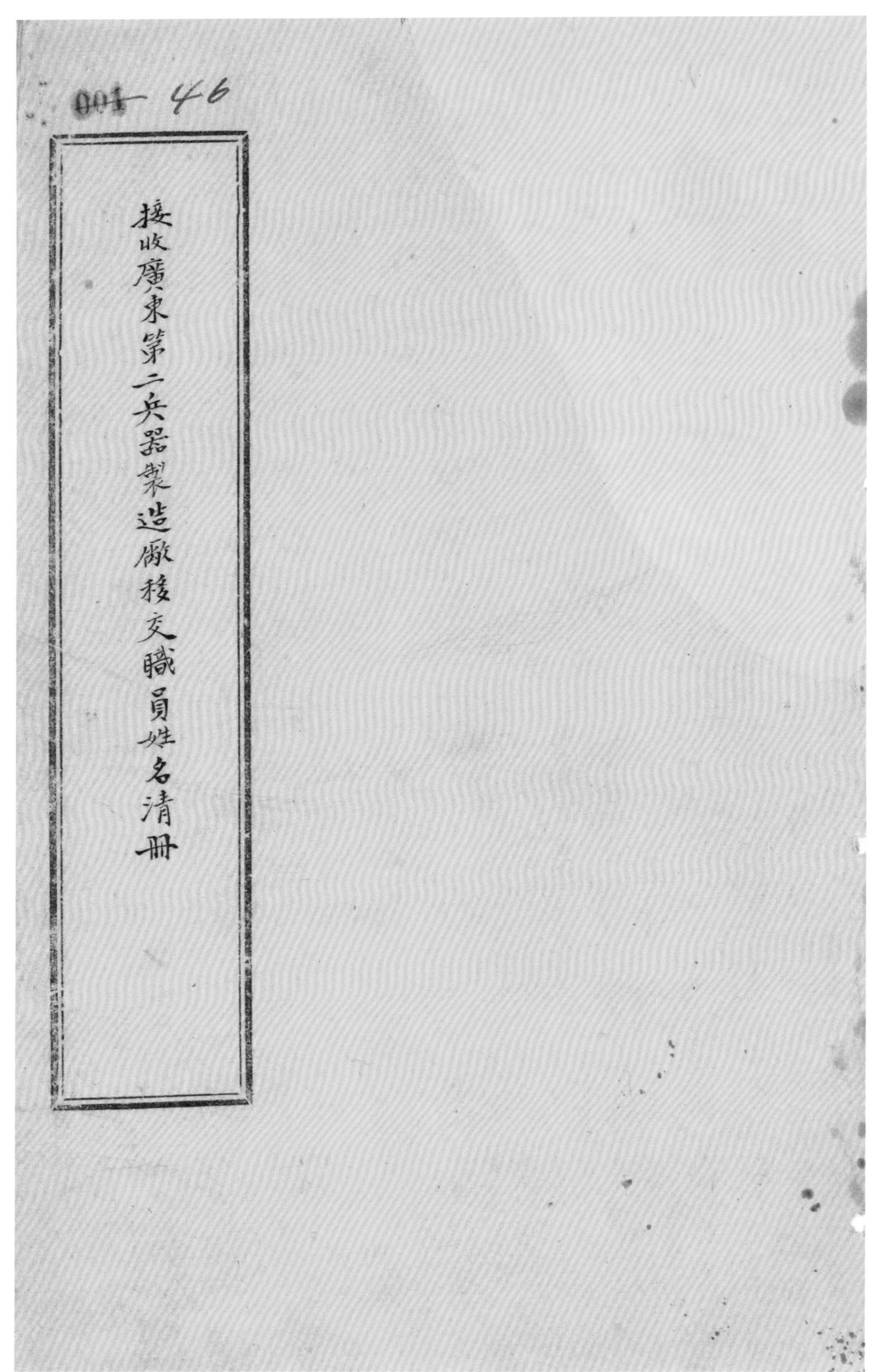

001 46

接收廣東第二兵器製造廠移交職員姓名清冊

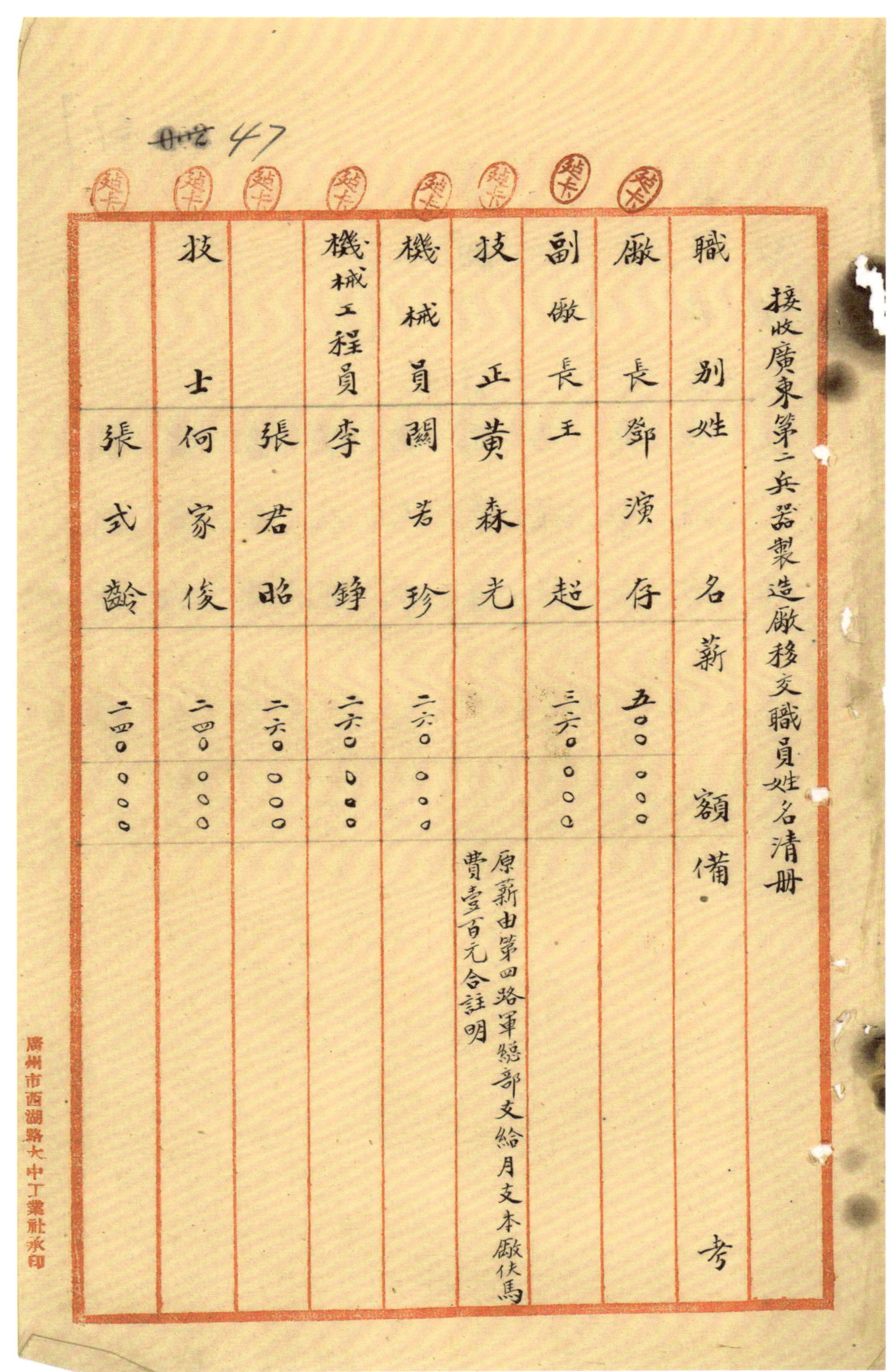
47

接收廣東第二兵器製造廠移交職員姓名清冊

職別	姓名	薪額	備考
廠長	鄧演存	五〇〇〇〇〇	
副廠長	王超	三六〇〇〇〇	
技正	黄森光		原薪由第四路軍總部支給月支本廠伕馬費壹百元合註明
機械員	關若珍	二六〇〇〇〇	
機械工程員	李錚	二六〇〇〇〇	
	張君昭	二六〇〇〇〇	
技士	何家俊	二四〇〇〇〇	
	張式齡	二四〇〇〇〇	

廣州市西湖路大中工業社承印

47-1

	劉開坤	二四〇	〇〇〇
	雷官鍏	二〇〇	〇〇〇
	李步黄	二〇〇	〇〇〇
	侯從孔	一八〇	〇〇〇
	劉天威	一五〇	〇〇〇
翻譯	馬季魯	二〇〇	〇〇〇
	馮礎堅	八〇	〇〇〇
	吳學志	六〇	〇〇〇
工程員	吳錦疇	一四〇	〇〇〇
助理員	崔樾	一四〇	〇〇〇

軍醫李樹芳 一四〇〇〇〇
盧起濤 八〇〇〇〇
司藥郭金華 三五〇〇〇
副官鄧國新 六〇〇〇〇
書記吳平俁 八〇〇〇〇
何渏 六〇〇〇〇
司書容伯常 三五〇〇〇
周秉珩 三五〇〇〇
鍾澄波 三五〇〇〇
軍需鄭立基 八〇〇〇〇

48-1

	胡國材	六〇	〇〇〇
	田廣彰	四五	〇〇〇
庶務	劉學新	六〇	〇〇〇
	周金沛	六〇	〇〇〇
管理員	梁沛之	六〇	〇〇〇
繪圖員	秦庚春	八〇	〇〇〇
	陳錦坤	四〇	〇〇〇
	林藻明	四〇	〇〇〇
副官	喻義	六〇	〇〇〇

044 41

前廣東第二兵器製造廠廠長鄧演存

廣東第二兵工廠接收委員會主任鄧演存

副主任江杓

中華民國二十五年十二月　日

廣州市越華路西南印刷所印

军政部兵工署广东第二兵工厂接收委员会官佐简明履历表（一九三七年三月三十一日）

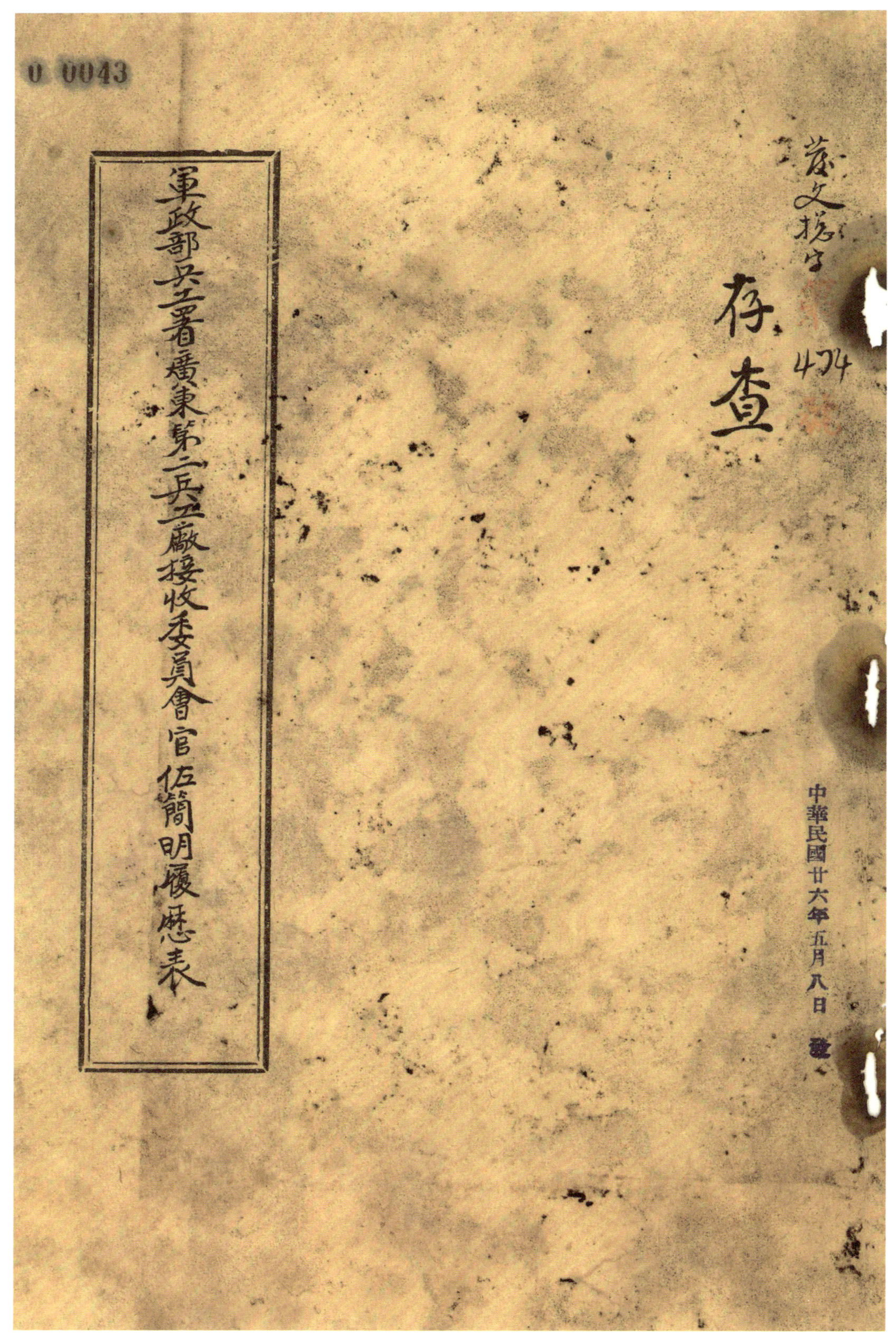

民國二十六年三月三十一日份軍政部兵工署廣東第二兵工廠接收委員會官佐簡明履歷表

階級	職別	姓名	別號	年齡	籍貫	出身	略歷	到差月日
簡任四級	主任委員	鄧演存	競生	四九	廣東惠陽	陸軍大學第六期畢業	曾充漢陽兵工廠中將廠長	廿五年十一月一日
中校	總務組組長	王熙	德彰	四四	廣東番禺	廣東陸軍速成學校第二期步科畢業	曾充第一五七師司令部參謀處上校處長	一月廿六日
少校	總務組事務員	馬季魯		三二	廣東順德	廣州中德中學校畢業 航空	曾充廣東第二兵器製造廠翻譯員	廿五年十一月一日
上尉	總務組事務員	鄭立基		四六	廣東惠陽	惠州府中學畢業	曾充漢陽兵工廠經理處上尉科員	仝右
上尉	仝右	喻義	國成	三四	湖南寧鄉	陸軍憲兵教練所畢業	曾充第一集團軍總部副官處中尉服務員	一月廿日
中尉	仝右	李逢源	健菴	四四	廣東惠陽	惠陽簡易師範畢業	曾充第三軍部副官處上尉副官	一月二十三日
中尉	仝右	鄧國新		三〇	仝右	國民革命軍總司令部交通教導營畢業	曾充第一軍第二教導團第三營中尉副官	廿五年十一月一日
中尉	仝右	田廣彰	東鈞	二五	仝右	廣東軍事政治學校經理班第二期畢業	曾充廣東第二兵器製造廠軍需	一月廿日

44-1

中尉	總務組事務員	周金沛		二六	廣東東莞	香港中南書院第二班全科肄業	曾充廣東第二兵器製造廠中尉庶務	廿五年十一月一日
中尉	仝右	梁沛之		三四	廣東台山	台山縣立中學校畢業	曾充廣東第二兵器製造廠中尉管理員	仝右
少尉	仝右	周秉珩		二四	廣東惠陽	廣東省立第三中學校商科肄業二年	曾充廣東第二兵器製造廠准尉司書	一月廿日
[illegible]	總務組軍醫	李樹芳	焯東	四八	廣東鬱南	廣東公醫醫學專門學校全科畢業	曾充廣東第二兵器製造廠治療所少校醫官	廿五年十一月一日
一等軍醫佐	仝右	盧起濤	海民	三八	福建永定	福建協和大學醫科畢業	曾充廣東第二兵器製造廠治療所上尉醫官	仝右
仝右	仝右	甄華欽	澤田	四二	廣東恩平	上海大成醫科專門學校畢業	曾充國民革命軍第三路軍總指揮部後方醫院院長	三月十八日
三等司藥佐	總務組司藥	郭金華		二六	廣東惠陽	廣東救護調劑學校第二期全科畢業	曾充廣東第二兵器製造廠治療所准尉司藥	廿五年十一月一日
上尉	總務組書記	吳平侯		二九	江蘇儀徵	國立廣東大學附中肄業三年	曾充廣東第二兵器製造廠上尉書記	仝右
中尉	仝右	何漪		二六	廣東惠陽	廣東國民大學法科政治經濟系畢業	曾充廣東第二兵器製造廠中尉書記	仝右
仝准尉	總務組司書	鍾澄波		二五	仝右	惠州中學肄業二年	曾充廣東第二兵器製造廠准尉司書	仝右

0 0045

仝准尉	揔务組司書	李陵溪	杜	二八	廣東惠陽	廣東省立民眾教育館文牘班畢業	廣東鹽運使署東江鹽務局平山卡書記	一月廿二日
仝右	仝右	鄧一鳴		二一	仝右	廣東省立第三中学校肄業		仝右
仝右	仝右	徐勉	文誠	三七	仝右	廣州時敏中學校畢業	第三軍經理處揔务科上尉科員	一月二十六日
少校	揔務組警衛隊隊長	林釬鈞	敬如	四一	廣東茂名	第四軍軍官教導隊畢業	曾充廣東第二兵器廠守備營少校隊長	廿五年十月一日
上尉	揔务組警衛隊隊附	劉漢光	明軍	三〇	廣東番禺	第五軍軍事教導隊第一期学員畢業	曾充廣東第二兵器廠守備營上尉營附	仝右
中尉	揔务組警衛隊副官	區耀南	鷗子	二五	廣東新會	廣東軍事政治学校軍官班畢業	曾充廣東第二兵器廠守備營中尉副官	仝右
二等軍需佐	揔务組警衛隊軍需	鄭佳士		三四	廣東茂名	廣東省保安隊軍士教導隊肄業	曾充廣東第二兵器廠守備營中尉軍需	仝右
仝中尉	揔务組警衛隊書記	吳寶森		二九	仝右	廣東憲兵教導隊第一期軍士深造班畢業	曾充廣東第二兵器廠守備營中尉書記	仝右
上尉	揔务組警衛隊中隊長	閔文標		三五	廣東陽江	廣東燕塘軍校軍官班第一期畢業	曾充廣東第二兵器廠守備營上尉連長	仝右
上尉	仝右	蔡琳	瑯甫	三九	廣東合浦	廣東軍事政治学校教導營畢業	仝右	仝右

上尉	抚务组警衛隊中隊長	高劍	賡民	三三	廣東新興	黄埔中央軍事政治學校第五期步科畢業	曾充第一集团軍总司令部第六特务營上尉連長	廿五年十月一日
中尉	抚务组警衛隊分隊長	劉全玖	濟斌	二四	廣東合浦	陸軍獨三第二师軍士輪迴班第一期畢業	曾充廣東第二兵器廠守備營中尉排長	仝右
中尉	仝右	鄔玉琛	道淵	二五	廣東龍川	广东军事政治学校軍官班第二大隊畢業	仝右	仝右
中尉	仝右	張恕達		二六	廣東蕉嶺	仝右	仝右	仝右
少尉	抚务组警衛隊分隊長	王耀光	峻山	二六	廣東澄邁	廣東軍校軍官班第四期畢業	曾充廣東第二兵器廠守備營少尉排長	仝右
少尉	仝右	陳金生		二四	湖南祁陽	粵軍第一師机関槍教育連畢業	曾充廣東第二兵器廠守備營准尉排長	仝右
少尉	仝右	潘有望	建民	二六	廣東封川	廣東軍事政治學校軍官班第六期畢業	曾充廣東第二兵器廠守備營少尉排長	仝右
少尉	仝右	吳貴山	世燕	二七	廣東合浦	廣東軍事政治學校教導隊第二期畢業	仝右	仝右
少尉	仝右	林天任		二三	廣東蕉嶺	仝右	仝右	仝右
少尉	仝右	徐福	宣勳	二五	廣東始興	行伍	仝右	仝右

准尉	总务组警衛隊特务長	林泰年	濟民	二六	廣東茂名	陸軍第五十九師教育連畢業	曾任廣東第二兵器廠守備隊准尉特务長	廿五年十月一日
准尉	仝右	鄧鏡良		二〇	廣東惠陽	第一軍第一師軍士教導隊畢業	仝右	仝右
准尉	仝右	唐天駒	季堯	三一	廣東南海		曾充浙江省寧海縣政府委任五級科長	一月四日
薦任五級	工务组技術員	李錚	其蘇	四三	廣東惠陽	德国佛城高工航空機械系畢業	曾充国民革命軍杭州兵工試驗厰少將厰長	一月廿日
薦任六級	仝右	關若珍	玉珍	三七	廣東順德	德国普魯士高級專门学校畢業	曾充国民革命軍廣東兵工厰督工處中校處長	仝右
委任一級	仝右	張式齡		三九	廣東開平	上海同濟大学工科機械班畢業	曾充第八路總部工程教導隊中校技術主任	仝右
仝右	仝右	何家俊		三七	廣東中山	德国布勒時勞大学化学科畢業	曾充廣東省建設厅工業試驗所技正	仝右
仝右	同右	劉開坤		三五	同右	德国但澤高等工業大学畢業	曾充交通部薦任一級技士	仝右
仝右	同右	張君昭		三〇	江蘇無錫	南京金陵大学電機工程系畢業	曾充廣東第二兵器厰機械工程員	仝右
委任二級	同右	李步黄	鮮閣	三四	江西萍鄉	漢陽兵工專门学校第一期造兵科畢業	曾充江西省民生工厰委任四級技士	仝右

2 6　　46-1

委任二級	工務組技術員	侯從孔	時齋	三二	河北沙河	漢陽兵工專門學校第一期造兵科畢業	曾充廣東第二兵器廠技士	一月二十日
委任五級	仝右	劉天威	豪嚴	三二	遼寧鐵嶺	馮庸大學工科机械系畢業	仝右	仝右
委任六級	仝右	王運豐		二八	河北贊皇	軍政部兵工專门學校第二期造兵科畢業	曾充金陵兵工廠技副二級服务員	三月五日
委任八級	同右	楊一懷	宗士	二五	福建晉江	南京金陵大學電机工程系畢業		二月二九日
委任十級	同右	吳學志		二六	江蘇南京	同濟大學附設職業學校畢業	曾充第一集团軍科學研究会材料管理員	一月廿日
上尉	工務組事務員	馮礎堅	成基	三八	廣東清遠	私立廣州中德中學校畢業	曾充廣東第二兵器廠德文翻譯員	廿七年十二月一日
上尉	仝右	閔式度		三九	廣東順德	廣州時敏中學校畢業	曾充第一集团軍總部第二製彈廠上尉保管員	二月二日
上尉	仝右	程志濂	貢超	三七	廣東雲浮	國立廣東大學法科政治經濟系畢業	曾充廣東第一兵器廠料械庫主任庫長	二月五日
少尉	同右	王耀武		三二	安徽懷遠	江蘇陸軍第二師教導隊畢業	曾充江蘇宜興县警察隊々長	二月十日
少尉	同右	鄧振謀	玄奇	二七	廣東惠陽	廣東省立第三中學校畢業	曾充第十師教導团中尉軍需	二月二日

0 0047

5413

少尉	工务組事务員	梁德馨	宏大	二三	廣東恩平	恩平縣立中学畢業	曾充恩平縣修志局助理庶務员	二月五日
少尉	同右	容伯常		三二	廣東惠陽	惠州舊制中学修業	曾充漳厦警備司令部路政處提务科々员	一月廿二日
少尉	同右	何尚志		二五	廣東中山	廣東仲愷農工学校畢業	曾充廣州市工务局園林股監工员	二月五日
少尉	同右	陸淞安		二九	廣東高要	廣州聖心中学畢業	曾充国民政府財政部書記官	二月八日
委任級	工务組絵畫員	董謙		三六	吉林永吉	吉林省立工業学校机械科畢業	曾充第一集團軍總部科学研究会技士	二月廿六日
仝右	仝右	李文蔚	豹成	四二	河北宛平	湖北省立第一中学畢業	曾充漢陽兵工廠製砲絵畫技士	三月二日
委任十一級	仝右	林藻明	奐華	二二	福建閩侯	中山大学附属中学畢業	曾充廣東第二兵器廠机械絵畫员	一月二十日
委任十二級	仝右	陳錦坤	壽祺	二二	廣東順德	廣州市立第三職業学校印刷製画科畢業	仝右	廿五年十一月一日
委任三級	建築組技術員	雷官鏴		五〇	廣東中山	美国米蘇里省大学土木工程科畢業	曾充粤漢鉄路工程委員兼工務處長	一月廿日
委任五級	仝右	吳錦疇		三一	廣東恩平	廣東陸軍測量学校地形科畢業	曾充廣東第二兵器廠工程员	仝右

47-1

委任十级	建築組監工員	鄭文驥	師輿	二六	廣東中山	廣東勷勤大学建築工程系畢業		一月廿日
委任九級	建築組绘圖員	秦庚春		二九	廣東番禺	私立心礮建築工程学校畢業	曾充天津市政府総務局技佐	仝右
委任五級	会計組會計員	崔樾	孝謙	四五	仝右	日本東京数学院修業	曾充粤漢铁路管理局材料厰厰長	仝右
委任九級	仝右	劉學新	啟明	四六	廣東惠陽	惠世府中學肄業	曾充廣東陸軍第一师二团三等軍需正	仝右
委任十级	仝右	胡國材		二八	廣東顺德	廣東軍事政治学校經理班畢業	曾充第五集团軍独一师一旅三团上尉軍医	仝右
仝少尉	会計組司書	譚濂		四三	廣東新会	廣東陸軍修育学校畢業	曾充廣西武鳴县府長公署財政科主任	二月五日
仝准尉	仝右	張性荣	文安	二二	廣西桂林	上海大公職業学校肄業		一月廿五日

主任鄧演存

中華民國二十六年三月三十一日

廣州市越華路西南印刷所印

军政部兵工署广东第二兵工厂接收委员会现职官佐名册（一九三七年五月）

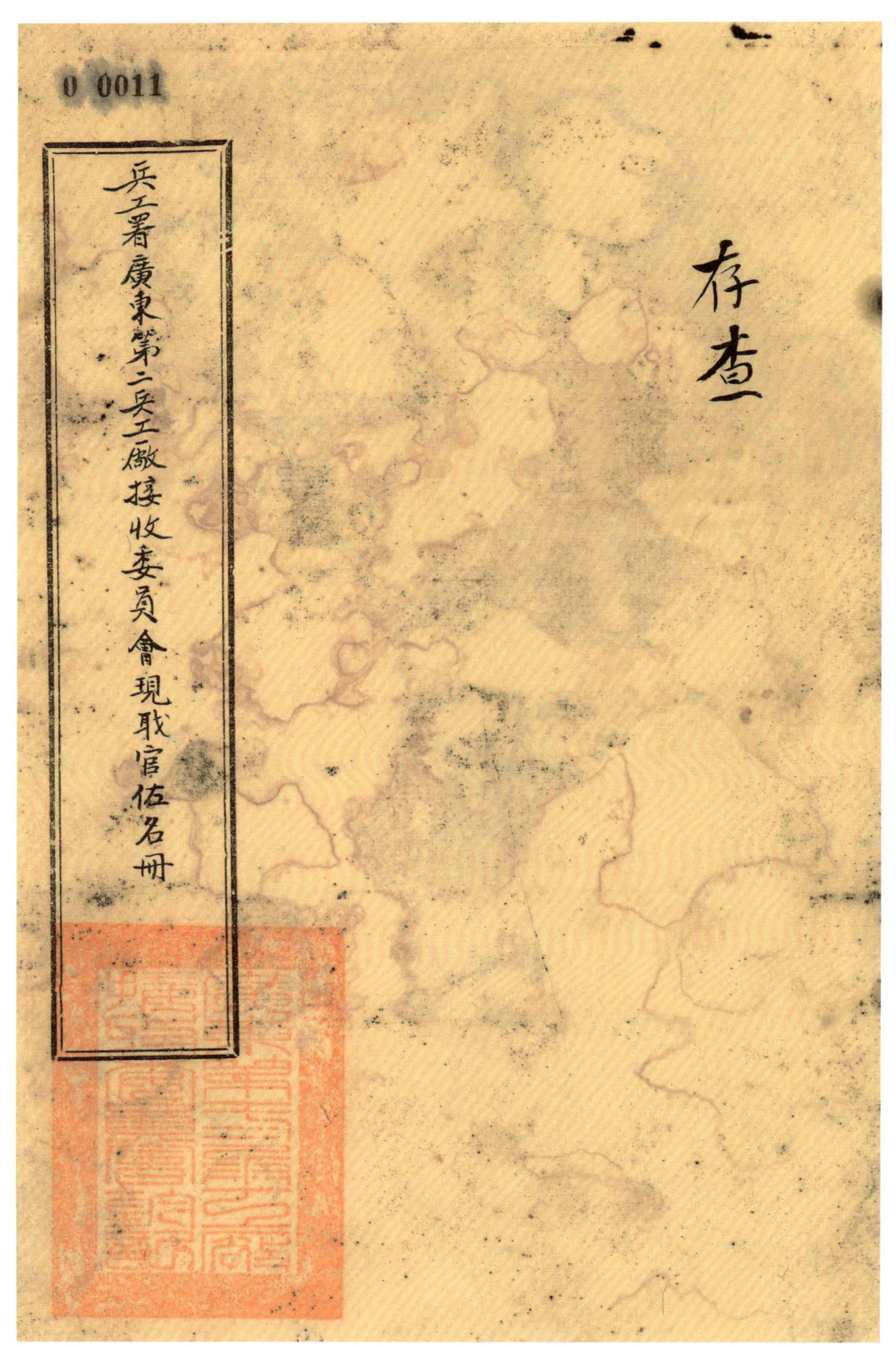
0 0011

兵工署廣東第二兵工廠接收委員會現職官佐名册

存查

兵工署廣東第二兵工廠接收委員會現職官佐名册　二十六年五月　日

隸屬	級職	姓名	就職年月日	備攷
接收委員會	簡任四級主任委員	鄧演存	廿五年十一月一日	
接收委員會	副主任委員	江杓		兵工署技術司長兼
接收委員會	委員			不定額由兵工署派員兼
總務組	中校組長	王熙	廿六年一月廿六日	
總務組	少校事務員	馬季魯	廿五年十一月一日	
總務組	上尉事務員	鄭立基	同右	
總務組	同右	喻義	廿六年一月二十日	
總務組	中尉事務員	李逢源	廿六年一月廿二日	編制上尉暫以中尉任用

兵工署廣東第二兵工廠接收委員會現職官佐名冊

二十六年五月　日

隸屬	級職	姓名	就職年月日	備攷
總務組	中尉事務員	鄧國新	廿五年十一月一日	編制上尉暫以中尉任用
總務組	同右	田廣彰	廿六年一月二十日	
總務組	同右	周金沛	廿五年十一月一日	
總務組	同右	梁沛之	同右	
總務組	少尉事務員	周秉珩	廿六年一月二十日	編制中尉暫以少尉任用
總務組	三等軍醫正	李樹芳	廿五年十一月一日	
總務組	一等軍醫佐	盧起涛	同右	
總務組	同右	甄華欽	廿六年三月十八日	

兵工署廣東第二兵工廠接收委員會現職官佐名冊

二十六年五月　日

隸屬	級職	姓名	就職年月日	備攷
總務組	三等司藥佐	郭金華	廿五年十一月一日	
總務組	同上尉書記	吳平侯	同右	
總務組	同中尉書記	何猗	同右	
總務組	仝准尉司書	鍾登波	同右	
總務組	仝右	李陵溪	廿六年一月廿日	
總務組	同右	鄧一鳴	同右	
總務組	同右	徐勉	廿六年一月廿六日	
總務組警衛隊	少校隊長	林竹筠	廿五年十一月一日	

兵工署廣東第二兵工廠接收委員會現職官佐名册

二十六年 五 月 日

隸屬	級職	姓名	就職年月日	備攷
總務組警衛隊	上尉隊附	劉漢光	廿五年十一月一日	
總務組警衛隊	中尉副官	區耀南	同右	
總務組警衛隊	二等軍需佐	鄭佳士	同右	編制一等暫以二等任用
總務組警衛隊	(三)等軍醫佐			
總務組警衛隊	同中尉書記	吳寶森	廿五年十一月一日	
總務組警衛隊第一中隊	上尉中隊長	閔文標	同右	
總務組警衛隊第二中隊	同右	蔡琳	同右	
總務組警衛隊第三中隊	同右	高劍	同右	

0 0016

兵工署廣東第二兵工廠接收委員會現職官佐名冊 二十六年五月 日

隸屬	級職	姓名	就職年月日	備攷
捴務組警衛隊第一中隊第一分隊	中尉分隊長	劉全玖	廿五年十一月一日	
捴務組警衛隊第一中隊第一分隊	同右	鄔玉琛	同右	
捴務組警衛隊第三中隊第一分隊	同右	張恕達	同右	
捴務組警衛隊第一中隊第二分隊	少尉分隊長	王耀光	同右	
捴務組警衛隊第一中隊第三分隊	同右	陳全生	同右	
捴務組警衛隊第二中隊第二分隊	同右	潘有望	同右	
捴務組警衛隊第二中隊第三分隊	同右	吳貴山	同右	
捴務組警衛隊第三中隊第二分隊	同右	林天任	同右	

兵工署廣東第二兵工廠接收委員會現職官佐名冊

二十六年五月　日

隸屬	級職	姓名	就職年月日	備攷
總務組警衛隊第三中隊第三分隊	少尉分隊長	徐福	廿五年十一月一日	
總務組警衛隊第一中隊第	准尉特務長	林森年	仝右	
總務組警衛隊第二中隊	仝右	鄧競良	仝右	
總務組警衛隊第三中隊	仝右	唐天駒	仝右	
接收委員會工務組	薦任三級組長	李式白		由兵工署派員董
工務組	薦任五級技術員	李錚	廿六年一月廿日	
工務組	薦任六級技術員	閔若珍	仝右	
工務組	委任一級技術員	張啟昭	仝右	

兵工署廣東第二兵工廠接收委員會現職官佐名冊　二十六年五月　日

隸屬	級職	姓名	就職年月日	備攷
工務組	委任一級技術員	張式齡	廿六年一月廿日	
工務組	同右	何家俊	同右	
工務組	同右	劉開坤	同右	
工務組	委任二級技術員	李步黄	同右	
工務組	同右	侯從孔	同右	
工務組	委任三級至二級技術員			
工務組	同右			
工務組	委任五級技術員	劉天威	廿六年一月二十日	

兵工署廣東第二兵工廠接收委員會現職官佐名冊 二十六年五月 日

隸屬	級職	姓名	就職年月日	備攷
工務組	委任六級技術員	王運豐	廿六年三月五日	編制五級至三級暫以六級任用
工務組	委任五級至三級技術員			
工務組	同右			
工務組	同右			
工務組	委任八級技術員	楊一儂	廿六年二月九日	
工務組	委任十級技術員	吳學志	廿六年一月廿日	
工務組	委任十級至八級技術員			
工務組	同右			

兵工署廣東第二兵工廠接收委員會現職官佐名冊

二十六年五月　日

隸屬	級職	姓名	就職年月日	備攷
工務組	委任十級至八級技術員			
工務組	同右			
工務組	同右			
工務組	同右			
工務組	同右			
工務組	同右			
工務組	同右			
工務組	上尉事務員	馮礎堅	廿五年十一月一日	

兵工署廣東第二兵工廠接收委員會現職官佐名册 二十六年五月 日

隸屬	級職	姓名	就職年月日	備攷
工務组	上尉事務員	關武度	廿六年二月二日	
工務组	同右	程志濂	廿六年二月五日	
工務组	少尉事務員	容伯常	廿六年一月廿二日	
工務组	同右	鄧振謀	廿六年二月二日	
工務组	同右	梁德馨	廿六年二月五日	
工務组	同右	何尚志	同右	
工務组	同右	陸淞安	廿六年二月八日	
工務组	同右	王耀武	廿六年二月十日	

兵工署廣東第二兵工廠接收委員會現職官佐名冊 二十六年五月 日

隸屬	級職	姓名	就職年月日	備攷
工務組	准尉事務員	鄭玉麟	廿六年四月七日	編制少尉暫以准尉任用
工務組	委任八級繪畫員	董謙	廿六年二月廿六日	
工務組	同右	李文蔚	廿六年三月二日	
工務組	委任十一級繪畫員	林藻明	廿六年一月廿日	
工務組	委任十二級繪畫員	陳錦坤	廿五年十一月一日	
工務組	委任十二級至八級繪畫員			
建築組	薦任四級組長	陳竹梅		由兵工署派員兼
建築組	委任二級至薦任六級技術員			

0.00.43

兵工署廣東第二兵工廠接收委員會現職官佐名冊

二十六年五月　日

隸屬	級職	姓名	就職年月日	備攷
建築组	委任三级技術員	雷官鋂	廿六年一月廿日	
建築组	委任五级技術員	吴錦疇	仝右	
建築组	委任十级監工員	鄭文驥	仝右	
建築组	委任十二级至六级監工員			
建築组	委任九级绘圖員	秦庚春	廿六年一月廿日	
會計组	委任一级组長	秦昌照		由兵工署派員兼
會計组	委任五级會計員	崔樾	廿六年一月廿日	
會計组	委任九级會計員	劉學新	仝右	

兵工署廣東第二兵工廠接收委員會現職官佐名册

二十六年五月 日

隸屬	級職	姓名	就職年月日	備攷
會計組	委任十級会計員	胡國材	廿五年十一月一日	
會計組	同少尉司書	譚濂	廿六年二月五日	
會計組	同准尉司書	張性荣	廿六年一月廿五日	

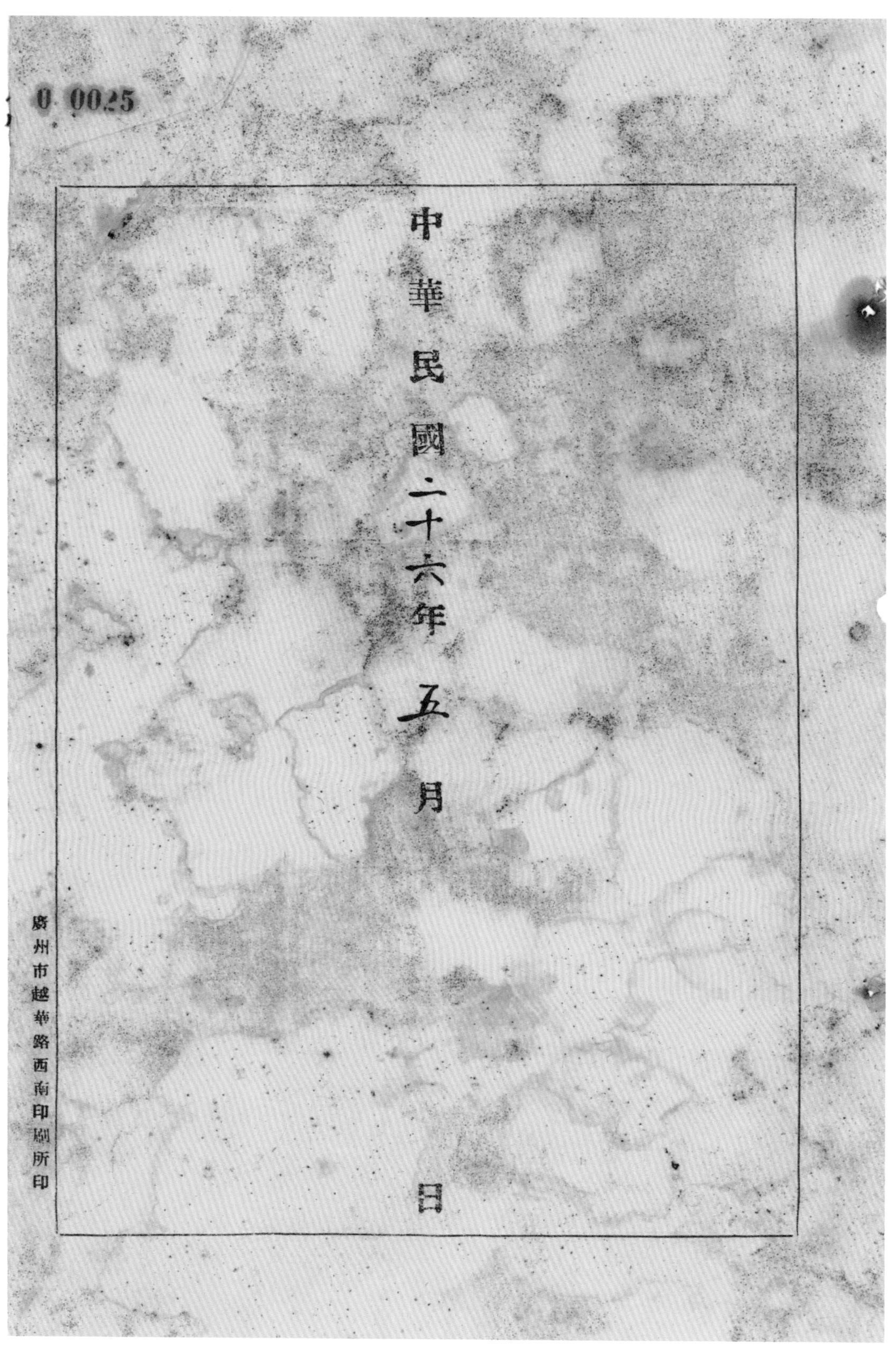
0 0025

中華民國二十六年五月日

廣州市越華路西南印刷所印

军政部兵工署广东第二兵工厂为李式白等新委职员先行造表备案待手续齐备再请委致兵工署的呈（一九三七年七月二十日）

附：军政部兵工署广东第二兵工厂暂派职员名册

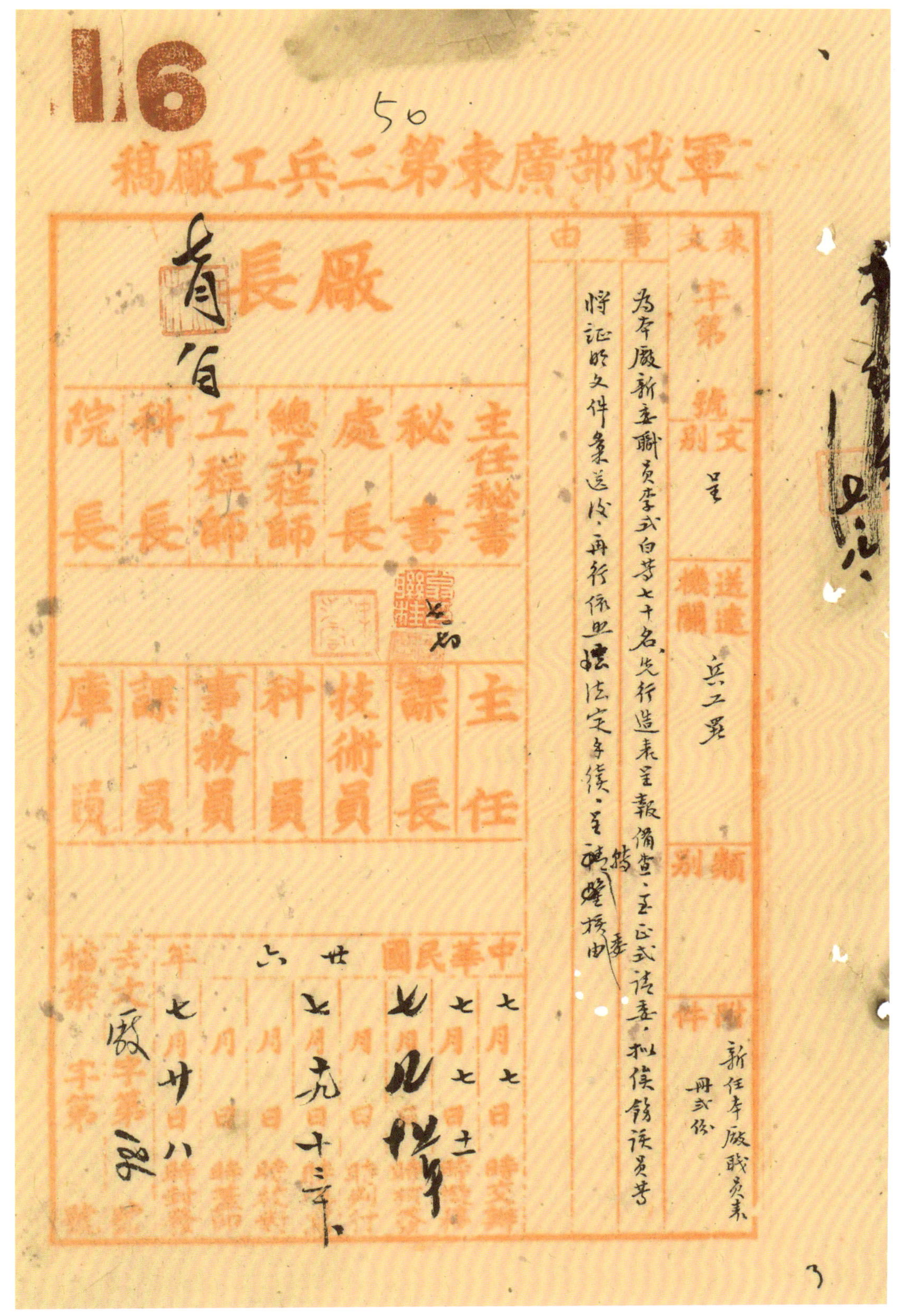

50-1

呈

查本厂前以接收伊始，各项工作均在积极整理推进中，故各工作人员亟待选派充任，只得依照本厂暂行组织，派定工务处处长李式白等新旧职员七十八名，于本年六月十六日呈报钧署备查在案。兹奉六月二十六日造(二六)甲字第三八零零号训令，因以本厂暂行组织有欠健全，并颁发本厂系统编制表到厂，遂将本厂各职员依照此项编制表从新分派充任，计工务处处长李式白等七十

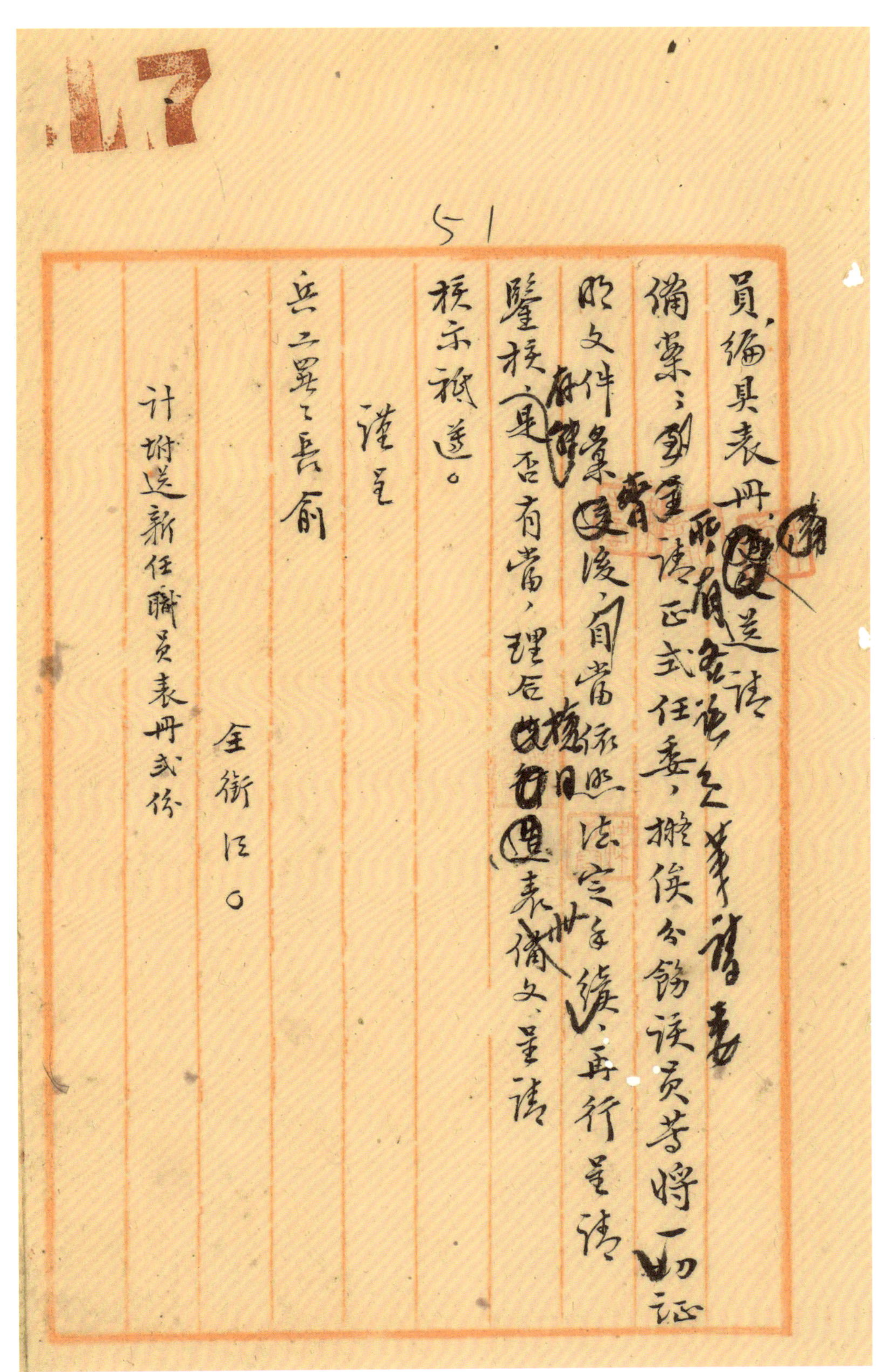

51

員，編具表冊，備文送請
備案，並請正式任委所有委請之董事聘書，俟令飭該員等將一切證
明文件存館彙案送後，自當依照法定手續，再行呈請
鑒核。是否有當，理合檢同表冊，備文，呈請
核示祇遵。

謹呈

兵工署署長俞

全銜汪〇

計附送新任職員表冊貳份

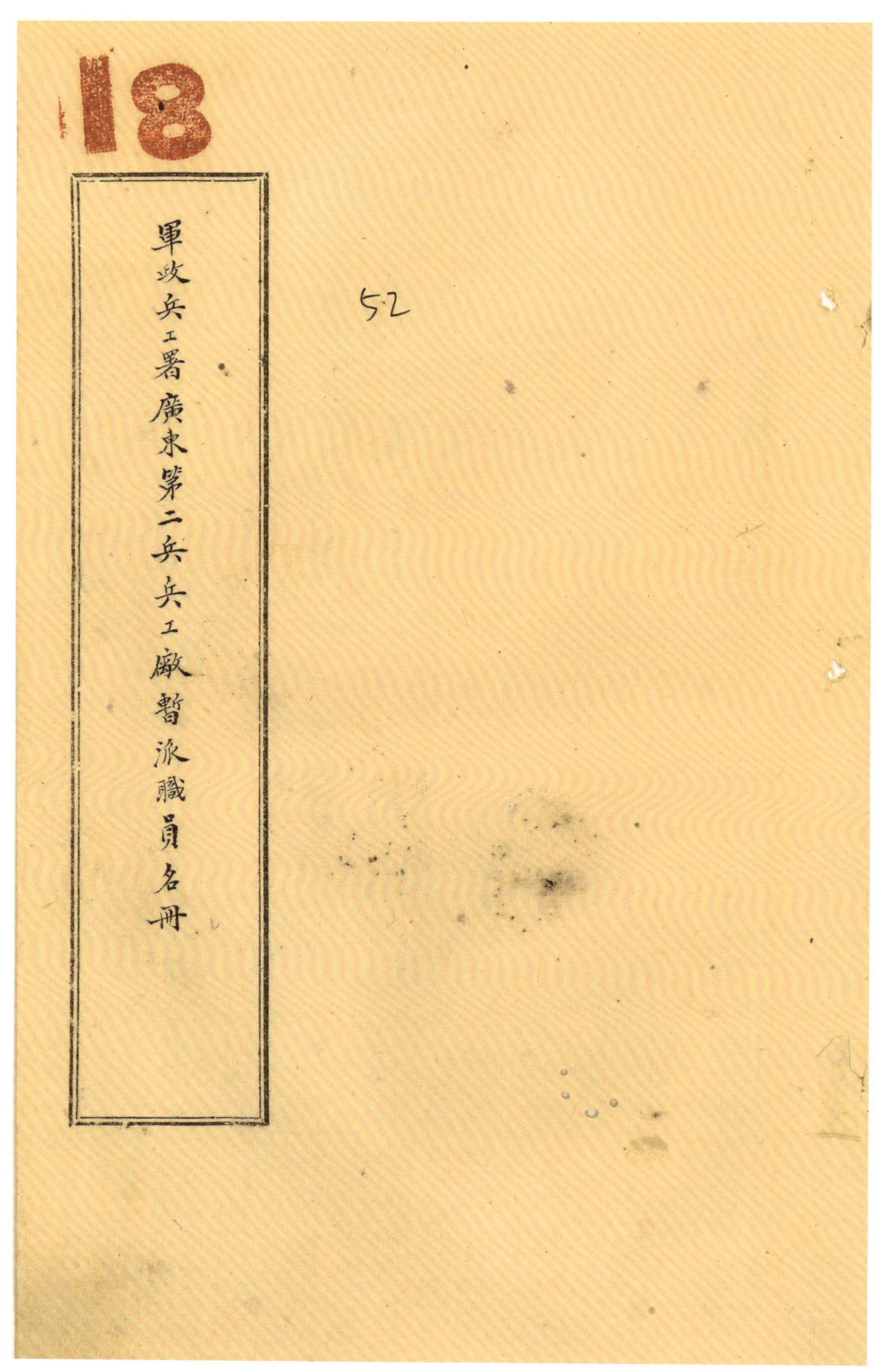
18

軍政部兵工署廣東第二兵工廠暫派職員名冊

52

119

53

軍政部兵工署廣東第二兵工廠暫派職員名冊

職別	階級	姓名	備攷
廠長	簡任五級	江杓	
秘書	同上校	翁眹桂	
辦文課長	中校	李昌基	
課員	上尉	周瑛	
	中尉	王耀武	
書課	少尉	客伯常	
司書	同少尉	唐天駒	
	同准尉	鍾澄波	

53-1

公

課別	職別	階級	姓名
出納課	課員	少校	張亞飛
		中尉	姚鴻治
庶務課	課長	中校	王熙
	課員	少校	徐鑑泉
		上尉	喻義
		中尉	周金沛
購置課	課員	委任六級	周塵超
		委任十級	王有慶
建設課	課員	委任五級	吳錦疇
		委任八級	秦庚春

54

課 委任十一級 何尚志

材 成品庫 庫員 上尉 程志濂

物 庫員 委任七級 李鏡銓

料 料 委任八級 張景篆

廳 庫 上尉 闕式度

課 軍械庫 庫員 少尉 李逢源

處長 薦任三級 李式白

工 工工程師 同上 李錚

薦任四級 劉開坤

程 薦任五級 潘尹

54-1

	職別	官等	姓名
	工程師	薦任五級	王達生
	繪圖員	委任八級	董謙
	師	委任十級	吳學志
		委任十一級	林藻明
		委任十二級	朱海濤
務		委任十二級	陳錦坤
	室司書	同少尉	田廣彰
	檢驗課課長	薦任四級	何家俊
	事課課長	中校	劉貴璋
	務課課員	上尉	馮礎堅

55

課	司書	同准尉	李陵溪
製	主任	薦任四級	關若珍
砲所	事務員	准尉	梁德馨
鍛工所	主任	薦任六級	張式齡
彈夾所	事務員	少尉	何漪
工具	技術員	委任六級	劉天威
樣板		仝上	王運豐
所		仝上	郝藎臣
木工所	技術員	仝上	侯從孔
水	技術員	委任八級	楊一儂

55-7

處所	職別	官等	姓名
處電所	技術員	委任七級	陶亨豫
會計處	處長	薦任二級	曾邦熙
簿記課	課員	委任四級	何祚炘
		委任十二級	張性榮
		仝上	譚濂
成本計算課	課員	委任八級	廓耀雅
審核課	課員	委任五級	唐紹雄
		委任十級	胡國材
		仝上	劉政善
處課	司書	同准尉	鄭玉麟

56

職處長 薦任四級 梁步雲
訓育課課員 委任十一級 李大觀
工課 仝上 許捷三
事課員 委任六級 廖威
福業 委任十級 梁沛之
課 委任十一級 張西亮
利醫院長 二等軍醫正 李蕚芳
軍醫 三等軍醫正 李樹芳
一等軍醫佐 盧起濤
司藥 三等司藥佐 郭金華

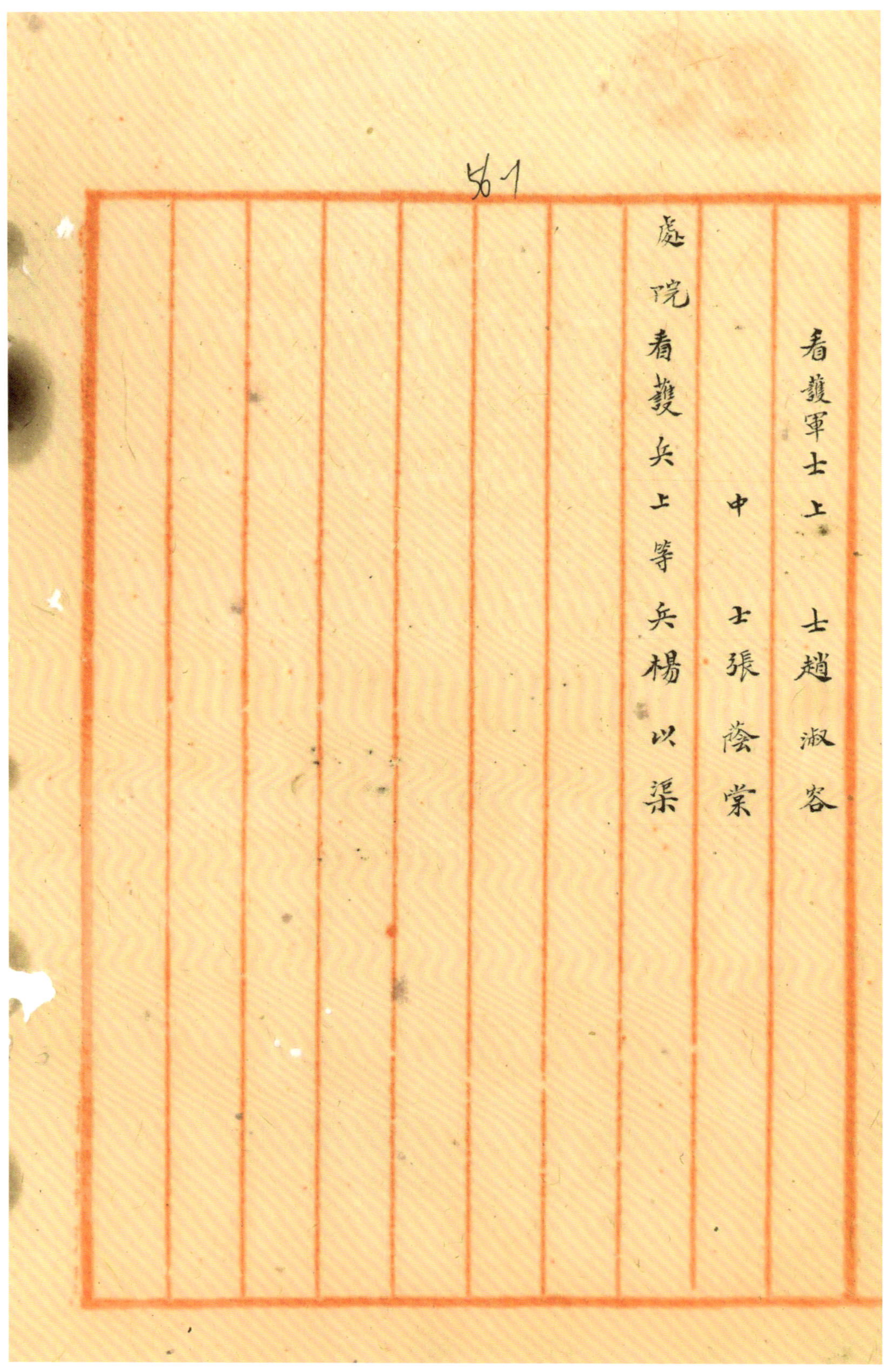

561

看護軍士上士趙淑容

中士張蔭棠

處院看護兵上等兵楊以渠

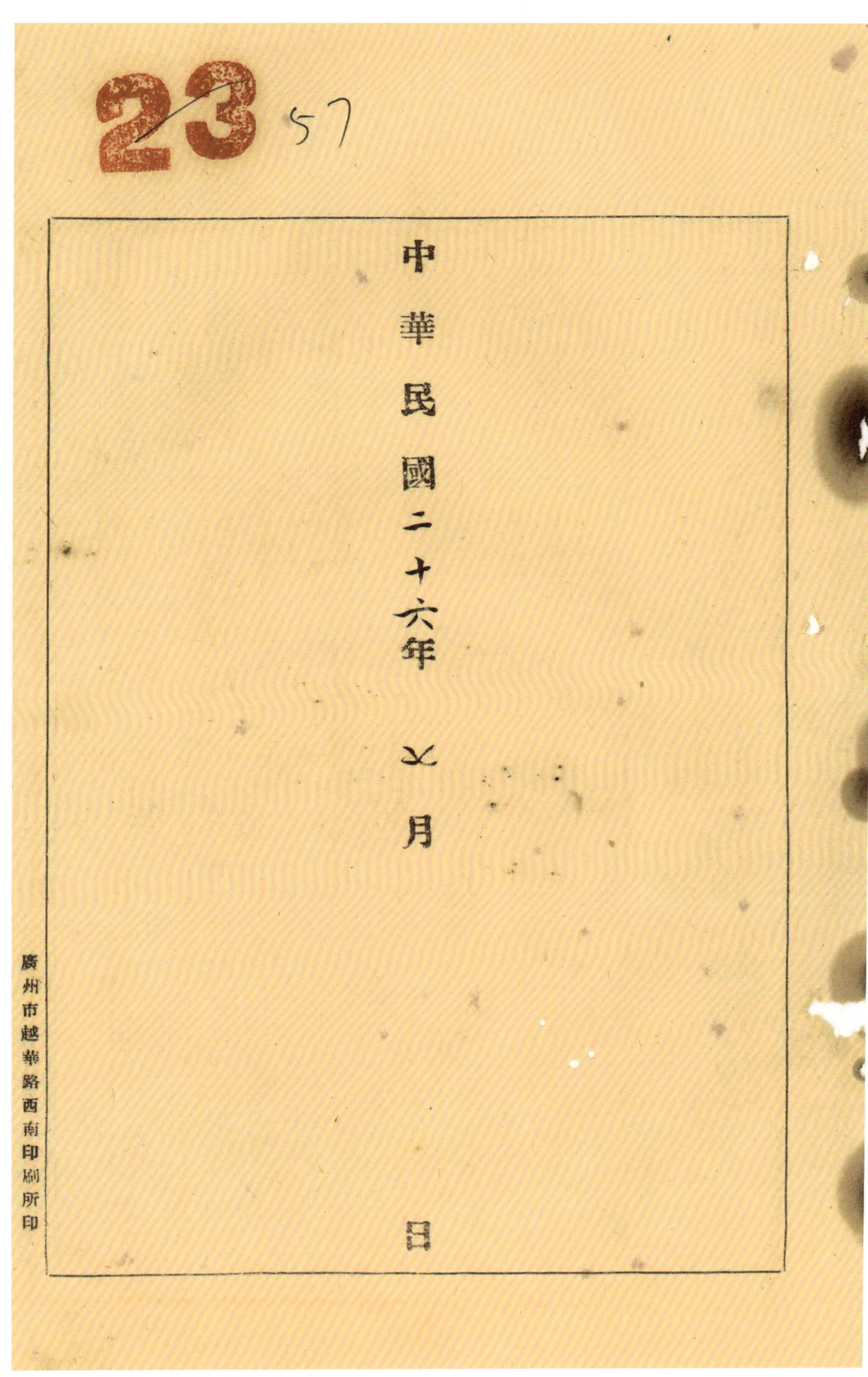

23 57

中華民國二十六年 七 月 日

廣州市越華路西南印刷所印

军政部兵工署广东第二兵工厂为造送请委人员职级姓名册等致兵工署的呈（一九三七年九月二十四日）

附：军政部广东第二兵工厂请委职员姓名册

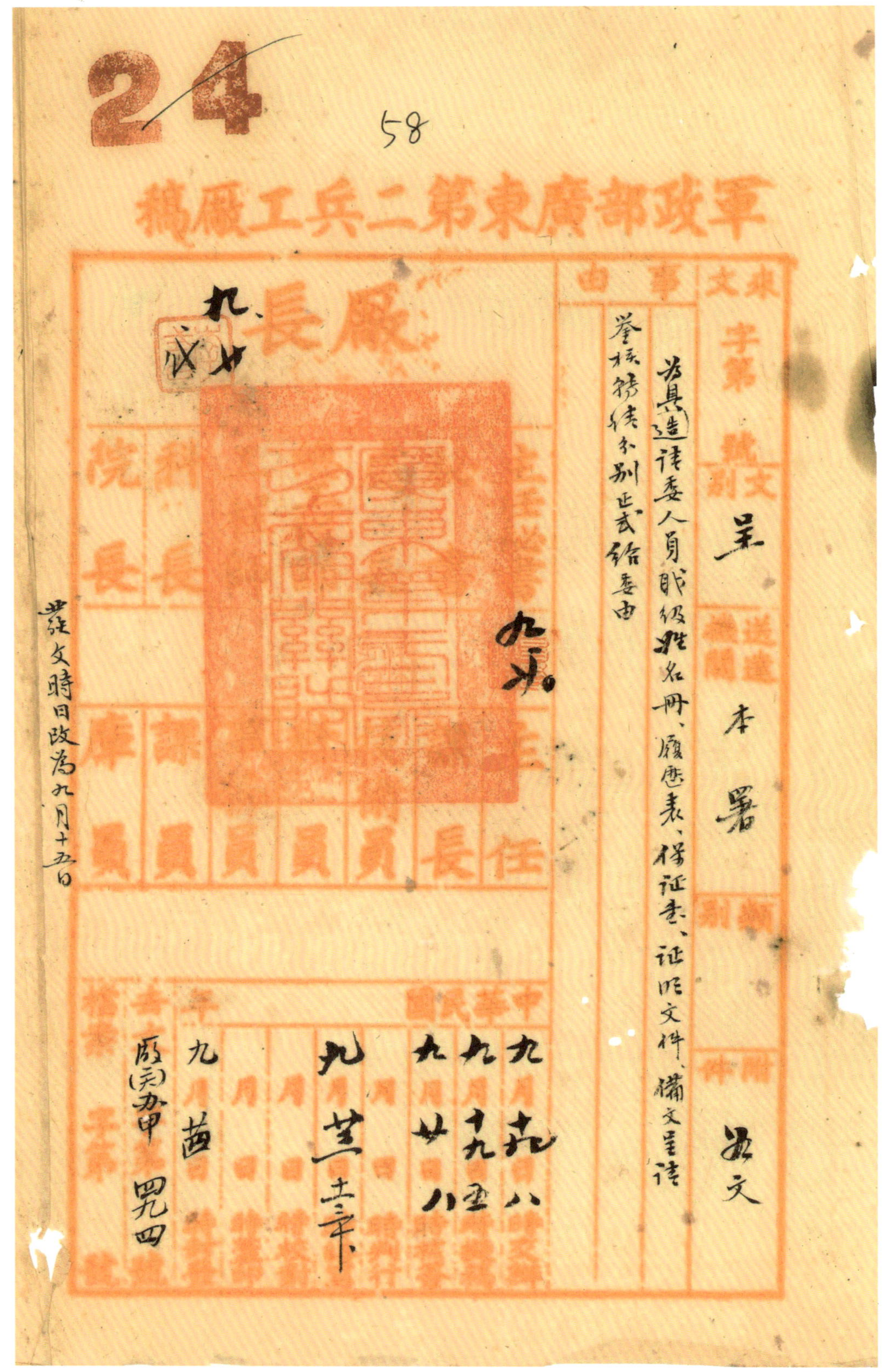

24

58

军政部广东第二兵工厂稿

厂长 九、廿

来文 字第 号 文别 呈

送达机关 本署

类别

附件 如文

事由 为具造请委人员职级姓名册、履历表、保证书、证明文件，备文呈请举核饬发分别正式给委由

九、廿八

中华民国 九月十九日八时 九月十九日八时 九月廿日八时 九月廿三日十二时 九月廿四日

发文时日改为九月十五日

厂（壬）发甲字第四九四号

呈

竊職奉

令調任廣東第二兵工廠廠長，業於就職日期呈准備案，并

權飭李式白等七十八員，先行到差，呈奉

軍政部廿六年七月五日總信（人）字第二七七三號核示在案。次

奉

鈞署本年六月二十六日造（兵）甲字第三八零零號訓令修正本廠暫

行編制表，本廠組織及工作頗多困難，經據情呈准

鈞署轉奉

軍政部二十六年八月十日務（軍）字第二七〇一號指令略開：

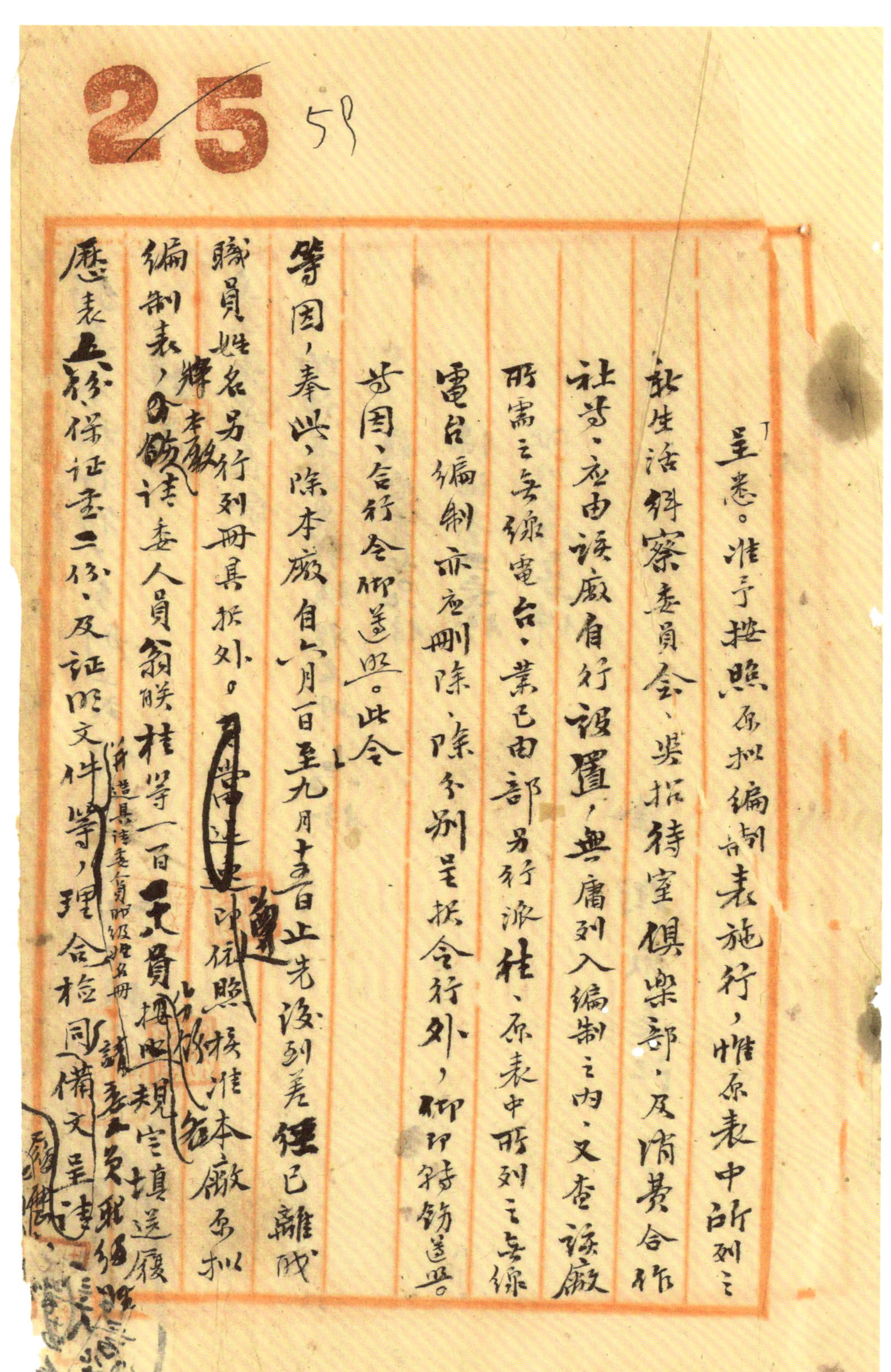

25 59

呈悉。准予按照原拟编制表施行，惟原表中所列之新生活纠察委员会、娱招待室、俱乐部、及消费合作社等，应由该厂自行设置，无庸列入编制之内。又查该厂所需之无线电台，业已由部另行派桂，原表中所列之无线电台编制亦应删除。除分别呈报令行外，仰即转饬遵照。等因；合行令仰遵照。此令

等因；奉此。除本厂自六月一日至九月十五日止先后到差，经已离厂职员姓名另行列册具报外，[illegible]依照核准本厂原拟编制表，及本厂请委人员翁朕桂等一百零八员，按照规定填送履历表五份、保证书二份、及证明文件等，理合检同备文呈请

并造具请委人员职级姓名册

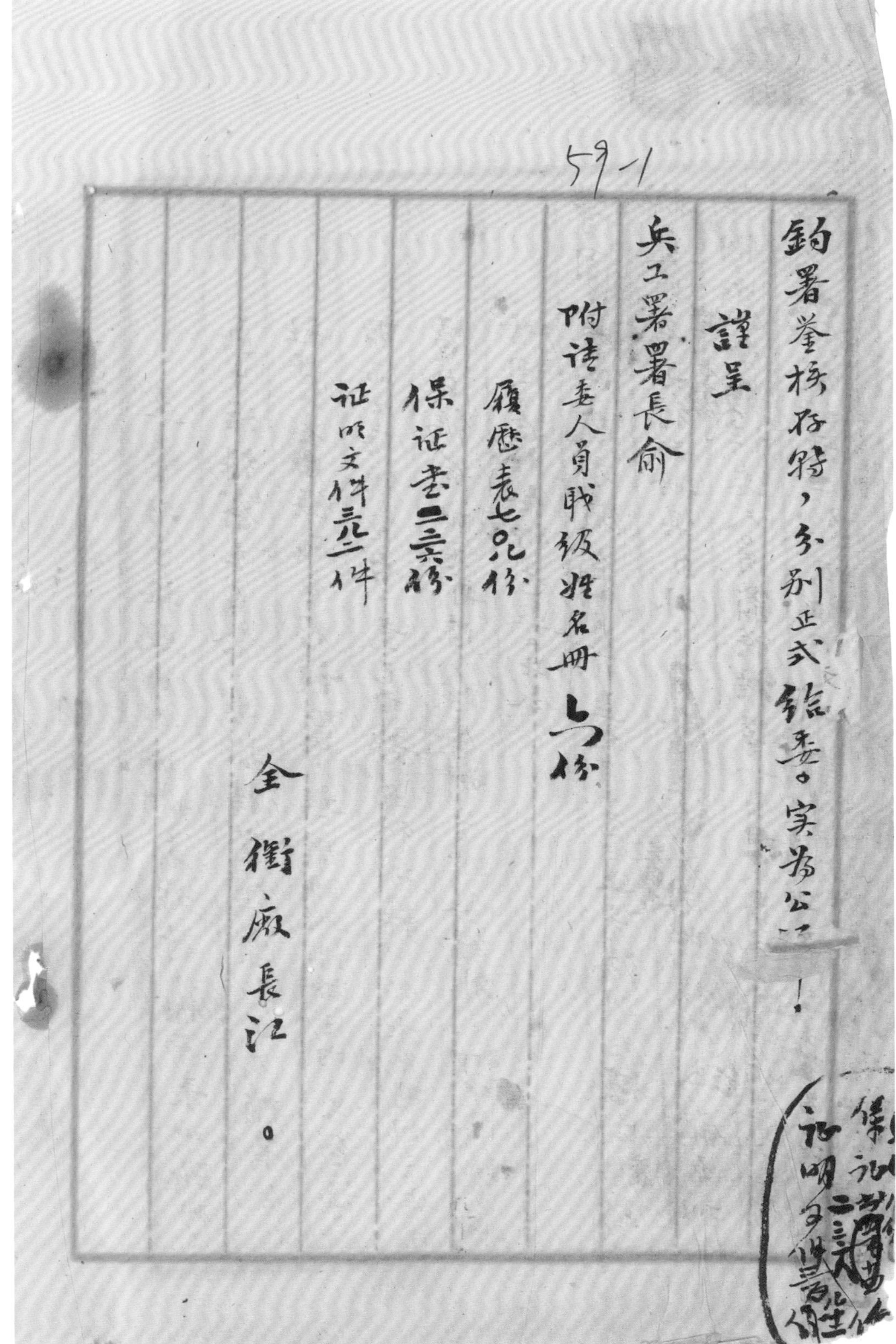

59-1

鈞署鑒核存转，分别正式给委，实为公便！

謹呈

兵工署署長俞

附请委人員戰級姓名冊六份

履歷表七兄份

保证書二宍份

证明文件三三件

全衡廠長江

27

61

照繕 [illegible] 九十五

军政部广东第二兵工厂请委职员姓名册

職別	階級	姓名	到差日期	備攷
廠長	簡任五級	江杓	廿六、五、一六	
秘書	同上校	翁賧桂、	六、一、	（[illegible]） 证明文件〇件
廠秘書	同中校	李昌基、	六、八、	因病辞职 随补请委
事務員	同上尉	周瑛、	五、一六、	由兵工署调用 任8
		孫兆卬	八、三、	由兵工署调用 任8
		柳榮煦	八、九、	因公出差 随补请委
	同中尉	姚孟先、	七、二六、	毕业证书一件
長書	同少尉	容伯常	六、一、	请准長假

证明书五件
证明书[illegible]（正副）一件
硕士文凭一件
委任状二件
委令一件
聘书四件

No.49

	事務員	同少尉	嚴若唐	七、二六、	畢業証書二件 聘約三件
			朱　中	七、二七、	委令二件
			黃家鈴	八、四、	仝右
			曹隆鵠	八、一三、	畢業証書一件
			淩化民	九、三、	畢業証書一件 結業証書一件
		同准尉	鍾澄波	六、一、	委令二件
室			李文亮	七、三〇、	聘書一件 畢業証書一件
出	出納主任	同中校	黃國祺	七、二七、	畢業証書一件（照片） 証明書 委令一件
納	事務員	同少校	張亞飛	五、一六、	畢業証書影片一件 委令二件
室		同中尉	姚鴻治	六、八、	証明書二件

28

62

	庶	庶務主任	同少校	徐鑑泉	五、一六	仝右
		事務員	同上尉	喻 義	六、一	委任狀乙件 委令六件
辦			同中尉	周金沛	六、一	離職證書乙件 委狀乙件 委令乙件
	務			王耀武	六、一	委令乙件
			同准尉	趙重慶	八、三	畢業證書乙件 委令五件
	室			劉燕庭	七、三	證書乙件 委令二件
	稽	稽查主任	中校	王 熙	六、一	委令三件
		稽查員	上尉	熊志陞	八、一	修業證明書乙件
公				吳維鈞	八、一	因公出差 隨補請委
	查		中尉	曾煥章	九、二六	證明文件未到 隨補請委

62-1

室 少尉 唐天駒 七、六、 甄別証書乙件 委令乙件

准尉 常泰源 九、十三、 畢業証書乙件

廳印刷工場技術員 少尉 黃德猷 八、六、 委令乙件

會計處

處長 薦任二級 曾邦熙 七、五、 委令乙件 聘書乙件

簿課員 委任四級 何祚炘 七、五、 畢業証明書乙件 服務証乙件

委任十二級 譚濂 六、一、 畢業証書乙件 批一件 証明書一件 委令二件

計 張性榮 六、一、 委令乙件 委

課司書 同准尉 李耀芬 七、六、 委任状乙件 委令乙件 証明書乙件

成本計課員 委任八級 鄺耀雅 七、五、 證明書乙件

29

63

職別	官等	姓名	日期	備考
稽課司書	同准尉	祝澤民	七、元、	命令乙件 委令二件
審課員	委任五級	唐紹雄	六、一五、	委令二件
	委任十級	胡國材	六、一、	委令三件 修業証書一件
核		劉政善	七、七、	畢業証書乙件
課司書	同准尉	鄭玉麟	六、一、	委令四件
務處				
處長	薦任三級	李式白	五、一六、	由鞏縣兵工廠調任
總工程師	薦任三級	李錚	六、一、	調兵工署服務
	薦任四級	劉開坤	六、一、	仝右
	薦任五級	王達生	七、五、	所有証件因滬戰發生及時間短促以致未能繳呈

63-1

職別	姓名	日期	附件
工程師薦任五級	楊書仇、	八、二五	畢業証書乙件
工	潘尹、	六、一	因公出差隨補証書
繪圖員委任七級	彭秀綱、	八、二六	畢業証書乙件 委令乙件 証明書二件 聘書乙件
委任八級	董謙、	六、一	委令二件
委任十級	吳學志、	六、一	大学証明乙件 委令委狀各乙件 服務証二件
程 委任十級	周載、	七、一六	文件收據乙件
	韓守強、	七、一六	畢業証書二件
委任十一級	黎其蔭、	八、五	畢業証書乙件 服務証明書二件
師	方書長、	八、五	畢業証明書乙件
	李國輝、	八、五	畢業証書乙件 委任令乙件

64

職別	階級	姓名	日期	備考
繪圖員	委任十一級	林藻明	六、一	畢業証书乙件 委任令乙件 委任状乙件
		朱海濤	七、五	肄業証书乙件 委令乙件
	委任十二級	陳錦坤	六、一	畢業証书乙件 委任令乙件 委任状乙件
司書	同少尉	田廣彰	六、一	修業証书乙件 委任令乙件 委任状乙件
室	同准尉	黃國燿	八、廿七	畢業証书乙件 委令乙件 修業証书一件
事課長	同少校	劉貴璋	六、廿四	委令十一件 聘书乙件
課員	上尉	丁憲章	八、二三	委令四件
務		馮礎堅	六、一	畢業証书存 委任状存 証明书乙件 委令乙件
司書	同少尉	李灝通	七、卅	畢業文憑乙件 服務証乙件
課	同准尉	李繩武	七、三一	修業証书乙件 調令乙件 委任状乙件

64-1

單位	職務	等級	姓名	日期	備考
工作準備課	技術員	委任五級	吳社鴻	八、九、	畢業文憑乙件 服務証書乙件 委令三件 聘書二件
	司書	准尉	周伯鈞	七、二六	委令二件
			郭鑑清	七、三〇、	証明書乙件 委任狀乙件 委令存
製砲所	主任	薦任四級	關若珍	六、一	証明書存 聘書存 派狀乙件 委任狀存 委令八件
	技術員	薦任五級	朱恩明	八、二三、	所有証書及文憑燬於敵目前由兵工署砲兵技術研究處呈軍政部
	事務員	准尉	梁德馨	六、一	畢業証書乙件 聘書三件
鐵工所	主任技術員	薦任六級	張式齡	六、一	修業証明書乙件 服務証明書乙件 聘書存 委令五件
彈	技術員	委任六級	劉天威	六、一	畢業証書乙件 聘書乙件 委令乙件
央所	事務員	少尉	何漪	六、一、	請准長假
工	技術員	委任五級	施惟吾	八、三〇、	証明文件未到 隨補請委

31

65

具樣板所 技術員 委任六級 郝蓋臣 六、九、 畢業証書乙件 聘書乙件 服務証明書五件

具樣板所 王運豐 六、一 畢業証書乙件 委令一件

木工所 事務員 中尉 鄭佳士 七、一三 委任狀乙件

水電所 主任 薦任四級 葉卓林 七、一五、 畢業証書乙件 聘書六件 委任二件

水電所 委任七級 陶亨豫 七、八、 畢業証書乙件 服務証乙件 委令乙件

水電所 委任八級 楊一儂 六、八 証明書乙件 委令乙件

材料保管科

材料保管科 科長 鄭大強 由兵工署調用 暫代 備

材料保管科 技術員 委任三級 劉士選 八、三、 証明文件未到 隨補請委

本科 科員 上尉 程志濂 六、一 畢業証書乙件（四片乙件） 委令八件（內四片乙件）

65-1

	司	書 同准尉	許國藩	七、三一	畢業証書乙件 委令乙件
部			黃亮賢	八、一五	畢業証書乙件 結業証書乙件
材	技術員	委任七級	李鏡銓	六、六、	証明文件未到請補請委
	庫員	上尉	關式度	六、一	委令乙件
料		中尉	張珊	九、十、	
庫		少尉	陳光清	七、一三	畢業証書乙件 肄業証書乙件
軍	技術員	委任八級	張景實	七、六、	証明文件均存天津瀋陽 刻已函寄來
械庫	庫員	中尉	關衡	七、一四	服務証明書乙件
	檢驗科				
料本部	科長	薦任四級	何家俊	六、一	暫兼代

理化試驗室	主任技術員	薦任四級	何家俊	六、一	因公出差 隨補請委
	技術員	委任三級	宋世忱	七、三	畢業証書乙件 証明書乙件 委令乙件 聘書乙件
			杜國燊	八、六	因公出差 隨補請委
		委任五級	范銘祖	八、三	畢業証明書乙件 委令三件
採購科					
	科長	薦任五級	潘尹	六、一	請委爲本廠工務處工程師 暫代科長
	科員	委任六級	周塵超	六、九	由本署鞏縣兵廠調用
		委任十級	王有慶	六、一	委任狀乙件
		委任十一級	張郁秋	七、三	服務証乙件
			董銘	八、五	

66-1

地產科

職別	級別	姓名	日期	備註
科長		陳竹梅	六、一	由兵工署調用 暫代 借8
科員	委任五級	吳錦疇	六、一	畢業証書乙件 委任令四件 委任狀二件
	委任八級	秦庚春	六、一	委任委狀各乙件 委令乙件 証明書六件
	委任十一級	董銘	八、五	畢業文憑乙件 証明書一件 收據乙件 畢業証書乙件

土木工程室
技術員委任六級孫文德 七、十六
繪圖員委任十一級王維森 七、廿六
委任十一級黃逸烽 七、廿三

職工福利處

職別	級別	姓名	日期	備註
處長	薦任四級	梁步雲	五、一六	畢業証書影片乙件 証明書乙件 委令乙件
訓育課員	委任五級	劉世藻	八、三〇	畢業証書四件乙件 委令二件
		陳渭銘	九、八	因公出差，隨補請委
	委任十一級	李大觀	六、一	畢業証書乙件 許可証乙件 証書乙件 聘書七件
		許捷三	七、一	所有証明文件於九一八瀋陽事變時遺失

33

67

單位	職別	等級	姓名	年月	備考
課司	書	同准尉	何允章	八、七、	畢業証明乙件 委令二件
事課	員	委任六級	廖威	六、九、	畢業証书存 委令乙件
業		委任十級	梁沛之	六、一、	畢業証书影片乙件 委状乙件 委令乙件
		委任十一級	張西亮	七、七、	畢業証明书乙件
課司	書	同准尉	范拔	七、六、	畢業証书乙件 委令 証明书乙件
醫院	長	月薪250	李夢芳	六、八、	畢業証书影片二件
醫	師	〃〃80	盧起濤	六、一、	委任状存 委令乙件
助産	士	〃〃40	郭全華	六、一、	畢業証书乙件 委令乙件 委状乙件
院護	士	〃〃40	趙淑容	六、六、	因[illegible]滬拉雜[illegible] 証明书寄到
警衛隊					

單位	職別	階級	姓名	日期	附件
隊本部	隊長	少校	林竹筠	六、一	委令二件
	隊附	上尉	劉漢光	六、一	請准書備
	副官	中尉	區耀南	六、一	畢業証書乙件 委任狀四件
	書記	中尉	吴寶森	六、一	委任狀乙件
第一中隊	中隊長	上尉	關文標	六、一	仝右
	分隊長	中尉	張恕達	六、一	畢業証書乙件 委任狀二件
		少尉	王耀光	六、一	修業証書二件 委任狀乙件
			陳金生	六、一	委任狀乙件
	特務長	准尉	鄧競良	六、一	畢業証書乙件 委狀乙件
第	中隊長	上尉	蔡琳	六、一	畢業証書乙件 委令乙件 委任狀五件

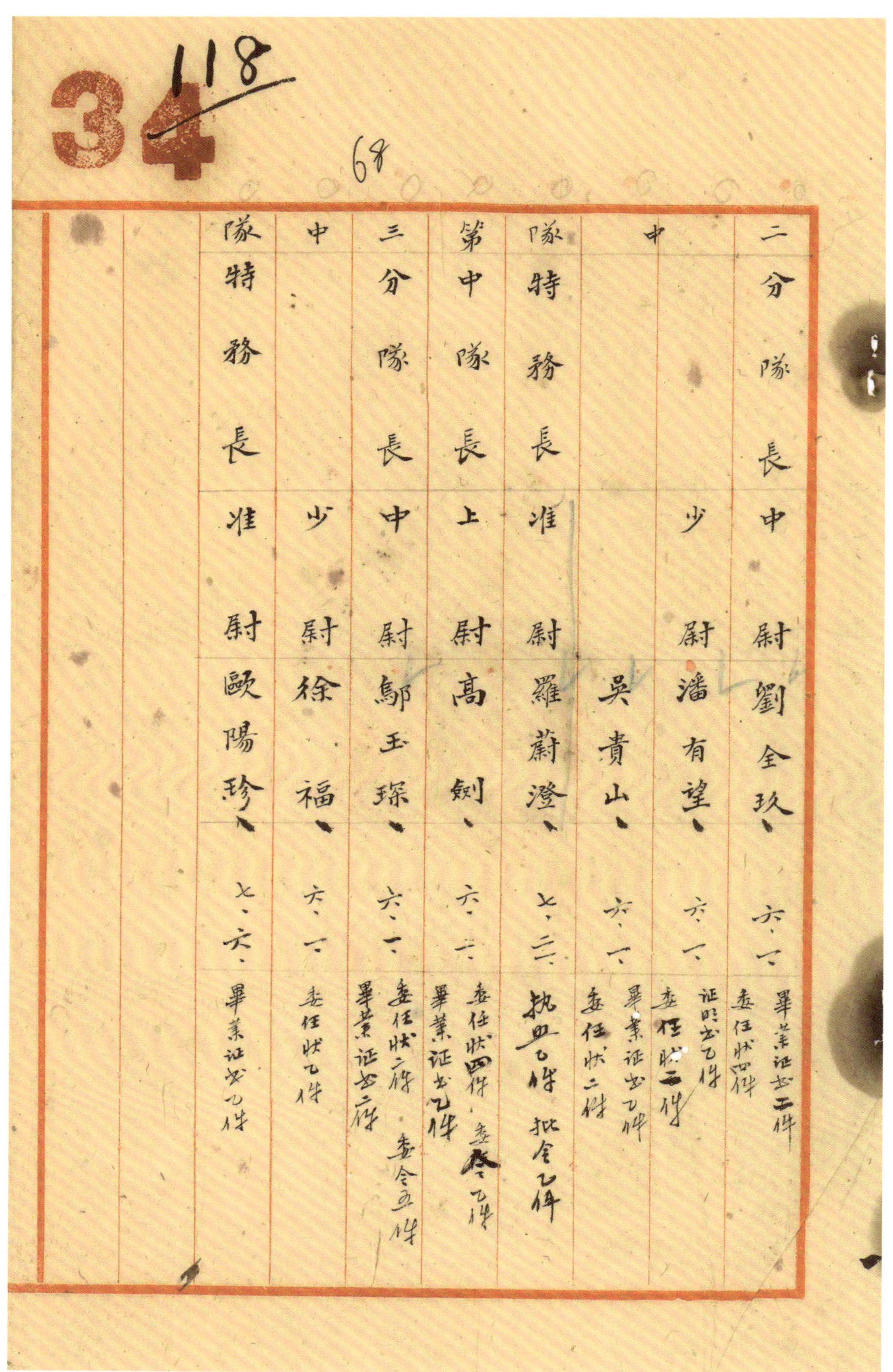

34 118

68

職別	階級	姓名		備考
二分隊長	中尉	劉全玖、	六、一	畢業证书二件 委任状四件
中	少尉	潘有望、	六、一	证明书乙件 委任状二件
		吳貴山、	六、一	畢業证书乙件 委任状二件
隊特務長	准尉	羅蔚澄、	七、二	执照乙件 批令乙件
第中隊長	上尉	高劍、	六、一	委任状四件、委令乙件 畢業证书乙件
三分隊長	中尉	鄔玉琛、	六、一	委任状二件 委令五件 畢業证书二件
中	少尉	徐福、	六、一	委任状乙件
隊特務長	准尉	歐陽珍、	七、六	畢業证书乙件

军政部兵工署广东第二兵工厂为造送补请正式给委职级姓名册等致兵工署的呈（一九三七年十一月八日）

附：军政部兵工署广东第二兵工厂补请正式给委职员名单

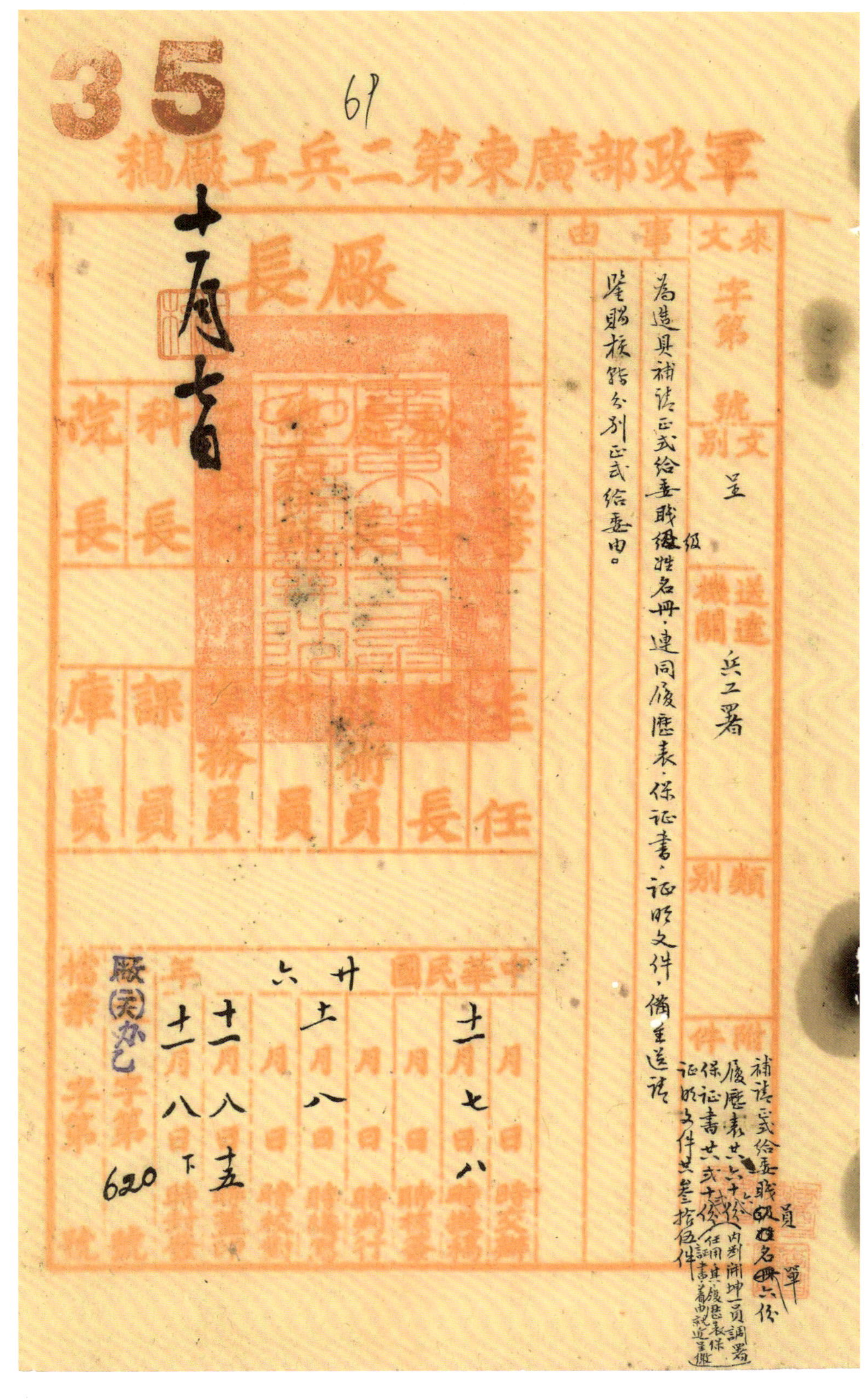

69-1

呈

案查本廠前為各級職員呈請分别正式核委一事，經於本年九月廿五日造具請委職級姓名冊，連同履歷表、保證書、及證明文件等，備文呈送

鈞座鑒核，間有因重病給假或公差遠出各職員，一時未能將履歷表及證明文件等件，依期送廠繳驗者，當於請委姓名冊內分别註明，並經聲請隨補請委各在卷。茲查檢驗科代理科長何家俊等十一員，均已回廠服務，當即飭將履歷表等一切文件送繳前來。理合造具補請正式給委職員姓名冊一份，連同履歷表各六份，保證書二份，及證明

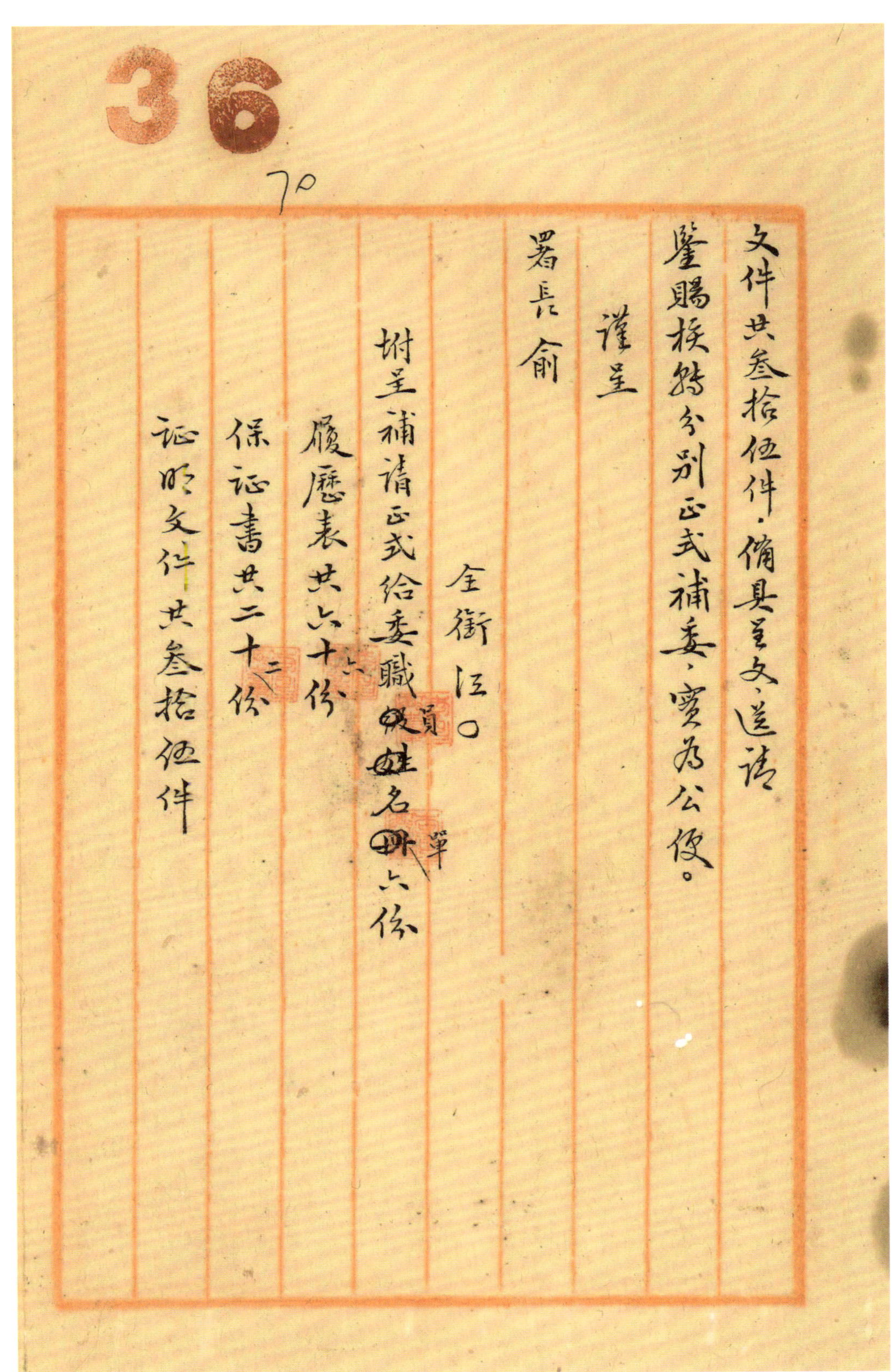

文件共叁拾伍件，備具呈文，送請

鑒賜核轉分别正式補委，實為公便。

謹呈

署長俞

全銜 汪〇

附呈補請正式給委職員姓名單六份

履歷表共六十六份

保証書共二十二份

証明文件共叁拾伍件

軍政部兵工署廣東第二兵工廠補請正式給委職員名單

職別	階級	姓名	到差日期	證明文件件數	備考
檢驗科理化試驗室主任技術員	薦任四級	何家俊	廿六、一	証書一件、委令六件、聘書二件、派狀二件	
工務處工程師	薦任四級	劉湘坤	廿六、一		該員調署服務，所有証明文件係存署件，已函知其就近繳驗。
仝上	薦任五級	潘尹	廿六、一	証明書並譯文各一件、委令一件、聘書三件	
秘書室秘書	仝中校	李昌基	廿六、八	証明書一件、薦任狀一件、委任狀一件、委任令一件	
~~仝上~~ 秘書室事務員	仝上	蔣銑	廿六、十、廿	証明書一件	
檢驗科理化試驗室技術員	委任三級	杜國燎	廿八、二	証書二件	
材料保管科技術員	委任三級	劉士選	廿八、三	証明書二件、委任狀一件、令三件	
仝上	委任七級	李鏡銓	廿六、二八		前在北寧路局唐山製造廠冶鑄所，証明文件，因華北交通阻塞，迄未寄到，擬請補繳。

71-1

職別	階級	姓名	日期	繳件	備考
稽查室稽查員	中尉	曾焕章	廿六、九、二六	收據一件	畢業証書及教員証件，因在廣州市社會局市立小學教員登記尚未發還，故先將收據呈繳。
仝上	准尉	常泰源	廿六、九、十三		證明文件未到，請准隨後補繳
材料庫庫員	中尉	張珊	廿六、九、十	証書一件 委令二件	

军政部兵工署第五十工厂一九三九年度人员统计表（一九三九年四月）

軍政部兵工署第五十工廠二十八年度人員統計表

職別\部別		廠長	主任秘書	廠長辦公廳	工務處	會計處	職工福利處	工程師室	材物保管科	採購科	檢驗科	地產科	警衛隊	雜兵伕役	軍用電話司機	機械士兵及襍工	合計
簡任	四級	1															1
〃	六級		1		1			1									3
薦任	一級				1	1	1	1		1	1	1					7
〃	二級			1	4		1	5			1	1					13
〃	三級				4												4
〃	四級				12		1	6			2						21
〃	五級				16						7						23
〃	六級				13	4			1		2	1					21
委任	一級				16			1		2	3	3					25
〃	二級				5	2	2	1	6		1						17
〃	三級			1	3	9	2	1			1						17
〃	四級				1	3			5		2						11
〃	五級				1			3		2		8					14
〃	六級				2	3	4	2			1						12
〃	七級				2							2					4
〃	八級					9		13			3						25
〃	九級				2												2
〃	十級							1									1
〃	十一級							2									2
〃	十二級																
校官	上校			2													2

備註

註一 簡任官俸　簡任四級一員月支480.00元，六級三員月各支400.00元，月合計1,680.00元。

註二 薦任官俸　薦任一級七員月各支370.00元、二級十三員月各支340.00元、三級四員月各支310.00元、四級二十一員月各支280.00元。五級二十三員月各支250.00元、六級二十一員月各支220.00元，月合計24,500.00元。

註三 委任官俸　委任一級二十五員月各支200.00元，二級十七員月各支180.00元、三級十七員月各支160.00元、四級十一員月各支140.00元、五級十四員各月支120.00元、六級十二員月各支100.00元、七級四員月各支90.00元、八級二十五員月各支80.00元、九級二員各月支70.00元、十級一員月支60.00元、十一級二員月各支50.00元，合計17,860.00元。

註四 同校官俸　上校二員月各支240.00元、中校九員月各支170.00元，少校六員月各支135.00元，合計2,820.00元。

註五 同尉官俸　上尉三十三員月各支80.00元、中尉三十四員月各支60.00元，少尉九十三員月各支42.00元，准尉六員月各支32.00元，合計8,778.00元。

註六 院長醫師薪　月薪400.00元者一員、300.00者一員、200.00者一員、130.00者一員，合計1,030.00元。

註七 助產看護薪　月薪80.00者一員，40.00者二員，合計160.00元。

註八 軍士餉項　上士五名月各支20.00元，中士十一名月各支16.00元，下士十九

〃	中校			7	1								1				9
〃	少校			2	2						1		1				6
尉官	上尉			13	11				2		2		5				33
〃	中尉			4	15				7		3		5				34
〃	少尉			28	21	10	5	4	6	3	2	8	6				93
〃	准尉				1			1			1		3				6
醫葯師	月薪四百元						1										1
〃	三百元						1										1
〃	二百元						1										1
〃	一百卅元						1										1
助產士	八十元						1										~~1~~ 1
看護士	四十元						2										2
士	上士			2									5				7
〃	中士												11	1			12
〃	下士												19	1			20
兵	上等												68	5			73
〃	一等												117				117
〃	二等												174	17			191
公役	一等													1			1
〃	二等													3			3
〃	三等													4			4
〃	四等													27			27
〃	五等													14			14
〃	六等													14			14
電話司機															3		3
機械士兵工及礦工																500	500
總計		1	1	60	134	41	23	42	27	8	33	24	415	87	3	500	1399

名月各支14.00元，上等兵六十八名月支12.00元，一等兵117名月各支10.50元，二等兵174名月各支10.00元，合計[illegible]6.00元。

註九 雜兵伕役餉 中士一名月支16.00元，下士一名月支14.00元，上等五名月各支12.00元，二等兵十七名月各支10.00元，一等公役一名月支20.00元，二等公役三名月各支16.00元，三等公役四名月各支14.00元，四等二十七名月各支12.00元，五等十四名月各支10.50元，六等十四名月各支10.00元，合計1035.00元。

註十 電話司機餉 單用電話司機三名月各支40.00元合計120.00元。

註十一 工資 機械士四百名每名平均月資1.80元[illegible]資.50元，以三十天計月共需23,100.00元。

註十二 船駁費 汽船一艘月需引水、司機、水手、伕役等餉項210.00元，煤費432.00元，機油60.00元，修理費100.00元，月共需802.00元。木駁（運輸用）三艘月需舵工水手餉項及修理等費400.00元，總計每月共需1202.00元。

军政部兵工署第五十工厂为报送外籍人员姓名表致兵工署的呈（一九三九年七月十二日）

附：军政部兵工署第五十工厂外籍人员姓名表

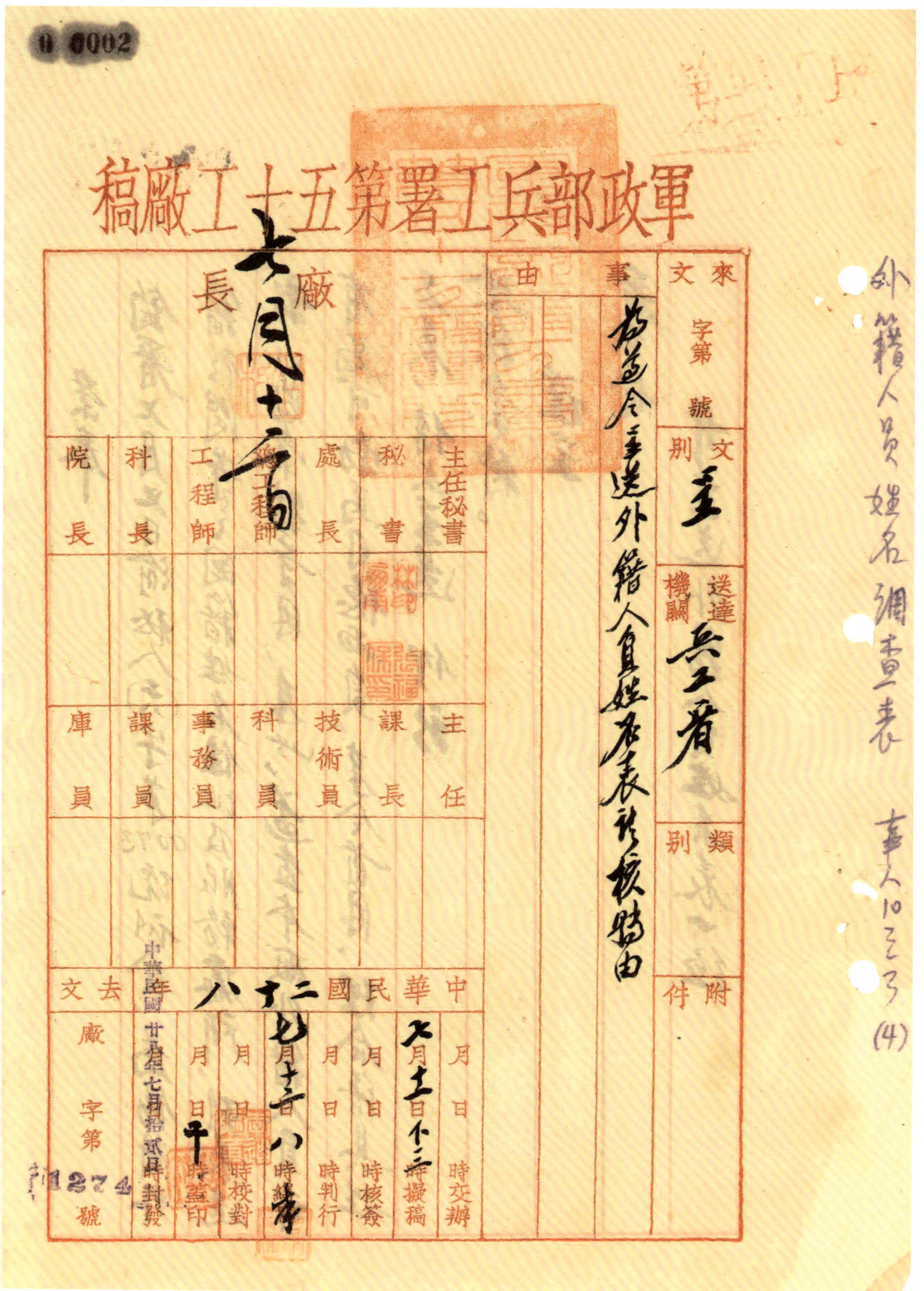

軍政部兵工署第五十工廠稿

來文：字第　號
文別：呈
送達機關：兵工署
類別：
附件：
事由：為送全年送外籍人員姓名表祈核轉由

廠長　七月十二日

主任秘書　秘書　處長　總工程師　工程師　科長　院長

主任　課長　技術員　科員　事務員　課員　庫員

中華民國二十八年

交辦　月　日　時
撰稿　七月十一日下午　時
核簽　月　日　時
判行　月　日　時
校對　七月十二日八時　繕
蓋印　月　日　干　時
封發　中華民國廿八年七月拾貳日　時

去文：廠　字第 1274 號

外籍人員姓名調查表

案奉

鈞署七月七日渝秘人(六)字第0073號訓令，為飭將外籍職員等之國籍姓名住址及服務廠所，列表造報，以憑彙轉等因，奉此，遵查本廠外籍人員，計有雅可勃馬司德爾員，奉令前因，理合繕具姓名表，備文呈送，仰祈

鑒核彙轉。

謹呈

署長俞

計呈送外籍人員姓名表一紙

0 0003

第五十工厰厰长江○

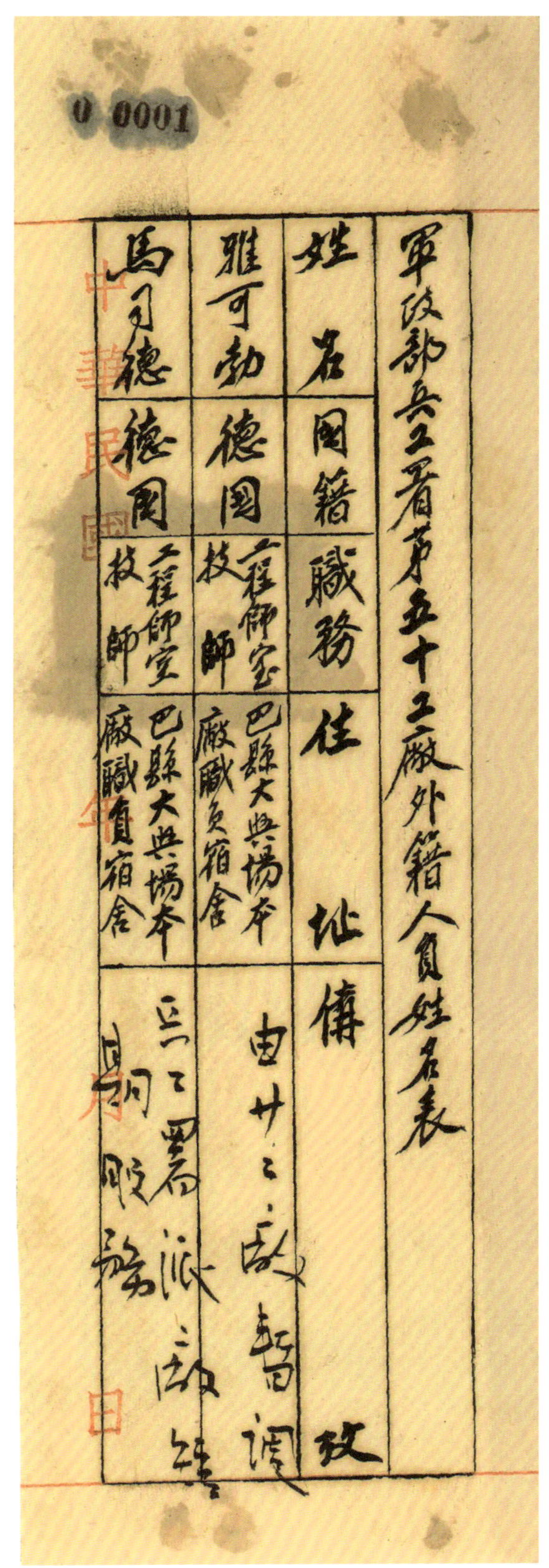

0 0001

軍政部兵工署第五十工廠外籍人員姓名表

姓名	國籍	職務	住址	備考
雅可勃	德國	工程師室技師	巴縣大興場本廠職員宿舍	由廿二廠暫調
馬乃德	德國	工程師室技師	巴縣大興場本廠職員宿舍	三〇工署派二廠結期間服務

中華民國　年　月　日

军政部兵工署第五十工厂主官及各区分主官姓名资历表（一九三九年）

17

軍政部兵工署第五十工廠主官及各區分主官姓名資歷表

級職	姓名	年齡	籍貫	履歷	備考
簡任五級廠長	江杓	四〇	江蘇上海	德國柏林工科大學畢業曾任兵工署委員廠長司長等職	
廠長辦公廳 秘書室 上校秘書	林鵬南	四三	福建閩侯	國立北京大學畢業曾任縣長及薦任秘書中校秘書等職	
廠長辦公廳 出納室 中校主任	黃國棋	四九	江蘇無錫	南洋路礦學校畢業曾任主任職務	
廠長辦公廳 庶務室 中校主任	徐鑑泉	四四	遼寧遼陽	陸軍第二十八師軍官團步兵科畢業曾任副官科長等職	
廠長辦公廳 稽查室 中校主任	王熙	四六	廣東番禺	廣東陸軍學校畢業曾任營長團長等職	
會計處 薦任二級處長	曾邦熙	三九	湖南新化	美國哥倫比亞大學商學院研究生曾任主任及教授等職	
工務處 薦任二級處長	李式白	四二	河南溫縣	國立同濟大學機械科畢業曾任廠長主任及工程師等職	

17-1

職務	姓名	年齡	籍貫	經歷	備考
材物保管科薦任一級正工程師	蔚祉鎬	四二	浙江鄞縣	德國勝城工業大學考取特許工程師學位曾任工程師及教授等職	
檢驗科薦任六級科長	米延光	三七	浙江紹興	上海交通大學機械工程科畢業曾任工程司總段長及科長主任等職	
採購科科長	米延光				該科、長職務由米延光兼代
地產科薦任一級科長	李蘊琦	四一	〃中山	同濟醫工學校畢業曾任工程師及技正科長等職	
雇傭科科長	何家俊	三九	廣東中山	德國布勒時勞大學化學科畢業曾任技正及教授等職	
職工福利處薦任四級處長	梁步雲	三七	湖北陽新	武昌商科大學畢業曾任主任科長等職	
精確研究室兼任處長	方光圻	四〇	江蘇江都	南京高等學校學士曾任教授主任技正及委員等職	
樣板工具廠代理主任	劉志堅	四七	江蘇武進	同濟大學機械科畢業曾任主任工程師等職	
警衛隊少校隊長	林竹筒	四三	廣東茂名	第四軍、官教導隊畢業曾任營長職務	

军政部兵工署第五十工厂为呈报现有人数及官佐待遇统计表致兵工署的代电（一九四二年二月七日）

附：军政部兵工署第五十工厂现有人数及官佐待遇统计表

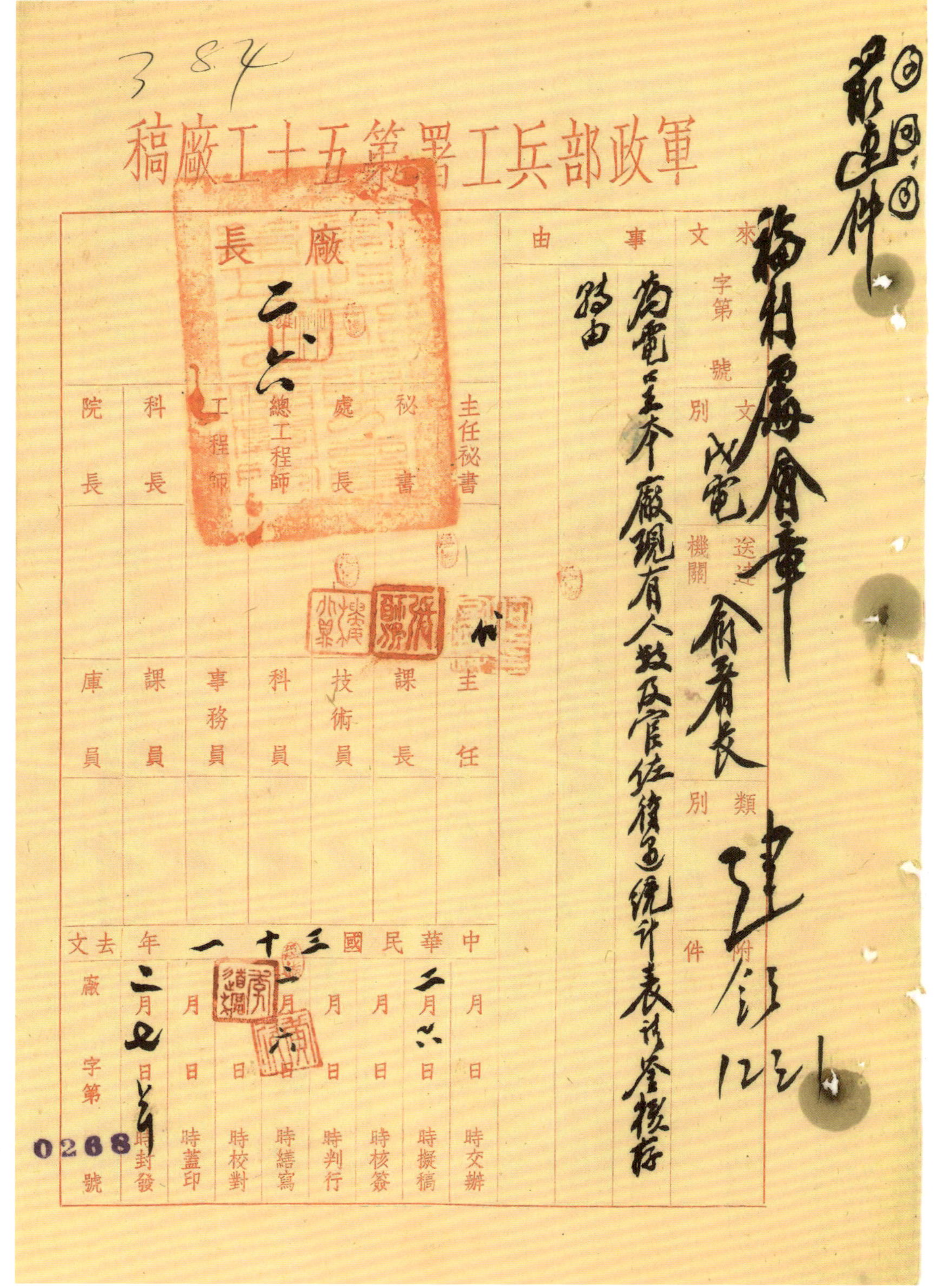

384-1

代電

兵工署署長俞鈞鑒二月三日渝造(31)甲字第1474號江代電敬悉謹依照軍糧總局所訂現有人數及官佐待遇統計表式填列完竣理合電呈鑒核賜示存轉職丁天〇魚叩 附呈表二份

387

軍政部兵工署五十工廠現有人數及官佐待遇統計表

機關名稱	主官姓名	編制人數：文職待遇官佐	編制人數：軍職待遇官佐	編制人數：兵伕	編制人數：工人	編制人數：合計	現有人數：文職待遇官佐	現有人數：軍職待遇官佐	現有人數：兵伕	現有人數：工人	現有人數：合計	駐地	備攷
五十工廠	丁天雄						126（原作[illegible]，已塗改）	250	240	1607	2223（原作2184，已塗改）	郭家沱	

秘書處 函

本表所列文官待遇現有人數三四二人，連同軍職官佐人員在内，本處因無從分晰，請 貴處查明示復 填

军政部兵工署第五十工厂一九四二年六月现有官兵士工人数请领军粮数量暨现时驻地表
（一九四二年五月二十五日）

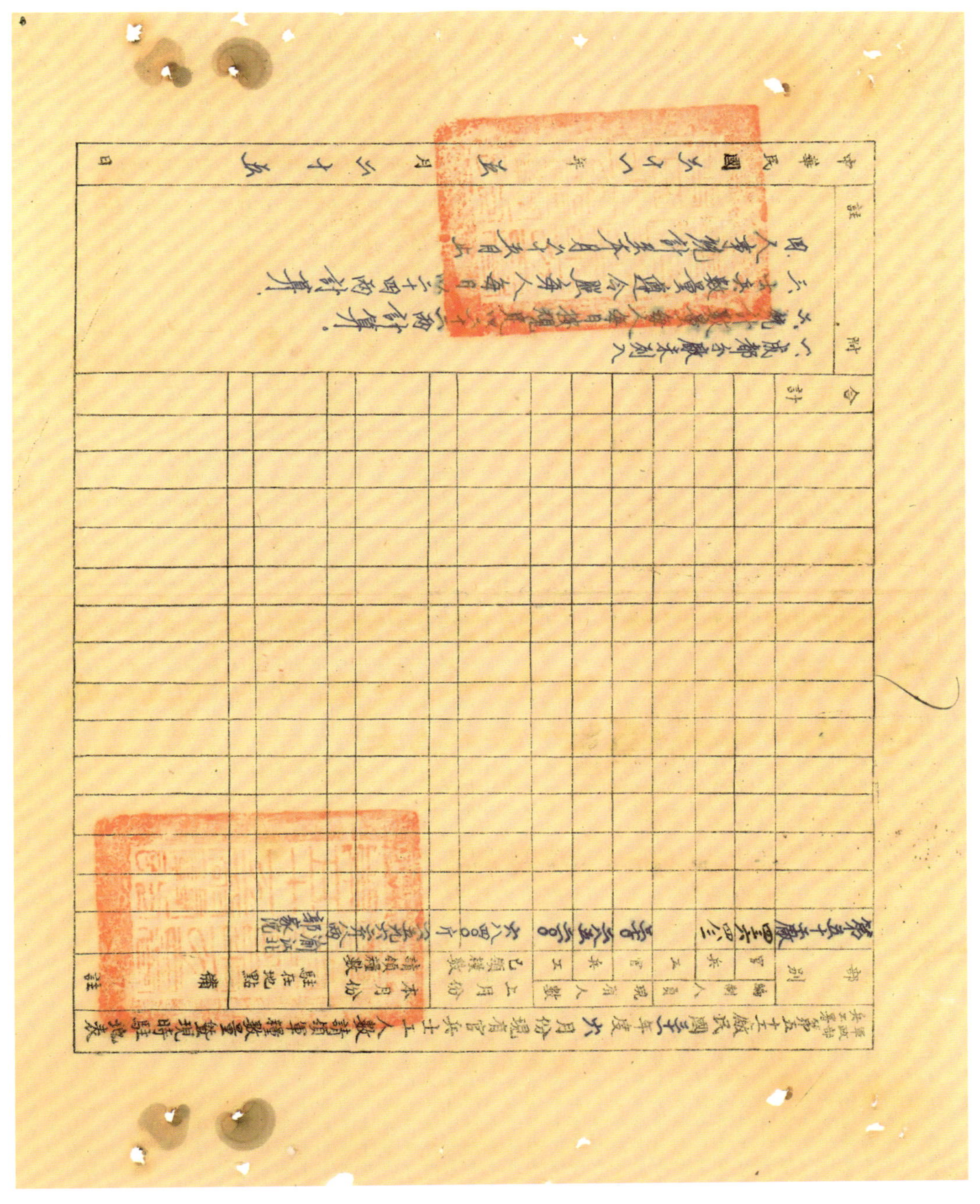

军政部兵工署第五十工厂民国三十一年度六月份现有官兵士工人数请领军粮数量暨现时驻地表

部别	编制人员（官、兵、工）	现有人数（官、兵、工）	上月份已领粮数	本月份请领粮数	驻在地点	备注
第五十工厂	[illegible]	[illegible]	六八四〇〇斤	[illegible]	渝江北郭家沱	
合计						

附注：
一、成都分厂未列入。
二、[illegible]每人每月按规定以[illegible]两计算。
三、士兵数量遵令照每人每日以二十四两计算。
四、人事统计至本月二十五日止。

中华民国三十一年五月二十五日